Siegfried Münchenbach / Harald Parigger (Hrsg.)

Fundgrube Geschichte

Kostenloses Zusatzangebot für die Käufer der Fundgrube:

Kopiervorlagen und Materialien im Internet

Kopiervorlagen und Materialien dieser Fundgrube bieten wir Ihnen als kostenloses Zusatzangebot auch online an.

Sie können diese Materialien und Kopiervorlagen verändern und Ihren Bedürfnissen anpassen, da diese im Word-Format angelegt sind.

Als Bonus stehen Ihnen online weitere ausgewählte Cornelsen-Materialien für Ihre Unterrichtsvorbereitung kostenfrei zur Verfügung.

Wie finden Sie diese editierbaren Versionen der Kopiervorlagen? Rufen Sie einfach die Internetseite www.cornelsen.de/fundgruben auf und geben Sie dort Ihren unten genannten Webcode ein. Sie werden dann unmittelbar zu den Materialien weitergeleitet.

Cornelsen online http://www.cornelsen.de/fundgruben

Ihr Webcode für den Zugriff auf das Material: FGGE221771

Die Herausgeber und die Autoren

Siegfried Münchenbach studierte Geschichte, Germanistik und Sozialkunde, war Lehrer am Gymnasium in Krumbach/Schwaben und ist als Referatsleiter und Dozent an der Akademie für Lehrerfortbildung und Personalführung in Dillingen an der Donau zuständig für die Weiterbildung von Geschichts- und Sozialkundelehrern aller Schularten. Er ist Autor und Herausgeber zahlreicher Akademie-Publikationen. (S.M.)

Dr. Harald Parigger studierte Geschichte, Germanistik und Sozialkunde, arbeitete am Haus der Bayerischen Geschichte in München, als Seminarlehrer und ist inzwischen Leiter des Gymnasiums in Grafing. Er schrieb zahlreiche historische Romane und Jugendbücher. (H.P.)

Dr. Herwig Buntz arbeitete als Gymnasiallehrer für Deutsch, Geschichte und Erdkunde, als Seminarlehrer in Erlangen und als Lehrbeauftragter an der Universität Erlangen-Nürnberg. (H.B.)

Andreas Dilger ist Lehrer für Deutsch und Geschichte an einem Gymnasium in der Nähe von Freiburg/Br. Er ist Mitautor an diversen Unterrichtswerken und Lehrerhandbüchern. (A.D.)

Carsten Hinrichs unterrichtet am Gymnasium Eversten in Oldenburg Deutsch und Geschichte. Außerdem war er Lehrbeauftragter für Geschichtsdidaktik an der Universität Oldenburg und in der Lehrerweiterbildung im Bereich „Neue Medien" tätig. (C.H.)

Dr. Martin Liepach, studierte in Frankfurt am Main Geschichte und Mathematik und promovierte in Berlin bei den Politologen. Er ist Lehrer an einem Frankfurter Gymnasium und in der Lehrerfortbildung, Schwerpunkt Museumspädagogik, tätig. (M.L.)

Gesa Löbbecke hat Vergleichende Religionswissenschaft, Islamwissenschaft und Anglistik studiert. Sie arbeitete zunächst als Lehrerin, dann als Referentin bei einer Botschaft und einer Stiftung. Sie hat an mehreren Veröffentlichungen mitgearbeitet. (G.L.)

Richard Meisinger studierte Germanistik, Geschichte und Politologie in München. Er unterrichtet am Gymnasium Grafing. (R.M.)

Dr. Dietmar Schiersner studierte Deutsch, Geschichte und Latein in Augsburg, Würzburg und München. Er unterrichtet an einem kirchlichen Gymnasium in Buxheim und publiziert zu landesgeschichtlichen Themen. (D.Sch.)

Stefan Schuch studierte Geschichte, Germanistik und Erziehungswissenschaften. Er unterrichtet an einem Gymnasium in Traunstein und ist bayerischer Landesbeauftragter für den Computereinsatz im Fach Geschichte. (S.Sch.)

Ralf Tschada studierte die Fächer Deutsch und Geschichte in Augsburg. Seit August 2006 unterrichtet er als Seminarlehrer für Geschichte an einem Gymnasium in München. (R.T.)

Wolfgang Weismantel studierte Geschichte, Germanistik und Soziologie, unterrichtet an einem Gymnasium in Lohr (Spessart) und ist Fachbetreuer für Deutsch. Er arbeitet als Herausgeber und Autor und schreibt für Rundfunk und Zeitungen. (W.W.)

Siegfried Münchenbach
Harald Parigger (Hrsg.)

Fundgrube Geschichte

[Neue Ausgabe]

Cornelsen
SCRIPTOR

Nicht in allen Fällen war es uns möglich, den Rechteinhaber ausfindig zu machen. Berechtigte Ansprüche werden selbstverständlich im Rahmen der üblichen Vereinbarungen abgegolten. Wir bitten um Verständnis.

Die in diesem Werk angegebenen Internetadressen haben wir überprüft (Redaktionsschluss Juni 2006). Dennoch können wir nicht ausschließen, dass unter einer solchen Adresse inzwischen ein ganz anderer Inhalt angeboten wird. Deshalb empfehlen wir Ihnen dringend, die Adressen vor der Nutzung im Unterricht selbst noch einmal zu überprüfen.

Cornelsen online http://www.cornelsen.de

Bibliografische Information: Die Deutsche Bibliothek verzeichnet diese Publikation in der Deutschen Nationalbibliografie; detaillierte bibliografische Daten sind im Internet über http://dnb.ddb.de abrufbar.

Dieser Band folgt den Regeln der deutschen Rechtschreibung, die von August 2006 an gelten.

5.	4.	3.	2.	1.	Die letzten Ziffern bezeichnen
10	09	08	07	06	Zahl und Jahr der Auflage.

Redaktion: Gabriele Teubner-Nicolai, Berlin
Herstellung: Brigitte Bredow, Berlin
Umschlagentwurf: Simone Büchner, Berlin, unter Verwendung einer Zeichnung von Klaus Puth, Mühlheim
Layout und Satz: Fromm MediaDesign GmbH, Selters/Ts.
Druck und Bindearbeiten: Clausen & Bosse, Leck
Printed in Germany
ISBN-13: 978-3-589-22177-6
ISBN-10: 3-589-22177-1

Gedruckt auf säurefreiem Papier,
umweltschonend hergestellt aus chlorfrei gebleichten Faserstoffen.

Inhalt

Vorwort

Eine Sammlung von Unterrichtsmodellen und didaktischen Hilfen, unmittelbar anzuwenden? Oder doch lieber eine echte Fundgrube, in der man stöbern, Neues entdecken, ungewöhnliche Themen und Perspektiven finden kann?
Schon 1996 ist die Entscheidung für die „echte" Fundgrube gefallen, und auch dieses Mal haben sich die Herausgeber entschlossen, dem Leser und Nutzer nicht Vorgefertigtes, Standardisiertes vorzusetzen. Sie laden ihn stattdessen ein, neue *Einblicke* zu gewinnen, sich auf die Suche nach neuen *Zugängen* zu begeben, durch *Nahaufnahmen* sein Wissen zu erweitern und sich in *Hinführungen* methodische und didaktische Anregungen für neue Perspektiven und Arbeitsweisen zu holen.
Nicht nur die vielen unterschiedlichen Lehrpläne haben Herausgeber und Verlag veranlasst, dieser Konzeption den Vorzug zu geben, nicht nur die Erfahrung, dass die meisten Kollegen und Kolleginnen vorgefertigten Modellen eher skeptisch gegenüberstehen, sondern auch die Erkenntnis, dass die meisten Historiker die Eigenschaft der Neugier und den Wunsch nach multiperspektivischer Durchdringung gemeinsam haben. Diesen Bedürfnissen versucht das vorliegende Buch, versuchen die Autoren gerecht zu werden.
Dabei ist, trotz des gleichen Ansatzes, eine völlig neue Fundgrube herausgekommen, mit einer neuen Gliederung, neuen Beiträgen und neuen Schwerpunkten, deren Rahmen durch die bereits genannten Begriffe *Einblicke*, *Zugänge*, *Nahaufnahmen* und *Hinführungen* abgesteckt ist. Lediglich einige besonders beliebte Abschnitte der alten Fundgrube wie Dinge, Rätsel und Biografien, finden sich auch in dieser Fundgrube wieder, selbstverständlich mit neuen Inhalten gefüllt.
Insgesamt ist wieder ein Buch entstanden, das lexikalischer Systematik entbehrt, dafür aber eine Fülle von Anregungen bietet und dem man die Begeisterung seiner Autoren für ihr Fach Geschichte anmerkt.
Viel Freude beim Stöbern, Lesen und Entdecken!

Die Herausgeber

Einblicke

Grenzgebiete

Dänisch oder deutsch? Das Schleswiger Land

Die Stadt Flensburg, an der deutsch-dänischen Grenze, also in der Mitte zwischen dem Nord- und dem Südschleswiger Land, gelegen, verfügt heute über dänische Kindergärten, Schulen, Jugendtreffs, ein dänisches Kulturzentrum und eine dänische Tageszeitung. Eine deutsche Tageszeitung, deutsche Kindergärten und Schulen sowie zahlreiche deutsche Vereine und Bibliotheken gibt es umgekehrt in den dänischen Städten des Grenzgebiets Hadersleben, Apenrade, Tondern und Sonderburg. Im Grenzhandel werden jährlich Dienstleistungen und Waren im Wert von hunderten Millionen Euro ausgetauscht, die Städte werben damit, zwei Länder und zwei Kulturen in sich zu vereinen. So ist schließlich, unbeschadet der Staatsgrenze, die Kluft überbrückt worden, die der dänische und deutsche Nationalismus des 19. Jh.s in einem Gebiet hat entstehen lassen, in dem, unbeschadet seiner zahlreichen dynastisch oder territorialpolitisch bedingten Teilungen, seit vielen Jahrhunderten dänische und deutsche Kultur verwurzelt und verwoben waren.

Die ersten Berührungspunkte zwischen „deutscher" (fränkischer) und „dänischer" Geschichte gab es um das Jahr 800: Dänische Adelige, aufgeschreckt durch den Expansionsdrang der Franken unter Karl dem Großen, den eben die Sachsen zu spüren bekommen hatten, ließen eine mächtige Befestigungsanlage errichten, die südlich der heutigen Stadt Schleswig verlief und den Nord-Ost-Handelsweg mit dem Zentrum Haithabu schützen sollte: das Danewerk. Eine offizielle Grenze wurde erst in der Regierungszeit Knuts des Großen (1018–1035) und Konrads II. (1024–1039) festgelegt: Sie sollte dem Verlauf des Flusses Eider folgen.

Das Herzogtum Schleswig, entstanden ab dem 11. Jh. unter dänischer Herrschaft, hatte mit der wachsenden wirtschaftlichen und politischen Bedeutung des Grenzraumes um die Wende zum 12. Jh. eine gewisse Selbstständigkeit erlangt; in der Nachbarschaft Haithabus entstand die heutige Stadt Schleswig, an der heutigen Grenze der Wik (Marktflecken) St. Johannis, die Basis des späteren Flensburg.

In der Folgezeit siedelten sich im Schleswiger Land immer mehr Deutsche an, auch wenn mit der Gründung Lübecks 1143 die Stadt Schleswig erheblich an wirtschaftlicher Bedeutung verlor und der dänische Handelsschwerpunkt sich nach Norden verlagerte.

Über Jahrhunderte hinweg war Schleswig je nach Herkunft und Politik seiner Herzöge mehr deutschen oder mehr dänischen Einflüssen ausgesetzt; in Nordschleswig entstanden deutsche Klöster, in Südschleswig bildeten sich dänische Enklaven. 1326 gelangte das Herzogtum, bedingt durch den inneren Zerfall Dänemarks, unter die Herrschaft der Grafen von Holstein. In dieser Zeit wuchs in den beiden Territorien ein starkes Zusammengehörigkeitsgefühl, das noch durch sich ständig stärker verzahnende Macht- und Besitzverhältnisse verstärkt wurde. Dies zeigte sich, als 1460 die holsteinische Herrscherfamilie ausstarb: Zwar wählten die adeligen Stände wieder einen dänischen König zum Landesherrn, aber sie erzwangen als Preis für die Wahl das Gelöbnis, dass Schleswig und Holstein für immer ungeteiltes Territorium bleiben sollten. Bis in die Mitte des 16. Jh.s hatte dieser erste Gesamtstaat, der sich schon bald zur lutherischen Kirche bekannte, Bestand. Dann zerfiel er erneut in zwei Teile, deren einer von Schloss Gottorf (bei Schleswig) aus regiert wurde, während der andere unter der Oberhoheit des dänischen Königs blieb. Freilich stimmten diese Territorien mit den ursprünglichen Ländern Schleswig und Holstein nicht mehr überein, so dass in beiden, entsprechend den aktuellen Herrschaftsverhältnissen, jeweils dänische oder deutsche Einflüsse überwogen.

1720 konnte Dänemark das ganze Herzogtum Schleswig unter sich vereinigen, im Jahr 1773 Holstein gegen andere Besitztümer zurücktauschen, so dass erneut eine gesamtstaatliche Entwicklung begann. Obwohl nun das ganze Land wieder zu Dänemark gehörte, war doch das deutsche Kulturgut nie zurückgedrängt worden; vielmehr wurde z.B. in der königstreuen und seit jeher im dänischen Gebiet liegenden Stadt Flensburg bereits im 17. Jh. nachweislich plattdeutsch gesprochen – ein Phänomen, das wohl auf die norddeutschen Reformatoren zurückzuführen ist.

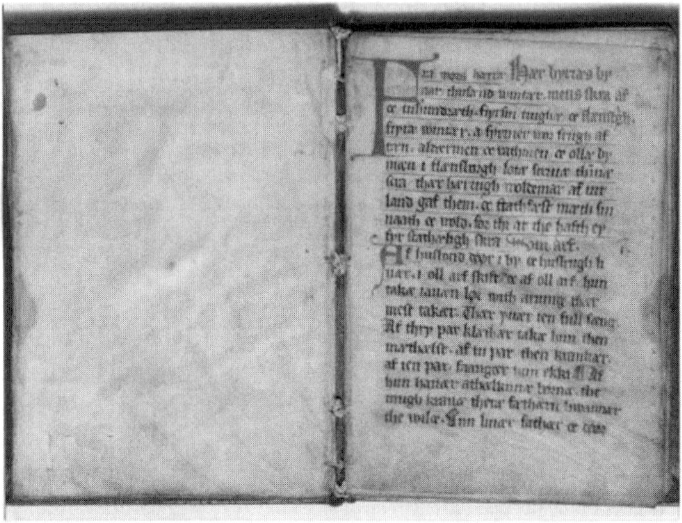

Flensburger Stadtrecht von 1284, um 1300, in dänischer Sprache,
© Flensburger Stadtarchiv

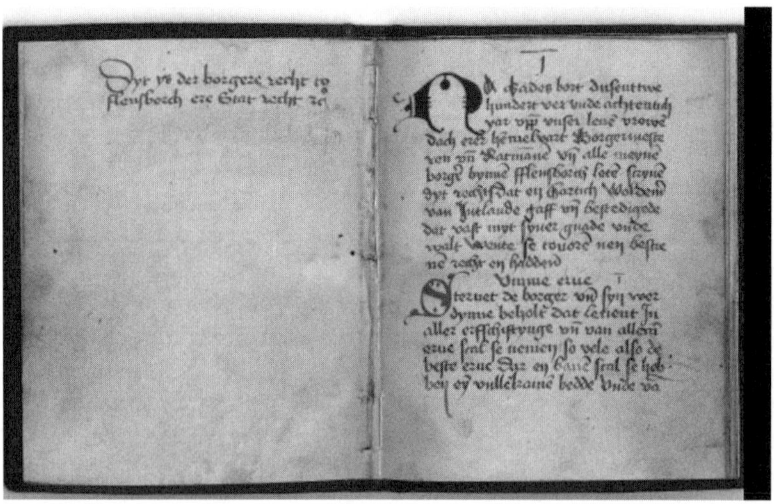

Flensburger Stadtrecht von 1284, Papier, 1492, in niederdeutscher Sprache,
© Flensburger Stadtarchiv

Im 19.Jh. entfremdete sich der junge Gesamtstaat seinem obersten dänischen Herrscher – das neue deutsche Nationalgefühl breitete sich auch hier im Norden aus und fand in den vielen deutschen Gemeinden überall im Land starken Widerhall. Als Holstein bei der Neuordnung Europas nach dem Ende Napoleons 1815 Mitglied des Deutschen Bundes wurde, Schleswig aber, als überwiegend dänisch geprägt, nicht, erhielt der alte Satz von 1460 neue, brisante Bedeutung und wurde zum politischen Programm: Up ewig ungedelt!

Doch vor allem einflussreiche deutsche Verwaltungsbeamte und Professoren (der Universität Kiel) verknüpften die Erhaltung der Gesamtstaatlichkeit mit der Forderung nach dem Anschluss an Deutschland, für dessen nationale Einigung sie sich einsetzten. Damit stießen sie nicht nur auf den Widerstand der absolutistisch gesinnten, sondern auch den der liberalen Dänen. Die folgenden Kämpfe waren also nicht durch die Begriffe „konservativ gegen liberal", sondern durch den Gegensatz „deutsch oder dänisch" bestimmt. Plötzlich hatte die gegenseitige Toleranz ein Ende: In etlichen Gebieten Nord- und Südschleswigs wurde, obwohl Dänisch Volks- und Kirchensprache war, in Verwaltung und Justiz Deutsch gesprochen. Gegen diese Tradition wetterte eine ab 1840 entstehende dänisch gesinnte Presse, die sich nicht nur für die Verbreitung der dänischen Sprache, sondern auch für den Anschluss Schleswigs an Dänemark und dessen Trennung von Holstein einsetzte.

Der Kampfruf „Dänemark bis zur Eider" (südlicher Grenzfluss Schleswigs) auf der einen beflügelte den Nationalismus auf der anderen Seite, die ein geeintes, deutsches Schleswig-Holstein forderte: „Schleswig Holstein bis zur Königsau!" (nördlicher Grenzfluss Schleswigs). Auf einem Sängerfest in Schleswig 1844 ertönte zum ersten Mal das Lied „Schleswig-Holstein meerumschlungen", wehte zum ersten Mal die schleswig-holsteinische Fahne mit den Farben Blau-Weiß-Rot.

1848 brach der Konflikt offen aus: Der dänische König berief ein „eiderdänisches Ministerium", in Kiel wurde eine provisorische Regierung gebildet, die den Anschluss des gesamten Staates an ein neu zu schaffendes deutsches Reich proklamierte und zur Unterstützung preußische Truppen anforderte. Jetzt herrschte Krieg zwischen Dänen und Deutschen; erst die Intervention der anderen europäischen Großmächte beendete den Konflikt nach drei Jahren. Im Londoner Protokoll von 1852 wurde beschlossen, dass beide Herzogtümer zwar zu Dänemark gehören, dass ihre Eigenständigkeit und Zusammengehörigkeit aber erhalten bleiben sollte. Schleswig

wurde sprachlich in eine deutsche, eine dänische und eine Mischzone aufgeteilt.
Unter Missachtung des Londoner Protokolls erließ der dänische König 1863 eine gemeinsame Verfassung für Schleswig und Dänemark – eine willkommene Gelegenheit für Preußen, das sich ganz Schleswig-Holstein einverleiben, und für Österreich, das eine neue deutsche Mittelmacht als Bündnispartner gewinnen wollte, Dänemark den Krieg zu erklären. Am 30. Oktober 1864 kapitulierte Dänemark und musste Schleswig an Preußen und Holstein an Österreich abtreten, nach dem preußisch-österreichischen Krieg von 1866 wurden beide Herzogtümer von Preußen annektiert.
Die dänische Nationalbewegung hatte damit eine schwere Niederlage erlitten. Nur eine Hoffnung blieb ihr: In Artikel fünf des Friedens zwischen Preußen und Österreich wurde die Möglichkeit einer Rückgabe Schleswigs an Dänemark aufgenommen.
Die neuen Herren waren besonders bei den Nordschleswigern herzlich unbeliebt. Massiver Widerstand gegen die preußische Verwaltung kennzeichnete die Jahre nach 1866 ebenso wie der Kampf vieler Dänen um den Erhalt des nationalen Kulturbewusstseins. Immer wieder kam es zu heftigen Unruhen, vor allem, als die Preußen tausende junger Dänen, die sich weigerten, in der preußischen Armee zu dienen, auswiesen. Die Verbliebenen wurden durch bürokratische Schikanen unter Druck gesetzt; in dänischen Einflussgebieten siedelte man viele Deutsche an und unterstützte sie finanziell. In dieser Zeit zerbrachen an der nationalen Frage viele Freundschaften, gegenseitige Toleranz wich der Abneigung.
Trotzdem gelang es den Preußen nicht, die dänische Gesinnung zu unterdrücken, zumal viele überzeugte Dänen, die dennoch preußische Staatsbürger geworden waren, in der preußischen Administration Karriere machten.
Der Ausbruch des Ersten Weltkriegs, zu dem alle wehrfähigen Nordschleswiger in die deutsche Armee einberufen wurden, beendete fürs erste alle nationalen Bestrebungen. Doch sofort nach dem Waffenstillstand am 11. November 1918 wurde der Ruf nach Umsetzung des Artikels fünf in Nordschleswig wieder laut: Jetzt endlich sollte in Schleswig dem Selbstbestimmungsrecht der Völker Geltung verschafft werden!
Am 10. und 14. März 1920 wurden im ehemaligen Herzogtum Schleswig Volksabstimmungen durchgeführt. Wie zu erwarten, gab es in Südschleswig einschließlich Flensburg eine deutliche Mehrheit, die sich für Deutschland entschied. In Nordschleswig optierten zwei Drittel für Dänemark.

Die bis heute gültigen Grenzen waren damit gesetzt, die Minderheiten in beiden Landesteilen jedoch blieben. Der von deutscher Seite immer wieder geäußerte Wunsch nach einer Grenzrevision sowie die Besetzung Dänemarks durch die Truppen des nationalsozialistischen Deutschland am 9. April 1940 belasteten das Verhältnis zwischen den Volksgruppen sehr. Auch nach dem Ende des Kriegs hielten die Spannungen an, bis in den „Bonn-Kopenhagener Erklärungen" vom 29. März 1955 beide Regierungen jeweils für sich die Wahrung von Minderheitenrechten garantierten. Damit hatten beide Minderheiten nicht nur das Recht auf eigene Kindergärten, Schulen, Zeitungen und unterschiedliche kulturelle Einrichtungen, sondern auch Anspruch auf finanzielle Unterstützung. Im Mai 1955 hob der schleswig-holsteinische Landtag für den südschleswigschen Wählerverband (SSW) die Fünf-Prozent-Hürde auf; die deutsche Minderheit in Nordschleswig hatte bereits 1953 mit gut 9700 Stimmen einen Abgeordneten in das dänische Folketing entsenden können. Der damit geschaffene Minderheitenschutz und lange Jahre der Verständigungsarbeit führten schließlich dazu, dass im deutsch-dänischen Grenzgebiet zwei Kulturen heute ihr Nebeneinander nicht als Belastung, sondern als Bereicherung empfinden.

H. P.

Das Elsass – schwäbisch, französisch, europäisch

Der Oberrheingraben, so hat es der elsässische Dichter René Schickele einmal beschrieben, gleicht einem aufgeschlagenen Buch. Ost- und Westseite entsprechen einander: die Abfolge von Auwäldern am heute begradigten Rhein, die landwirtschaftlich intensiv genutzten Nieder- und Hochterrassen und schließlich am Rand von Schwarzwald und Vogesen die Weinberge, die von den bewaldeten Mittelgebirgszügen bekrönt werden. Die Mitte zwischen den beiden „Buchseiten" bildet der Rhein, für Jahrtausende ein wichtiger Verkehrsweg, der aber auch als eine natürliche Grenze galt. Dies bestimmte die wechselvolle Geschichte des Elsass.

Von den Kelten bis zum Ende des Dreißigjährigen Krieges

In vorchristlicher Zeit und im frühen Mittelalter war der Rhein nur zwischen Caesars gallischem Krieg und der Eroberung des rechtsrheinischen Dekumatlandes unter Kaiser Domitian Grenzfluss. Kelten und Alemannen siedelten auf beiden Seiten des Flusses, und nach der Unterwerfung der Alemannen durch die Franken 496 wurde das Gebiet bis zum Lech Teil des

Merowingerreiches. Die Sprache der Alemannen und Franken lebt im „Elsässerditsch" fort, das Alemannische im Oberelsässischen, das Rheinfränkische im Niederelsässischen.
Bei der Reichsteilung unter den Enkeln Karls des Großen 843 fiel das Elsass an Lothar, bevor es 870 zum Ostfränkischen Königreich kam und Teil des Herzogtums Schwaben wurde. In dieser Epoche erlebte es unter den Staufern eine erste Blütezeit. Sie schufen hier eine Basis für ihre Hausmacht, die gleichzeitig ihre Macht im Reich stärken sollte. Zahlreiche Burgen wurden errichtet, und in den neu gegründeten oder erstarkenden Städten entstanden die großen romanischen und später die gotischen Kirchen.
Das Ende der Staufer 1268 bedeutete das Ende der Zentralgewalt. Das Elsass wurde zum Flickenteppich, an dem die Habsburger und der Bischof von Straßburg den größten Anteil hatten. Aber gerade in dieser Zeit gewannen die Städte an wirtschaftlicher Macht und politischem Einfluss. In Straßburg erkämpften die Bürger ihre Reichsunmittelbarkeit gegen den Bischof, und 1354 entstand der elsässische Zehnstädtebund („Dekapolis").
Zum wirtschaftlichen Wohlstand trugen auch die zahlreichen jüdischen Gemeinden bei. Es gab fest organisierte jüdische Landstände, und der Rabbiner Josel von Rosheim (1476–1554) wurde zum Sprecher der elsässischen Juden und später der „Anwalt der deutschen Jüdischheit" im Reich. Als geschickter Diplomat verhinderte er die Vertreibung der elsässischen Juden und konnte in einer Reihe von Prozessen die jüdischen Interessen durchsetzen. Im Elsass gibt es mehr Zeugnisse der jüdischen Geschichte als in anderen Teilen Europas: etwa 200 Friedhöfe, zahlreiche Synagogen, Rabbinerhäuser und Taufbäder.
Auf der Grundlage von Macht und Reichtum konnte sich ein reiches kulturelles Leben entfalten. Im 15. Jh. wurde das Elsass zu einem Zentrum der Kunst und Wissenschaft. In Straßburg lebten die Satiriker Sebastian Brant und Thomas Murner, Schlettstadt (Selestat) war Geburtsort und Wirkungsstätte der Humanisten Jakob Wimpfeling und Beatus Rhenanus. Mathis Neithardt (Grünewald) malte für das Antoniterkloster Isenheim den weltberühmten Altar und Martin Schongauer hinterließ in seiner Heimatstadt Colmar zahlreiche Werke wie die „Madonna im Rosenhag". Mit dem in Schlettstadt geborenen Martin Bucer begann die Reformation im Elsass.

Drei Mal Frankreich, zwei Mal Deutschland

Mehr noch als der Dreißigjährige Krieg hinterließ der Westfälische Frieden im Elsass seine Spuren. Frankreich als eine der Siegermächte erhielt endgültig die Bistümer Metz, Toul und Verdun und die habsburgischen Besitzungen im Elsass, die Vogtei über die zehn Reichsstädte und die rechtsrheinischen Festungen Breisach und Philippsburg. Damit war der Weg zum Rhein als Grenze vorgezeichnet. Ludwig XIV. ließ ab 1679 durch seine Juristen nachweisen, dass Frankreich auch auf das übrige Elsass einen Rechtsanspruch besaß, und setzte ihn mit Gewalt durch. Straßburg, für das sich keine Rechtsgrundlage zu einer „Reunion" konstruieren ließ, wurde 1681 ebenfalls besetzt. Für die Bewohner der Städte und Dörfer änderte sich jedoch in den nächsten hundert Jahren wenig. Sie sprachen weiter „Elsässerditsch" und bildeten als Grenzgebiet eine Brücke zu Deutschland. Erst mit der Französischen Revolution begann eine Romanisierung. Das Elsass wurde in die Departments Haut-Rhin und Bas-Rhin (Ober- bzw. Niederrhein) geteilt und enger an einen zentralistischen Staat gebunden. Das Französische war jetzt offizielle Landessprache, die sich allerdings anfangs nur bei den Oberschichten und in den Städten durchsetzte. Der Verlust an Eigenständigkeit wurde aber ausgeglichen durch die politischen und juristischen Errungenschaften der Revolution, vor allem die Gleichheit und Rechtssicherheit, die der „Code Napoléon" garantierte. Erst durch die Revolution war das Elsass zu einem Teil Frankreichs geworden.

Der nächste Wechsel vollzog sich 1871. Das besiegte Frankreich musste Elsass und Lothringen abtreten, gleichsam ein Geburtstagsgeschenk für den neu gegründeten Nationalstaat. Diese Entscheidung war ohne Mitwirkung der Bewohner getroffen worden, die mehrheitlich lieber bei Frankreich geblieben wären und von denen bis 1895 etwa 250000 abwanderten – ein Sechstel der Bevölkerung. Dies war das Ergebnis einer unglücklichen Politik. Elsass-Lothringen blieb bis 1913 abhängiges Reichsland, und seine Germanisierung war geprägt von Misstrauen und der geringschätzigen Behandlung der „Wackes" (Lümmel), wie man die Elsässer beschimpfte. Sie waren nicht unglücklich, als sie durch den Versailler Frieden wieder französisch wurden. Doch nun setzte eine erneute Romanisierung ein, gegen die sie ihre Eigenständigkeit verteidigen mussten.

Der gleiche Vorgang wiederholte sich zwei Jahrzehnte später. Nach dem Frankreichfeldzug 1940 blieb das Elsass zwar staatsrechtlich ein Teil des besetzten Frankreich, erhielt aber eine deutsche Zivilverwaltung, die es weitgehend in das Deutsche Reich integrierte. Die NS-Diktatur, die Elsässer zum Kriegsdienst zwang, und die Judenverfolgung hinterließen tiefe Narben. Nach der Befreiung musste das Elsass erneut für seine Sonderstellung bezahlen und sich gegen pauschale Kollaborationsvorwürfe wehren. Deutschsprachige Zeitungen wurden verboten und der Deutschunterricht abgeschafft. Wieder einmal saßen die Elsässer zwischen den Stühlen und wurden einem intensiven Assimilierungsdruck unterworfen.

Das Elsass heute

Inzwischen liegen diese Erfahrungen ein halbes Jahrhundert zurück und sind bereits im Museum konserviert: Das „Mémorial d'Alsace-Moselle" in Schirmeck erzählt die deutsch-französische elsässische Geschichte mit der Zeit zwischen 1870 und 1945 als Schwerpunkt. Der Rückblick macht auch deutlich, dass sich die Rolle des Elsass inzwischen verändert hat. Durch die deutsch-französische Aussöhnung und den Zusammenschluss Europas ist aus dem Grenzland ein Kernland geworden.

Die Zwei- bzw. Dreisprachigkeit erweist sich für die Elsässer als großer Vorteil. Deutsch ist nicht mehr die Sprache des Feindes, es gibt wieder deutsch-französische Zeitungen und Deutschunterricht vom Kindergarten bis zum Gymnasium. Auch der Dialekt, der noch von etwa zwei Drittel der Bevölkerung gesprochen wird, ist erstaunlich lebensfähig und wird literarisch gepflegt.

Wirtschaftlich entwickelte sich das Elsass schneller als die meisten anderen Regionen Frankreichs. Dies war bedingt durch die Nähe zu den dicht besiedelten und wirtschaftlich starken angrenzenden Gebieten Nordschweiz und Westdeutschland, aus denen auch ein Großteil der Touristen kommt. Das Elsass ist heute in zwei grenzübergreifende Nachbarschaftsprojekte eingebunden: die „Trirhenia" vereint die Nordwestschweiz, Südbaden und das Oberelsass, in der „Pamina" arbeitet das Unterelsass mit dem Mittelrhein und der Pfalz zusammen. Ein Beispiel dafür ist der Pamina-Rheinpark beiderseits der Grenze mit zwei Naturschutzgebieten, zahlreichen Rad- und Wanderwegen und acht Museen zu Themen der Region.

Die Grenzstadt Straßburg wurde zusammen mit Brüssel und Luxemburg eine der europäischen Hauptstädte. Seit 1949 ist sie Sitz des Europarates und seit 1958 des europäischen Parlamentes.

Elsässische Profile

Viele berühmte Namen verbinden sich mit dem Elsass, und manche Biografien sind durch die Zerrissenheit der Region bestimmt.

Albert Schweitzer (1875–1965) wurde in Kaysersberg geboren und studierte in Straßburg Theologie und später Medizin. 1913 gab er seine Straßburger Pfarrstelle und seine Lehrtätigkeit an der Universität auf und gründete mit privaten Mitteln ein Hospital für Tropenkrankheiten im afrikanischen Lambarene/Gabun. Der weltberühmte „Urwalddoktor", der die „Ehrfurcht vor dem Leben" nicht predigte, sondern praktizierte, erhielt 1952 den Friedensnobelpreis.

Das Schicksal seiner Heimat zeigt sich bei René Schickele (1883–1940) schon im Namen, den er seinem deutschen Vater und einer französischen Mutter verdankt. Die Familie sprach nur Französisch, so dass er in der Schule anfangs als „Negerkind" behandelt wurde. Die meisten seiner Werke schrieb Schickele in Deutsch. Sein Drama „Hans im Schnakenloch" spielt auf einem Gut im Elsass. 1914 verlief die Front zwischen Deutschland und Frankreich quer durch das Haus, aber ebenso durch die Familien und die einzelnen Menschen, in deren Brust zwei Seelen wohnten. René Schickele emigrierte 1915 in die Schweiz und lebte von 1932 an in Südfrankreich.

Der berühmteste lebende Elsässer ist wahrscheinlich Tomi Ungerer (*1931), ein ungewöhnlich vielseitiger Künstler, der als Kinderbuchautor, Buchillustrator, Fotograf, Bildhauer und Karikaturist arbeitet. Er ist stolz auf seine elsässische Herkunft, doch seit 1956 lebt er im Ausland, in New York, Kanada und Irland. Vielleicht gibt Ungerer dem Straßburger Dichter André Weckmann Recht, der seinen Landsleuten empfiehlt auszuwandern „üs dem migges (Schlamassel) hüsse dem elsassische frànzeesche ditsche ditschfrànzeesche …"

Literatur Michael Erbe (Hg.), Das Elsass. Historische Landschaft im Wandel der Zeiten, Stuttgart 2002.

H. B.

Nordirland – ein Konflikt ohne Ende

Schwer verständlich, dass sich im Nordwesten des zusammenwachsenden Europas eine schier endlose Auseinandersetzung hinzieht, die momentan zwar aus den aktuellen Schlagzeilen verschwunden ist, aber längst noch nicht wirklich gelöst. Nordirland, ein Teil des Königreichs Großbritannien, leistet sich einen anachronistisch anmutenden Konflikt, der das Land spaltet und dessen Anfänge tatsächlich bis ins Hochmittelalter zurückreichen. Am 28. Juli 2005 erklärte die Irish Republican Army (IRA) nach langen Verhandlungen den bewaffneten Kampf zwar für beendet. Viele Iren sind aber skeptisch, ob das wirklich der Anfang einer Epoche des Friedens und der Verständigung zwischen Katholiken und Protestanten sein wird.

Die historischen Wurzeln

Der Konflikt ist zwar vordergründig eine Auseinandersetzung zwischen zwei Konfessionen, dahinter aber stehen der erbitterte Kampf um die Unabhängigkeit von Großbritannien, die Frage eines politischen und sozialen Ausgleichs zwischen den Bevölkerungsgruppen und die Erblast einer jahrhundertealten Diskriminierung der katholischen Minderheit.

In Nordirland, den sechs Grafschaften der ehemaligen irischen Provinz Ulster, haben Gewalt, Unterdrückung und religiöser Fanatismus über die Jahrhunderte eine Atmosphäre des Misstrauens und des Hasses geschaffen, die trotz politischer Bemühungen eine wirkliche Verständigung zwischen der protestantischen Mehrheit und der katholischen Minderheit bisher stets scheitern ließ. Bereits mit den Eroberungszügen Heinrichs II. (1154–1189) begannen die Versuche, Irland der Krone von England untertänig zu machen und sich in die irischen Verhältnisse einzumischen. Seine Nachfolger gingen noch einen Schritt weiter und unterwarfen die Iren nicht nur mit militärischen Mitteln, sondern wollten das Land auch mit Gewalt anglikanisieren, doch die Mehrheit der Iren blieb der katholischen Kirche treu ergeben. Katholik zu sein bedeutete fortan, mit Stolz und Leidenschaft gegen die englische Krone zu kämpfen. Aufstände gegen die Irlandpolitik der Tudors nutzte Jakob I. als willkommene Chance, die entmachtete und vertriebene irische Elite durch die Ansiedlung von loyalen Protestanten zu ersetzen. Das gelang zwar nicht in ganz Irland, aber mit der so genannten „Plantation of Ulster“ von 1607 entstand in dieser Provinz eine konfessionelle Spaltung der Bevölkerung. Der Konflikt mit den Katholiken in Irland spitzte sich 1641 zu, als man hier befürchtete, das radikal protestantische Parlament in London wolle die Iren vollkommen unterdrücken. Im folgenden Aufstand gegen England schlug Oliver Cromwell 1649 für die Krone mit unerbittlicher Härte zurück. Dennoch ergab sich noch einmal eine Hoffnung auf eine Wende der Irlandpolitik. Im Zuge der Restauration der Stuarts auf dem englischen Thron drohte unter Jakob II.

eine Beschneidung der Rechte für die Protestanten, die sich darauf mit dem englischen Parlament und dessen Favoriten Wilhelm von Oranien verbündeten. Die bittere Niederlage der Parteigänger Jakobs gegen die Truppen der Anhänger Wilhelms am 12. Juli 1690 wird noch heute alljährlich mit provokativen Umzügen des Oranier-Ordens der Protestanten gefeiert, die regelmäßig zu Auslösern blutiger Unruhen eskalieren.

Nationalisten gegen Unionisten

Die andauernde politische Entmachtung und wirtschaftliche Diskriminierung der Katholiken wurde zum Symbol der britischen Irlandpolitik, selbst dann noch, als mit der Unionsakte von 1801 Irland gleichberechtigter Teil des Vereinigten Königreiches wurde. Vor allem die katholischen Iren aus den einfachen Bevölkerungsschichten fühlten sich vernachlässigt. Und spätestens seit den großen Hungersnöten 1845 bis 1851 war Irland das Armenhaus Großbritanniens, das die Briten mit seinen Problemen sich selbst überließen. Die nationalistische katholische Bewegung verband in dieser Situation das Ziel einer Verbesserung der sozialen Lage immer radikaler mit der Forderung einer Loslösung von England. Mit der Gründung der Sinn Fein (SF) nahm sich ab 1905 eine Partei dieser Forderung an, doch es wurde immer deutlicher, dass ein friedlicher Weg in eine Unabhängigkeit nicht erreichbar war. Die Unionisten gründeten daraufhin die „Ulster Unionist Party", mit der sich die Mehrheit der Protestanten in Ulster der Mehrheit der Katholiken in ganz Irland entgegenstellte. Die Fronten verhärteten sich und 1913 erfolgte die Gründung einer paramilitärischen Einheit, die sich „Ulster Volunteer force" nannte, der die Katholiken die IRA entgegenstellten.

Es war lediglich eine Frage der Zeit, wann die Spannungen sich in bürgerkriegsähnlichen Unruhen entladen würden. 1916 kam es daher nicht unerwartet zum Osteraufstand, den die britische Regierung mit brutaler Gewalt niederschlagen ließ; 15 Rädelsführer wurden hingerichtet. Die Iren hatten jetzt ihre Märtyrer, und der Wunsch nach Unabhängigkeit ließ sich auf Dauer nicht mit Waffengewalt unterdrücken. In den ersten Wahlen nach dem Krieg feierte die Sinn Fein einen grandiosen Sieg, doch ihre Abgeordneten boykottierten das britische Parlament und provozierten England mit der Verabschiedung einer vorläufigen Verfassung und der Einsetzung einer eigenen irischen Regierung. Die Protestanten in Ulster wehrten sich mit Gewalt und mit massiver Unterstützung Englands, von katholischer Seite begann die IRA einen Guerillakrieg gegen alle britischen Einrichtungen.

Am meisten litt die Bevölkerung beider Seiten unter den brutalen Übergriffen.

Die Teilung des Landes

Aus der festgefahrenen Situation versuchte die britische Regierung einen Ausweg zu finden, indem sie beiden Seiten entgegenkommen und gleichzeitig ihre eigenen Interessen durchsetzen wollte. Die Lösung sollte eine Teilung Irlands sein, die vom Parlament 1920 im „Government of Ireland Act" beschlossen wurde. Zum südlichen Teil mit der Hauptstadt Dublin sollten 26 vorwiegend katholische Grafschaften gehören und zum nördlichen sechs, die von Belfast aus regiert werden sollten. Für beide Teile Irlands war jeweils ein königlicher Statthalter ernannt worden. Den Protestanten im Norden kam die Lösung entgegen, herrschten sie doch nun mit ihrer Mehrheit der Bevölkerung nach Belieben und waren gleichzeitig Teil des britischen Königreichs. Für die vorwiegend katholischen Nationalisten dagegen blieb das Modell unannehmbar. Sie strebten nach voller Unabhängigkeit und lehnten eine Bevormundung der katholischen Minderheit in Nordirland strikt ab, da sie über Wahlen nach dem britischen Mehrheitswahlrecht chancenlos waren und nie eine wirkliche Mitsprache erreichen konnten.

Die gewaltsamen Auseinandersetzungen dauerten an bis 1921. Erst dann erhielt der Süden seine politische Selbstständigkeit, blieb allerdings weiter ein Teil des Empire. Als Preis dafür musste man akzeptieren, dass Nordirland selbst darüber entscheiden konnte, welchen Weg es gehen wollte. Bei den herrschenden pro-britischen Mehrheiten war jedoch klar, welches Ergebnis zu erwarten war. England hatte sich den wirtschaftlich vermeintlich interessanteren Teil Irlands gesichert und gleichzeitig einen schwelenden Konflikt gelöst. So zumindest glaubte man in London. Die Realität holte die Engländer aber bald ein, denn Nordirland war und blieb ein Pulverfass. Da die religiös überlagerten politischen und sozialen Probleme weiter ungeklärt waren, verstärkte sich die Konfrontation zwischen der katholischen Minderheit und den Protestanten in Ulster, wenn auch ein offener Ausbruch von Gewalt zunächst ausblieb. 1949 schließlich setzten die südlichen Provinzen ihre volle Unabhängigkeit durch, indem sie ihre Verbindung zum Commonwealth auflösten.

Auf dem Weg zur Verständigung

Die Benachteiligung der Katholiken zu beseitigen, blieb das permanente Anliegen der nordirischen Bürgerrechtsbewegung, die zunächst mit gewaltfreien Mitteln für ihre Ziele eintrat. Ab 1968 jedoch radikalisierte sich die katholische Seite zunehmend, nachdem ihre friedlichen Proteste mit brutaler Gewalt beantwortet worden waren. Eine Art militärischer Flügel der verbotenen IRA, der im Untergrund agierte und finanziell unter anderem von Exil-Iren in den USA unterstützt wurde, übernahm die Verantwortung und das Kommando über die sich nun häufenden Gewaltakte. Insbesondere nach dem Bloody Sunday 1972, bei dem 14 irische Katholiken von englischen Spezialtruppen getötet worden waren, eskalierte die Gewalt auf beiden Seiten, und die IRA entwickelte sich zu einer gefürchteten Terrororganisation, deren Arm bis nach London reichte.
Verschiedene Versuche einer politischen Lösung des Problems gelangten über Ansätze nicht hinaus, bis 1994 die Sinn Fein Partei erstmals einen Waffenstillstand anbot, der aber bereits ein Jahr später mit einem Bombenanschlag in London schon überholt war. Trotzdem gelang es der Labour-Regierung, über politische Verhandlungen mit beiden Seiten einen Friedensprozess auf den Weg zu bringen, der am 10.April 1998 in das Karfreitagsabkommen mündete, mit dem unter anderem Nordirland eine Selbstverwaltung erhielt und beide Seiten die Waffen niederzulegen versprachen. Die folgenden Jahre waren geprägt von kleinen Fortschritten und regelmäßigen Rückschlägen. In immer neuen Verhandlungen sollte das Misstrauen auf beiden Seiten abgebaut und die Grundlage für eine gemeinsame Arbeit im nordirischen Parlament geschaffen werden.
Mit der Erklärung der IRA vom 28.Juli 2005, ihren bewaffneten Kampf endgültig zu beenden, besteht nun Hoffnung, dass aus dem Nordirlandkonflikt endlich eine Auseinandersetzung wird, die von beiden Seiten mit politischen Mitteln und über den Weg des Kompromisses gelöst werden kann. Mehr als eine Hoffnung allerdings ist dies aktuell trotz ermutigender Signale noch immer nicht.

Literatur Jürgen Elver, Geschichte Irlands, München 1993.

W. W.

Ostpreußens Grenzlagen

Ein „absolutistisches Staatstheater" spielte sich am 18. Januar 1701 im Königsberger Schloss ab. Kurfürst Friedrich Wilhelm III. von Brandenburg aus dem Haus Hohenzollern krönte sich selbst zum „König in Preußen". Endlich konnte er sich mit der Rangerhöhung schmücken wie die sächsischen Wettiner als Könige von Polen (1697). Des neuen Königs Diplomatie hatte das „in" akzeptieren müssen, weil die Polen im üblichen „von" einen Anspruch auf Westpreußen sahen, was sie nicht hinnehmen konnten (erst Friedrich II. hat die Bezeichnung geändert). Dem Kaiser versprach man Hilfe im heraufziehenden spanischen Erbfolgekrieg. Nur Staatstheater – und auch noch in schlechter Inszenierung, weil sich keiner der europäischen Regenten blicken ließ? Nein, das war eine geschichtsmächtige Stunde, denn der Königstitel, der an dem kleinen, nicht zum Reich gehörigen Herzogtum Preußen haftete, wurde zum einigenden Band der heterogenen und territorial nicht verbundenen Besitzungen der Hohenzollern. Dass Rheinländer und Westfalen „Preußen" wurden, lag in diesem Moment begründet. Ob Friedrich Wilhelm daran dachte, sei dahingestellt; die historische Wirkung hingegen ist kaum zu bezweifeln. – Eine kleine, höchst periphere Provinz ist zum Namensgeber des später mächtigsten Staates auf deutschem Boden geworden. Eine ungewöhnliche Karriere eines bescheidenen Grenzlandes, dem seine Lage zum Schicksal wurde – bis heute.

Für die handeltreibenden Völker der Antike war dieses Gebiet am Mare balticum das nördliche Ende der Welt – und doch wegen seines Bernsteins von großem Interesse. Im Lichte der mittelalterlichen Geschichte erscheint das Gebiet als Grenz- und Überschneidungsraum der Sprachen und Kulturen. Hier wohnten die Pruzzen, ein in mehrere Stämme gegliedertes baltisches Volk mit adliger Oberschicht, freien Bauern, Minder- und Unfreien; ein Volk, das mit den östlich benachbarten Litauern und Letten eine eigene indogermanische Sprachgruppe bildete. Im Süden und nach Westen zur Weichsel hin gab es gemischte Siedlungsräume mit slawischer Bevölkerung. Als in der zweiten Hälfte des 10. Jh.s unter dem Fürstengeschlecht der Piasten polnische Staatlichkeit sich ausbildete und das lateinische Christentum Fuß fasste, erhielt die Grenzlage eine neue Qualität: Es ging um Religion – Christentum oder „Heidentum" – und um Herrschaft.
Lange Zeit erwehrten sich die Pruzzen erfolgreich ihrer „Bekehrung" und Unterwerfung – zwei Seiten einer Medaille. Der Missionsbischof Adalbert

von Prag wurde 997 erschlagen und Boleslaw I. Chobry, der erste König und eigentliche Staatsgründer Polens, 1018 bei Truso in der Nähe des späteren Elbing abgewehrt. Bei dem Kampf gegen die Unterwerfung trugen die Pruzzen den Krieg in die benachbarten christlichen Gebiete und mobilisierten so, unfreiwillig, den gesamtchristlichen Kampfeswillen, vom Papst als „Kreuzzug" sanktioniert. Das war die Situation am Anfang des 12. Jh.s. Der Piastenherzog Konrad von Masovien rief 1226 den Deutschen Ritterorden ins Land. Statt mit Hilfstruppen bekam er es mit dem einflussreichsten Diplomaten seiner Zeit zu tun, dem Hochmeister Herrmann von Salza, der nacheinander von Kaiser Friedrich II. (Goldbulle von Rimini 1226) und Papst Gregor IX. (Urkunde von Rieti 1234) den Auftrag erwirkte, das Pruzzenland zu unterwerfen. An der Schnittstelle des christlichen Abendlandes mit der traditionellen baltischen Kultur eroberte der Deutsche Orden nun sein neues Reich.

Der Orden als Landesherr brauchte Untertanen. Deutsche Siedler ließen sich im Kulmer Land und in den Küstenregionen nieder; sie lebten nach Kulmer oder Magdeburger Recht und stellten sich besser als die slawische oder pruzzische Bevölkerung. Die Städte waren von dem Kulturraum der Hanse geprägt. Als im ausgehenden 13. Jh. die „Wildnis" besiedelt wurde (Masuren und Gebiete zur Memel hin), erhielten auch Pruzzen, Litauer und Slawen deutsches Recht, wenn sie die Mühen der Urbarmachung auf sich nahmen.

Ein Raum mit kulturellen Überlagerungen ist Preußen also auch in der Ordenszeit und darüber hinaus geblieben. Das Pruzzische hielt sich als Volkssprache bis ins 17. Jh. wie Volkskultur und -glaube. Denn der Orden hatte wenig missionarische Energie. Er begnügte sich mit der Taufe und der Übernahme christlicher Rituale. Es waren erst nach der Säkularisation des Ordensstaates die lutherischen Pastoren, die durch Predigt und schulische Grundbildung das Pruzzische schließlich verdrängten.

1410 unterlag der Orden in der berühmten Schlacht bei Tannenberg gegen das vereinigte polnisch-litauische Heer, Anfang vom Niedergang der Ordensherrschaft. Von 1454 bis 1466 erhoben sich die Untertanen, die Stände, gegen den Orden. Westpreußen ging in der Folge an Polen, das ständische Freiheiten und Rechte sowie wirtschaftliche Prosperität weit besser garantieren konnte als der geschwächte Orden. Der Reststaat, der dem Orden noch verblieb – Ostpreußen –, erlebte die Asymmetrie der Beziehungen gegenüber einem übermächtigen Nachbarn: Der Ordensstaat war nun von

Polen lehensabhängig und hatte es im Inneren mit ausgesprochen mächtigen Ständen zu tun, die bei allen nur denkbaren Streitfällen an die Krone Polens appellieren konnten.

1511 wurde Albrecht von Brandenburg-Ansbach, ein Hohenzoller, Hochmeister; auf Anraten Luthers wandelte er 1525 den Ordensstaat in ein weltliches Herzogtum um und führte die Reformation ein. Von den vier Bistümern blieb das Ermland katholisch und galt als Polen zugehörig. 1544 gründete der Herzog die Universität Albertina in Königsberg; ein bedeutendes Kulturzentrum entstand, ein „Leuchtturm" des Luthertums an der Ostsee. Überhaupt verstärkte die Reformation ein gesamtpreußisches Bewusstsein, nachdem auch Danzig, Elbing und Thorn, obwohl polnische Untertanen, sich ihr angeschlossen hatten. 1528 wurde sogar (unter Leitung von Nikolaus Kopernikus) eine gesamtpreußische Münzreform durchgeführt. Als Albrecht 1566 nach einem Schlaganfall nicht mehr regierungsfähig war, erschienen polnische Kommissare in Königsberg, um den Heimfall des Lehens vorzubereiten; dagegen sperrten sich nunmehr die einst so polenfreundlichen Stände und ihre Exponenten, die das Land faktisch regierten, nicht aus nationalen, sondern vor allem aus konfessionellen Gründen. So konnte ein Zufall historisch wirksam werden, nämlich dass ausgerechnet ein Hohenzoller letzter Hochmeister und erster Herzog geworden war. Lange, aber 1618 erfolgreich, bemühte sich die brandenburgische Linie der Hohenzollern um das Erbe dieses polnischen Lehens. Dem Großen Kurfürst Friedrich Wilhelm gelang es 1660 im Frieden von Oliva die polnische Oberhoheit abzuschütteln. Ostpreußen war nun souverän – die Voraussetzung für das preußische Königtum von 1701.
Einschneidend für Ostpreußen wurden die drei Teilungen Polens im 18. Jh. Die erste (1772) veränderte die geopolitische Lage grundlegend: Ost- und Westpreußen wurden vereint und mit den hohenzollerschen Territorien im Reich verbunden. Die letzte (1795) schuf eine neue, dauerhafte Grenzsituation: Russland wurde unmittelbarer Nachbar.
Die Albertina in Königsberg erlebte durch J. Chr. Gottsched, I. Kant, J.G. Herder, E.T.A. Hoffmann u.a. eine hohe Blüte und Ausstrahlungskraft über die Grenzen hinaus. Herder beflügelte das nationale Bewusstsein der baltischen Völker. Das polnische und litauische Seminar an der Universität sollte im 18. und 19. Jh. zwar in erster Linie Lehrer und Pastoren hervorbringen, die mit preußischen Untertanen in ihrer Muttersprache verkehren konnten; aber es kamen auch zahlreiche Studenten aus dem russischen Teil Polens und erlebten hier eine Freiheit, die sie dort nicht hatten.

Durch die gemeinsame Grenze mit Russland wurde Ostpreußen im Ersten Weltkrieg zum wichtigen Kampfgebiet an der Ostfront, das einzige, in dem fremde Truppen deutschen Boden betraten. Der russische Angriff wurde 1914 zurückgeschlagen. Im Vertrag von Versailles schmolz das Territorium Ostpreußens u.a. durch die Abtretung des Memellandes. Im Bezirk Allenstein und in Masuren, wo es einen erheblichen polnischen Bevölkerungsanteil gab, brachten die Volksabstimmungen eine überwältigende Mehrheit für den Verbleib beim Reich. Die Grenzlage war aber äußerst prekär: Es gab keine territoriale Verbindung mehr zum übrigen Deutschland. Durch den polnischen „Korridor" verkehrten nur verplombte Züge; ein „Seedienst" als Verbindung zum Reich wurde eingerichtet. Nur mühsam konnte Ostpreußen mit der „Osthilfe" wirtschaftlich gehalten werden. Es gab eine erhebliche Abwanderung ins Reich.
Den Menschen im alten Ostpreußen wurde gegen Ende des Zweiten Weltkriegs die extreme Grenzlage zum Verhängnis. Durch die Sowjetarmee im Oktober 1944 vom übrigen Deutschland abgeschnitten, wurden Hunderttausende von Zivilpersonen eingeschlossen oder versuchten über das Eis des Frischen Haffs zu fliehen. Man rechnet mit über 600000 Toten; die Überlebenden (fast zwei Millionen) wurden bis 1947 vertrieben. Auf der Potsdamer Konferenz teilte man Ostpreußen zwischen der Sowjetunion und Polen auf. In den Jahren nach dem Krieg vernichtete die Sowjetarmee fast alle Dörfer, um die Erinnerung an die deutsche Vergangenheit zu löschen. Die Reste des Königsberger Schlosses sprengte man 1969, der Dom auf der vom Pregel umflossenen Kneiphofinsel verfiel. Die Stadt wurde 1946 nach Michail Iwanowitsch Kalinin († 1946) benannt, einem Vertrauensmann Lenins und Stalins; Kaliningrad heißt sie noch heute.
Das alte Ostpreußen ist historische Erinnerung. Aber die Grenzlage ist geblieben; sie ist eigenartiger als je zuvor. Während der polnische Teil dank geschickter Restaurateure und Erneuerung der Infrastruktur ein für den Tourismus attraktives Gebiet geworden ist, tut sich Russland mit der jetzt 400 km von seiner Landesgrenze entfernten Exklave schwer; das ehemalige hochmilitarisierte unzugängliche Sperrgebiet ist von Verfall, Kriminalität und Armut gekennzeichnet.
Aber es gibt auch positive Zeichen: 1990 begann der Wiederaufbau des Doms, der seit 1998 in seiner historischen Gestalt zu besichtigen ist; das Dommuseum dokumentiert die Baugeschichte. Das Grabmal des Philosophen Immanuel Kant an der Außenseite des Chores blieb unzerstört, und junge Brautpaare legen hier weiterhin Blumen nieder. Gedenksteine in der

Stadt erinnern an die Dichterin Käthe Kollwitz wie an die Publizistin und Ostpreußin Marion Gräfin Dönhoff. Man versucht nicht mehr die Vergangenheit zu leugnen.
Dieser nördliche Teil Ostpreußens, umgeben von Staaten der Europäischen Union, besitzt den Status einer Sonderwirtschaftszone, ohne dass schon konkret erkennbar wäre, was daraus einmal werden soll. Grenzlagen sind immer eine Herausforderung.

S. M.

Fünf Kontinente – eine Welt

Aufbruch ins Unbekannte – Afrika- und Orientreisen

Die Karte Innerafrikas war für Europäer vor der Mitte des 19.Jh.s noch weitgehend ein weißer Fleck, die Sahara *Terra incognita*. Die großen Seen und die Schneeberge Ostafrikas kannte man nur vom Hörensagen, von den Strömen Kongo, Niger und Sambesi nur die Mündungen und Teile des Unterlaufs. Über die Quellenflüsse des Nils wusste man nicht mehr als Herodot. Klarer waren die Vorstellungen über die Länder des Orients; aber tiefer eingedrungen sind nur wenige Europäer. Dies alles sollte sich grundlegend verändern.
Was bringt Menschen dazu, ins Unerforschte aufzubrechen, dabei die extremsten Belastungen auf sich zu nehmen, Gesundheit und Leben zu riskieren? Lust am Entdecken, missionarischer Eifer, Lebenssteigerung durch Abenteuer und Risiko, Flucht aus persönlichen Sackgassen, Hoffnung auf Ansehen und materiellen Gewinn. Individuelle Motive sind nur die eine Seite. Geldgeber verbanden mit Entdeckungs- und Forschungsreisen geschäftliche Interessen. Im 19.Jh. versprachen sich die Europäer von Afrika vor allem den Gewinn von Rohstoffen und Absatzmärkten. Mögen einzelnen Reisenden kolonialistische Hintergedanken ferngelegen haben, einer Spur ins Unbekannte konnte ein Macht- und Herrschaftsanspruch folgen, auch wenn es Jahrzehnte dauern sollte.
Hier soll vor allem von drei Reisenden die Rede sein, die in unterschiedlichen Regionen unterwegs waren und sich von unterschiedlichen Motiven leiten ließen: David Livingstone (1813–1873), Heinrich Barth (1821–1865) und Heinrich von Maltzan (1826–1874).

Der Schotte David Livingstone, aus bescheidenen Verhältnissen stammend, war Missionar und Arzt. Für die London Missionary Society ging er 1840 nach Südafrika, um auf der Missionsstation von Kuruman (Betschuanaland, heute Botswana) zu arbeiten. Ernüchtert von der Ergebnislosigkeit seiner Bemühungen, suchte er nach anderen Betätigungen. 1849 durchquerte er die Kalahari-Wüste und erreichte als erster Europäer den Ngamisee. Hier hörte er von einem großen Flusssystem noch weiter im Norden und ahnte, dass dort eine epochale Entdeckung auf ihn wartete. Im August 1851 erreichte er erstmals den oberen Sambesi. Sein Plan war, die Schiffbarkeit des Stromes nachzuweisen. Im November 1853 brach er am Mittellauf des Sambesi auf und erkundete ihn bis zu den Quellen, überschritt die Wasserscheide und erreichte Louanda in Angola. Von der Atlantikküste kehrte er an den Sambesi zurück und folgte dem Flusslauf bis zu seiner Mündung in den Indischen Ozean. Dabei entdeckte er im November 1855 die Victoria-Fälle – die größte fallende Wassermasse der Erde. Als erster Europäer hatte Livingstone den afrikanischen Kontinent durchquert.

Eigentlich hatte die Reise ein negatives Ergebnis: Der Sambesi war wegen unzähliger Stromschnellen nicht schiffbar. Einen Weg für den Warenhandel hatte Livingstone nicht gefunden. Das war einer seiner Antriebe gewesen, und zwar aus einer durchaus humanitären Gesinnung. Als rigoroser Gegner des Sklavenhandels glaubte er, man müsse der schwarzen Bevölkerung den Absatz von Waren ermöglichen, um sie von der Kooperation mit portugiesischen und arabischen Sklavenhändlern abzubringen. Dass dies für England Gewinn versprach, zeigte die merkantile Seite von Livingstones Humanismus. Nach 16 Jahren kehrte er nach England zurück. Von Misserfolgen war nicht die Rede, im Gegenteil: Er wurde als großer Entdecker begeistert empfangen. Sein Buch *„Missionsreisen und Forschungen in Südafrika“* machte ihn vermögend und international bekannt. Wirtschaftskreise und Regierung interessierten sich für den neuen Volkshelden. Seine optimistischen Berichte über die Entwicklungschancen Afrikas bewogen diese zur Finanzierung einer weiteren Sambesi-Expedition. Livingstone war nun britischer Konsul – und Promotor für den Anbau von Baumwolle.

Die Reise, die im Mai 1858 an der Mündung des Sambesi in Moçambique begann, war finanziell hervorragend ausgestattet, der Verlauf wenig glücklich. Die Expedition zerfiel. Die Kebrabasa-Fälle versperrten dem Raddampfer den Weg. Livingstone wandte sich der Erkundung des Shire zu, eines linken Nebenflusses des Sambesi, erreichte den Njassa-(heute Malawi-)See und propagierte den Plan, im Shire-Hochland eine blühende Kolonie mit Baumwollpflanzungen zu errichten. Die Regierung allerdings beschloss, die Expedition abzubrechen; Livingstone kehrte 1864 nach England zurück.

1866 brach er zu seiner letzten großen Expedition auf, um im Auftrag der Royal Geographical Society die Quellen des Nils zu suchen. Livingstone bereiste weiträumig das Gebiet zwischen Njassa- und Tanganjika-See, erkrankte schwer und galt als verschollen. So fand ihn der Journalist Henry Morton Stanley – „Dr. Livingstone, I presume?" – im Oktober 1871 in Udjidji am Tanganjika-See. Obwohl seine Gesundheit längst zerrüttet war, setzte er seine Reisen fort. Am 1. Mai 1873 starb er in Chitambo (Sambia).

Er ist an vielen seiner Ziele gescheitert, und doch hat er das Bild der Europäer von Afrika maßgeblich geprägt und zur Erschließung des Kontinents beigetragen; auch seine Idee von Siedlungskolonien ist schließlich Wirklichkeit geworden. Livingstones Kartografie, seine Beobachtungen zur Völkerkunde, zur Tier- und Pflanzenwelt haben das Wissen über einen nahezu unbekannten Erdteil wesentlich erweitert.

Heinrich Barth wurde in Hamburg geboren. Vom Schulunterricht unterfordert, studierte er aus eigenem Antrieb Englisch und Arabisch. Sein Vater, ein wohlhabender Schlachtermeister, ermöglichte ihm das Studium der Altertumswissenschaften und Geografie in Berlin. 1844 promovierte er; vier Jahre später habilitierte er sich. Inzwischen lag seine erste Reisebeschreibung vor („*Wanderungen durch die Küstenländer des Mittelmeeres*"). Aber in den politisch unruhigen Zeiten gab es keine Aussicht auf eine akademische Karriere.

So kam es zu der entscheidenden Wende in seinem Leben: Auf Vermittlung des preußischen Gesandten in London, Freiherr von Bunsen, konnte er an einer großen Afrika-Expedition im Auftrag der englischen Regierung teilnehmen. Beteiligt waren der junge Hamburger Kartograf Adolf Overweg (1822–1852) und als Leiter der Engländer James Richardson (1806–1851), ein Missionar. Die Expedition sollte nicht nur wissenschaftlichen Zwecken dienen. In der Instruktion, die Premierminister Lord Palmerston selbst unterzeichnete, war klar ein wirtschaftspolitischer Auftrag formuliert: Wie kann der Handel zwischen Großbritannien und Afrika erweitert werden, welche Verkehrslinien gibt es, welche europäischen Waren sind absetzbar, welche afrikanischen Erzeugnisse wertvoll?

Barth, der während der Reise den arabischen Namen Abd el Kermin führte, und Overweg unternahmen von Tripolis aus eine Forschungssafari in die Sahara. Als Richardson eintraf, brach die Karawane Anfang April 1850 nach Süden auf. Über den Fezzan (heute Süd-Libyen) kamen sie als erste Europäer in die vulkanische Gebirgslandschaft des Aïr (heute östliches Niger). Als Anfang März 1851 Richardson einer Krankheit erlag, beauftragte das Londoner Außenministerium Barth mit der Leitung der Expedition. Er bereiste den Norden des heutigen Nigeria, entdeckte den Benuë, einen linken Nebenfluss des Niger, und erreichte die Hauptstadt Yola des bisher unbekannten Landes Adamaua (heute Nigeria und Kamerun). Danach wandte sich Barth wieder nach Norden und erforschte viele Monate lang die Regionen um den Tschadsee – zeitweise im Gefolge des Räuber- und Sklavenjägerstamms der Uëlad Sliman, die einzige Möglichkeit, in bestimmte Gebiete vorzudringen. Ende November 1852 brach er nach Timbuktu auf, das er am 7. September 1853 erreichte. Acht Monate blieb er hier, dann dauerte es noch über ein Jahr, bis er am 28. August 1855 den Ausgangspunkt Tripolis erreichte. In fast sechs Jahren hatte er zu Fuß und reitend etwa 18 000 km zurückgelegt. Abgerechnet hat er Kosten von 1 600 Pfund – ein Bruchteil des Budgets, das Livingstone ein paar Jahre später zur Verfügung stand.

Es war eine unglaubliche Leistung. Barth hatte keine oder höchst unzureichende Karten; mehr geholfen haben ihm seine Fähigkeit, sich einheimischer Sprachen zu bedienen, und seine Achtung, die er den Menschen und ihrer Kultur entgegenbrachte. Er war ein besessener Arbeiter. Unablässig fertigte er Notizen und topografische Skizzen, auch auf dem Rücken des Kamels; wann immer Gelegenheit war, arbeitete er dieses Rohmaterial aus. Zurück in London brauchte er nur ein Jahr, um die drei ersten dickleibigen Bände seiner Reisebeschreibung in Druck zu bringen; sie erschienen gleichzeitig in Deutsch und Englisch. Ein Jahr später waren die beiden letzten Bände fertig. Der ungeheuere Detailreichtum seiner Werke war etwas für Experten, ein Standardwerk und Handbuch für Jahrzehnte. Seither wusste man beispielsweise, dass die West- und Zentralsahara ein überwiegend gebirgiges Land war. Nach dem Kartografen Petermann hat Barth für das nördliche Zentral-Afrika Ähnliches vollbracht wie Cook für die Südsee und Alexander von Humboldt für Amerika.

Auch um seinen handelspolitischen Auftrag hat er sich gekümmert. Barths Gastgeber in Timbuktu, Scheich El Bakay, verfolgte die französischen Aktivitäten im Senegal mit großem Misstrauen und war an Beziehungen zu England sehr interessiert. Barth vermittelte eine Einladung des britischen Außenministers Lord Clarendon. In dem Schreiben war sogar von weitreichenden Handelsbeziehungen die Rede. Doch als die Delegation aus Tim-

buktu am 22. Juni 1857 in Tripolis eintraf, erhielt sie keine Genehmigung zur Weiterreise nach London. Seit dem Krim-Krieg herrschte ein „herzliches Einvernehmen“ zwischen den beiden Mächten; so wollte man in London die französische Einflusszone in Westafrika respektieren.
Nach der Fertigstellung der Bände 4 und 5 zog Barth im August 1858 von London nach Berlin um. Sein Verhältnis zu England war abgekühlt; er fühlte sich nicht ausreichend gewürdigt, und nationalistische Kreise hatten es nicht verwunden, dass ein Deutscher Leiter einer englischen Expedition war. Er hielt Vorträge, wurde Ordentliches Mitglied der Königlichen Akademie der Wissenschaften in Berlin und 1863 a. o. Professor. Mehrere Reisen führten ihn in den Mittelmeerraum, vor allem ins Osmanische Reich. Wahrscheinlich ist er nie mehr richtig heimisch geworden. So schrieb Barth an seinen Schwager und Biographen Schubert: „Wie sehne ich mich nach einem freien Nachtlager in der Wüste, in jenem unermesslichen Raume, wo ohne Ehrgeiz, ohne Sorgen um die tausend Kleinigkeiten, die hier den Menschen quälen, ich mich im Hochgenuss der Freiheit nach Beendigung des Tagesmarsches auf meine Matte zu strecken pflege, um mich meine Habe, meine Kamele, mein Pferd. Fast bereue ich, dass ich mich selbst in diese Ketten gelegt habe.“
Heinrich von Maltzan wurde in Dresden geboren; sein Vater war Reichsfreiherr, seine Mutter Engländerin. Schon früh interessierte er sich für die Länder des Orients. Er studierte Völkerkunde, Geografie, Archäologie, Hebräisch und Arabisch; Letzteres beherrschte er seit einem längeren Aufenthalt in Algier wie seine beiden Muttersprachen. Als sein Vater 1851 starb, erbte er ein Vermögen, das ihn vom Broterwerb unabhängig machte.
Im Jahr darauf bereiste er zum ersten Mal den Maghreb, in den folgenden Jahren Ägypten, Palästina, Kleinasien. Dann durchquerte er die östliche Sahara und hielt sich längere Zeit in Äthiopien und im Jemen auf. 1860 machte er sich auf den Weg nach Mekka. Ausgangspunkt war Algier, wo er einem Haschischsüchtigen den Pass abkaufte und unter dessen Identität als einfacher Maghrebi den Hadsch, die Pilgerfahrt nach Mekka, unternahm. In Ägypten schloss er sich einer Pilgergruppe an und lebte nun in der ständigen Gefahr, als Ungläubiger erkannt und erschlagen zu werden. So erreichte er das religiöse Zentrum des Islam, was nur wenige Christen vor ihm geschafft hatten.
Maltzan begann als Bildungstourist und journalistischer Gelegenheitsautor und wurde zum wissenschaftlichen Forschungsreisenden, zu einem der besten Kenner islamischer Kultur seiner Zeit und Wegbereiter der Orientalis-

tik. Sein Durchbruch gelang ihm 1863 mit dem Werk *„Drei Jahre im Nordwesten von Afrika“* (4 Bände). Sein Buch *„Meine Wallfahrt nach Mekka“* (1865) machte ihn berühmt. Maltzan schilderte in diesen und weiteren Werken mit großer Anschaulichkeit politische, wirtschaftliche und soziale Verhältnisse; er ist ein aufmerksamer Beobachter des Alltagslebens und der religiösen Bräuche; seine Hochachtung vor islamischer Kultur hindert ihn nicht an beißender Kritik an groteskem Aberglauben und religiösem Fanatismus. Maltzan schreibt witzig und humorvoll; er hat eine ironische Distanz zu seinem Gegenstand, ohne zynisch zu werden. Er ist nicht weniger detailreich als Barth, aber sein journalistischer Stil macht ihn um ein Vielfaches leichter lesbar. Er veröffentlichte immer wieder Aufsätze in der populärwissenschaftlichen Zeitschrift „Globus“ und prägte so das Orientbild einer breiteren Öffentlichkeit in Deutschland. Wissenschaftliche Verdienste erwarb sich Maltzan durch die Aufzeichnung phönizischer Inschriften. In Nordafrika und auf Sardinien sammelte er mehr phönizische Texte, als damals in allen europäischen Museen zusammengenommen vorhanden waren.

Von Krankheiten gezeichnet, beendete er sein Leben in Pisa durch Suizid. Von den drei Reisenden ist er heute zu Unrecht der unbekannteste, denn seine Leistungen sind keineswegs geringer als die der beiden anderen.

S. M.

Timbuktu – Metropole Westafrikas

In der Stadt Zagora im südmarokkanischen Drâa-Tal findet man einen Wegweiser: Tombouctou (so die französische Schreibweise) 52 Jours; das ist die historische Reminiszenz an eine der Routen von Kamelkarawanen, die bis Timbuktu, der Drehscheibe des Saharahandels mit Westafrika, mehr als 1 700 km Stein- und Sandwüste vor sich hatten. Andere Karawanen gingen von Tunis, Tripolis und Ghadames aus; von Ägypten kam, am Tschad-See vorbei, die Sudan-Route. Der Begriff Sudan bezeichnet jenen breiten Steppen- und Savannengürtel, der sich von Senegal im Westen durch ganz Afrika erstreckt, die Sahelzone, den Siedlungsraum dunkelhäutiger Völker. Von Norden und Osten her war Timbuktu das Tor zum Westsudan. Heute gelangt man von Süden in die Stadt, entweder nach einer tagelangen Pinassen-Fahrt auf dem Niger bis Kabara, dem Hafen, 12 km von Timbuktu entfernt, oder auf einer annähernd 250 km langen Piste durch die Trockensavanne. Nördlich von Timbuktu beginnt die Wüste – für eine Stadt ist kaum eine extremere Lage denkbar. Und doch spiegelt sich hier facettenreich die Geschichte Westafrikas.

Durch einen arabischen Reisenden drang um die Mitte des 14. Jh.s erstmals die Kunde von dieser Stadt nach Europa, die ein Synonym für die Geheimnisse des Sudan werden sollte. Neben arabischen Quellen war Leo Africanus für das christliche Europa lange Zeit der Gewährsmann für die Existenz der Stadt. Er stammte aus Andalusien, wurde als Moslem von den Spaniern vertrieben und reiste als Kaufmann und Gelehrter im Maghreb; 1519 verschlug es ihn nach Rom an den Hof Papst Leos X. Für seinen Herrn verfasste er einen Bericht über seine Reisen und beschrieb Timbuktu als eine Stadt der Gelehrsamkeit, eine Metropole des Handels, reich an Gold wie keine andere Stadt Afrikas: „Belad el Deheb“ – Stadt des Goldes war ihr arabischer Name. Das klang sagenhaft – und war doch nahe an der Realität.

Man darf nämlich die Geschichte Westafrikas nicht durch die Brille kolonialer Überheblichkeit sehen. Schon seit dem 5. Jh. unserer Zeitrechnung gab es am oberen Niger und am Senegal das Reich Ghana, das in seiner Hochzeit bis in das heutige Marokko hineinreichte und alle Handelsrouten zwischen dem Norden und Westafrika beherrschte. Es hatte mehr als ein halbes Jahrtausend Bestand. Nach seiner Zerstörung durch Berberstämme entstand am Anfang des 13. Jh.s das Reich Mali, das sich vom heutigen West-Niger bis zur Atlantikküste erstreckte und mit Ausnahme der südlichen Küstenstreifen ganz Westafrika beherrschte. Kern des Reiches war das heutige Südmali. Seine größte Macht und Ausdehnung ereichte es unter dem König Mansa Musa (ca. 1307–1337). Er war, anders als die Ghana-Könige, Moslem und förderte die Islamisierung Westafrikas. Bei seiner Pilgerreise nach Mekka, so bezeugen mehrere Quellen, soll er unermessliche Mengen an Gold mit sich geführt haben. Die Geschenke und Ausgaben seines Hofes in Kairo haben eine jahrelang anhaltende Inflation des auf Gold basierenden ägyptischen Dinars ausgelöst.

Es ist die Zeit, in der Timbuktu und das südlichere Djenné zu Zentren der Bildung und Kultur wurden. Mansa Musa holte Architekten aus Arabien, die Moscheen errichteten, so wohl auch die Sankoré-Moschee in Timbuktu, die der geistige Mittelpunkt der Universität war. Ein weiter Platz erstreckt sich noch heute vor dem Gebäude. Hier muss man sich Gruppen von Studenten vorstellen, vielleicht mit Zelten vor der Sonne geschützt, die lesen, rezitieren, mit ihren Lehrern diskutieren. Hier war das bedeutendste Zentrum islamischer Gelehrsamkeit südlich der Sahara; im 15. Jh. gab es Tausende von Studenten und weit über 100 Koranschulen. Hier ist im 17. Jh. der „Tarikh-as-Sudan“ entstanden, das wichtigste historische Werk Westafrikas. Die Bibliothek war einst berühmt in der islamischen Welt.

Minarett Sankoré-Moschee, © Münchenbach 2005

Bevor Timbuktu ein Hort des Geistes wurde, war es bereits eine Drehscheibe des Transsahara-Handels. Das Gold des Malireiches wurde hier auf Kamele geladen, um dann beispielsweise in Florenz ausgemünzt zu werden. Ohne die Lieferungen aus Westafrika wäre Gold im europäischen Mittelalter als Zahlungsmittel gar nicht denkbar gewesen. Elfenbein und Sklaven waren andere Handelsgüter; im Gegenzug kamen kostbare Tuche, Kupfer, Eisenwaren, vor allem Waffen, zunächst aus Arabien, dann auch aus Europa. Von besonderer Bedeutung war der Salzhandel von den Sahara-Oasen nach Westafrika, das selbst über kein Salz verfügte. Es gab Zeiten, da wurde es mit Gold aufgewogen. Noch heute kommen nach Timbuktu Salzkarawanen von den Lagerstätten von Taoudenni in Nordmali nahe der algerischen Grenze, ca. 700 km und 17 Tagesreisen entfernt. In Kabara werden die Salzplatten auf Schiffe verladen. So findet man sie auf den Märkten von Djenné, Mopti und Bamako.

Auf das Mali-Reich folgte um die Mitte des 15. Jh.s das der Songhai mit seinem Schwerpunkt im heutigen West-Niger. Beide Reiche, vor allem die Songhai, haben über eine Staatsverwaltung und ein stehendes Heer verfügt. Der weiträumige Handel mit einem Kreditsystem funktionierte nicht schlechter als in Europa.

Der Niedergang des westafrikanischen Reiches und in der Folge auch Timbuktus kam mit der marokkanischen Invasion am Ende des 16. Jh.s. Zudem bewirkten die Handelsstützpunkte der Portugiesen, dann auch der Engländer und Franzosen, dass sich der Westafrikahandel auf den Atlantik verlagerte. Einzelne der alten Karawanenrouten wurden weiterhin betrieben; aber die große Zeit der städtischen als Zentren im Binnenland war vorbei. Regionale Mächte entstanden, aber ein politisches Kraftzentrum besaß Westafrika nicht mehr. Zu Beginn des 19. Jh.s kämpften Tuareg und Fulbe jahrzehntelang um die Vorherrschaft in Timbuktu, auch dies ein Zeichen für den politischen Zerfall der Region.

Inzwischen war das Innere Westafrikas in den Fokus europäischer Mächte geraten. Handels- und Flottenstützpunkte gab es schon längst; die Engländer z.B. saßen am Unterlauf des Niger (heute Nigeria), die Franzosen im Senegal. Um 1800 herum erkundete der Engländer Mungo Park den Verlauf des Niger, der wegen seiner Richtungsänderung ein großes Rätsel für die Europäer war. Der erste Europäer, der Timbuktu erreichte, war 1825 ein britischer Offizier, der Schotte Alexander Gordon Laing. Er trat als eine Art Vorhut des englischen Herrschaftsanspruchs auf und wurde schließlich außerhalb der Stadt erschlagen. Der zweite war ein junger Franzose, ein Abenteurer mit Namen René Caillé, der weitgehend auf eigene Faust unterwegs war. Er lernte Arabisch, lebte monatelang in Mauretanien unter Muslimen und gab sich als solcher aus, als er von der Guinea-Küste nach Timbuktu aufbrach. Nach einem Jahr traf er am 20. April 1828 in Timbuktu ein, wo er drei Wochen blieb. Caillé hatte es sich zur Lebensaufgabe gemacht, die geheimnisvolle, goldene Stadt zu erreichen, eines der großen Rätsel Afrikas. Was er sah, war ernüchternd: „Da lagen lauter schlecht gebaute Lehmhäuser und ringsherum wie überall der weißgelbe Flugsand, bis hin zum Horizont [...]. Die ganze Natur schien zu trauern..." Der Nächste war Heinrich Barth. Ihn, den kühlen Wissenschaftler, der schon so viel von Afrika gesehen hatte, bewegte die Ankunft in Timbuktu: „So war ich denn endlich an dem Ziele meiner weiten westlichen Wanderung, in dem lange ersehnten Timbuktu, glücklich angelangt." Er kam im September 1853 und blieb – unter dem Schutz des Scheichs El Bakay – acht Monate.

Zerrissen von inneren Streitigkeiten, wurde Timbuktu schließlich kolonialer Besitz der Franzosen. Seit den 1880er Jahren drangen sie von Senegambia aus nach Mali vor, besetzten Bamako und Ségou, das große fruchtbare Binnendelta des Niger. 1886 kreuzte ein französisches Kanonenboot vor Kabara auf. 1894 wurde Timbuktu von den Franzosen gegen den heftigen Widerstand der Tuaregs besetzt. Sie bauten eine Zitadelle und machten Timbuktu zum Hauptort ihres damals nördlichsten Militärdistrikts.
Die ansässige Bevölkerung, nach Barth (1853) 13000 Menschen, war höchst gemischt: Songhai, Araber, Tuareg, Fulbe, Bambara, Malinke, nun kamen Franzosen und Fremdenlegionäre hinzu. Auch in kolonialer Zeit war der Handel bedeutend: Im Schnitt jährlich 400 Karawanen mit 140000 Kamelen, die 22400 Tonnen an Waren transportierten. Auf dem Niger kamen etwa 30000 Tonnen in die Stadt. Und doch reichte dies an frühere Zeiten nicht heran.
1960 erlangte das französische Kolonialterritorium als Republik Mali seine Unabhängigkeit. Autoritäre und diktatorische Regime folgten aufeinander, bis seit 1990 ein Demokratisierungsprozess einsetzte. Seit 1992 gibt es eine demokratische Verfassung mit einem starken Präsidenten nach französischem Vorbild. In den 90er-Jahren war Timbuktu für Touristen wegen des Aufstands der Tuareg noch weitgehend verschlossen. Die Situation ist nun, wie es scheint, durch tragbare Kompromisse befriedet.
Timbuktu ist für europäische Ohren ein Zauberwort geblieben. Es gibt moderne Reiseberichte, so von der Engländerin Bettina Selby, die es sogar mit dem Fahrrad bis dorthin geschafft hat. Robert Plant veranstaltete Rockkonzerte (Sixty six to Timbuktu), Brett- und Computerspiele und mancher Roman tragen den Namen im Titel. Die Stadt von heute mit etwa 20000 Einwohnern ist fast autofrei. Fährt doch einmal ein Wagen durch die allesamt ungeteerten Straßen, ist man von einer Glocke aus feinem Sand und Staub eingehüllt. Eine deutsche Partnerstadt hat somit ein schier unendliches Betätigungsfeld gefunden; das verrät ein Schild mit der Inschrift: „JUMELAGE CHEMNITZ-TOMBOUCTOU POUR UNE VILLE PROBRE“.

S. M.

Spuren vergangener Reiche – Azteken, Inka, Maya

Als die Spanier Anfang des 16. Jh.s Mittel- und Südamerika eroberten, trafen sie auf zum Teil bereits seit mehreren hundert Jahren bestehende Hochkulturen. Diese besaßen eine eigene Schrift und zahlreiche Kenntnisse von Wissenschaft und Technik.

Das Reich der Azteken entstand etwa 1000 n. Chr. Um 1325 gründeten sie auf dem Boden des heutigen Mexico City ihre Hauptstadt Tenochtitlan. Man hat sie auch „Venedig des Westens" genannt, weil sie auf kleinen, zum Teil künstlichen Inseln in einen See gebaut wurde. In ihrer Blütezeit zählte Tenochtitlan über 300 000 Einwohner. An der Spitze stand ein König unterstützt von einer Schicht von Adligen. Die wirtschaftlichen Grundlagen bildeten der Feldanbau (Bohnen, Mais, Kürbis) und der Handel.

Archäologische Funde haben in den vergangenen Jahren die Diskussion neu entfacht, ob die Azteken Menschenopfer dargebracht haben. Bei Grabungen fand man in der Hauptpyramide 60 menschliche Schädel. Sie wurden mit Beilen aus Vulkanglas abgehackt. In einem anderem Areal stießen Forscher auf einen Schrein, an dem 240 Totenköpfe aus Stuck prangten. 1487 sollen gar anlässlich der Neuweihe des Templo Mayor 20 000 Gefangene gestorben sein. Hinweise auf eine theologische Begründung scheinen die These von Menschenopfern zu bestätigen. Die Azteken glaubten, dass die Sonne für Bewegung am Himmel eine Art Treibstoff brauche, sonst drohe ewige Nacht. „Damit die Sonne die Erde erleuchten kann, muss sie sich von Menschenherzen nähren und Blut trinken", heißt es in einem Kodex.

Innerhalb von zwei Jahrhunderten gelang den Azteken, ein erstaunliches Imperium aus einem Kernstaat mit vielen tributpflichtigen Randvölkern zu schaffen. Am Ende der Regierungszeit Moctezumas II. (1502–1520) bestand das Reich aus 38 abgabepflichtigen Provinzen. Die Spanier unter Hernán Cortés konnten die Azteken vor allem deshalb besiegen, weil sie von indianischen Stämmen unterstützt wurden, die die Herrschaft Moctezumas nicht akzeptierten. 1525 ließen die Spanier den letzten Aztekenherrscher Cuauthémoc hinrichten.

Das gewaltigste Imperium Lateinamerikas war das Inkareich. Das Wort Inka ist ursprünglich nur ein Herrschertitel. Ein Oberhaupt des Stadtstaates von Cuzco hatte sich diesen Namen beigelegt. Unter dem Herrscher Pachacutec Yupanqui (1438–1471) begann die gewaltige Expansion des Inka-Reiches. Während seiner Regierungszeit wurde Machu Picchu, die beeindruckende Bergfestung, gebaut, die nach wie vor der Wissenschaft zahlreiche

Rätsel aufgibt. Um 1490 erstreckte sich das Herrschaftsgebiet von Kolumbien bis nach Chile und umfasste eine Fläche von 950 000 km². Die Inka-Gesellschaft war stark hierarchisch organisiert. Priester der Sonnengottheit und hohe Militärs gehörten zu einer ausgewählten Klasse. Das Reich wurde von eine Armee von Beamten erfasst und kontrolliert. Die Ausdehnung der eroberten Gebiete bewog die Inka sehr schnell, einen Teil der in Cuzco konzentrierten Macht zu dezentralisieren und regionale Verwaltungszentren zu schaffen, von denen aus die neuen, dem Reich einverleibten Provinzen leichter regiert werden konnten. Aus diesem Grunde sind zahlreiche Spuren der Inka-Architektur weiträumig zu finden. Um hohe Mauern zu errichten, bedienten sich die Inka schiefer Ebenen aus Erde, die sie rampenförmig aufschütteten und nach Fertigstellung des Baus wieder abräumten.

Bedeutsam für die Verwaltung des Reiches war das Straßensystem. „Was ich von römischen Kunststraßen in Italien, dem südlichen Frankreich und Spanien gesehen, war nicht imposanter als diese Werke der alten Peruaner“, notierte Alexander von Humboldt. Zwischen den großen regionalen Verwaltungszentren übernahmen kleine Kontrollposten, an denen auch Garnisonen stationiert waren, die Bewachung der Straßen. Durch ein ausgezeichnetes Meldesystem, das über Flaggenzeichen und Meldeläufer funktionierte, war die Regierung in kürzester Zeit über alles unterrichtet, was im Land vor sich ging. Vier so genannte Königsstraßen gingen von Cuzco aus. Die längste erstreckte sich über 5 200 Kilometer, eine Entfernung wie von Oslo nach Mekka, und verlief längs der pazifischen Küste.

Einen starken Zusammenhalt verlieh dem Inkareich die Religion. Überall im Land wurden Sonnentempel errichtet, und der Sonnenkult wurde zur Staatsreligion erklärt. Den unterworfenen Völkern ließ man ihre alten Götter, von denen man sogar einige in die inkaische Religion übernahm. Ein großes Problem war die Vielsprachigkeit im Herrschaftsgebiet, offizielle Sprache wurde daher Quechua.

Mit Hilfe der Knotenschnüre, der Quipu, wurden alle wissenswerten Dinge statistisch festgehalten und an die Zentrale weitergeleitet. Terrassenanlagen, künstliche Bewässerung durch Kanäle mit teilweise über 100 km Länge und die Verwendung von Dünger ermöglichten eine intensive Landwirtschaft.

Nach dem Tode des Inka Huaina Capac (1527) kam es zum Streit um die Thronfolge zwischen dem erstgeborenen Sohn Huascar in Cuzco und dem in Quito residierenden Lieblingssohn Atahualpa. Huaina Capac hatte eine

Teilung des Reiches unter den Brüdern vorgesehen. Atahualpa machte nach einer erfolgreichen Schlacht seinen Bruder Huascar zum Gefangenen. Pizarro landete 1532 mitten in diesem Bürgerkrieg. Die legendäre Weissagung wurde wahr; der weiße bärtige Gott Viracocha kehrte zurück. Pizarro ließ Atahualpa gefangennehmen, Lösegeld erpressen und ihn am 29.August 1533 erdrosseln.

Das gesamte ehemalige Herrschaftsgebiet der Maya verteilt sich heute auf fünf Länder. Neben der Halbinsel Yucatán im Süden Mexicos sind es Guatemala, Belize, Honduras und El Salvador. Die Fläche des einstigen Mayareiches, das aus rund 50 Kleinstaaten bestand, ist in etwa vergleichbar mit der Größe Deutschlands. Die Maya führten schon zweitausend Jahre lang Rechnungen durch, bevor man in Europa höhere Mathematik betrieb. So hatten sie die Zahl Null schon erfunden, als sie den Römern noch unbekannt war. Das Kalendersystem der Maya gilt als das beste und genaueste, das je geschaffen wurde. Noch heute kann man ihre großartigen Tempelanlagen und Pyramiden in Guatemala und Mexico bestaunen. Die gesellschaftliche Ordnung war komplex. Ein Staatsrat, der aus Häuptlingen, Priestern und einem Kriegsminister bestand, bildete die Regierung. Kaufleute besaßen besondere Vorrechte und zahlten keine Steuern. Zu den Merkmalen einer Hochkultur gehört die Arbeitsteilung. So waren beispielsweise außerordentlich hochqualifizierte Handwerker mit der Herstellung von Luxusgütern beschäftigt.

Die Frühzeit der Maya-Kultur wird meist als „vorklassisch" (1500 v.Chr. – 200 n.Chr.) bezeichnet. Die „klassische Epoche" lag zwischen 400 und 900 n.Chr. Aus dieser Zeit stammen große Städte wie Chichén Itzá und Palenque mit höchster Kulturentfaltung und einer enormen Größe. Mehrere zehntausend Menschen sollen jeweils in einer solchen Stadt gelebt haben. Niemand weiß bis heute, was genau die „klassische Zeit" beendet hat. Irgendwann um 900 verschwand ein Großteil der Bevölkerung und die Städte wurden verlassen. Die verbliebenen Maya änderten ihre Architektur, große Tempel oder vergleichbare Anlagen wurden nicht mehr gebaut. Derzeit konkurrieren im Wesentlichen drei Theorien über den Niedergang der Mayakultur, die mit den Schlagworten Krieg, Raubbau und Dürre in Verbindung gebracht werden.

In den Neunzigerjahren des vergangenen Jahrhunderts konnte endlich ein Großteil der Maya-Schrift entschlüsselt werden. Dadurch fand man heraus, dass die Maya keineswegs ein friedlicher Kulturkreis waren, wie lange Zeit angenommen. Es gab rund 50 Stadtstaaten, die zwei großen Machtblöcken angehörten. Parallelen zur griechischen Geschichte drängen sich auf. Immer wieder soll es zu kriegerischen Auseinandersetzungen gekommen sein. Einige Forscher vermuten, dass lange Zeit ein relatives Gleichgewicht zwischen den beiden Blöcken herrschte, das aber gegen Ende der klassischen Phase aus den Fugen geriet. Denkbar ist auch ein Szenario, wonach die Bevölkerung sich gegen die eigenen Herrscher aufgelehnt und sich von ihnen befreit hat. Das könnte auch erklären, warum in der Folge keine großen Bauwerke mehr errichtet wurden.

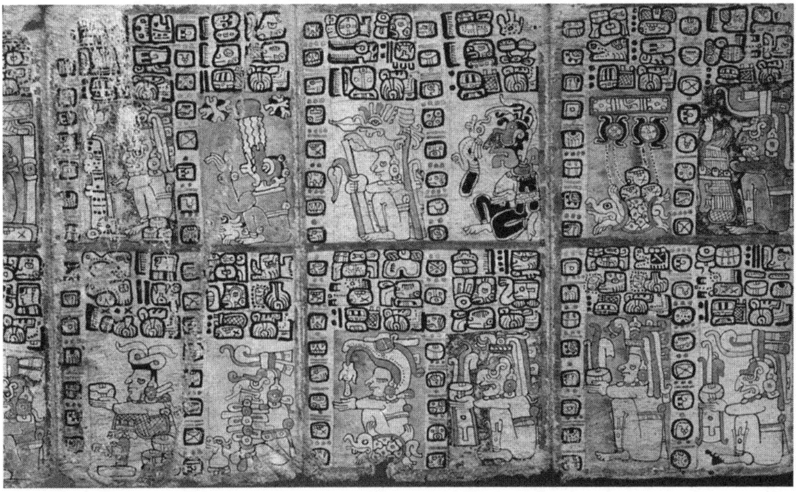

Ausschnitt aus dem Codex Troano der Maya, 15. Jh. Der Codex beschreibt u. a. Gottheiten, Krankheiten und Ernten, © picture/KPA/HIP/Ann Ronan Picture Library

Eine andere Theorie besagt, dass die Maya an ihrer großen Bevölkerungszahl zu Grunde gingen. Rücksichtsloser Raubbau an der Natur hätte letztlich ihre Lebensgrundlage zerstört. Dies vermuten NASA-Wissenschaftler, die das einstige Mayagebiet unter anderem mit Satellitenbildern analysiert haben. Demnach hätte eine dramatische Entwaldung stattgefunden, was in der Konsequenz zur Austrocknung weiter Landstriche geführt habe.
In eine ähnliche Richtung gehen Untersuchungen, die belegen wollen, dass eine außergewöhnliche Dürreperiode für das Verschwinden der Maya verantwortlich war. Anhand von Bodenablagerungen will man um 900 n. Chr. eine große Trockenheit festgestellt haben. Selbst Eisschichten in der Antarktis weisen in diesem Zeitraum Abweichungen auf. All dies könnte auf

ein globales Wetterphänomen hindeuten, das sich für die Maya verheerend auswirkte.
Wahrscheinlich muss man den Niedergang der klassischen Epoche als einen dynamischen und komplexen Prozess sehen.

M. L.

Zwischen Eigenständigkeit und europäischer Durchdringung – Indien und Indochina

Neugierde, Handelsinteressen und Missionseifer bestimmten den Drang der Europäer im 16. Jh. nach Indien und Ostindien. Sie brachten ihre Waren, ihre Kultur und Religion, aber auch ihre Waffen und Konflikte mit. Der heimischen Kultur begegneten sie auf ganz verschiedene Weise und beeinflussten sie mit sehr unterschiedlichen Auswirkungen. Aber auch die fremde Kultur wirkte auf die Europäer zurück und trug zu einem tiefgreifenden Wandel der Alten Welt bei. Produktion, Handel und Konsum veränderten hier wie dort nicht nur wirtschaftliches Leben und soziales Gefüge – freilich in asymmetrischer Weise –, sondern auch kulturelle und mentale Prägungen.
Die Europäer trafen dabei im Indischen Ozean keineswegs auf unentwickelte oder einfache ökonomische Strukturen. Am Beispiel der zentralen Bedeutung Malakkas (im heutigen Thailand, nahe Kuala Lumpur gelegen) für den Asienhandel wird das deutlich. 1511 brachten die Portugiesen diesen Schlüssel zum Gewürzhandel und Umschlagplatz mit dem Fernen Osten unter ihre Gewalt. Der portugiesische Kronbeamte Tomé Pires beschreibt die Situation vor der Eroberung durch die Portugiesen:

> „Nach Malakka kamen Mauren aus Kairo, Mekka, Aden, Abessinien, Männer aus Kilwa, Malindi, Ormuz, Parsen, Rumen [im Ausland lebende Türken], Türken, Turkomanen, christliche Armenier, Gujaratis, Männer aus Chaul, Dabhul, Goa, aus dem Königreich Dekkan, Malabaren und Klings, Kaufleute aus Orissa, von Ceylon, aus Bengalen, Arakan, Pegu, Siamesen, Männer aus Kedah, Malaien, Männer von Penang, Patani, aus Kambodscha, Champa, Kotschinchina, Chinesen, Männer aus Liu Kiu [Formosa] und Brunei, Luzoner, Männer aus Tamjompura, Laue, Bangka, Lingga (und in diesem Bereich kennt man 1000 weitere Inseln), von den Molukken, Banda, Bima, Timor, Madura, Java, Sunda, Palembang, Jambi, Tongkal, Idragiri, Kappata, Minangkabau, Siak, Arcat, Aru, Bata, aus dem Land des Tomjano, Pase, Pedir, von den Malediven. Neben einer großen Zahl von Inseln gibt es aber auch andere Gebiete, aus denen viele Sklaven

und Reis herbeigeschafft werden. [...] Von den 84 Sprachen, die man schon im Hafen von Malakka gezählt hat, ist jede einzelne klar von den anderen unterschieden, und dabei handelt es sich nur um diese eine Stadt Malakka, denn im Archipel, der von Singapur bis zu den Molukken reicht, kennt man auf Grund der zahllosen Inseln allein an die vierzig Sprachen. [...]
Da die Händler aus Kairo, Mekka und Aden Malakka nicht innerhalb einer Monsunperiode erreichen können [...], brechen sie zu der für ihre Fahrt günstigen Zeit in das Königreich von Gujarat auf, wobei sie große Bestände an wertvollen Waren mit sich führen. Und sie begeben sich in das Königreich von Gujarat, um sich dort anteilig in die Schiffe dieses Landes einzukaufen, und sie schließen sich zu diesem Zweck zu großen Handelspartnerschaften zusammen. [...]
Von Gujarat kommen jedes Jahr vier Schiffe nach Malakka. Die Fracht eines jeden dieser Schiffe ist 15 000, 20 000 oder 30 000 Cruzados wert, niemals jedoch weniger als 15 000. Und aus der Stadt Cambay kommt jedes Jahr ein weiteres Schiff, das – daran kann kein Zweifel bestehen – 60 000 oder 80 000 Cruzados wert ist. Die von ihnen nach Malakka transportierten Waren setzen sich vor allem aus dreißig verschiedenen Sorten Stoff zusammen, die in dieser Gegend der Welt sehr geschätzt werden. Außerdem haben sie aber Pachak an Bord, eine der Rapunzel ähnliche Wurzel, und Katechu [Japanerde], das aussieht wie Erde; außerdem Rosenwasser und Opium; aus Cambay und Aden kommen Pflanzensamen, Getreide, Teppiche und viel Weihrauch; alles in allem handelt es sich um vierzig verschiedene Waren. Auf der Rückfahrt nehmen sie vor allem Muskatblüte, Muskatnuß, Nelken, Sandelholz, Perlen, etwas Porzellan und kleine Mengen an Moschus mit; außerdem kaufen sie große Mengen an Apothekerwaren ein [...]. Und außerdem erwerben sie Gold, unglaubliche Mengen weißer Seide und kaum weniger weißen Damast – für dessen Erwerb ihnen keine Mühe zuviel ist – [,] gefärbte Seidenstoffe, Vögel von der Insel Banda, deren Federn sich bei den Rumen, Türken und Arabern absetzen lassen, weil sie dort sehr begehrt sind."

(Aus: Emmer, 191–197)

Von den Portugiesen zu den Engländern

In dieses Handelssystem drangen seit dem ersten Viertel des 16. Jh.s die Portugiesen ein. Ihren Vorsprung auf dem Weg nach Indien nutzten sie zur Errichtung eines eigenen Handelsreiches im Indischen Ozean. Zwischen 1505 und 1515 entstanden Stützpunkte in Indien und auf Ceylon, um die Flotte zu versorgen und durch die Kontrolle über die Ausgänge aus dem Indischen Ozean eine Verlagerung der Handelsströme zu verhindern. 1510 setzten sie sich in Goa fest und kontrollierten so den westlichen Teil des Indischen Ozeans. 1511 sicherte die Eroberung Malakkas die Verbindung zum Pazifik. Dennoch gelang den Portugiesen weder eine kommerzielle noch politische Vormachtstellung im östlichen Indischen Ozean zu erringen: Nach wie vor dominierten einheimische Handelsschiffe den Warenaustausch und behauptete sich der Einfluss der Großreiche China, Burma und Siam. Zum Teil mit Erfolg bemühten sich die Portugiesen, die kein Interesse an der Herrschaft über das Hinterland entwickelten, freundschaftliche Beziehungen mit diesen Reichen zu halten.

In der Folge kam es zwar zu einer Steigerung der Einnahmen für die königliche Schatzkammer durch Zölle, Abgaben und Gebühren, und Lissabon wurde so erstes europäisches Zentrum des Gewürz- und insbesondere Pfefferhandels mit Südostasien. Längerfristig verlor jedoch Malakka an seiner wirtschaftlichen Bedeutung, weil etablierte Handelsströme sich verlagerten und konkurrierende Mächte andere Drehscheiben des Handels suchten.

Ein Grund für den Niedergang des portugiesischen Einflusses in der Region liegt dabei aber auch in der Politik gegenüber den einheimischen Mächten, die, erheblich stärker als bei den nachfolgenden Kolonialmächten, von religiösem Rigorismus geprägt war. Ein Beispiel für die Konfrontation zwischen regionaler und kolonialer Politik und Kultur, die sich daraus ergeben konnte, stellt der Handel auf den Molukken (Gewürzinseln) dar: In vorkolonialer Zeit teilten sich hier viele Kleinkönigtümer (arabisch ‚al muluk' = ‚König') die Macht, speziell auf den nördlichen Molukken konkurrierten die Sultanate von Tidore und Ternate mit deren wechselnden Bündnispartnern um Macht und Einfluss. Portugal war zunächst bestrebt, beide Sultanate im Machtgleichgewicht zu halten, verwickelte sich jedoch in die Auseinandersetzungen Ternates mit anderen Herrschern und zog so zunehmend die Feindseligkeit aller örtlicher Mächte auf sich. In dieser Stimmung kam es 1533 zur Eskalation: Der portugiesische Kommandant auf Ternate besaß ein Lieblingsschwein, das der Imam schlachten ließ, weil es immer wieder die religiösen Handlungen der einheimischen Muslime gestört hatte. Zur Strafe ließ ihn der Kommandant ins Gefängnis werfen und obendrein sein Barthaar mit dem Fett des – aus muslimischer Sicht – unreinen Tieres beschmieren. Dem Protest der Einheimischen begegnete er mit grausamer Härte und ließ zwei der Stadtältesten Hände, Nase und Ohren abschlagen und den Ortsvorsteher von Bluthunden zerfleischen. Selbst den Ersten Minister des Sultans, der sich gegen dieses Vorgehen der eigentlich verbündeten Portugiesen verwahrte, ließ er kurzerhand köpfen. Die Folge war ein allgemeiner Aufstand gegen die Portugiesen und ihre Vertreibung bis 1570

von fast allen Gewürzinseln, 1574 von Ternate selbst. Nur eine kleine Enklave auf Ambona blieb ihnen.
Nach und nach überflügelten die Niederländer Portugal bzw. die seit 1580 vereinigten iberischen Königreiche Portugal und Spanien. Amsterdam wurde Zentrum der Schifffahrt, größter Waren- und maßgebender Kapitalmarkt Europas nach dem Niedergang Antwerpens (1585). Mit Westjava (Bantam) erschlossen sie für sich in Ostindien einen gut sortierten Warenumschlagplatz abseits des portugiesischen Einflusses und errichteten auch auf den Gewürzinseln Stellungen, nachdem die Portugiesen von dort weichen mussten. Auch die Niederländer hielten am Stützpunktsystem fest, abgesehen von Java und den Gewürzinseln, die in den Besitz der Vereinigten Ostindischen Kompanie kamen und nach deren Auflösung als „Batavische Republik" zusammengefasst wurden.

Zur Sache Handeln und Herrschen: Ostindische Kompanien
Zur Organisation des Handels zwischen Europa und Asien, dann auch innerhalb Asiens, wurden staatlich privilegierte Monopolgesellschaften teils als merkantilistische Staatsunternehmen, teils als Teilhabergesellschaften gegründet. Zentrum der 1602 gegründeten niederländischen „Verenigden Oostindischen Compagnie" (VOC) wurden die Sundainseln. Hauptsitz der Gesellschaft war Batavia. Stützpunkte der 1664 eingerichteten und 1770 wieder aufgelösten französischen „Compagnie des Indes" waren Pondicherry (1674) an der indischen Südostküste und Chandernagore (1688) in Bengalen. In unmittelbarer Nachbarschaft gründeten 1690 die Briten Kalkutta als weiteren Stützpunkt der 1600 privilegierten „East India Company" (EIC). Niederlassungen bestanden bereits in Surat (1613), Madras (1639) und Bombay (1661). In unterschiedlichem Umfang übernahmen die Ostindienkompanien, insbesondere die EIC, zugleich auch politisch-administrative (Münz- und Gerichtshoheit, Steuererhebung, Zivilverwaltung) und militärische Aufgaben (Bewaffnung der Schiffe, Befestigung der Faktoreien, Kriegführung gegen konkurrierende Kolonialmächte und einheimische Kräfte).

England eroberte die niederländischen Kolonialgebiete zwischen 1811 und 1816, gab sie jedoch 1824 zurück, um gegen eine ambitionierte französische Kolonialmacht in den Niederlanden einen Verbündeten zu besitzen. Das niederländische Herrschaftssystem bestand seither in einer teils indirekten, teils direkten militärischen Kontrolle, wobei der kolonialen stets eine einheimische Hierarchie von „Dienstadel" gegenüberstand, die auch die Rechtsprechung unter Einheimischen in ihren Händen hielt. Zusammen mit Elementen von Wohlfahrtspolitik und größerer Toleranz gegen den Islam förderte dies das Vertrauen in die niederländische Herrschaft.

Kolonialkriege – auch ein europäischer Export

Grundsätzlich aber gelang es im Laufe des 18. Jh.s den Engländern, sich in Ostindien gegen die Niederländer durchzusetzen. Insbesondere auf dem indischen Subkontinent konnten sie – hier in Konkurrenz mit Frankreich – Fuß fassen. Denn Kriege zwischen England, Frankreich und Spanien in Europa fanden in den Kolonialgebieten ihre Parallelen. In Nordamerika waren die benachbarten Engländer und Franzosen in unterschiedlichen Bündnissen mit Indianerstämmen bereits vor dem „French and Indian War" (1754–1763, ab 1756 dem Siebenjährigen Krieg parallel) in den Krieg gegeneinander gezogen, so während des Pfälzischen, Spanischen und Österreichischen Erbfolgekrieges. Große Bedeutung für die Zukunft besaßen jedoch die englischen Erfolge in Indien. Auch hier war es bereits während des Österreichischen Erbfolgekrieges im Ersten Karnatik-Krieg um die Stadt Madras (1746–1748) zu englisch-französischen Kämpfen unter Beteiligung indischer Truppen gekommen. Der Dritte Karnatik-Krieg (1756–1763), parallel zum Siebenjährigen Krieg, legte die Grundlagen für die britische Herrschaft über Indien: Im Verlauf der Kämpfe gelangten die Briten in den Besitz Bengalens und errangen unter Robert Clive entscheidende Siege gegen Frankreich, das im Pariser Frieden zwar seine Besitzungen, aber als unbefestigte Stützpunkte zurückerhielt.

Die Europäer trugen ihre Auseinandersetzungen nicht nur in Südostasien aus. Ihre jeweilige koloniale Machtposition beeinflusste und komplizierte umgekehrt auch ihr gegenseitiges politisches Verhältnis in Europa, was übrigens Bismarcks Zurückhaltung gegenüber kolonialen Ambitionen des Deutschen Reichs erklärt. Vielleicht noch tiefgreifender und langfristiger waren die Auswirkungen auf die europäische Kultur und Mentalität: Gewürze wie Pfeffer, Zimt oder Curry sind heute aus dem Alltag der Europäer nicht mehr wegzudenken, und ein Getränk wie Tee hat nicht nur den Tagesablauf der Engländer neu strukturiert. Als Genuss-Surrogat trug es auch zur Eindämmung des europäischen Alkoholismus bei und fördert als koffeinhaltige Inspirationsquelle auch heute Kommunikation und Kreativität vieler Menschen.

Literatur Wolfgang Reinhard, Geschichte der europäischen Expansion, Bd. 1. Stuttgart: 1983; Piet C. Emmer, Wirtschaft und Handel der Kolonialreiche, Bd. 4. München: 1988.

D. Sch.

Das „Zusammenwachsen“ des Nordlands

In Skandinavien scheint fast alles besser, gerade in Zeiten von IKEA und H&M: Erfindungsgeist, freundliche, unaufgeregte Menschen, stille, weite Natur und natürlich der Elch, jenes Symbol der Friedfertigkeit und Lässigkeit. Dass „der Norden“ eine sentimentale kontinentaleuropäische Erfindung ist, erschließt sich erst auf den zweiten Blick. Dennoch weist die Geschichte Nordeuropas bemerkenswerte Besonderheiten auf. Seit kurzer Zeit ist die politische Zusammenarbeit und enge kulturelle Verbundenheit der nordischen Länder (trotz zahlreicher und heftiger historischer Enttäuschungen) auf beeindruckende Weise sichtbar – in einem gemeinsamen Botschaftengebäude in Berlin.

Am Anfang waren die Wikinger. Die Wikinger stellten allerdings kein Volk im eigentlichen Sinn dar, die Zugehörigkeit war schlicht eine Frage des Berufs; man wurde „wichingo“, indem man auf einem Langboot anheuerte. Und noch ein Klischee gilt es zu revidieren, weil das alte Bild vom blonden, ständig nach Odin rufenden, hörnerbehelmten und axtschwingenden Rambo-Vorfahren so ausschließlich nicht stimmt: Sie waren vielmehr gleichermaßen begabte Seefahrer, Siedler, Händler und Kulturschöpfer, dies wurde in den letzten Jahren nachdrücklich hervorgehoben (nicht zuletzt in den Forschungen des Wikinger-Museums Haithabu bei Schleswig an der Schlei). Die ethnischen Eigentümlichkeiten der Skandinavier kamen in der Wikingerzeit (ca. 800 bis 1050 n. Chr.) bereits zum Ausdruck: Die Dänen segelten in kriegerischer Absicht nach Westen und gründeten auf der britischen Insel und in der Normandie ihre Staaten. Die schwedischen Wikinger fuhren schwerpunktmäßig nach Südosten bis zum Schwarzen Meer und engagierten sich weniger aggressiv in Produktion und Handel. Die Inseln schließlich vor Nordostschottland, die Färöer (es wird erzählt, dass sie dort ihre Seekranken absetzten – für jeden Färinger eine üble Behauptung), Island, Grönland und Neufundland wurden das Ziel der Norweger, die es anscheinend damals schon verstanden, sich in unwirtlichen Gegenden zu Hause zu fühlen. In jedem Fall rückte die nordische Welt erstmals ins Bewusstsein der Kontinentaleuropäer, wenn auch aufgrund der Berichte über die Plünderungen durch Wikinger etwas düster gefärbt.

Kirchliche Einflüsse bewirkten ab ca. 1000 eine dauerhafte Verknüpfung von Nord-, Mittel- und Westeuropa. Die Missionierung des Nordens, die sich in der Gründung zahlreicher Klöster manifestierte, ermöglichte jedoch auch die Entwicklung landeseigener geistlicher Metropolen wie beispielsweise Trondheim oder Uppsala, nachdem sich die nordischen Reiche Anfang des 12. Jh.s aus der kirchlichen Abhängigkeit des Erzbistums Bremen-Hamburg gelöst hatten.

Die wirtschaftliche Expansion der Hanse markiert einen weiteren Meilenstein in der Geschichte Nordeuropas. Der Fisch, genauer gesagt, der aus Dorsch (Kabeljau) hergestellte Stockfisch, führte die deutschen Kaufleute seit Ende des 12. Jh.s zur damals wichtigsten und größten norwegischen Stadt, nach Bergen, das schließlich in der Blütezeit der Hanse von ca. 1350 bis 1500 neben London, Brügge und Nowgorod zu den vier großen Handelsstützpunkten zählte.

Dänemark dominierte politisch die nun folgende Zeit, wobei mehrere Faktoren ausschlaggebend waren: das machtorientierte Wirken der Königstochter Margrethe, der sagenumwobenen „schwarzen Grete", in der Endphase des 14. Jh.s, die im Vergleich mit Schweden und Norwegen hier weniger stark ausgeprägten wirtschaftlichen Einflüsse der Hanse sowie das außerordentlich gefestigte dänische Königtum. Ein wichtiges Ereignis jener Zeit entzieht sich einer eindeutigen Beurteilung, denn bis heute ist unklar, was genau beschlossen wurde, als sich im Sommer 1397 die Adligen des Nordens in der schwedischen Grenzstadt Kalmar trafen. War es tatsächlich der Beschluss einer „Union"? Der Begriff Kalmarer Union steht in den Geschichtsbüchern und spiegelt möglicherweise ein Trugbild, das bis heute weiterlebt. In jedem Fall ließ die Vereinigung Dänemarks, Schwedens und Norwegens unter dänischer Krone (bis 1523) ein enormes Reich entstehen – von Grönland bis zum Ladogasee, vom Nordkap bis nach Altona.

Der Nachfolger in der machtpolitischen Spitzenposition im Norden wurde Schweden. Es ging um die Vorherrschaft im Ostseeraum. Schritt für Schritt wurde Dänemark zurückgedrängt, bis es 1660 das fruchtbare Schonen an Schweden abtreten musste. Die Großmachtstellung Schwedens begann mit dem Eingreifen König Gustavs II. Adolf in den Dreißigjährigen Krieg und dem erfolgreichen Wirken des Reichskanzlers Axel Oxenstierna nach dem Tod des Königs 1632 bei Lützen, das schließlich im Westfälischen Frieden 1648 mit Bremen und Verden zu beträchtlichen Gewinnen an der deutschen Nordseeküste führte. Der Traum von einem „Dominium maris Baltici" wurde ein halbes Jahrhundert später Karl XII. zum Verhängnis. Er ließ sich auf einen Krieg mit Peter I., dem russischen Zaren, ein und erlebte die erste der drei Russlandkatastrophen der Neuzeit (Napoleon 1812/13 und Hitler 1942/43 sollten folgen). Mit der vernichtenden Niederlage bei der ukrainischen Stadt Poltawa 1709 begann der Weg Schwedens in die Ohnmacht, der mit der Abtretung Finnlands an Russland Anfang des 19. Jh.s sein Ende fand. Dass sich Schweden heute beim Aufbau der Demokratie in den drei baltischen (Puffer-?)Staaten sehr deutlich engagiert und sich die Beziehungen zu Russland sehr sachlich, wenn nicht gar kühl gestalten, hat seine Ursachen wohl noch in jener Zeit.

„Die nordische Zusammenarbeit basiert auf einem gemeinsamen Kulturerbe, einer gemeinsamen Geschichte und gemeinsamen Wertvorstellungen im Hinblick auf Menschen, Demokratie und Gerechtigkeit." Dieser Satz findet sich einleitend auf der Homepage der Nordischen Botschaften im Jahr 2005. Ehe eine so positiv gestimmte Einsicht verfasst werden konnte, gab es jedoch weitere Dissonanzen und Enttäuschungen – gerade in der jüngeren Geschichte des 19. und 20. Jh.s.

1814 löste sich Norwegen von Dänemark; die verfassunggebende Versammlung war bereits einberufen, als in Wien anders entschieden wurde – Personalunion der schwedischen mit der norwegischen Krone, die erst 1905 per Volksabstimmung beendet wurde und Norwegen die Selbstständigkeit brachte. Ein für Europa wichtiger Vorgang, denn erst die Trennung beider Länder führte zu friedlichem und endlich freundschaftlichem Zusammenleben. Die nordischen Dissonanzen aber gingen weiter: Als Bismarck die Schleswig-Holstein-Frage zu Preußens Gunsten lösen wollte, griff der Deutsche Bund 1864 Dänemark an, das auf die militärische Hilfe Schwedens hoffte; Schweden lehnte ab, nordische Bruderschaft hin oder her. 1939 ein ähnliches Bild, als Finnland von der Sowjetunion (und mit Hitlers Billigung) angegriffen wurde und vergeblich auf ein militärisches Eingreifen des schwedischen Nachbarn hoffte. Ein Jahr später, 1940, erfolgte die Besetzung Dänemarks und Norwegens durch deutsche Truppen. Solidarität im Sinne nordischer Bruderschaft gab es auch hier nicht, im Gegenteil, denn Schweden und Finnland gewährten der deutschen Wehrmacht Transitrechte, und fast schon konsequent verbündete sich Finnland 1941 mit dem „Nordland"-Besatzer Deutschland gegen den sowjetischen Widerpart. Die letzte Enttäuschung fand 1948 statt. Schweden erstrebte ein Neutralitätsbündnis mit Norwegen und Dänemark, es wurde lange verhandelt, ehe die beiden Länder schließlich ablehnten; sie traten als Gründungsmitglieder der Nato bei.

Die entscheidende Trendwende markiert sicherlich das Jahr 1952: Schweden, Norwegen und Dänemark bilden den Nordischen Rat, Finnland tritt 1956 bei, die Zusammenarbeit der nordischen Parlamente mit einem Ministerrat als Exekutivorgan wird Wirklichkeit. Es geht dabei in erster Linie darum, die Lebensumstände in allen nordischen Ländern ähnlich zu gestalten und zwar im Sinne der Bürgerinnen und Bürger. Ein bemerkenswerter Ansatz – es finden sich Vereinbarungen über einen gemeinsamen Arbeitsmarkt, ein gemeinsames soziales Netz, über den Zugang zu höherer Bildung und zum kommunalen Wahlrecht, und nicht nur dies: Seit 1954 können sich Nordeuropäer ohne Pass zwischen den nordischen Ländern bewegen. Der Nordbor, der Bewohner des Nordlands, soll sich in jedem nordischen Land zu Hause fühlen. Dies alles bedeutet jedoch nicht, dass die individuellen politischen Entwicklungen ausnahmslos parallel verlaufen. Dänemark beispielsweise ist seit 1973 Mitglied der EU, Schweden und Finnland traten erst 1995 bei, während sich in Norwegen 1994 eine Mehrheit gegen den Beitritt aussprach; Finnland hat den Euro als Währung; Dänemark, Island und Norwegen sind Mitglieder der Nato. Hier, in den differierenden Einstellungen zur Integration Europas oder zu anderen internationalen Organisationen zeigt sich, was die nordischen Länder eint und was sie trennt, trotz des Nordischen Rats. Dieser aber ist das einigende Dach, symbolisiert im gemeinsamen Botschaftengebäude in Berlin Mitte zwischen Landwehrkanal und Tiergarten, das einen entscheidenden Punkt versinnbildlicht: eine regionale Identität der nordischen Länder als Europäer.

Gebäude der Nordischen Botschaften in Berlin, © Bernhard Moosbauer

Literatur Ewald Glässer, Nordeuropa als Ganzes, in: Ders. (Hg.), Nordeuropa, Dortmund 2001, 10–14.

R. M.

Australien

Australiens Geschichte zerfällt in zwei extrem unterschiedliche Epochen: die der Urbevölkerung („Aborigines" oder „Aboriginals") über mehrere zehntausend Jahre und die der Entdeckung und Besiedelung durch die Europäer seit dem 18. Jh.

Die Urbevölkerung

Die Anfänge der australischen Besiedelung liegen noch immer im Dunkeln. Als sicher gilt, dass der Kontinent bis vor 100 000 Jahren unbewohnt war. Während der letzten Eiszeit bildete er mit den Inseln Neuguinea und Tasmanien eine Landmasse („Sahul"), die von Südostasien („Sunda") durch eine etwa 100 km breite Meerenge getrennt war. Von dort kamen die Vorfahren der heutigen Aborigines, die das Meer wahrscheinlich zwischen 66 000 und 54 000 v. Chr. auf einfachen Booten oder Flößen überquerten. In den folgenden Jahrtausenden waren sie völlig isoliert und entwickelten trotz regionaler Differenzierungen einheitliche Lebensformen.

Bis in die Neuzeit lebten die Aborigines als Wildbeuter. Die Männer betrieben Fischfang und Jagd, als Jagdwaffen dienten vor allem der Speer (mit Speerschleuder) und der Bumerang. Die Frauen waren für das Sammeln der übrigen Nahrung zuständig. Ihre Ausbeute bestand aus Wurzeln, Knollen, Früchten, Eiern und Kleintieren wie Käfer- oder Schmetterlingslarven. Ihr wichtigstes Gerät war der Grabstock.

Eine Folge dieser Wirtschaftsform war das Zusammenleben in Sippen, die etwa 50 bis 60 Personen umfassten. Innerhalb der Sippen gab es keinen Privatbesitz und kaum Herrschaftsstrukturen. Entscheidungen waren meistens durch religiöse Vorschriften bestimmt. Die Sippen hatten ein festes Gebiet und errichteten je nach der Dauer ihres Aufenthaltes an einzelnen Orten einfache Windschirme oder Hütten. Das Wirtschafts- und Sozialleben entsprach über Jahrtausende der Altsteinzeit in Europa.

Die Urbevölkerung Australiens entwickelte ein reiches religiöses Leben, von dem vor allem die mündlich weitergegebenen Mythen berichten. Sie erzählen von der Schöpfung der Welt in der „Traumzeit" durch übernatürliche Wesen, deren Kraft auch heute noch wirkt. Eng verbunden mit der Religion waren die Kunst, vor allem die Felsmalerei, und die Musik, mit der die rituellen Tänze begleitet wurden.

Entdeckung und Kolonialisierung

Vielleicht waren portugiesische Seefahrer im 16. Jh. die ersten Europäer, die die australische Küste entdeckten. Im 17. Jh. gab es mehrere niederländische Fahrten entlang der Nord-, West- und Südküste, die auf Seekarten festgehalten wurden und dem Gebiet den Namen „Neu-Holland" einbrachten. Ein Jahrhundert später interessierten sich Engländer, Spanier und Franzosen für den Südkontinent. Als eigentlicher Entdecker gilt James Cook, der am 28. April 1770 in der Nähe des späteren Sydney landete und an der Ostküste das Landesinnere erkundete. Am 22. September nahm er den Kontinent offiziell als „New South Wales" für die britische Krone in Besitz.
Als Großbritannien wenige Jahre danach einen Teil seiner Kolonien in Nordamerika verlor, diente das neu erworbene Gebiet als Sträflingskolonie. Im Januar 1788 landete die erste Flotte, die mehr als 700 Gefangene nach Australien brachte, hauptsächlich politische Gegner und Menschen, die auf Grund ihrer sozialen Lage straffällig geworden waren. Die Sträflingstransporte dauerten bis 1868, doch schon von 1792 an gab es auch freiwillige Einwanderung.

Erschließung des Landes

Das 19. Jh. war bestimmt durch die Erforschung des Landesinneren, die wirtschaftliche Entwicklung, den Umgang mit den Aborigines und den Weg zur politischen Selbstständigkeit.
Die ersten Siedlungen der Einwanderer lagen ausschließlich im Südosten, aber schon bald wuchs das Interesse an den anderen Landesteilen, was zu Beginn des 19. Jh.s zahlreiche Expeditionen auslöste. Vor allem suchte man neues Weideland, denn seit 1797 wurden die feinwolligen Merinoschafe in Australien gezüchtet. Die expandierende Textilindustrie in Europa sorgte für eine wachsende Nachfrage, so dass Australien sehr schnell zum weltgrößten Wollproduzenten und -exporteur wurde. Bis zur Mitte des 20. Jh.s lebte Australien fast ausschließlich vom Export von Rohstoffen, außer Wolle waren es lebende Schafe, Fleisch, Weizen, Zucker, Gold, Eisenerz, Bauxit und Blei.
Die Opfer der wirtschaftlichen Expansion waren die Aborigines. Sie wurden rücksichtslos aus ihrem angestammten Land vertrieben und ihrer Existenzgrundlage beraubt. Ihr bewaffneter Widerstand wurde mit drakonischen Strafen und nicht selten mit Massakern beantwortet. Aborigines, die sich nicht anpassten und für die Siedler arbeiten wollten, deportierte man zwangsweise in Reservate.

Im 19. Jh. vollzog sich die politische Emanzipation. 1817 wurde erstmals der Name „Australien“ statt „Neu-Holland“ verwendet. 1825 bildete Van Diemen's Land (Tasmanien) eine selbstständige Kolonie, bis 1859 folgten Westaustralien, Victoria, Südaustralien und Queensland. Ein 1843 in New South Wales gewählter Legislativrat verfolgte bereits den Zusammenschluss der einzelnen Kolonien zu einem Gesamtstaat. Am 1. Januar 1901 wurde das „Commonwealth of Australia“ gegründet. Im Streit um die Bundeshauptstadt schuf man 1913 ein Bundesterritorium Canberra.
Australien ist immer noch Mitglied des Commonwealth of Nations mit Queen Elisabeth als formellem Staatsoberhaupt, und in den militärischen Konflikten von 1899 bis zum Zweiten Weltkrieg kämpfte es an der Seite Großbritanniens. Aber die beiden Weltkriege und der Beitritt Großbritanniens zur EU zeigten Australien, dass es sich nicht mehr unbedingt auf seine bisherige Schutzmacht verlassen kann. Dies führte zu einem engeren Bündnis mit den USA. In den letzten Jahren bemüht sich Australien verstärkt um gute Beziehungen zu den ostasiatischen Staaten, vor allem zu Japan.
Die Aborigines, die heute knapp zwei Prozent der Gesamtbevölkerung ausmachen, sind inzwischen rechtlich und politisch gleichgestellt. Ungelöst blieben aber ihre sozialen Probleme: die hohe Arbeitslosigkeit, die niedrige Lebenserwartung, das trostlose Leben in den Reservaten und die Alkohol- und Drogenabhängigkeit. Seit einigen Jahrzehnten versuchen die Aborigines mit Erfolg, ihre ursprünglichen Landrechte wieder geltend zu machen. Aber die Partei „One Nation“ kritisiert dies als Sonderstellung der Aborigines und hat damit bei einigen Wählern Erfolg.
Die Kritik von „One Nation“ richtet sich auch gegen die derzeitige Einwanderungspolitik. Der menschenleere Kontinent – Australien hatte um 1900 noch weniger als fünf Millionen Einwohner – war auf Zuwanderung angewiesen, die sich bis 1945 auf Europäer beschränkte. Inzwischen ist Australien offiziell ein Einwanderungsland mit dem Ziel einer multikulturellen Gesellschaft, die heute schon aus hundert ethnischen Gruppen besteht. Aber der politische Konsens darüber ist schwierig. Viele Australier fürchten eine wachsende wirtschaftliche Abhängigkeit von Japan und eine Bedrohung durch das Nachbarland Indonesien, das mit 220 Millionen Einwohnern der volkreichste muslimische Staat der Welt ist.

Literatur ALBRECHT HAGEMANN, Kleine Geschichte Australiens, München 2004.

H. B.

Homo homini lupus

Krieg – Vater aller Dinge?

> „Krieg ist aller Dinge Vater, aller Dinge König. Die einen macht er zu Göttern, die anderen zu Menschen, die einen zu Sklaven, die anderen zu Freien."
>
> Heraklit von Ephesus, Fragmente

Was ist Krieg? Warum führt der Mensch Krieg?

In allen Gesellschaften, Kulturen und Epochen existiert der Krieg. Seit der Antike definiert man ihn als Versuch von Staaten oder Gruppen, ihre Vorstellungen (machtpolitische, wirtschaftliche, ideologische) mittels organisierter Waffengewalt gegenüber anderen Staaten und Gruppen durchzusetzen. Der Krieg ist im Unterschied zu anderen gewaltsamen Auseinandersetzungen immer ein Massenkonflikt, bei dem sich zwei oder mehr Streitkräfte gegenüberstehen. Per Definition muss mindestens eine der Streitmächte eine reguläre Armee sein, die über ein Minimum an zentraler Organisation verfügt. Ein einzelnes Scharmützel ist lange noch kein Krieg, erst wenn eine gewisse Beständigkeit der Kampfhandlungen über eine längere Zeit und unter strategischer Leitung erkennbar ist, kann man von einem solchen sprechen.

Neben dem *Was* ist das *Warum* des Krieges ein Thema, mit dem sich die Philosophie seit Jahrhunderten beschäftigt hat. Die Antworten auf diese Frage fielen dabei ganz unterschiedlich aus. Die einen machen mit Augustinus die Natur und Psyche des selbstsüchtigen Menschen verantwortlich für den Krieg (Aggressionstheorie). Die anderen, die sich auf Machiavelli berufen, finden die Gründe für Kriege in der inneren Struktur von Staat und Gesellschaft. Hiervon ausgehend wurde die Idee, dass Monarchien immer kriegerisch, Republiken hingegen friedlich sind, von Montesquieu und am deutlichsten von Kant (*„Zum ewigen Frieden"*, 1795) entwickelt. Kriege in aristokratischen Staaten dienen demnach der Ablenkung innerer Spannungen oder entstehen aus Fehlbeurteilungen der internationalen Situation durch die herrschenden Eliten bzw. entspringen deren bewusstem Kalkül. Bei Letzterem können persönlicher oder auch dynastischer Ehrgeiz eine entscheidende Triebfeder sein. Eine Wandlung erfuhr dieser Erklärungsansatz durch den Marxismus, der nicht mehr die Imperative der Aristokratie, sondern die der kapitalistischen Gesellschaft für die Entstehung von

Kriegen verantwortlich sah. Eine weitere Denkschule machte die anarchischen Strukturen der internationalen Politik, durch welche die einzelnen Staaten zum Machtstreben verurteilt sind, für das Ausbrechen gewaltsamer Massenkonflikte verantwortlich. Thukydides – der auch erstmals zwischen Kriegsanlass und -ursache unterschied – war es, der diesen Ansatz begründete, indem er den Peloponnesischen Krieg als zwangsläufige Folge des Machtzuwachses der Athener und der damit steigenden Angst der Spartaner sah. Die drohende Gefahr derartiger Hegemonialkriege galt später für Hobbes als dauerhaft prägender Zustand internationaler Politik. In der heutigen Ursachenforschung besteht letztlich nur dahingehend Übereinstimmung, dass Kriege als komplexes Phänomen keine einzelne Ursache haben. Unumstritten ist auch die Tatsache, dass liberal-demokratische Staaten untereinander keine Kriege führen (oder zumindest bisher geführt haben).

Wodurch kommt es zum Krieg?

Einfacher gestaltet sich die Antwort auf die Frage nach den vordergründigen Kriegsanlässen, die man von den tieferen Ursachen unterscheidet. Als unmittelbare Auslöser können eine ganze Reihe von ökonomischen, politischen, ideologischen, religiösen und kulturellen Gründen angeführt werden, die in unterschiedlichen Kombinationen, aber so gut wie nie allein auftreten, z. B.:

- wirtschaftliche Vorteile und/oder Ressourcenmangel;
- politisches und/oder ideologisches Hegemoniestreben, aggressiver Nationalismus, ethnische Differenzen;
- drohender Machtverlust in besetzten Gebieten; Machtvakuum eines Staates, das zum Angriff und Annexion „einlädt“;
- religiöser Fanatismus und Dogmatismus;
- Ablenkung von innenpolitischen Missständen.

Kann Krieg gerecht sein?

Die Lehre vom gerechten Krieg (*bellum iustum*) entstand, als das Christentum im Römischen Reich zur Staatsreligion wurde, und hatte das ganze Mittelalter hindurch Bestand. Zwar sah das Urchristentum den Krieg als ungerecht an, diese Einstellung war jedoch für den römisch-christlichen Staat auf Dauer nicht haltbar. Unter Bezug auf Cicero entwickelten Ambrosius und Augustinus die Lehre vom gerechten Krieg. Thomas von Aquin arbeitete sie weiter aus. Sie umfasst das Recht zum Krieg (*ius ad bellum)* und

das Recht im Kriege (*ius in bello*). Festgelegt wurde, dass der Krieg von einer legitimen Autorität (*legitima potestas*) erklärt werden, einen gerechten Grund haben (*causa iusta*) und in gerechter Absicht, d.h. mit Willen zur Wiederherstellung des Friedens, geführt werden muss (*recta intentio*). Der Krieg darf nur das letzte Mittel, die *ultima ratio* sein, Schäden und Kosten sowie die beabsichtigten positiven Folgen müssen in angemessener Relation stehen (*debitus modus*).
Vor allem durch Hugo Grotius („*De iure belli ac pacis*", 1625) wurde das Konstrukt vom gerechten Krieg durch die Behauptung des säkularen Völkerrechts verdrängt, das den Staaten ein freies Kriegsführungsrecht zugestand.
Seit dem Briand-Kellogg-Pakt von 1928 existiert ein völkerrechtliches *ius ad bellum* nicht mehr, da in jenem der Angriffskrieg völkerrechtlich verboten wurde. Die UNO hat in ihrer Satzung festgelegt, dass ein Krieg – seit 1932 spricht man von „Anwendung bewaffneter Gewalt" – nur mehr als individuelle oder kollektive Selbstverteidigung oder als vom UN-Sicherheitsrat angeordnete Sanktion zur Sicherung bzw. Restitution des Friedens zulässig ist.

Der neue Krieg

Für die Kriege des späten 20. und des beginnenden 21. Jh.s gilt die klassische Definition nicht mehr, da sich in den letzten Jahrzehnten die Erscheinungsformen grundlegend geändert haben. So geht insbesondere das staatliche Monopol der Kriegsausübung immer mehr verloren. An die Stelle des Staates treten parastaatliche oder private Protagonisten, z.B. Warlords, Guerillaarmeen, Söldnerfirmen, Terrornetzwerke, für die der Krieg nicht nur ein zeitweises, sondern ein permanentes Betätigungsfeld ist. Neben diese Privatisierung des Krieges tritt die Asymmetrisierung. Die neuen Kriege kennen keine Fronten und keine großen Schlachten mehr, wodurch die Zivilbevölkerung Ziel der Gewalt wird, während militärische Kräfte geschont werden. Drittes Kennzeichen ist die Autonomisierung der Gewalt. Die regulären Armeen haben „die Kontrolle über das Kriegsgeschehen verloren und diese ist zu erheblichen Teilen in die Hände von Gewaltakteuren geraten, denen der Krieg als Auseinandersetzung zwischen Gleichartigen fremd ist". (Münkler)

Literatur Herfried Münkler, Die neuen Kriege, Hamburg 2002.

S. Sch.

Wer gegen wen? – Formen des Kriegs

Kriege wurden seit der Antike als unvermeidbar und schicksalhaft betrachtet, sie galten als Bewährungsprobe männlicher Tapferkeit, wurden aber auch als Gefahr für die Menschheit und wegen ihrer Brutalität gebrandmarkt. Griechen und Römer, Kaiser und Päpste, Spanier und Portugiesen, Franzosen und Briten beriefen sich bei ihren Feldzügen stets auf bestimmte „Rechtstitel", z.B. auf einen göttlichen Missionsauftrag, auf ein „höheres Menschentum", auf das Recht zur Erschließung neuer Länder. Kriege lassen sich historisch unterscheiden: im Absolutismus die Kabinettskriege, die Kolonial- und Handelskriege der imperialen Mächte, die Dekolonisationskriege in den Staaten der Dritten Welt. Nach Art der Kriegsführung kann man differenzieren zwischen Bewegungs- und Stellungskrieg, Partisanen- oder Guerillakrieg, nach Art der Kampfmittel zwischen konventionellem und Nuklearkrieg, nach Ausmaß und Umfang der Kampfhandlungen zwischen begrenztem und totalem bzw. lokalem, regionalem oder Weltkrieg. Gängig ist auch die Unterscheidung nach den Beteiligten, z.B. Staatenkriege oder Bürgerkriege.

Staatenkrieg

> „Der Krieg ist ein Kampf mit Waffen, geführt zu dem Zwecke, dem Gegner den Willen des Gemeinwesens oder der eigenen Klasse oder Partei aufzuzwingen. Spricht man vom Krieg schlechthin, so meint man nur den Krieg zwischen zwei Gemeinwesen."

Mit dieser Definition von Karl Kautsky aus dem Jahre 1932 ist das gängige Verständnis des Krieges getroffen. Die klassische Kriegsform ist die militärische Konfrontation zweier oder mehrerer Staaten. Auch der Koalitionskrieg zählt hierzu, bei dem sich mehrere Staaten zu einer Kriegspartei verbinden (z.B. Koalitionskriege gegen das revolutionäre Frankreich 1792–1807).

> „Der Krieg ist ... kein Verhältnis eines Menschen zum andern, sondern das Verhältnis eines Staates zum andern, bei dem die einzelnen nur zufällig Feinde sind, und zwar nicht als Menschen, ja nicht einmal als Bürger, sondern als Soldaten, nicht als Glieder des Vaterlandes, sondern als seine Verteidiger. Kurz, jeder Staat kann nur andere Staaten zu Feinden haben, und nicht Menschen ..."
>
> (J.-J. Rousseau, Der Gesellschaftsvertrag)

Der Krieg wurde vom Zustand des Friedens klar getrennt durch die im Völkerrecht (erstmals von Hugo Grotius in *„De iure belli ac pacis“*, 1625) festgelegten Rechtsakte der Kriegserklärung und des Friedensschlusses. Die zwischenstaatlichen Duellkriege, die der Verfolgung politischer Interessen dienten, waren noch im 17. und 18. Jh. vorherrschend (Kabinettskriege des Absolutismus), wurden aber dann vom Nationalkrieg, der als Folge der Französischen Revolution entstand, immer mehr abgelöst. Kennzeichnend bei diesem ist der „Geist der Hingabe und der Identifikation mit der eigenen Sache“, wodurch es zu einer veränderten Bewertung des Krieges kam.

> „Die Kraft der Überlegung und der Tatsachen hat mich davon überzeugt, dass ein Volk, das nach 10 Jahrhunderten der Sklaverei die Freiheit errungen hat, Krieg führen muss. Es muss Krieg führen, um die Freiheit auf unerschütterliche Grundlagen zu stellen; es muss Krieg führen, um die Freiheit von den Lastern des Despotismus rein zu waschen, und es muss schließlich Krieg führen, um aus seinem Schoß jene Männer zu entfernen, die die Freiheit verderben könnten.“

So argumentierte Jean Pierre Brissot 1791 vor dem Jakobinerclub und verdeutlicht, inwieweit die Liberté als menschheitsbeglückende Idee zum Movens bewaffneter Gewalt wurde. Daneben existierte aber auch der diplomatisch instrumentalisierte Staatenkrieg fort; zu Beginn des 19. Jh.s sah Carl von Clausewitz diesen „als eine Fortsetzung des politischen Verkehrs mit Einmischung anderer Mittel“:

> „Wir sagen Einmischung anderer Mittel, um damit zugleich zu behaupten, dass dieser politische Verkehr durch den Krieg selbst nicht aufhört, nicht in etwas anderes verwandelt wird, sondern dass er seinem Wesen nach fortbesteht, wie auch seine Mittel gestaltet sein mögen, deren er sich bedient ... Ist nicht der Krieg bloß eine andere Art von Schrift und Sprache ihres [der Regierungen] Denkens? Er hat freilich seine eigene Grammatik, aber nicht seine eigene Logik.“

Zu dieser Grammatik gehörten neben Kriegserklärung und Friedensschluss die Konzentration des militärischen Konflikts auf die Kombattanten, d.h. die Schonung der Zivilbevölkerung sowie die zeitliche und räumliche Begrenzung, sodass Kollateralschäden gering bleiben. Auch im Zeitalter der zunehmenden Nationalkriege blieben diese theoretischen Vorgaben noch erhalten, doch sah man den Krieg nun sehr positiv als Motor des Fortschritts, als die höchste Form staatlichen Handelns und als ein jeglichen Egoismus überwindendes nationales Gemeinschaftserlebnis.

> „In den nächsten Tagen lernte ich unglaublich viel in unglaublich kurzer Zeit. Ich, ein siebenjähriger Junge, der noch vor kurzem kaum gewußt hatte, was ein Krieg, geschweige was ‚Ultimatum', ‚Mobilisierung' und ‚Kavalleriereserve' ist, wußte alsbald ... ganz genau nicht nur das Was, Wie und Wo des Krieges, sondern sogar das Warum: Ich wußte, daß am Kriege Frankreichs Revanchelüsternheit, Englands Handelsneid und Rußlands Barbarei schuld waren – [...] Der Krieg als ein großes, aufregend-begeisterndes Spiel der Nation, das tiefe Unterhaltung und lustvollere Emotionen beschert als irgend etwas, was der Frieden zu bieten hat; das war 1914 bis 1918 die tägliche Erfahrung von zehn Jahrgängen deutscher Schuljungen; und das ist die positive Grundvision des Nazitums geworden."
>
> (Sebastian Haffner, Geschichte eines Deutschen. Die Erinnerungen 1914–1933)

Der Bellizismus, die rückhaltlose Befürwortung des Kriegs, brachte es mit sich, dass die Massenheere voller Enthusiasmus für die eigene Nation in den Krieg zogen, zuletzt in den Ersten Weltkrieg, der das Ende dieser Art von Kriegsbegeisterung bedeutete. Mit der „Urkatastrophe des 20. Jahrhunderts" (George F. Kennan) gewann der mittlerweile hochtechnisierte Krieg eine neue Dimension, die durch immer bessere Waffen, strategische Notwendigkeiten, wirtschaftliche Interessen und durch eine immer stärkere Ideologisierung die Grenzen zwischen Kombattanten und friedlichen Zivilisten aufhob und im „totalen Krieg" mündete, dessen Ziel die Vernichtung des Gegners ist. General Erich von Ludendorff schrieb in seinem 1937 erschienenen Buch „Der totale Krieg":

> „Alle Theorien von Clausewitz sind über den Haufen zu werfen. Krieg und Politik dienen der Lebenserhaltung des Volkes, der Krieg ist aber die höchste Äußerung völkischen Lebenswillens. Darum hat die Politik der Kriegsführung zu dienen."

Die zerstörerische Kraft der Realisierung derart pervertierter Vorstellungen offenbarte sich der Welt dann die Jahre darauf. Die weitere Entgrenzung des Kriegswesens insbesondere durch das atomare Wettrüsten ließ letztlich den Krieg als politische Option zwischen den Großmächten unmöglich werden, denn er hätte das Ende ganzer Völker bedeutet.

Bürgerkrieg

Dieser ist das Gegenteil des Staatenkriegs; bei Bürgerkriegen handelt es sich entweder um Konflikte zwischen zwei oder mehreren feindlichen Parteien eines Staates, die Anspruch auf die Souveränität erheben, weil sie ihre politischen Interessen und Ideen umsetzen wollen, oder um die Auflehnung eines Teils der Bevölkerung gegen die eigene Staatsgewalt. Die Aufständischen gelten zunächst als Hochverräter und ihr Tun wird von der Staatsmacht als illegal angesehen. Können sie jedoch die Macht erringen, so bringen sie sich in eine je nach Standpunkt scheinbar oder tatsächlich legale Position. Die siegreiche Partei versucht in der Regel, den kriegerisch erzielten Erfolg im Frieden fortzusetzen und zu festigen, wobei die geschlagenen Wunden oft noch schlechter heilen als die des Staatenkriegs.

> „Bürgerkrieg, der Krieg zwischen den Mitgliedern ein und desselben Staates gegeneinander. Diese Kriege sind die grausamsten und in ihren Folgen verderblichsten."
>
> (Herders Conversations-Lexikon (1854–1857), Bd. 1, S. 712)

Die staatsinternen Kriege werden aber nicht nur um die Herrschaft in einem Staat geführt, sondern auch zur Loslösung (Sezession) eines Gebietes aus dem Staatsverband. Zu den Bürgerkriegen zählen z.B. die Auseinandersetzung zwischen Caesar und Pompeius (49 und folgende v.Chr.), die Rosenkriege (1455–1485), der Amerikanische Sezessionskrieg (1861–1865), der Russische (1917–1922) und Spanische Bürgerkrieg (1936–1939), der Bürgerkrieg in Angola (1975–2002) und der Kosovokonflikt (1998–1999). Oft kommt es bei Bürgerkriegen zu Interventionen ausländischer Mächte, die den Konflikt entscheiden, aber durchaus auch radikalisieren und verlängern können.

Guerillakriege

Der „Kleine Krieg" ist eine schon sehr alte, als irregulär angesehene Kampfform. Selbstständig operierende Kämpfer, die keine regulären Soldaten sind, agieren meist im Hinterland des Gegners und unterstützen die Taktik der Armeeführung durch „nadelstichartige" Operationen, die der Zermürbung dienen. Zu Anfang des 19.Jh.s (Spanischer Befreiungskampf 1808–14) und erneut nach 1945 erfuhr der Guerillakampf eine ideologische Umwertung. Er wurde zu einer besonderen Art des ideologischen, revolutionären oder antikolonialen Kriegs, verstanden als „Waffe der Schwachen" gegen einen nicht nur militärtechnologisch überlegenen Gegner. Seit 1945 stellen Guerillakriege eine der wichtigsten Kriegsformen dar, die auch am meisten Opfer gefordert haben (z.B. Fidel Castro und Che Guevara in Kuba, Tupamaros in Uruguya, Rote Khmer in Kambodscha, Vietminh und Vietcong in Vietnam).

> „Der Partisanenkrieg oder Befreiungskrieg hat in der Regel drei Phasen: die erste ist die der strategischen Defensive, wo die kleine Streitmacht, die flieht, den Feind beißt; sie verkriecht sich nicht, um eine passive Verteidigung in einem kleinen Umkreis durchzuführen, sondern ihre Verteidigung besteht in den begrenzten Angriffen, die sie ausführen kann. Danach gelangt man an einen Punkt des Gleichgewichts, wo sich die Aktionsmöglichkeiten des Feindes und der Guerrilla stabilisieren, und schließlich zur Endphase der Überflügelung der Repressionsarmee, die zur Einnahme der großen Städte, zu den großen Entscheidungsschlachten, zur völligen Vernichtung des Gegners führen wird."
>
> (Che Guevara, Partisanenkrieg – eine Methode)

S. Sch.

Krieg um des Glaubens willen? – die Reconquista

Im Frühjahr 711 setzte ein Heer von Arabern und Berbern unter Târiq ibn Ziyâd über die Straße von Gibraltar. In nur vier Jahren eroberten knapp 30 000 Krieger fast die gesamte Iberische Halbinsel mit annähernd 10 Millionen Menschen. Das weitere Ausgreifen verhinderte 732 bei Tours und Poitiers das Frankenheer unter Karl Martell. Die Muslime beschränkten ihre Eroberung auf das ehemalige Westgotenreich südlich der Pyrenäen.
Al-Andalus, so der arabische Name, wurde der westlichste Teil des muslimischen Weltreiches, das sich nach Osten bis Pakistan und Zentralasien erstreckte. Der Omajade Abd al-Rahmân (731–788) wurde zum eigentlichen Staatsgründer. Er machte Córdoba zur Hauptstadt des Emirats und ließ die Große Moschee errichten, eines der bedeutendsten muslimischen Bauwerke der Welt. Landwirtschaft mit künstlicher Bewässerung, Erschließung von Bodenschätzen, Prosperität der Städte und ein Aufblühen der Wissenschaften belegen einen kulturellen und zivilisatorischen Hochstand, wie er zu dieser Zeit nirgends sonst in Europa erreicht wurde. Abd al-Rahmân III. (*912, reg. 929–961) nahm den Kalifentitel an – die vornehmste Würde der islamischen Welt. Die Christen haben später die Muslime Spaniens als Mauren bezeichnet (griech.: mauros, dunkel). Das ist irreführend, zutreffend für die Berber aus dem Maghreb, weniger schon für die dünne Oberschicht der arabischen Aristokratie. Die Bevölkerungsmehrheit bildeten die *Muwalladûn*, zum Islam bekehrte Christen, die Sprache, Kultur und zum Teil arabische Namen annahmen. Daneben gab es die *Mozarabes*, christlich gebliebene Spanier, die als „Leute des Buches" von den Muslimen ebenso geduldet wurden wie die Juden, die wirtschaftlich und kulturell im

muslimischen Spanien eine Blütezeit erlebten, während mit der Zeit viele Christen in den Norden abwanderten.
Denn Spanien war im 8. Jh. nicht ganz muslimisch geworden. Im äußersten Nordwesten, im Kantabrischen Gebirge, hielt sich das Königreich Asturien unter einem gotischen Geschlecht. Das baskische Fürstentum Navarra, seit 905 Königreich, saß „rittlings“ auf den Pyrenäen, wurde zwar erobert, erlangte aber bald die Unabhängigkeit. Um 800 errichtete das Frankenreich die Spanische Mark südlich der Pyrenäen mit Barcelona als Hauptort.
Das war das christliche Spanien, zunächst nicht mehr als kleine Rückzugsgebiete gegenüber dem mächtigen al-Andalus, aber gleichzeitig Ausgangspunkte von dem, was bis heute in Spanien *Reconquista* genannt wird, Rückeroberung – ein heiliger Krieg, bei dem die himmlischen Mächte tatkräftig mitwirkten. Um 810 wurde durch Wunderzeichen das Grab des Apostels Jacobus d.Ä. in Galizien wieder aufgefunden. San Diego galt nun als Schutzpatron der Reconquista, er erhielt den Beinamen „Matamoros“, Maurentöter, nachdem er in die Schlacht von Clavijo (844) in ritterlicher Gestalt eingegriffen haben soll. Es gibt heute noch zahllose Altarbilder in spanischen Kirchen, die den Heiligen in einer Schlacht auf weißem Ross zeigen, wie er maurische Krieger niedersticht. Der Schutz des bald florierenden Pilgerweges und des Grabes in Compostela war eine gesamtchristliche Aufgabe. So kamen zahlreiche Ritter ins Land, die für die Aussicht auf Landgewinn gegen die Muslime kämpften. So verhalf der Matamoros den schwachen christlichen Staaten zu militärischer Macht.
Überblickt man einige Jahrhunderte, so sieht man, wie Asturien in einer Vielzahl von Kleinkriegen sein Herrschaftsgebiet nach Süden ausweitet. Es entstand die Grafschaft Kastilien, das Land der Kastelle. Dieses ursprünglich kaum besiedelte Expansionsgebiet wurde bald zur Speerspitze der Reconquista und am Anfang des 11. Jh.s Königreich, in dem Asturien schließlich aufging. Damals gelang der Vorstoß vom Duero bis zum Kastilischen Scheidegebirge. Eine bedeutende Gestalt der Reconquista war König Alfons VI. von Kastilien (1072–1109). Er nutzte 1180 die politische und militärische Schwäche der Muslime (denn das Emirat von Córdoba war in Tâ'ifas, in Kleinkönigreiche, zerfallen, die sich untereinander bekriegten) zum Vorstoß auf Toledo. Nach fünf Jahren der Belagerung konnte er als erster christlicher Eroberer in eine muslimische Metropole einziehen. Damit waren die Christen in der geographischen Mitte Spaniens angelangt. Toledo war einst Hauptstadt des Westgotenreiches; als Erbe der Gotenkönige beanspruchte Alfons VI. die Oberhoheit über die anderen christlichen Kö-

nigreiche und legte sich den Titel „Imperator totius Hispaniae" zu. Kreuzzugsideen lagen ihm jedoch fern. Er nannte sich Herrscher der beiden Nationen, also der Christen wie der Muslime. Die Verwaltung der Staatsfinanzen übertrug er jüdischen Kaufleuten.

Nach dem Fall von Toledo suchten die Herren von Sevilla bei den Almoraviden um Hilfe nach. Das waren die Führer von Berberstämmen aus dem Senegal; sie hatten diese auf der Grundlage eines streng orthodoxen, fundamentalistischen Islam geeint und Marokko in ihre Gewalt gebracht. 1086 setzten die Berber unter dem Almoraviden Yûsuf ben Tâschufîn nach Spanien über. Im gleichen Jahr noch erlitt Alfons VI. in der Schlacht bei Sagrajas (arab. Zallâq) in der Nähe von Badajoz eine furchtbare Niederlage. Das Eingreifen der burgundischen Reiterei rettete dem König das Leben und das kastilische Heer vor der völligen Vernichtung. Die Almoraviden eroberten alle großen Städte zurück, die zeitweise an die Christen gefallen waren, zuletzt 1110 Zaragoza; aber Toledo und die Tejolinie wurden gehalten. Der muslimische Teil der iberischen Halbinsel wurde in den nächsten Jahrzehnten faktisch zu einer Provinz des Almoraviden-Reiches.

Aus dieser Epoche ist noch eine andere Gestalt zu nennen, über die schon im 12. Jh. ein Heldenlied entstand (und im 20. Jh. Spielfilme): der Nationalheld Spaniens Rodrigo Diaz (1043–1099) aus Burgos. Die Muslime nannten ihn al-Cid oder El Cid (arab. „der Herr"). Wie Alfons VI. zeigt auch er, dass man sich die Reconquista dieser Epoche nicht als fanatischen Kreuzzug denken darf. Als sich der eigenwillige Rodrigo Diaz mit König Alfons überwarf, trat er in die Dienste von Muqtamir, dem Tâ'ifa-Fürsten von Zaragossa. Nach der Niederlage von Sagrajas waren seine Dienste wieder willkommen. 1094 eroberte er als kastilischer Heerführer Valencia und besiegte durch Kriegslist ein eigentlich weit überlegenes Entsatzheer. Hier errichtete er nun eine eigene fürstliche Herrschaft, die allerdings über seinen Tod hinaus nicht lange Bestand hatte.

Das 13. Jh. brachte den entscheidenden Durchbruch der Reconquista; dies konnte auch die zweite Berber-Dynastie, die Almohaden, nicht verhindern, die 1170 sogar ihre Residenz von Marrakesch nach Sevilla verlegte. In der außerordentlich blutigen Schlacht von Las Navas de Tolosa (1212) am Südrand der Sierra Morena siegten die vereinigten christlichen Heere von Kastilien, Asturien-León, Navarra und Aragon. Papst Innozenz III. hatte die europäischen Ritter zum Kreuzzug aufgerufen. Das war nun das Leitmotiv der nächsten Jahrzehnte: Während die Kreuzfahrerstaaten im Orient dahinschwanden, eröffnete sich in Spanien ein neues Betätigungsfeld: Nachlass der Sünden und Landgewinn. Es war auch die große Zeit der spanischen Ritterorden, der von Santiago oder von Calatrava beispielsweise. Die Reconquista war nun nicht mehr umkehrbar. König Ferdinand III. von Kastilien (reg. 1217–1252), den 1671 Papst Clemens X. heilig sprach, und König Jakob (Jaime) I. von Aragon, das nach der Vereinigung mit der Grafschaft Barcelona zur zweiten Hauptmacht der Reconquista geworden war, drangen ohne größere Schwierigkeiten bis ins Herz Andalusiens vor: 1236 fiel Córdoba, 1248 Sevilla. Im gleichen Jahr vernichtete die kastilische Flotte die der Muslime vor der Mündung des Guadalquivir. Portugal eroberte 1249 die Algarve und brachte im westlichen Teil der Iberischen Halbinsel die Reconquista zum Abschluss.

Was blieb, war das Königreich oder Sultanat Granada mit einer wunderbaren kulturellen Spätblüte, wie man sie noch heute in der Alhambra erleben kann. Der weitere Weg war durch die Einigung Spaniens gekennzeichnet: 1469 heirateten Isabella von Kastilien (1451–1504) und Ferdinand von Aragon (1452–1516). 1481–1492 führten die *Katholischen Könige*, so der vom Papst Alexander VI. verliehene Ehrentitel, Krieg gegen das Sultanat, der mit der kampflosen Übergabe von Granada endete.

Die Katholischen Könige verkündeten 1492 das Alhambra-Dekret, wonach alle Juden, die nicht bereit waren, sich taufen zu lassen, aus Spanien zu vertreiben waren. 1502 wurde die Taufe oder Ausweisung der Muslime angeordnet – entgegen den feierlichen Versicherungen von 1492 als Gegenleistung für die kampflose Übergabe Granadas. Weil man auf ihr handwerkliches Geschick nicht verzichten wollte, wurden viele Muslime zwangsgetauft. Man nannte sie *Morisken* (moriscos). Wie die jüdischen „Neuchristen" standen sie unter der misstrauischen Beobachtung und dem mörderischen Zugriff der 1481 gegründeten Heiligen Inquisition. Mit Gewalt, einem intoleranten Katholizismus als Staatsideologie und einer Zentralisierung der Staatsorganisation haben Isabella und Ferdinand Spanien geeint. Im Jahr des Alhambra-Dekrets 1492 brach Columbus von Sevilla aus in die Neue Welt auf. Bald folgten ihm die Conquistadoren – mit ihren Erfahrungen in dem Vernichtungskrieg gegen die Muslime auf spanischem Boden.

Reconquista ist ein ideologischer Begriff. Nach Hunderten von Jahren gab es kein Zurückerobern. In den muslimischen Gebieten lebten keine Menschen, die befreit werden wollten, nicht einmal unterdrückte Christen. Den *Mozarabes*, die unter nicht leichten Verhältnissen ihren christlichen Glauben bewahrt hatten, wurde nach der „Befreiung" ihre Liturgie verboten.

S. M.

„Wachse nicht, dich fangen sonst die Werber!" – Krieg im Absolutismus

Der umfassende Herrschaftsanspruch des absolutistischen Staates, alle öffentlichen Funktionen unter seine Kontrolle zu bringen, hat das Kriegswesen entscheidend verändert. Es wurde verstaatlicht. Die Zeit der privaten Kriegsunternehmer, der Condottiere, war vorbei, der Söldnerführer, die auf eigene Rechnung und eigenes Risiko Regimenter aufstellten, sich kriegführenden Fürsten auf befristete Zeit als Vertragspartner andienten und auf ihren Gewinn achteten. Erst die Intensivierung der Staatseinnahmen im Absolutismus ermöglichte es, stehende Heere ständig zu finanzieren und in Bereitschaft zu halten.

Die größeren finanziellen Ressourcen wirkten sich auch auf die Entwicklung der Waffentechnik aus. Im späten 17. Jh. wurde das Luntenschlossdurch das Steinschlossgewehr ersetzt, mit dem drei Schuss pro Minute und damit eine dreifach höhere Feuerrate möglich waren. Im preußischen Heer Friedrichs II. leisteten die Gewehre sogar sechs bis sieben Schuss pro Minute. Treffgenauigkeit und Reichweite des Artilleriegeräts wurden verbessert und gleichzeitig das Gewicht vermindert, was für den Einsatz auf dem Schlachtfeld entscheidend war.

Kriege wurde oft aus dynastischen Gründen geführt; so gab es den spanischen, polnischen, österreichischen und bayerischen Erbfolgekrieg. Neben dem dynastischen Ehrgeiz war die Staatsräson im Sinne einer Mehrung von Macht und Reichtum ein epochentypischer Kriegsgrund. Da im Absolutismus der Fürst die entscheidende Rolle spielte, ist auch sein ganz persönlicher Ehrgeiz, sein Streben nach Ruhm zu diesen Kriegsgründen zu rechnen. So begründete Friedrich II. von Preußen in seiner „*Histoire de mon temps*" (1775) den Angriff auf Schlesien mit folgendem Satz: „Das war der Weg, sich Ruhm zu erwerben und die Macht des Staates zu vergrößern." Ludwig XIV. bezeichnete den Krieg als „die würdigste und angenehmste Beschäftigung des Herrschers", weil nichts mehr *réputation* und *gloire* – Ansehen und Ruhm – bringen könne. Kriegsherr zu sein ist die Rolle, in der der barocke Fürst seine Selbstverwirklichung findet. In dieser Rolle lässt er sich abbilden. In Malerei und Plastik erscheinen hundertfach Fürsten und Feldherrn in der Geste eines Imperators vor einem Schlachtengetümmel.

Beliebt waren auch jene Allegorien des Sieges, in denen sich vor allem die Feldherren der Türkenkriege verherrlichen ließen. Der bayerische Kur-

Guillielmus de Grof: Kurfürst Max Emanuel als Türkensieger, Bayerisches Nationalmuseum München

fürst und Gouverneur in den habsburgischen Niederlanden ist als Feldherr mit Stab, Rüstung, Allongeperücke und dem Orden vom Goldenen Vlies zu sehen. Er reitet über am Boden liegende Feinde (Türken) hinweg; die Siegesgöttin hält den Lorbeerkranz über sein Haupt. Die Apotheose des persönlichen Ruhmes wird noch überhöht durch die allegorische Darstellung des Sieges über den Unglauben; denn unter den Hufen des Pferdes liegt auch der Koran.

Die Kriege des späten 17. und 18. Jh.s waren Kabinettskriege: Für sie galt die Formel von Clausewitz, dass Krieg die Fortsetzung der Politik mit anderen Mitteln sei. Krieg war ein taktisches Mittel zum Erreichen eines politischen Zieles. Da die Ziele in der Regel begrenzt waren, galt dies auch für den Einsatz der Mittel. Das schloss eine Strategie des Alles oder Nichts aus. Als hohe Feldherrnkunst galt vielmehr, die eigenen Ressourcen zu schonen und den Gegner auszumanövrieren, ihn von seinem Nachschub abzuschneiden, in ein Winterquartier zu drängen, das Not und Hunger bedeutete, oder ihm eine Festung wegzunehmen, um den strategischen Spielraum einzuengen. Marschall Saxe („*Rêveries de Guerre*“, 1732) meinte, er könne sich vorstellen, „dass ein geschickter General sein ganzes Leben lang Krieg führen könnte, ohne sich in eine Schlacht hineinzwingen zu lassen“. Eine Ausnahme und schon deshalb ein unerhörtes Ereignis war die Entscheidungsschlacht, die die beiden Feldherrn Herzog Marlborough und Prinz Eugen am 13. August 1704 in der Donauebene bei Höchstädt und Blindheim gegen Frankreich und Bayern herbeiführten. Untypisch für die Kriegführung in dieser Epoche waren auch die Kriege gegen die Türken auf dem Balkan.

Man hat für diese Epoche von der „Bändigung des Krieges“ gesprochen. Wer unter die Räder der „gezähmten Bellona“ geriet, fand darin sicher wenig Trost. Doch verglichen mit den Kriegen im konfessionellen Zeitalter war die mörderische Wirkung der Kriegführung zwar nicht aufgehoben, aber eingegrenzt.

„Gebändigt“ war der Krieg auch deshalb, weil die Soldaten des stehenden Heeres durch den Staat diszipliniert wurden. In der Zeit des Landsknechts- und Söldnerwesens gibt es unzählige Fälle, in denen die Soldateska bei ausbleibendem Sold den Krieg auf eigene Rechnung betrieb – mit furchtbaren Auswirkungen für die Zivilbevölkerung. Der Preis für die Verstaatlichung des Militärs war allerdings eine elende menschliche Existenz: das Soldatenleben.

Der Soldat in den stehenden Heeren des 18. Jh.s führte das Leben eines Sklaven. Der Einstieg erfolgte durch ein barbarisches Rekrutierungssystem. Junge Männer gingen in der Regel nur dann zum Militär, wenn sie keinen anderen Ausweg wussten: arbeitslose Gesellen, übrige Söhne von Kleinbauern, Flüchtlinge, die Ärmsten der Armen, die Gescheiterten. Das Heer Friedrichs II. bestand zur Hälfte aus solchen Existenzen, rekrutiert durch Werbebüros in ganz Mitteleuropa. Die andere Hälfte waren zum Dienst gepresste Landeskinder. Da die Körpergröße entschied, kannte jeder heranwachsende Junge die Warnung: „Wachse nicht, dich fangen sonst die Werber!“

Der Verkauf von Soldaten war der sichtbarste Ausdruck der Sklavenexistenz. Nicht wenige deutsche Fürsten finanzierten mit diesem Handel ihre *representatio majestatis*: Die Landgrafen von Hessen entvölkerten ganze Landstriche von jungen Männern; fürstliche Sklavenhändler waren auch Herzog Carl Eugen von Württemberg, die Ansbacher Markgrafen und die Braunschweiger Herzöge. Abnehmer waren England für seinen nordamerikanischen Krieg, Frankreich und die niederländisch-ostindische Kompanie.

Den Alltag der Soldaten bestimmte stundenlanger Exerzierdrill – ein notwendiges Training für den Ernstfall: Denn in der Feldschlacht marschierten sie in versetzter Anordnung auf. Die vorderste Reihe ließ, nachdem sie geschossen hatte, die andere passieren, so dass stets eine schussbereite oder schießende Front vorhanden war. Der Offizier bestimmte die Bewegung der Linienformation, den Rhythmus des Ladens und Schießens. Jeder Handgriff, jede Bewegung musste sitzen, ganz gleich, was um den Soldaten herum geschah. Denkvermögen und Individualität waren so weit wie mög-

lich auszuschalten, damit die Soldaten im gegnerischen Feuer, auch unter Artilleriebeschuss, als „Automaten" funktionierten.
Für dieses Soldatenleben gibt es ein seltenes Zeugnis in der „Lebensbeschreibung" des Schweizers Ulrich Bräker, der als 19-Jähriger betrügerischen Werbern in die Hände fiel, die ihn ins preußische Heer lockten. Auf dem Exerzierplatz, so Bräker,

> „war Fluchens und Karbatschens von prügelsüchtigen Jünkerleins und hiewieder des Lamentierens der Geprügelten kein Ende. [...] Bei einem solchen Traktement musste auch der starknervigste Kerl lahm und der geduldigste rasend werden." Was lag näher als der Gedanke an Desertion? Bräker: „Bald alle Wochen hörten wir [...] neue ängstigende Geschichten von eingebrachten Deserteuren. [...] Da mussten wir zusehen, wie man sie durch 200 Mann achtmal die lange Gasse auf und ab Spießruten laufen ließ, bis sie atemlos hinsanken – wie sie des folgenden Tags aufs neue dran mussten, die Kleider vom zerhackten Rücken heruntergerissen, und wieder frisch draufgehauen wurde, bis Fetzen geronnen Blutes ihnen über die Hüften hinabhingen." Im Feldeinsatz während des Siebenjährigen Krieges gelang Bräker die Desertion: „... denn was gehen mich eure Kriege an".

Zwischen den nach Ruhm strebenden Kriegsherrn und den „Automaten" des Schlachtfeldes gab es keine ideelle Gemeinsamkeit. In dieser Hinsicht begann mit der Französischen Revolution eine neue Epoche des Krieges. In der Marseillaise scheint dieser Gegensatz deutlich auf: Den absolutistischen Fürsten dient demnach ein „Sklavenheer" aus „rohen" und „feigen Söldnern". Ihm gegenüber steht der freie Bürger als „stolzer Krieger", der weiß, wofür er kämpft, nämlich für die Nation, für Freiheit und Vaterland. Der Krieg ist zur demokratischen Angelegenheit geworden, zum Volkskrieg. Doch der Kampf um Überzeugungen und Ideologien bedeutet auch eine Entgrenzung des Krieges.

Literatur Michael Howards, Der Krieg in der europäischen Geschichte, München 1981.

S. M.

Das Ende der Kolonialherrschaft – der Fall von Dien Bien Phu

Das Schlachten dauerte 57 Tage, dann hissten die Vietminh über dem Befehlsbunker von Dien Bien Phu im Norden Vietnams die rote Flagge mit dem gelben Stern. Frankreich hatte an jenem 7. Mai 1954 mehr als nur eine Schlacht verloren, obwohl die französische Luftwaffe durch massive Einsätze, unter anderem mit Napalmbomben, versucht hatte, die Niederlage abzuwenden. Es war der Anfang vom Ende der Kolonialherrschaft in Indochina. Gleichzeitig bedeutete das Debakel der Franzosen einen Triumph für Ho Chi Minh, den Führer der Kommunisten und seinen General Vo Nguyen Giap.

Die Rückkehr der Kolonialherren

Nach dem Zweiten Weltkrieg waren die Franzosen als Kolonialherren nach Indochina zurückgekehrt, als sei die Zeit stehen geblieben. Nachdem die japanischen Besatzer sich 1945 hatten zurückziehen müssen, wollten die französischen Herren das kautschukreiche Gebiet wieder in Besitz nehmen und gefielen sich in der Rolle des Befreiers, obwohl der Widerstand gegen die Kolonialherren mit jedem Tag zunahm. Die Situation glich nur scheinbar der Lage vor dem Krieg, denn in dem Machtvakuum nach Abzug der Japaner hatte Ho Chi Minh seinen Einfluss und den der Vietminh gefestigt und am 2. September 1945 die „Demokratische Republik Vietnam" ausgerufen. Jetzt setzte er den Ansprüchen der Franzosen erbitterten Widerstand entgegen, doch die Grande Nation wollte sich ihre Rechte auf keinen Fall von einer Guerillaarmee streitig machen lassen, die in Paris kaum einer ernst nahm. Die gewaltsame Unterdrückung der Bevölkerung war von Anfang an Teil der Besatzungspolitik gewesen, also empfand man es als normal, dass die Vietnamesen sich auflehnten.
1946 sollte man in Paris aber feststellen, dass sich einiges geändert hatte. Die Guerillaeinheiten waren exzellent ausgebildet, wurden von den Truppen Mao Zedongs unterstützt und erhielten aus China auch Waffen jeder Art und in großen Mengen. Aus dem Kolonialkonflikt war längst eine ideologische Auseinandersetzung geworden.

Militärische oder politische Lösung?

In dieser Situation entschieden sich die Franzosen für eine doppelte Strategie, um ihren kolonialen Anspruch doch noch zur Geltung zu bringen. Einerseits setzten sie auf ihre militärtechnische Überlegenheit, und tatsächlich schienen die Bodentruppen mit massiver Unterstützung der Luftwaffe zunächst erfolgreich. Als politische Gegenmaßnahme ließ Paris andererseits 1949 im Süden den Staat Vietnam gründen. Doch der Staatschef von Frankreichs Gnaden war im Grunde eine Marionette und wurde nie zu einer Autorität für die Vietnamesen. Gleichzeitig dehnten die Vietminh ihren Einfluss von Norden nach Süden immer weiter aus, so dass die Franzosen diplomatisch und militärisch zu scheitern drohten.

In dieser Lage wirkte das Ende des Koreakrieges im Juli 1953 wie ein willkommenes Signal für einen Neuanfang. Die Welt hatte mit Entsetzen erkennen müssen, dass kurz nach dem Ende des Zweiten Weltkriegs eine militärische Auseinandersetzung von ungeheurem Ausmaß nicht zu verhindern war und stets die Ausweitung der Kriegshandlungen drohte. Mit großer Erleichterung verfolgte man daher in Europa wie in Amerika das Ende der Kämpfe. Nach verlustreichen Schlachten hatte man sich auf diplomatischer Ebene darauf einigen können, die Einflusssphären in Korea entlang des 38. Breitengrades zu teilen. Eine Verhandlungslösung konnte auch für Vietnam das Ende der Kriegshandlungen bedeuten. Darauf hofften Franzosen und Vietnamesen gleichermaßen, als sie für das Frühjahr 1954 in Genf eine Indochina-Konferenz vereinbarten.

Die Entscheidung auf dem Schlachtfeld

Bis dahin freilich wurde mit allen Mitteln gekämpft, um am Verhandlungstisch eine möglichst gute Ausgangsposition zu haben. Man hoffte, dass es gelingen könnte, den Gegner in die Knie zu zwingen, so dass man ihm in Genf die Bedingungen diktieren konnte. Für beide Seite war relativ schnell klar, wer als idealer Ort für eine solche Vorentscheidung in Frage kam: die Festung Dien Bien Phu. Dort konnten die Franzosen die Nachschubwege der Vietminh über Laos kontrollieren und sie zu einer offenen Feldschlacht provozieren, in der ihre besser ausgerüsteten Truppen nach Einschätzung des französischen Befehlshabers General Navarre die Guerillaarmee Ho Chi Minhs aufreiben würden. General Giap auf Seiten der Vietnamesen wusste von der Überlegenheit des Feindes und musste auf Entschlossenheit und Kriegskunst setzen, um überhaupt eine Siegeschance zu haben.

Beide Militärführer setzten alles auf diese eine Karte. Tausende Soldaten der französischen Luftlandetruppen und Fremdenlegionäre sicherten die Festung, und Giap zog ebenfalls ca. 50000 Mann bei Dien Bien Phu zusammen. Bei den sich wochenlang hinziehenden Kämpfen schnürten die Vietnamesen das Fort immer enger ein, ungeachtet der furchtbaren Verluste auf beiden Seiten. Da General Giaps Truppen die Hügel rund um die Festung eingenommen und mit schwerer Artillerie besetzt hatten, waren die Franzosen bald in einer hilflosen Lage. Keiner hatte damit gerechnet, dass es dem Gegner gelingen könnte, ohne technische Hilfe so schweres Gerät dort oben zu positionieren. Nach knapp zwei Monaten stürmten die Vietminh-Regimenter die Festung.

Der Rückzug der Kolonialmacht Frankreich

Frankreich war vor der Welt als Kolonialmacht blamiert worden. Weder die USA noch Großbritannien hatten einen Finger gerührt, denn keiner der beiden Staaten war zu diesem Zeitpunkt bereit, in einen neuen Konfliktherd einzugreifen. Schließlich war allen der gerade beendete Korea-Krieg eine deutliche Warnung.

Aus der Regierungskrise in Paris ging der Sozialist Mendes France als neuer Ministerpräsident hervor, der zumindest mit einem raschen Friedensschluss das Debakel aus den Schlagzeilen bringen sollte. Bei der Konferenz in Genf waren die Rollen zwar jetzt neu verteilt, doch wer einen Erpressungsversuch Vietnams und seines Bündnispartners China erwartet hatte, sah sich getäuscht. Der chinesische Außenminister Zhou En-Lai schlug in Absprache mit der UdSSR moderate Töne an. Man gab sich kompromissbereit und akzeptierte eine Teilung Vietnams entlang des 17. Breitengrades. Aus dem Norden mussten sich die Franzosen zurückziehen, im Süden regierte weiterhin eine vietnamesische Marionettenregierung. Dass Laos und Kambodscha unabhängig wurden, bedeutete einen weiteren Machtverlust Frankreichs. Man hatte einen Waffenstillstand geschlossen, einen wirklichen Frieden sollte es in Vietnam jedoch auf Jahrzehnte nicht geben.

Frankreichs Rolle in Vietnam wurde nach dessen Abzug 1954 von den USA übernommen, die als Weltmacht glaubten, in Indochina die freie Welt gegen den Kommunismus verteidigen zu müssen. Ähnlich wie die Franzosen setzten sie auf korrupte Regimes im Süden und vertrauten auf die Überlegenheit ihrer Militärmacht. Ähnlich schmachvoll war ihr Abzug am Ende des „schmutzigen" Vietnamkrieges 1975. Aus Dien Bien Phu und den Folgen hatte die Supermacht USA offenbar nichts gelernt.

Literatur Marc Frey, Die Geschichte des Vietnam-Krieges, München 2002.

W. W.

Krieg der Welten – Inszenierung einer Bedrohung

The New York Times, October 31, 1938
Radio Listeners in Panic – Taking War Drama as Fact
A wave of mass hysteria seized thousands of radio listeners between 8:15 and 9:30 o'clock last night when a broadcast of a dramatization of H. G. Wells's fantasy, „The War of the Worlds," led thousands to believe that an interplanetary conflict had started with invading Martians spreading wide death and destruction in New Jersey and New York.
The broadcast, which disrupted households, interrupted religious services, created traffic jams and clogged communications systems, was made by Orson Welles, who as the radio character, „The Shadow," used to give „the creeps" to countless child listeners. This time at least a score of adults required medical treatment for shock and hysteria.
In Newark, in a single block at Heddon Terrace and Hawthorne Avenue, more than twenty families rushed out of their houses with wet handkerchiefs and towels over their faces to flee from what they believed was to be a gas raid. Some began moving household furniture.

Als die American Broadcasting Corporation am Abend des 30. Oktober 1938 H.G. Wells' Science-Fiction-Roman *„Krieg der Welten"* in der Hörspielfassung von Orson Welles ausstrahlte, brach an der Ostküste der USA eine Massenpanik aus. Noch nie hatte ein modernes Massenmedium solch eine Wirkung entfaltet. Obwohl mehrfach auf den fiktionalen Charakter des Hörspiels hingewiesen worden war, flohen die Menschen in wilder Panik aus ihren Häusern. Gleich zu Beginn des Hörspiels wurde die angebliche Musikübertragung eines fiktiven Tanzorchesters durch einen Nachrichtensprecher mehrfach unterbrochen, und damit begann eine dramaturgisch raffiniert inszenierte Katastrophe, die bald außer Kontrolle geraten sollte. Den Ort der Handlung hatte man von England in die USA verlegt. Dort kam es auf einer Farm in New Jersey zu einem Meteoriteneinschlag, der ungeheure Folgen hatte. Neben dem Krater berichteten ein Reporter und ein Astronomieprofessor, wie sich Außerirdische unter furchtbaren Geräuschen aus einem metallischen Zylinder herauswanden. Bald wurde klar, es handelte sich um eine Invasion, die zu einer ganzen Armee grausiger Monster anschwoll. Sie verbrannten und zerstörten alles, was sich ihnen in den Weg stellte. Immer neue Raumschiffe landeten, die US-Truppen lieferten sich verlustreiche Gefechte mit den Außerirdischen. Entlang der gesamten Ostküste übernahmen sie das Kommando und verfolgten offensichtlich den Plan, die Erde zu erobern. Doch als am Ende ein Anatomieprofessor allein durch das zerstörte Manhattan irrte, überall umgeben von den stählernen Raumschiffen, da entdeckte er eine ganze Armee toter Marsmenschen, die von irdischen Viren und Bakterien hingerafft waren. Im Krieg der Welten hatte die Erde auf unerwartete Weise gesiegt.

In diesem Augenblick erinnerte Orson Welles, Autor der Hörspielfassung, schmunzelnd daran, es habe sich lediglich um einen Scherz zu Halloween gehandelt. Doch diese Entwarnung kam für Tausende zu spät. Längst waren Kinovorstellungen abgebrochen worden, Menschen in Kirchen geflüchtet, hatten in Parks und auf Polizeirevieren Schutz gesucht. Tausende wollten sich als Freiwillige an die intergalaktische Front melden. Ambulanzen rückten aus, um angebliche Opfer von Giftgasangriffen zu versorgen. Die Woge der Hysterie schwappte sogar bis an die Westküste, wo Menschen gewaltige Feuerwalzen am Himmel gesehen haben wollten. Selbst 1977, als der WDR eine deutsche Bearbeitung des Hörspiels sendete und mehrfach während der Ausstrahlung Hinweise auf den fiktionalen Charakter des Geschehens einblendete, erreichten den Sender besorgte Anrufe von Hörern.

Das Hörspiel wurde zum Paradebeispiel dafür, wie die Macht der Medien Menschen manipulieren, ihre Ängste, Aggressionen und Fantasien freisetzen kann. Warum dies 1938 in dem Umfang gelang, hing zum einen damit zusammen, dass in den USA eine enorme Technikbegeisterung herrschte und zahlreiche Sciencefiction-Mythen die breite Bevölkerung für Themen dieser Art sensibilisiert hatten. Wie heute auch glaubten Millionen außerdem an die Existenz von Außerirdischen. Hinzu kam die überaus realistische Inszenierung, die über eine Stunde lang einen bedrückenden Spannungsbogen aufbaute, der mit allen damals bekannten Mitteln der Rundfunkreportage und der Hörspiel-Illusion arbeitete. Umstritten ist heute, ob der Rundfunk die angebliche Massenhysterie nicht zumindest teilweise auch mitinszeniert hatte.

Gleichzeitig war 1938, ein Jahr vor Kriegsbeginn, die internationale Nachrichtenlage dazu geeignet, dass sich die Angst vor einem drohenden militärischen Konflikt ausbreitete. Doch auch in der modernen Gesellschaft können Massenmedien immer noch Ängste vor fiktiven Gefahren heraufbeschwören, nicht nur wegen des ungebrochenen Glaubens an die Existenz von Außerirdischen. So sahen sich und ihre Nation zu Beginn des Irakkrieges zwei Drittel der US-Bürger von angeblichen Massenvernichtungswaffen in den Händen Saddam Husseins bedroht. Sie existierten nur in den von der US-Regierung gesteuerten Medienkampagnen und wurden daher nie gefunden, doch die Konsequenzen dieser fatalen Fehleinschätzung werden nicht nur die USA noch lange belasten.

H. G. Wells hat die Romanvorlage, die im Jahr 1898 erschien, in England spielen lassen, das darin zum Ziel der Invasoren aus einer anderen Welt wurde. Man konnte das Buch als eine satirische Abrechnung mit der Kolonialpolitik des Empire lesen, da hier die Rollen der Opfer und der Täter auf böse Weise vertauscht wurden. Primitive Marsmännchen, nicht die britische Militärmacht, erobern die Erde und ihre Bodenschätze. Tatsächlich hatte das Empire mit anderen Kolonialmächten beinahe die ganze Welt aufgeteilt und unter europäische Kontrolle gebracht. Den nichteuropäischen Menschen und Völkern, insbesondere in Afrika, mussten die kolonialen Invasoren wie außerirdische Mächte vorgekommen sein, die sie bedrohten und mit ihren Waffen, Schiffen und Soldaten mühelos unterwerfen konnten.

Unheimlich wie eine Invasion vom Mars erschienen die „Weißen", die ihren Machtanspruch und ihre Raubzüge mit selbstgerechter kultureller Überlegenheit verbrämten. Dass nun gerade dreibeinige Kampfmaschinen der Marsianer dem britischen Militär überlegen waren und die ruhmreiche Armee Großbritannien nicht schützen konnte, war schon eine bittere Erkenntnis. Noch schlimmer allerdings, dass nach Zerstörung der Städte die Rettung in letzter Minute von den primitivsten Lebensformen kam, die man damals kannte. Ganz banale Bakterien besiegten schließlich die Eindringlinge, weil ihr Immunsystem auf diesen Gegner nicht eingestellt war.

Deutsche Hörspielfassung: Krieg der Welten, WDR 1977, Regie Klaus Schöning

Verfilmungen: Kampf der Welten, USA 1953, Regie: Byron Haskin; – H. G Wells War of the Worlds, USA 2005, Regie: David Michael Latt; – Krieg der Welten, USA 2005, Regie Steven Spielberg

W. W.

„Böser Geist“ und „lieber Gott“ – Streiflichter zur Religionsgeschichte

Religion im vorgeschichtlichen Europa

Der Mensch ist mit einem Verstand ausgestattet, der ihn unaufhörlich fragen lässt. Bereits kleine Kinder fragen: „Wo komme ich her?“ „Wieso gibt es Menschen?“ „Was passiert nach dem Tod?“ Existentielle Fragen wie diese und das Gefühl, dass es etwas gibt, das der Verstand nicht begreifen kann, dürften den Ausgangspunkt für die Entstehung der Religionen gebildet haben. Über die ersten Religionen, die im Gebiet des heutigen Europas entstanden sind, ist nur wenig bekannt. Dies liegt vor allem daran, dass es keine schriftlichen Quellen gibt. So lässt sich kein komplettes, umfassendes Bild zeichnen, das Aufschluss über Gottesvorstellungen, Menschenbild, Vorstellungen von Leben und Tod, Rituale, usw. geben würde. Lediglich Bruchstücke lassen sich anhand von archäologischen Funden erschließen. Doch auch hierbei handelt es sich stets um Vermutungen. So gibt es immer wieder verschiedene Theorien über die Bedeutung eines archäologischen Fundes. Grob kann man zwei Hauptrichtungen in der Forschung beobachten: die Gruppe der Wissenschaftler, die fast allen Funden eine kultische Bedeutung zumessen, und jene Wissenschaftler, die für das meiste eine alltägliche, praktische Erklärung finden. Einige Beispiele sollen dies verdeutlichen.

Höhlenmalereien und Rentiergräber

Zu den ältesten Funden, die religiöse Bedeutung haben könnten, zählen Höhlenmalereien aus dem Jungpaläolithikum, die in Frankreich und Spanien gefunden wurden. Sie stellen vor allem Tiere dar, insbesondere Pferde und Wisente. Die Jagd war damals der Hauptlebensinhalt und der wichtigste Nahrungserwerb des Menschen. Man nimmt an, dass die Malereien in Zusammenhang mit bestimmten Ritualen standen, die das Jagdglück positiv beeinflussen sollten. Offen bleibt die Frage, warum diese Rituale in Höhlen stattfanden.

In Norddeutschland hat man Skelette von Rentieren aus der Endperiode des Paläolithikums gefunden, die mit Steinen beschwert in einem See versenkt worden waren. Während einige Wissenschaftler dafür profane Erklärungen finden, wie etwa die schwer nachvollziehbare Annahme, es könne sich um Proviantverstecke handeln, sehen andere darin Hinweise auf Opferungen an Rentiergottheiten.

Prähistorische Gräber

Etwas leichter zu interpretieren sind Menschengräber mit Grabbeigaben. Solche Gräber aus verschiedenen vorgeschichtlichen Perioden wurden an mehreren Orten in Europa gefunden. So entdeckte man in Frankreich mit Eisenoxid gefärbte Skelette in Hockstellung, die mit Muschelketten, Armreifen und Werkzeugen ausgestattet waren. Zwar lässt sich aus diesem Fund kein genaues Bild von den religiösen Vorstellungen der vorgeschichtlichen Menschen entwerfen. Aber immerhin kann man aus der Tatsache, dass die Toten eine solche Behandlung erfuhren, darauf schließen, dass die Menschen damals an ein Leben nach dem Tod glaubten. Die rötliche Farbe des Eisenoxids lässt einen Zusammenhang zu Blut als Symbol des Lebens vermuten.

Megalithische Monumente

Viele Fragen werfen immer noch die zahlreichen Bauten aus großen Steinbrocken (Megalithen) auf, die an verschiedenen Orten in Europa gefunden wurden. Bei den weit verbreiteten so genannten Dolmen (zwei senkrecht stehende Tragsteine mit Deckplatte) handelt es sich wohl um vorgeschichtliche Grabbauten. Weit schwerer zu interpretieren sind weitläufige, oft kreisförmige Anordnungen von großen säulenartigen Steinen. Am bekanntesten sind hier die Menhire in Carnac in der Bretagne und das englische Stonehenge. Lange Zeit hielt man diese Bauten für keltische Tempelanlagen. Dies erklärt, warum noch heute als Druiden verkleidete Menschen zur Sommersonnenwende nach Stonehenge kommen, um dort „keltische" Rituale zu vollführen. Auch der berühmte Hinkelstein des Galliers Obelix aus den Asterix-Comics knüpft an diese Interpretation an. Es ist sicher nicht ausgeschlossen, dass die Kelten den eindrucksvollen Bauten eine religiöse Bedeutung zumaßen. Über die keltische Religion ist aber wenig bekannt. Errichtet wurden die Steinkreise jedenfalls vor dem Zeitalter der Kelten (wahrscheinlich zwischen 3000 und 1000 v.Chr.) – darin sind sich die meisten Wissenschaftler heute einig.
Einige der kreisförmig angeordneten Sandsteinblöcke von Stonehenge stehen zur Zeit der Sommersonnenwende in einer Linie mit der aufgehenden Sonne. Man kann daher davon ausgehen, dass Stonehenge eine astronomische Funktion hatte. Ob es sich hierbei lediglich um einen riesigen prä-

historischen Kalender zur Bestimmung von Jahreszeiten handelt, oder um ein Heiligtum, an dem Fruchtbarkeitsgötter verehrt wurden, bleibt umstritten. Angesichts der Größe des Monuments ist eine religiöse Funktion jedoch sehr wahrscheinlich.

Stonehenge, gezeichnet 1760, © picture-alliance/KPA/HIP/Ann Ronan Picture Library

Tipp Die genannten Beispiele lassen sich gut im Rahmen einer Unterrichtsreihe zur Problematik archäologischer Quellen behandeln.

G. L.

Der Hinduismus

Unter der Bezeichnung Hinduismus werden mehrere sehr unterschiedliche religiöse Vorstellungen, Traditionen und Lebensweisen zusammengefasst. Es ist ein ursprünglich von außen geprägter Begriff, der sich am einfachsten mit „Indertum“ übersetzen läßt. Weltweit gibt es etwa 650 Millionen Hindus, von denen die Mehrheit in Indien lebt. Grundsätzlich muss ein Hindu in Indien geboren oder von indischer Abstammung sein. Eine Ausnahme zu dieser Regel bilden lediglich einige neuhinduistische Bewegungen.
Hauptgrund für die Vielgestalt des Hinduismus ist sein absorbierender Charakter: Im Laufe der Geschichte wurden neben zahlreichen alten regionalen Traditionen und Lokalgottheiten auch immer wieder neu entstandene Vorstellungen und Ideen aufgenommen und unter dem Dach des Hinduismus vereint.

Grundzüge

Der Hinduismus hat keine allgemein verbindliche Lehre, keinen Stifter und keine kirchenähnliche Organisationsstruktur. Es gibt aber bei aller Vielfalt der Glaubensvorstellungen und Lebensweisen einige wichtige Grundideen, die allen Hindus gemeinsam sind. Hierzu gehören vor allem *samsara*, *atman*, *karma* und *dharma*. *Samsara* ist das ewige Entstehen und Vergehen, der Kreislauf der Wiedergeburt. Mit dieser Vorstellung unterscheidet sich der Hinduismus grundsätzlich von westlichen Religionen, die meist von einer geradlinigen Zeit ausgehen, an deren Ende die Erlösung steht (Heilsgeschichte). Im Hinduismus ist eine Erlösung nur durch die Befreiung (*moksha*) der Seele (*atman* oder *purusha*) aus dem Kreislauf der Wiederverkörperung möglich. Der Begriff *karma* bedeutet „Werk, Tat". Er steht für die Vorstellung, dass alles Tun, aber auch die bloßen Gedanken eines Lebewesens die Art seiner Wiederverkörperung und den Prozess der Befreiung positiv oder negativ beeinflussen. Allem liegt eine Ordnung oder Harmonie zugrunde, das *dharma*. Jedes Lebewesen hat die Aufgabe, sich nach dieser Ordnung zu richten und sein persönliches *dharma* zu erfüllen.

Der Hinduismus kennt verschiedene Gottesvorstellungen und zahlreiche Gottheiten. In der Regel gelten die verschiedenen Götter als unterschiedliche Gestalten des einen Absoluten. Die meisten Hindus verehren einen Gott als Hauptgottheit. Die beiden größten Gruppen bilden die Anhänger Shivas (*shaivas*) und Vishnus (*vaishnavas*). Besondere Verehrung erfahren Rama und Krishna, die als Verkörperung (*avatara*) des Gottes Vishnu gelten. *Bhakti*, die bedingungslose, liebende Hingabe an Gott, gilt – neben der Erkenntnis (durch Meditation und philosophische Schulung) und der Tat (*karma*) – als einer der drei Wege zur Erlösung.

Ursprünge und wichtige Schriften

Archäologische Funde haben gezeigt, dass sich bereits im dritten vorchristlichen Jahrtausend im Industal eine städtische Hochkultur entwickelte, die um 1800 v. Chr. unter ungeklärten Umständen – eventuell aufgrund klimatischer oder tektonischer Veränderungen – unterging. Um 1500 v. Chr. drangen indogermanische Nomadenstämme, die Arya, in die Gangesregion ein und begannen, sich auf dem indischen Subkontinent auszubreiten. Wichtigste Quelle für Kultur, Geschichte und religiöse Tradition dieser Zeit sind die Veden. Dies sind Sammlungen von in Sanskrit verfassten liturgischen Texten, Hymnen und Legenden, die zunächst mündlich überliefert und um 1000 v. Chr. kodifiziert wurden. *Veda* bedeutet Wissen. Die *vedische* Religion der Arya (ca. 1500 bis 500 v. Chr.) gilt als Ursprung des Hinduismus. Sie ist geprägt durch eine große Anzahl von Gottheiten, oft in der Gestalt von Naturphänomenen. Die Beziehung der Menschen zu den Göttern wurde durch Opfer nach dem Prinzip „do ut des“ bestimmt. Träger der vedischen Religion waren die Brahmanen, die Priester der Arya. Nur sie besaßen das notwendige Wissen, um die in den Veden beschriebenen Rituale durchzuführen und die kultischen Texte zu rezitieren. Das die indische Gesellschaft bis heute prägende Kastensystem hat seinen Ursprung in vedischer Zeit. Schon damals unterschied man vier Stände: Brahmanen (Priester, Dichter, Gelehrte), Krieger/Aristokratie (die weltliche Macht), Bauern und *shudras* (Diener, wahrscheinlich ursprünglich die dunkelhäutigeren, von den Aryas unterworfenen Ureinwohner). Die Kastenzugehörigkeit wird auch heute noch durch Geburt bestimmt. Durch dieses System wurde die auf ihr exklusives kultisches Wissen gegründete Macht der Brahmanen gefestigt.

Neben den eigentlichen Veden gehören die *brahmana*-Literatur, in der die Opfertheorie und -praxis weiter ausgeführt wird, und die ca. 800 bis 500 v. Chr. entstandenen mystisch geprägten Upanishaden zu den wichtigsten Texten der vedischen Religion. In den Upanishaden wird die Vorstellung des *brahman*s entwickelt, einer allem zugrunde liegenden Weltseele, mit der die individuelle Seele, das *atman*, identisch ist. Diese Vorstellung bildet die Grundlage für die Idee der Seelenwanderung (*samsara*).
Um 500 v. Chr. entwickelten sich mehrere heterodoxe Lehrsysteme als eine Art Alternativbewegung zur brahmanischen Opferreligion. Ihre Anhänger betonten das innere Opfer, die Askese, als Weg zur Erlösung und lehnten die Opferliturgie der Brahmanen, die Autorität der vedischen Schriften und das Kastensystem ab. Aus dieser Bewegung haben sich bis heute der Buddhismus und der Jainismus erhalten. Andere Teile der Bewegung wurden in die Religion der Brahmanen integriert. Durch Aufnahme solcher und anderer Elemente (lokale Kulte usw.) entstand aus der vedischen Religion der klassische Hinduismus. In die Zeit zwischen 300 v. und 300 n. Chr. fällt die Entstehung der beiden großen Epen Mahabharata – mit dem bekanntesten religionsphilosophischen Einschub, der Bhagavadgita – und Ramajana, die die weitere Entwicklung des Hinduismus wesentlich beeinflussten. Etwa 1000 n. Chr. beginnt die Zeit des jüngeren Hinduismus, die unter anderem durch die Auseinandersetzung mit dem Islam geprägt ist, während der Buddhismus um 1200 n. Chr. aus Indien verschwand.

G. L.

Der Buddhismus

Der Buddhismus entstand um 500 v.Chr. in Indien als Gegenbewegung zur vedischen Opferreligion der Brahmanen. Aus dem Hinduismus übernahm er die Vorstellung vom Kreislauf der Wiedergeburt (*samsara*) und vom *karma*-Gesetz. Mit dem Begriff *dharma* wird im Buddhismus die buddhistische Lehre bezeichnet. Sie geht zurück auf den historischen Buddha Siddhartha Gautama.

Der historische Buddha

Die schriftlichen Quellen zum Leben des historischen Buddha haben zum großen Teil Legenden-Charakter und neigen dazu, die Person des Buddha in übermenschliche Sphären zu heben. Während die Existenz des historischen Buddha in der Wissenschaft heute nicht mehr angezweifelt wird, sind seine genauen Lebensdaten umstritten. Früher datierte man Geburts- und Todesjahr auf 560 und 480 v.Chr. Jüngere Forschungen gehen davon aus, dass Buddha zwischen 450 und 350 v.Chr. gestorben ist. Geboren wurde Buddha, der den weltlichen Namen Siddhartha Gautama trug, als Sohn eines nordindischen Fürsten. Den Titel *buddha* („der Erleuchtete“ oder „der Erwachte“) erhielt er erst später. Der Legende nach beschloss Siddhartha nach der Begegnung mit einem Alten, einem Kranken, einem Toten und einem Bettelmönch, sein Leben in Reichtum aufzugeben und in Askese zu leben. Er hoffte so einen Weg aus dem Kreis der Wiedergeburt zu finden und Alter, Krankheit und Tod zu überwinden. Sechs Jahre lang übte er verschiedene Meditationstechniken und immer strengere Askese. Schließlich erkannte Siddhartha jedoch, dass ihn eine zu strenge Askese nur zum Tod und somit zur erneuten Wiedergeburt führen würde. Der Fürstensohn schlug daher den „mittleren Pfad“ ein und verzichtete sowohl auf Luxus als auch auf zu strenge Askese. Schließlich gelangte er im Alter von 35 Jahren in einer tiefen Meditation unter einem Baum zur Erleuchtung. Damit wurde Siddhartha Gautama zum Buddha. Kurz darauf hielt er seine erste Predigt und setzte damit „das Rad der Lehre“ in Bewegung. Dieses Rad ist nach buddhistischer Vorstellung nicht mehr aufzuhalten, bis alle Menschen erlöst sind. Buddha gründete einen Orden und zog über 40 Jahre lang mit seinen Anhängern umher, um seine Lehre zu verbreiten.

Grundzüge, Richtungen und Verbreitung

Kern der buddhistischen Lehre sind die „Vier edlen Wahrheiten“. Danach leidet der Mensch, der im ewigen Kreislauf der Wiedergeburt gefangen ist. Ursache für das ständige Werden und Vergehen ist der „Durst“, der Wunsch des Menschen nach Macht, Reichtum, Wissen, angenehmen Gefühlen usw. Nur die völlige Wunschlosigkeit und die Überwindung von Gier, Hass und Wahn führt zur Aufhebung des Leidens. Den Weg dahin nennt Buddha den „edlen achtfachen Pfad“: „rechtes Glauben, rechtes Entschließen, rechtes Wort, rechte Tat, rechtes Leben, rechtes Streben, rechtes Gedenken, rechtes Sichversenken“. Am Ende des Weges steht das völlige Erlöschen, das *Nirvana*. Wichtiger Bestandteil des Buddhismus ist die der hinduistischen Tradition widersprechende *anatta*-Lehre (Lehre vom „Nicht-Selbst“). Sie geht davon aus, dass es keine individuelle Seele gibt, die im Kreislauf der Wiedergeburt konstant bleibt – alles ist ständiges Werden und Vergehen.

Der *sangha*, die buddhistische Gemeinde, besteht aus Mönchen, Nonnen und Laienanhängern. Während die Mönche und Nonnen den achtfachen Pfad beschreiten und danach streben, das Nirvana zu erreichen, bemühen sich die Laienanhänger durch Anhäufung von gutem Karma um eine bessere Wiederverkörperung.

Eine erste Blütezeit erfuhr der Buddhismus in Indien im dritten vorchristlichen Jahrhundert unter Kaiser Ashoka, der den gesamten indischen Subkontinent beherrschte und eine buddhistisch geprägte Staatsphilosophie der sozialen Verantwortung, Toleranz und Gewaltfreiheit entwickelte. Durch Ashokas jüngeren Bruder gelangte der Buddhismus nach Sri Lanka, von wo er sich in Südostasien weiter ausbreitete. In Indien verlor die buddhistische Lehre bald wieder an Einfluss und wurde vom Hinduismus im Laufe der Geschichte fast völlig verdrängt.

Zwei Hauptrichtungen kennt der Buddhismus. Der strengere, konservativere Theravada-Buddhismus („Schule der Alten“), der dem Urbuddhismus am nächsten kommt, ist vor allem in Myanmar, Thailand, Kambodscha, Laos und Sri Lanka verbreitet. Im Zentrum dieser Richtung steht das Ideal des *arhat* („ehrwürdig, heilig, vollendet“), des Mönchs, der bereits zu Lebzeiten das Nirvana erreicht und nach dem Tod ins völlige Nirvana eingeht. Eine Weiterentwicklung des Urbuddhismus ist der in Nepal, Tibet, China, Japan, Korea und Vietnam verbreitete Mahayana-Buddhismus. Nicht mehr das Streben nach individueller Erlösung steht hier im Mittelpunkt, sondern das Idealbild des *bodhisattwa* („Erleuchtungswesen“). Boddhisattwas sind Wesen auf dem Weg zur Erlösung, die ihren Eingang ins Nirvana herauszögern, um anderen Wesen zur Erleuchtung zu verhelfen. Auch der historische Buddha war nach dieser Vorstellung ein Bodhisattwa. Man unterscheidet himmlische Bodhisattwas, die von den Menschen verehrt und um Hilfe gebeten werden, und menschliche Bodhisattwas – Ordensangehörige und Laien, die geloben, den zehnstufigen Bodhisattwaweg zu beschreiten. Innerhalb des Mahayana-Buddhismus entstanden – vor allem durch die Begegnung mit regionalen religiösen Traditionen – verschiedene Richtungen, so z. B. der in Japan verbreitete Zen-Buddhismus und der tibetische Vajrayana-Buddhismus.

Die heilige Schrift des Theravada-Buddhismus, der *tripitaka*, wurde zunächst mündlich weitergegeben und schließlich – wahrscheinlich im ersten vorchristlichen Jahrhundert – in Sri Lanka zum ersten Mal aufgeschrieben und kanonisiert. Da er in Pali verfasst ist, nennt man ihn auch den Pali-Kanon. Er enthält u. a. Ordensregeln, zahlreiche Lehrreden und Aussprüche Buddhas, Teile seiner Biografie und Geschichten über seine früheren Existenzen. Auch der Mahayana-Buddhismus erkennt den Tripitaka (in der Sanskrit-Version oder der tibetischen, mongolischen und chinesischen Übersetzung) als maßgeblich an. Wichtiger sind jedoch die zahlreichen eigenen Schriften des Mahayana, darunter der Lalitavistara (eine legendenhafte Biografie Buddhas) und vor allem das Lotussutra, in dem zentrale Inhalte des Mahayana-Buddhismus enthalten sind.

G. L.

Der Shintoismus

Shinto ist die Bezeichnung für die traditionelle Religion Japans. Es ist ein Sammelbegriff für verschiedene religiöse Praktiken und Inhalte, die ihren Ursprung im prähistorischen Japan haben. Geprägt wurde der Begriff erst in Abgrenzung zum Buddhismus. Er bedeutet „Weg der Kami". Alles religiös Verehrungswürdige wird im Shintoismus mit dem Begriff Kami bezeichnet. Kami sind numinose Wesen, d. h. Geister oder Gottheiten, die vor allem Naturphänomenen innewohnen. Auch legendäre oder historische Persönlichkeiten werden als Kami verehrt.

Zur Verehrung der Kami gibt es in Japan unzählige Schreine, die als Wohnung der Kami angesehen werden. Man unterscheidet lokale Schreine, in denen die Kami des jeweiligen Ortes wohnen, und große nationale Schreine, in denen große Gottheiten verehrt werden, wie z. B. der eng mit dem Kaiserhaus verbundene Schrein der Sonnengöttin Amaterasu in Ise. Außerdem gibt es zahlreiche Schreine an herausragenden Naturphänomenen, z.B. Bergen und Quellen, an Orten wichtiger historischer oder legendärer Ereignisse. In japanischen Haushalten werden die Kami an kleinen Hausaltären verehrt. Auch der Ahnenkult ist Teil des Kami-Glaubens.

Geschichte

Erst im 4. bis 7. Jh. n. Chr. (Yamato-Periode) bildeten die zahlreichen Clans Japans einen einheitlichen Staat. Von dieser Zeit an spielte das Kaiserhaus eine zentrale Rolle. Die japanischen Kaiser führen ihre Abstammung auf den Enkel der Sonnengöttin zurück. Der Kaisertitel *tenno* bedeutet „himmlische Majestät“. Erst 1945 wurde der halbgöttliche Status des Kaisers offiziell abgeschafft.

Die ältesten schriftlichen Quellen Japans sind das 712 n. Chr. entstandene Kojiki und das 720 n. Chr. verfasste Nihonshoki (oder Nihongi). Sie enthalten eine Zusammenfassung der Mythen und Legenden der einzelnen Clans.

Bereits seit Anfang des 6. Jh. n. Chr. wurde der Shinto von konfuzianischen Vorstellungen beeinflusst, die aus China nach Japan kamen. Noch heute lassen sich wichtige ethische Ideale der japanischen Gesellschaft (Familie, Loyalität, Verlässlichkeit usw.) auf den Konfuzianismus zurückführen. Mitte des 6. Jh. wurde der Buddhismus offiziell in Japan eingeführt. Die Chronik Nihonshoki berichtet von Kaiser Yomei (Regierungszeit 585–587), der gleichzeitig Buddhist und Shintoist war. Unter Prinz Shotoku (Regent von 593–622) wurde der Buddhismus sogar zur Staatsreligion. Zunächst wurde Buddha als „fremder Kami“ veehrt, später galten die Kami als Schutzgottheiten buddhistischer Einrichtungen. Buddhismus und Shintoismus vermischen sich somit in Japan von Anfang an. Ab dem 17. Jh. gewann der Konfuzianismus an Bedeutung, es entstand ein konfuzianistischer Shintoismus, der sich vom buddhistischen Shintoismus abgrenzte. Im selben Jahrhundert kam eine Bewegung auf, die als restaurativer Shinto bezeichnet wird. Sie hatte zum Ziel, zum reinen, ursprünglichen Shintoismus zurückzukehren und lehnte buddhistische und konfuzianische Einflüsse ab. Diese Bewegung bildete Basis und Antrieb für die so genannte Meiji-Restauration, die dem Kaiserhaus 1868 seine im 11. Jh. an die Kriegeraristokratie (Samurei) verlorene Vormachtstellung zurückbrachte. Eine Grundlage für den japanischen Nationalismus bildete die von verschiedenen religiösen Gruppen vertretene Vorstellung von Japan als dem „göttlichen Land“ (*shinkoku*). Sie gab Bevölkerung und Soldaten auch im Zweiten Weltkrieg Antrieb. Da die

Alliierten den Ursprung der militärischen Ideologie der Japaner im Shintoismus sahen, verordneten sie nach ihrem Sieg 1945 mit der Shinto-Direktive die strenge Trennung von Staat und Religion in Japan.

G. L.

Die „Partei Alis" – die Shiiten im Islam

Schon gut zwei Jahrzehnte nach dem Tod ihres Stifters Mohammed (gest. 632 n.Chr.) erlebte die islamische Gemeinschaft (*umma*) ihre erste große Spaltung. Grund war ein Streit um die Nachfolge Mohammeds. Aus den beiden wichtigsten Parteien der damaligen Auseinandersetzung gingen die heutigen Sunniten – der breite Hauptstrom des Islam – und die Shiiten hervor. Der Begriff „Sunniten" leitet sich von dem arabischen Wort *sunna* ab. Mit *sunna* bezeichnet man die normsetzenden Aussprüche und Taten des Propheten Mohammed. Die Bezeichnung „Shiiten" geht zurück auf den Ausdruck *Shiat Ali* (arab. „Partei Alis"), die Shiiten sind also Parteigänger Alis. Ali war der Neffe, enge Vertraute und Schwiegersohn Mohammeds. Außerdem soll er der erste Mann gewesen sein, der die Lehre des Islam annahm (nach Mohammeds Frau Khadidscha).
Aus shiitischer Sicht sind Ali und seine Nachkommen die einzigen rechtmäßigen Nachfolger Mohammeds in seiner Funktion als geistiger und weltlicher Führer der islamischen Gemeinschaft. Sie tragen den Titel Imam; hier ist damit nicht, wie sonst im Islam üblich, der Vorbeter einer Moschee gemeint, sondern das Gemeindeoberhaupt aller Muslime. Als erster Imam gilt Ali. Unter anderem die Frage, wer der letzte Imam ist, teilt die Shia in mehrere Untergruppen. Die Anhänger der besonders im Iran verbreiteten Zwölfer-Shia glauben, dass der 11. Imam einen Sohn hinterließ, der im Verborgenen lebt. Eines Tages soll dieser zwölfte Imam, das einzige rechtmäßige Oberhaupt der Muslime, als Mahdi („Rechtgeleiteter", eine Art islamischer Messias) zurückkehren und Mohammeds Mission beenden. Ähnliche Vorstellungen haben die im Jemen, Iran, Syrien, Indien und Afrika verbreiteten Siebener-Shiiten oder Ismaeliten, die den früh verstorbenen Sohn des sechsten Imam, Ismael, für den im Verborgenen weiterlebenden siebten und letzten Imam halten.

Historischer Hintergrund – Entstehung der Shia

Zu seinen Lebzeiten war Mohammed der geistige und weltliche Führer der muslimischen Gemeinschaft (*umma*). Die Frage, wer sein Nachfolger werden sollte, ließ er offen. Nach dem Tod Mohammeds (632) wurde zunächst sein Schwiegervater und treuer Gefährte Abu Bakr zum Kalifen ernannt. *Khalifa* bedeutet „Nachfolger, Stellvertreter". Nachdem Abu Bakr gestorben war (634), trat ein weiterer Mann aus dem Gefährtenkreis Mohammeds, Umar, das Amt an. Sein Kalifat dauerte zehn Jahre und stand unter dem Zeichen größerer Expansion: Die islamische Herrschaft dehnte sich unter anderem nach Palästina, Syrien, Ägypten und in den heutigen Irak aus. Nach Umars Tod ernannte ein Gremium von sechs Wahlmännern, dem auch Mohammeds Schwiegersohn Ali angehörte, Uthman zum dritten Kalifen. Uthman entstammte dem mächtigen mekkanischen Clan Umayya. Auch er war ein treuer Gefährte Mohammeds gewesen, aber sein Clan hatte sich erst vergleichsweise spät und aus machtpolitischen Gründen dem Islam zugewandt. Dies war wohl einer der Gründe dafür, dass einige Muslime sein Kalifat ablehnten. 656 wurde Uthman ermordet und Ali zum Kalifen ernannt. Sein Kalifat war jedoch von Anfang an von Unsicherheiten geprägt, und Ali war gezwungen, seine Residenz von Medina nach Kufa im Irak zu verlegen. Sein stärkster Widersacher war ein Verwandter Uthmans aus dem Clan Umayya, der syrische Gouverneur Mu'awiya, der von seinen Anhängern im Sommer 660 in Jerusalem zum Kalifen ernannt wurde. Kurz darauf, im Januar 661 wurde Ali in Kufa ermordet. Seine Anhänger, die *Shiat Ali*, ernannten Alis ältesten Sohn Al-Hassan zum Kalifen, dieser verzichtete jedoch auf Druck Mu'awiyas auf das Kalifat. Den Shiiten gilt er trotzdem als zweiter Imam. Mu'awiya vererbte das Kalifat 680 an seinen Sohn Yazid. Die Anhänger Alis blieben nicht untätig und bewegten ihrerseits den zweiten Sohn Alis, Al-Hussein, aus Medina nach Kufa zu kommen, um mit ihrer Unterstützung die Macht an sich zu reißen. Dazu kam es jedoch nicht. Al-Hussein und seine Begleiter aus Medina wurden auf dem Weg nach Kufa aufgehalten und schließlich in der Nähe von Kerbela umgebracht. Mit dem Massaker von Kerbela (680) war die Shiat Ali machtpolitisch gescheitert. Als religiöse Gruppierung bestand sie jedoch weiter. Die religiösen Inhalte, die die Shiiten heute noch von den Sunniten unterscheiden, begannen nun erst Gestalt anzunehmen.

Das Ashurafest – Erinnerung an Kerbela

Nach dem gewaltsamen Tod des dritten Imams, Al-Hussain, in Kerbela entwickelte sich unter den führenden Vertretern der Shiat Ali in Kufa die Vorstellung einer kollektiven Schuld, die man auf sich geladen hatte, weil man Al-Hussain nicht zu Hilfe geeilt war. Diese Schuld galt es zu sühnen. Es kam die Idee eines Sühnetods auf. Da aber der Koran die Selbsttötung und die Tötung eines Muslims streng verbietet, konnte diese Selbstopferung nur durch den Tod auf dem Schlachtfeld erfolgen. Eine Gruppe von „Büßern" zog daher Ende 684 Richtung Damaskus, um auf dem Weg dorthin von syrischen Truppen aufgehalten zu werden. Die meisten von ihnen fanden den erhofften Tod. „Sünde", „Buße" und „Strafe" sind seither zentrale Begriffe des shiitischen Islam. Jedes Jahr vom ersten bis zum zehnten Muharram (islam. Monat), dem Todestag Al-Husseins, erinnern die Shiiten mit ihrem wichtigsten Fest *Ashura* („Zehn") an die Ereignisse von Kerbela und die Schuld, die sie sich damals aufgeladen haben. Ashura beinhaltet Umzüge und verschiedene Bußrituale, wie gemeinsames Klagen und Selbstgeißelungen. In einer Art Passionsspiele werden die verschiedenen Episoden des teilweise legendenhaften Geschehens während der letzten zehn Lebtage Al-Husseins dargestellt. Durch die Teilnahme an den Ritualen hoffen die Gläubigen nicht nur für die damalige Schuld, sondern auch für ihre eigenen Sünden zu sühnen.

Unterschiede zwischen Sunniten und Shiiten

Ali und die übrigen Imame – manchmal auch Fatima, Ehefrau Alis und Tochter des Propheten Mohammed – erfahren unter den Shiiten eine besondere Verehrung. Sie gelten als unfehlbar und sündlos. Es gibt sogar shiitische Gruppierungen, die die Imame vergöttlichen. Von sunnitischer Seite wird den Shiiten daher Polytheismus vorgeworfen – ein Verstoß gegen das zentrale Glaubensbekenntnis des Islam, das die Einheit Gottes betont. Den Sunniten gilt nur Mohammed als sündlos. Als Hadithe – das heißt normgebende Überlieferungen – erkennen sie nur Berichte über Mohammeds Handlungsweisen und Aussprüche an. Die Shia spricht dagegen den Aussprüchen und Handlungsweisen der Imame eine genauso große Bedeutung zu.

Jede Herrschaft, die nicht vom jeweiligen Imam ausgeübt wird, ist aus shiitischer Sicht illegitim. Die Kalifen der Sunniten werden daher nicht anerkannt. Die ersten drei Kalifen haben sich nach shiitischer Vorstellung sogar schwer versündigt, weil sie Alis Anspruch auf das Kalifat untergruben. Die Sunniten erkennen ihrerseits die shiitischen Imame nicht als Kalifen an.

Die Bußerituale während des Ashurafestes, die in der shiitischen Volksfrömmigkeit eine wichtige Rolle spielen, werden von sunnitischer Seite strikt abgelehnt.

G. L.

Abbruch – Umbruch – Aufbruch: Religion in der Spätantike

Rom, 384 n. Chr. – Roms heidnische Oberschicht witterte Morgenluft im hin und her wogenden Streit mit den Christen. Am Mailänder Hof sah sich der gerade zwölfjährige Valentinian II. (375–392) gezwungen, die wichtigen Ämter des Prätorianerpräfekten von Italien und Afrika an Vettius Agorius Praetextatus und des Präfekten der Stadt Rom an Quintus Aurelius Symmachus auszugeben, beide führende Vertreter des Heidentums. Symmachus nutzte die Gunst der Stunde und unternahm einen neuerlichen Versuch, den zwei Jahre zuvor von Kaiser Gratian (367–383) verbotenen Victoria-Kult – der Göttin des Sieges waren seit den Tagen des Augustus in der Senatskurie Altar und Standbild geweiht – wiedereinführen zu lassen. In seiner *„3. Relatio“* trug der glänzende Rhetoriker dem Kaiser seine Argumente vor:

> „Wir bitten also, daß Ihr die Religion in der Form wieder einführt, wie sie dem Staat so lange nützlich war. Gewiß, man kann Herrscher nennen von dieser und von jener Glaubensrichtung, mit dieser und mit jener Meinung: Aber die früheren haben an den Bräuchen der Väter teilgenommen, die späteren haben sie nicht abgeschafft. Wenn Ihr Euch die Religion der älteren Herrscher nicht zum Vorbild nehmt, so haltet Euch wenigstens an die Duldsamkeit der letzten! Wer ist den Barbaren so gewogen, daß er den Altar der Victoria nicht vermißt? [...] Deshalb bitten wir um Frieden für die Götter unserer Väter und für die Götter unserer Heimat. Es ist billig, daß das, was alle Menschen verehren, als Eines angesehen wird. Wir sehen die gleichen Sterne, der Himmel ist uns gemeinsam, das gleiche Weltall schließt uns ein. Warum ist es so wichtig, nach welcher Lehre jeder die Wahrheit sucht? Man kann nicht nur auf einem einzigen Weg zu einem so erhabenen Geheimnis finden!“
>
> (Aus: von Albrecht V, 305–313)

Altrömischer Nützlichkeitsgedanke und neuplatonisches Gedankengut mischen sich in den Überlegungen des Symmachus: Unklug könnte es einerseits sein, auf den Beistand einer möglicherweise mächtigen Gottheit zu verzichten, und schließlich verehre man andererseits doch in jedwedem Gott ohnehin die höchste Gottheit. Unter dieser philosophischen Grundannahme war ein paganer Synkretismus möglich, der sich eindrucksvoll in Häufung und Nebeneinander von Ämtern und Titeln des erwähnten Praetextatus zeigt: Er nennt sich *augur, pontifex Vestae, pontifex Solis, quindecimvir, curialis Herculis, sacratus Libero et Eleusiniis, hierophanta, neoco-*

rus, tauroboliatus, pater patrum – Mitglied der altrömischen Kollegien der Auguren und der Pontifices, Pontifex des von Aurelian gestifteten Sonnenkultes, Mitglied des altrömischen Fünfzehnmännerkollegiums für Kulthandlungen, Priester des Herkules, in die Eleusinischen Mysterien Eingeweihter, Priester der Hekate-Mysterien, durch ein Stieropfer zu Ehren der Kybele Geweihter und Bischof im Mithraskult.
Eine integrative Toleranz bzw. Indifferenz des (spät-)antiken Heidentums spricht sich in dieser Titulatur aus, die dem neuen christlichen Glauben fremd war. Denn dieser beantwortete die Wahrheitsfrage in einer bislang nicht gekannten Radikalität und Ernsthaftigkeit, die tiefgreifende existentielle Konsequenzen einschloss. Gerade das machte das Christentum so attraktiv und zugleich so unduldsam gegen „Götzendienst". Im Streit um den Victoria-Altar vertritt diese Position Bischof Ambrosius. Aus vornehmer Familie stammend, in Politik und Verwaltung ebenso versiert wie in der Rhetorik, übte er am Mailänder Hof besonderen Einfluss aus und konnte auch im Jahr 384 den Kaiser zu einer Politik im Sinne der Kirche bewegen. Kaum hatte er von dem Vorstoß des Symmachus Kenntnis erhalten, legte er seine Sicht der Dinge in einem Brief dar:

> „Während alle Menschen, die unter römischer Botmäßigkeit leben, Euch, den Kaisern und Beherrschern des Erdkreises dienen, dient ihr selbst dem allmächtigen Gott und dem heiligen Glauben. Ein sicheres Heil gibt es nur, wenn jeder den wahren Gott, das heißt den Gott der Christen, der die ganze Welt regiert, aufrichtig verehrt. Er ist allein der wahre Gott, der aus innerstem Herzen angebetet wird. [...] Jeder dient diesem wahren Gott, und wer ihn annimmt, um ihn mit innigster Liebe zu verehren, ist nicht gleichgültig und duldsam, sondern voll Eifer im Glauben und in der Frömmigkeit. [...] Wird man unter deiner Herrschaft die Christen zwingen, auf einen heidnischen Altar zu schwören? Was bedeutet Schwören anderes als die göttliche Herrschaft dessen anerkennen, den man als Zeugen für die Wahrheit seines Wortes anruft? Unter deiner Herrschaft wünscht und fordert man, daß du einen solchen Altar errichten läßt."
>
> (Aus: von Albrecht V, 379–389)

Ambrosius macht deutlich, dass es sich bei dem neuplatonisch gedachten und „Gott" genannten obersten Vernunftprinzip nur um den persönlichen Gott der Christen handeln kann. Ihn zu verehren verträgt sich aber nicht mit dem gleichzeitigen Anerkennen und Verehren anderer Götter oder „Dämonen", wie sie Ambrosius nennt. Die heidnischen Kulte dürfen also keineswegs geduldet oder gar wiederbelebt werden. Der Gott der Christen ließ sich nicht in den bunten antiken Götterhimmel einbauen. So setzte sich Ambrosius gegen Symmachus, und damit das Christentum gegen ein sich noch einmal aufbäumendes Heidentum schließlich, wenn auch vielfach vorerst noch äußerlich, durch. Der Verlauf des Streites um den Victoria-Altar bezeichnet in dieser Auseinandersetzung einen weiteren entscheidenden Wendepunkt; Symmachus selbst spricht in seiner Relatio die unterschiedliche Einstellung der letzten Kaiser zu den heidnischen Kulten und deren Religionspolitik an.

Hatten insbesondere Decius (249–251) und Diokletian (284–305) versucht, zugleich durch grausame Verfolgung der Christen den mittlerweile kraftlosen altrömischen Götterglauben als Element der Einheit im Römischen Reich wiederaufleben zu lassen, glaubte Gallienus (253–268) in der neuplatonischen Philosophie Plotins ein neues gemeinsames Band gefunden zu haben, das sich aber als zu abstrakt und intellektuell erwies. So erreichte der Neuplatonismus nur die gebildeten Oberschichten. Breitere Schichten konnten sich dagegen von dem von Aurelian (270–275) eingeführten Kult des „Sol invictus", der unbesiegten Sonne, angesprochen fühlen, die einerseits als oberstes Vernunftprinzip philosophisch gedeutet oder, vor allen von den zahlreichen Anhängern des Mithras-Kultes im römischen Heer, als konkrete Gottesgestalt verehrt werden konnte.

Dennoch: Als vitaler erwies sich trotz all dieser Versuche das junge Christentum, das sich unterdessen weiterverbreitet hatte. 312 entschied sich Constantin I. (306–337) für den Gott der Christen, duldete jedoch weiterhin das Nebeneinander unterschiedlicher Religionen. Seine Söhne (337–361) dagegen verstärkten die Zurückdrängung des Heidentums, mit dem viele Menschen auf dem Land, aber auch römischer Staatsgedanke und Kaisertum in zahlreichen traditionellen Riten und Symbolen noch stark verknüpft waren. Einen Rückschlag für die Christen bedeutete die kurze Herrschaft Julians, des „Apostaten" oder Abtrünnigen (360–363), der in Anlehnung an christliche Organisationsformen eine Renaissance des Heidentums einleiten wollte. Unter ihm kam es noch einmal zu Übergriffen auf Christen und deren Kirchen. Seine Nachfolger, Valentinian I. (364–375) und Valens (364–378), knüpften dann wieder an die eher gewähren lassende Politik Constantins an, ehe Gratian (367–383), Valentinian II. (375–392) und Theodosius I. (379–395) endgültig mit den heidnischen Resten im öffentlichen und nunmehr auch privaten Bereich aufräumten: Victoria kehrte – von einem operettenhaften Zwischenspiel abgesehen – nicht mehr nach Rom zurück.

Literatur Michael von Albrecht (Hg.), Die römische Literatur in Text und Darstellung, Bd. 5: Kaiserzeit II, Stuttgart 1988; Karl Suso Frank, Lehrbuch der Geschichte der Alten Kirche, 2., verb. Aufl. Paderborn u. a. 1997; Manfred Fuhrmann: Rom in der Spätantike. Porträt einer Epoche, Reinbek 1996.

D. Sch.

Volksfrömmigkeit im Spätmittelalter und in der Frühen Neuzeit

> „Maria Catharina Sophia v. Sickhenhavs, e[i]n geborne Mynchin von Mynchshavsen, ist in Gott Seelig entschlaffen zwischen 1. vnd 2. uhr in der Nacht an ein Sambstag in Kyndsnötten, den 4. iunij 1717. Dessen Seele Gott genedig sein wolle. Dessen frucht, so ein Knäbl gewesen, aus Muetterleib geschnitten und durch göttlichen beystand zu Closter Vrsperg in Schwaben bey einen Wunderthettigen Crucifix Bild Miraculoser weis getavftt und in der Schloß Capelln Sto. Petri & Pauli sambt der Muetter begraben worden, alwo avch 8 Kinder, worunder ein Knäbl tod zur Weld khomn vnd in closter Vrsperg getavfft, alda aber alle begraben ligen."
>
> Grabinschrift (Aus: A. Lohmüller, 110)

Zentrale Motivation und Inhalt, typische Erscheinungsformen und soziale Besonderheiten – vieles, von dem, was „Volksfrömmigkeit" ist und was sie nicht ist, wird aus der Grabinschrift der Maria von Sickenhausen wie in einem Brennglas deutlich: Die Adelige war offenbar bei der Geburt eines Sohnes, der nur noch tot aus dem Mutterleib „geschnitten" werden konnte, verstorben. Wie ein bereits zuvor totgeborener Junge wurde auch er in das ostschwäbische Prämonstratenserstift Ursberg gebracht. Dorthin hatte sich seit 1686 die Wallfahrt zu einem wundertätigen Kreuz entwickelt, vor dem tote Neugeborene oder Totgeborene für kurze Zeit wieder so viel Leben in sich hatten, dass ihnen – unter der Bedingung, dass sie lebten – die Taufe gespendet werden konnte (Bedingungstaufe). Nicht nur aus benachbarten Gemeinden, sondern auch aus dem weiter entfernten Bayern, Österreich oder Böhmen gelangten auf diese Weise bis zum endgültigen Verbot der Wallfahrt etwa 100 Jahre später vermutlich Zehntausende von Kindern zum Sakrament der Taufe.

Das Motiv, nach Ursberg zu wallfahren, ist typisch für das Anliegen vieler volksfrommer Bräuche. Sie standen – sowohl im Spätmittelalter als auch in der Frühen Neuzeit – häufig im Zusammenhang mit Tod und Jenseits. Jenseitsvorsorge bzw. Heilsgewissheit veranlassten die Menschen zu frommen Werken und Stiftungen, durch die ihnen Ablässe zuteil wurden; in Bruderschaften verpflichteten sich die Mitglieder meist zu fürbittendem Gebet für ihre verstorbenen Brüder und Schwestern; Wallfahrten führten die Menschen zu Heiligen, Reliquien oder wundertätigen Bildern, denen sie Hilfe bei der Errettung aus allerlei – nun durchaus auch diesseitigen – Nöten zutrauten. Anders als die mittelalterliche Fernwallfahrt hatten dabei die Wallfahrten der nachreformatorischen Zeit vor allem regionale Heiltümer zum Ziel (Nahwallfahrt), die nicht selten im Gebiet eines Klosters oder Stiftes lagen, das freilich in der Regel auch ökonomisch vom Zustrom der Menschen profitierte. Kunsthistorisch bedeutsame Wallfahrtskirchen legen davon in katholischen Gegenden noch heute Zeugnis ab.

Die Ursberger Bedingungstaufe zeigt aber auch, was Volksfrömmigkeit inhaltlich häufig charakterisiert. Theologisch nämlich sind viele der Bräuche und Praktiken zumindest in einer Grauzone angesiedelt. Besonders Reformation einerseits und Aufklärung andererseits zogen scharf die Grenzlinie zur offiziellen kirchlichen Doktrin: die Reformation, weil nach der Gnadenlehre Martin Luthers alle Anstrengungen, sich die Gnade Gottes zu verdienen – etwa durch Heiligen- und Reliquienverehrung, Wallfahren oder häufiges Beten, wie es Bruderschaften vorschrieben, mit anderen Worten durch volksfromme Praktiken – ablenkten von der reformatorischen Wahrheit, dass Heilsgewissheit allein durch Glauben an die von Gott im Evangelium gegebene Heilszusage zu erlangen sei (sola fide); die Aufklärung, weil sie überzeugt war, das scheinbar Übernatürliche und Unerklärbare, auf das sich der Wunderglaube richtete, mit naturwissenschaftlichen Argumenten begründen zu können. Auch die Ursberger Konditionaltaufe wurde letztlich eingestellt, weil ein aufklärerisch gesonnener bischöflicher Gutachter mit geradezu naturwissenschaftlichen Experimenten nachwies, dass die vermeintliche Belebung im Antlitz der toten Kinder – sie legitimierte ja die Bedingungstaufe – auf natürliche Ursachen, wie Erwärmung durch Kerzenlicht oder Sinnestäuschung durch schlechte Beleuchtung, zurückzuführen sei. – Was jenseits des korrekten Glaubens lag, nannten Theologen also fortan Aberglauben, auch wenn diese Grenzziehung natürlich nicht den Auffassungen und Empfindungen der meisten Menschen in Spätmittelalter oder Barock entsprach.

Am Beispiel der Grabinschrift Marias von Sickenhausen wird schließlich auch die Problematik des Begriffes „Volksfrömmigkeit" deutlich, weil kei-

neswegs nur das „einfache Volk“, sondern offenkundig auch der Adel als gesellschaftlich-soziale Elite volksfromme Bräuche kannte und lebte. Auch andere Gegensatzpaare – hier Kleriker, dort Laien, hier Gelehrte, dort Ungelehrte, hier städtische Kultur und Hochreligion, dort ländliche unterentwickelte Kultur und Religion, hier Religion, dort Magie – erscheinen im Blick auf die Verbreitung der Phänomene fragwürdig. Von einer qualitativen Wertung hat sich die Geschichtswissenschaft ohnehin freizuhalten.
Ein weiteres wichtiges Beispiel für die weithin sozial egalisierte Rezeption eines volksfrommen Brauches ist neben der Wallfahrt das Bruderschaftswesen, wie es sich nach dem Konzil von Trient entwickelte. Waren im Spätmittelalter Bruderschaften noch weitgehend auf die (größeren) Städte beschränkt und in ihrer Mitgliederstruktur stärker berufsständisch-sozial geprägt, so begannen Bruderschaften dort, wo die katholische Reform wirkte, im Laufe des 17. Jh.s auch die Landbevölkerung einzuschließen und zugleich sehr unterschiedliche Bevölkerungsschichten aufzunehmen. Zwar gab es nach wie vor und durch die Aktivität der neuen Orden, speziell der Jesuiten, in noch gesteigertem Maße beruflich und ständisch definierte Fraternitäten (Zunftbruderschaften, Priesterbruderschaften). Gerade auch „neue“ Heilige der katholischen Reform wurden zu Patronen solcher Bruderschaften, etwa der fromme spanische Landmann Isidor (1622 zusammen unter anderem mit Ignatius von Loyola kanonisiert) zum Schutzheiligen von Bauernbruderschaften.
Daneben aber war der neue Typus der „Devotionsbruderschaft“ jetzt grundsätzlich für die gesamte Bevölkerung offen, denn es gab weder Aufnahmebeschränkungen noch nennenswerte Aufnahmegebühren, so dass Adel, Ober- und Unterschicht, Priester und Laien, Männer und Frauen gleichermaßen inskribiert waren. Die „demokratisierende“ Wirkung wird man allerdings nicht überschätzen dürfen, denn die Möglichkeiten der Begegnung waren außerhalb des liturgischen Rahmens gemeinsamer Messfeiern doch eher beschränkt. Was diese Bruderschaften außerdem unterschied von ihren spätmittelalterlichen Vorgängern war ihr Ausgreifen auch hinaus auf das flache Land und ihre straffere Organisationsform; denn zum einen wurden neue Bruderschaften oft nach einem prominenten städtischen Vorbild gegründet, das dann als „Erzbruderschaft“ nicht zuletzt durch die von ihr übernommenen Statuten Orientierungsfunktion besaß, und zum anderen war aufgrund der bischöflichen Approbation der Fraternitäten in der Regel durch einen Geistlichen an der Spitze – neben den weltlichen führenden Brüdern – der kirchliche Einfluss in institutionalisierter Form

gewährleistet. Differenzierung, höherer Organisationsgrad und stärkere Hierarchisierung zeichnen also die nachreformatorischen gegenüber den spätmittelalterlichen Bruderschaften aus. Regional zu differenzieren dürfte aber der Einwand sein, einen echten Aufschwung habe das Bruderschaftswesen gar nicht unmittelbar nach Trient genommen, sondern erst um 1700, und das auch eher durch Gründungsinitiative „von oben“. Gerade für den deutschen Südwesten sind zahlreiche Gegenbeispiele bekannt, bei denen die Gründung bereits vor 1600 und anonym, aus der Bevölkerung heraus, erfolgte.

Literatur ARNOLD ANGENENDT, Grundformen der Frömmigkeit im Mittelalter (Enzyklopädie Deutscher Geschichte 68), München 2003; ALFRED LOHMILLER, Das Reichsstift Ursberg, Weißenhorn 1987; HANSGEORG MOLITOR/HERIBERT SMOLINSKY (Hg.), Volksfrömmigkeit in der Frühen Neuzeit (Katholisches Leben und Kirchenreform im Zeitalter der Glaubensspaltung 54), Münster 1994.

D. Sch.

Ketzer und Häretiker: „Abweichend“ glauben vor und nach der Reformation

> „In früheren Zeiten legte der Häretiker seinen Stolz darein, kein Häretiker zu sein. Die Königreiche dieser Welt, die Polizei und die Richter – sie waren die Häretiker. Er war orthodox. Er nahm nicht in Anspruch, sich gegen sie aufgelehnt zu haben; sie hatten sich gegen ihn empört. Die Heere, die grausam Ruhe und Ordnung aufrechterhielten, die Könige mit ihren steinernen Gesichtern, die Repräsentanten der regulären Staatsakte, der ordentlichen Rechtsverfahren – sie alle waren auf dem Irrweg, hatten sich wie Schafe verlaufen. Der Mensch war stolz darauf, rechtgläubig zu sein, war stolz darauf, im Recht zu sein. Wenn er, umringt von der heulenden Meute, als Rufer in der Wüste die Stellung hielt, war er mehr als ein bloßer Mensch: Er war eine ganze Kirche. Er war der Mittelpunkt der Welt; um ihn kreisten die Gestirne. Keine Folterqualen aus den finstersten Abgründen der Hölle hätten ihn zu dem Eingeständnis bewegen können, häretisch zu sein. Ein paar moderne Phrasen aber genügen, daß er sich heute eben damit brüstet. […] Das Wort ‚Ketzerei‘ hat nicht nur nicht mehr die Bedeutung, daß man sich auf dem Irrweg befindet; es heißt praktisch, daß man intelligent und mutig ist.“
>
> (Aus: CHESTERTON, 7 f.)

Was der englische Essayist Gilbert Keith Chesterton (1874–1936) vor hundert Jahren formulierte, kennzeichnet im Grunde seit der Aufklärung die allgemeine Einstellung zum Phänomen der „Ketzerei“: Faszination für das Obskure, für Gewalt und Verfolgung, unter der religiöse Abweichler zu leiden hatten, und Sympathie für den mutigen Nonkonformisten prägen noch heute die Auseinandersetzung mit den Häresien der Vergangenheit. Weniger Interesse dagegen scheint man für die theologischen Inhalte selbst aufzubringen, vielleicht weil man nicht mehr recht glauben kann, dass Menschen auf sie ihr ganzes Leben aufbauten und nicht selten dafür in den Tod gingen. Ohne die „Überzeugung“ oder „Weltanschauung“ (griechisch ‚hairesis‘) sowohl der Häretiker wie auch ihrer Verfolger ernst zu nehmen, bleibt aber das Phänomen der Häresie unverstanden.

Der Begriff selbst ist ohne ein bestimmtes Vorverständnis von Kirche nicht denkbar: „Häresie“ setzt die Vorstellung von kirchlicher Einheit voraus, die sich in gemeinsamem Bekenntnis und Dogma äußert. Abweichungen davon müssen aufgrund bestimmter Kriterien von bestimmten Instanzen festgestellt, benannt und gegebenenfalls mit Sanktionen belegt werden können. Die Abweichung wiegt dabei schwerer als ein „Schisma“ – der Schismatiker stellt sich außerhalb der organisatorischen Einheit der Kirche und anerkennt beispielsweise nicht den päpstlichen Primat – und leichter als die „Apostasie“ – der Apostat lehnt die Zugehörigkeit zur Kirche ab. Der Häretiker widerspricht zwar ausdrücklich und beharrlich der herrschenden Lehre der Kirche, betrachtet sich aber selbst durchaus als ihr Mitglied und sieht vielmehr die anderen auf dem Irrweg. Die schriftliche Fixierung dessen, was „herrschende“ Lehre der Kirche ist, verdankt sich freilich häufig erst der Auseinandersetzung mit dann so genannten „Irrlehren“ auf Synoden und Konzilien. In gewisser Weise fungierten damit Ketzer als die wirkmächtigsten Dogmatiker der Kirche, weil durch Abgrenzung und Zurückweisung die kirchliche Lehre präzisiert wurde.

Im Mittelalter wurde der Begriff der Häresie dann von der Lehre auch auf moralische Fehlhaltungen ausgedehnt, die den Glauben in seiner Grundsubstanz zu bedrohen schienen, nicht zuletzt auf die Simonie, also das Erschleichen oder Erkaufen kirchlicher Ämter. Aber auch Hexerei und Zauberei wurden als Ketzereidelikte verfolgt, übrigens auch in evangelischen Gebieten und Ländern. Denn die Reformatoren lehnten zwar aufgrund ihres unterschiedlichen Kirchenverständnisses die bisherigen kirchlichen Autoritäten als Instanzen zur Be- und Verurteilung der Häresie ab und verwiesen auf die Heilige Schrift als alleinige Instanz und Autorität. Das be-

deutete jedoch keineswegs die grundsätzliche Aufgabe des Häresiedeliktes. So wurde der Antitrinitarier Michel Servet 1553 als „Gotteslästerer“ bei lebendigem Leib in Genf mit Zustimmung Calvins verbrannt.
Andererseits war auch in der katholischen Kirche die Zeit der Ketzerei als Massenphänomen – sieht man von den Hexenprozessen ab – mit dem 16. Jh. zu Ende gegangen. Zunehmend wirkten seit der Aufklärung die Ideen von Toleranz und Gewissensfreiheit der Schärfe des Häresiebegriffes entgegen und verhinderten letztlich im Zusammenspiel mit Säkularisierungsentwicklungen eine konsequente Ahndung. Nach wie vor aber halten die Konfessionen am Tatbestand der Häresie fest. So bezeichnete das Erste Vatikanische Konzil (1869/70) die bewusste Abweichung in Dingen der Moral („res morum“) als häretisch oder verurteilte die lutherische Barmer Theologische Erklärung (1934) Übereinstimmung mit den Lehren des Nationalsozialismus als Häresie.
Häretische Lehren, vertreten von einzelnen Theologen oder Gläubigen, die sich mehr oder minder großen Zulaufs erfreuten, kannte schon die alte Kirche. Im Prinzip handelte es sich bei den meisten dieser spätantiken Spielarten vor allem um abweichende Vorstellungen in Christologie und Trinitätslehre. Abgelehnt wird teils das Bekenntnis zur Göttlichkeit Jesu, teils die Wesensgleichheit dreier göttlicher Personen unter Einschluss des Heiligen Geistes. In manchen reformatorischen Bewegungen und Gruppen werden diese Auffassungen ein Jahrtausend später wieder lebendig. Von Einzelfällen abgesehen, sind bis ins 12. Jh. Häresien selten, entstehen dann aber parallel zu den kirchlichen Reformbewegungen und sind wie diese inspiriert von den Leitbildern der Vita apostolica und der Ecclesia primitiva. Wichtigstes häretisches Massenphänomen sind dabei die als „boni christiani“ auf sektiererische Reinheit bedachten Katharer, von denen sich vermutlich der deutsche Begriff „Ketzer“ ableitet. Besonders in Oberitalien und Südfrankreich wuchsen sie auch organisatorisch zu einer regelrechten Gegenkirche heran, die in blutigen Kriegen niedergerungen wurde. Bestand hatte dagegen bis heute – als einzige mittelalterliche Häresie – die Predigergemeinschaft der Waldenser, die sich im 16. Jh. dem Protestantismus anschloss. An der Schwelle zur Neuzeit stehen schließlich die nach dem Prager Priester Jan Hus (ca. 1370–1415) bezeichneten Hussiten. Sie stellen aber insofern eine Besonderheit dar, weil sich bei ihnen politisch-soziale und vor allem national-tschechische Anliegen mit theologischen Vorstellungen wie Predigtfreiheit, Laienkelch und Armut der Geistlichen mischen.

Literatur Christoph Auffarth, Die Ketzer. Katharer, Waldenser und andere religiöse Bewegungen, München 2005; Gilbert Keith Chesterton, Ketzer. Eine Verteidigung der Orthodoxie gegen ihre Verächter, Frankfurt a.M. 1998.

D. Sch.

„Denn wenn man von Herzen glaubt, so wird man gerecht." Martin Luthers revolutionäre Theologie

Nicht von Luther, sondern vom Apostel Paulus stammt der Satz, mit dem der Weg zur Gerechtigkeit beschrieben wird (Röm. 10, 10). Und der, könnte man fragen, soll das Revolutionäre an Luthers Theologie charakterisieren? Ein Satz, der schon zu Luthers Lebzeiten fast anderthalb Jahrtausende alt war?

Gerade dass dieser Satz so alt ist, macht seine Brisanz aus. Denn indem Luther sich auf ihn beruft, setzt er sich über viele Jahrhunderte kirchlicher Herrschaftsgeschichte hinweg: Nur glauben müsse der Mensch, um gerecht zu werden, die Kirche brauche er dafür nicht, nicht als Vermittlerin, nicht als Anleiterin, schon gar nicht als Entscheidungsinstanz.

Diese Rolle billigt er allein der Heiligen Schrift als dem Wort und der unmittelbaren Willenskundgebung Gottes zu.

„Ablässe sind eine Schaden bringende Erfindung römischer Heuchler!" Dieser harsche Satz aus dem Anfang von Luthers Streitschrift *„Von der babylonischen Gefangenschaft der Kirche"* (Luther, Bd.3, S.9) entstammt einer Zeit, als der Bruch mit Rom nicht mehr aufzuhalten war (1520), doch hat Luther die katholische Kirche auch schon drei Jahre vorher im Ablassstreit heftig angegriffen. Der Ablass bedeutet nach damaliger katholischer (von handfesten finanziellen Überlegungen geleiteter) Lehrmeinung den Erlass einer zeitlichen Sündenstrafe; die Kirche kann ihn gegen eine entsprechende Zahlung gewähren, weil sich auf ihrem entsprechenden „Konto" durch die Verdienste und guten Werke Christi und der Heiligen ein reichliches Habet angesammelt hat, ein sozusagen zur Disposition stehender Kirchenschatz.

Luther setzt ihm den wahren Kirchenschatz, das „hochheilige Evangelium von der Herrlichkeit und Gnade Gottes" (62.These) entgegen.

In seinen berühmten 95 Thesen, die zunächst in lateinischer Sprache abgefasst und als Anstoß einer gelehrten Disputation gedacht waren, fand Luther deutliche Worte gegen die gängige Ablasspraxis:

> „Die predigen Menschenwerke, die da sagen: Sobald das Geld im Kasten klingt, die Seele aus dem Fegefeuer springt (27)." „Das ist gewiss, sobald das Geld im Kasten klingt, können Gewinn und Habgier zunehmen; über die Fürbitte der Kirche aber entscheidet Gott allein" (28). „Es werden samt ihren Lehrern in Ewigkeit verdammt sein, die da glauben, durch die Ablassbriefe ihres Heils gewiss zu sein" (32). „Ein jeder Christ, der von wahrer Reue erfüllt ist, hat völlige Vergebung von Strafe und Schuld, die ihm auch ohne Ablassbriefe gebührt" (36). „Jeder wahre Christ, er sei lebendig oder tot, ist durch Gottes Geschenk, auch ohne Ablassbriefe, aller Güter Christi und der Kirche teilhaftig" (37). (Luther, Bd. 1, S. 18 f.)

Allein durch Gnade ...

Die Thesen gegen den Ablass, bald auch in deutschsprachigen Abschriften und Drucken verbreitet, enthalten bereits den Kern der theologischen Lehre Luthers. Letztlich geht es ihm weniger um den Missbrauch des Ablasses als um sein grundsätzlich anderes Glaubensverständnis.

Danach erfolgt die Rechtfertigung des Sünders, also seine Befreiung von den Sünden, nur durch den Glauben *(sola fide).* Nicht durch sittliche oder materielle Leistungen kann er in den Zustand der Erlösung gelangen: Indem er seine Sündhaftigkeit bekennt und sich dem Urteil Gottes unterwirft, wird er allein durch die göttliche Gnade *(sola gratia)* erlöst. Mittler zwischen Gott und dem Menschen ist ausschließlich Christus, der für diese Befreiung von der Sündhaftigkeit gestorben ist *(solus Christus)* und dessen Willen und Handeln nur durch die Heilige Schrift offenbart wird *(sola scriptura).* Damit verliert die Kirche ihre Rolle als Vermittlungsinstanz; über der Autorität des kirchlichen Lehramts steht Gottes Wort, der geistliche Stand ist Gott nicht näher als der weltliche.

Von den ab dem 12. Jh. als von Christus selbst gewollt angesehenen sieben Sakramenten erkennt Luther nur die tatsächlich in der Bibel ausreichend begründeten an, nämlich Taufe, Abendmahl und Buße.

Dadurch, dass der Christ nur durch seinen Glauben und die Gnade Gottes Rechtfertigung erfährt, ist er prinzipiell frei, weil er prinzipiell frei handeln kann, wobei Luther das Handeln als Dienst am Nächsten versteht. Ein Missverständnis wäre es, diese „Freiheit des Christenmenschen" als Nichtgebundenheit an die Gesetze der weltlichen Obrigkeit oder an die Schranken des Standes aufzufassen. Vielmehr galt die Obrigkeit zur Aufrechterhaltung der weltlichen Ordnung als von Gott eingesetzt. Dennoch hat seine radikale Auffassung vom Glauben als einer von aller kirchlicher Macht losgelösten Angelegenheit zwischen Individuum und Gott nicht nur das Fundament der alten Kirche erschüttert, sondern auch die politischen Verhältnisse in Europa nachhaltig verändert.

Zur Sache **Wichtige Begriffe zur Theologie Luthers:**
Rechtfertigung: Zu verstehen im Sinn von „Gerechterklärung" des Menschen durch Gott. Der Begriff geht auf Paulus zurück (Römerbrief) und wurde von Augustinus erweitert: Der Mensch, durch die Erbsünde eigentlich unfähig zum Guten, kann nur infolge des Kreuzestodes Christi durch göttliche Gnade in den Zustand der (eigentlich unverdienten) Gerechtigkeit gelangen. Im Lauf des Mittelalters setzte sich immer stärker die Auffassung durch, dass der Mensch sich durch gute Werke bzw. gar durch materielle Leistungen diese Gnade verdienen könne. Gegen diese von ihm so genannte Werkgerechtigkeit wandte sich Luther entschieden; er rückte die Auffassung des Paulus wieder in den Mittelpunkt.
Transsubstantiation: Die Wandlung von Brot und Wein in Leib und Blut Christi während der Eucharistiefeier. Schon während des Mittelalters hatte es immer wieder theologische Kontroversen darüber gegeben, inwieweit dabei von einer tatsächlichen Wandlung auszugehen sei. Luther akzeptierte zwar keine stoffliche Wandlung, ging aber von der realen Präsenz Jesu während der Feier aus. Das führte zu einem heftigen Streit mit dem Schweizer Reformator Ulrich Zwingli, der den Vorgang der Wandlung lediglich als Symbol auffasste.
Zweireichelehre: Erklärung Luthers für die unterschiedlichen Rollen des Menschen: Im geistlichen Reich gibt es nur die Beziehung zwischen Mensch und Gott, in der das Individuum durch Gnade und ohne Anwendung von Gesetz und Gewalt frei ist. Im weltlichen Reich ist der Mensch den staatlichen und gesellschaftlichen Ordnungsfaktoren unterworfen, jeder an seinem Platz. Die von Gott eingesetzte Obrigkeit ist unantastbar.

Ausgabe: Martin Luther, Die reformatorischen Grundschriften, Bde. 1–4, neu übertragen und kommentiert von Horst Beintker, München 1983.

H. P.

Konfessionalisierung – disziplinierte glauben und leben

„...Es ist etwann bey hundert Jahr /
Fiel Luther dem Bapst in die Haar /
Der Bapst wolt das nicht gut seyn lan /
Fiel den Luther auch wider an /
Das rauffen waert ein kurtze Frist /
Da mengt sich drein der Calvinist /
Fiel Bapst vnd Luther in die Haar /
Drauff der Zanck noch viel aerger war..."

„Geistlicher Rauffhandel“, Flugblatt eines anonymen Verfassers

Luther, Papst und Calvin – der „geistliche Rauffhandel“, den der Verfasser des Flugblattes in seiner Anfangsphase noch als persönliche Auseinandersetzung ins Bild setzt, war ein Jahrhundert später zum Gegensatz institutionalisierter Kirchentümer geworden: Spätestens seit dem Dreißigjährigen Krieg standen sich in Deutschland katholische, lutherische und reformierte Konfession mit je eigenen Auffassungen in Dogma, Kirchenverfassung und religiös-sittlicher Lebensform gegenüber. „Konfessionsbildung“ (Ernst Walter Zeeden) war also das Ergebnis eines langjährigen Prozesses. Dessen Auswirkungen beschränkten sich jedoch nicht auf die kirchliche Geschichte, sondern griffen tief ein in Kultur, soziale Lebensform und Mentalität der Menschen. Darüber hinaus leisteten sie einen bedeutenden Beitrag zu einem anderen frühmodernen Institutionalisierungsprozess: der Staatsbildung. Diesen komplexen Vorgang in seiner grundsätzlichen Parallelität und Gemeinsamkeit über die Konfessionen hinweg meint der von Wolfgang Reinhard und Heinz Schilling geprägte Begriff „Konfessionalisierung“.

Erster Schritt war dabei für alle Gemeinschaften die Formulierung klarer Glaubensbekenntnisse: Dogmatische Unklarheiten wurden nach und nach beseitigt, die Unterschiede zu den anderen Bekenntnissen betont, Abweichler ausgeschlossen. Wichtige theologische Differenzen nennt auch das Flugblatt von 1620: Sakramenten- und Gnadenlehre, Heiligenverehrung und Messe, Wallfahren und Fasten, Kirchenschmuck und Feiertage. Als erste evangelische Bekenntnisschriften können Luthers Kleiner und Großer Katechismus (1529), die *„Confessio Augustana"* (1530) und schließlich *„Konkordienformel"* bzw. *„Konkordienbuch"* (1577 bzw. 1580) gelten. Auf die *Confessio Augustana* antwortete zunächst die *„Confutatio"* (1530) der Altgläubigen. Das Konzil von Trient (1545–1563, mehrfach unterbrochen) fasste schließlich die dogmatischen Standpunkte der katholischen Kirche zusammen und präzisierte sie in Auseinandersetzung mit den reformatorischen Lehren. Calvinisten bzw. Reformierte bezogen sich auf Jean Calvins Genfer Kirchenordnungen (1541 bzw. 1561) und schließlich auf den *„Heidelberger Katechismus"* (1563) als Bekenntnisgrundlage: Unabhängig von Stand oder Alter zu erlernendes und auch abprüfbares Glaubenswissen gab es fortan in jeder Konfession; jeder wusste nun, was er glauben musste und was er nicht glauben durfte.

Schulen, Universitäten und Seminare wurden nach konfessionellen Maßstäben errichtet und erhielten bis in die vermittelten Inhalte hinein ein spezifisches, konfessionelles Profil. Aus ihnen gingen auch neue Geistliche hervor: besser ausgebildet, frömmer und den Lastern abgeneigter als zuvor. Visitatoren reisten, meist auf Veranlassung des Landesherrn, von Pfarrhaus zu Pfarrhaus und kontrollierten nicht nur die Disziplinierungserfolge bei Predigern und Priestern, sondern führten auch Buch über die Sauberkeit der Kirchen, die Führung der Matrikelbücher, den Kirchgang der Gläubigen und ihre verdammenswerten Neigungen zu Spiel und übermäßigem Trank. Die Lebensführung des Einzelnen den gestiegenen moralischen Ansprüchen anzupassen war Aufgabe der „Sittenzucht". An den entsprechenden Institutionen dafür – Chorgerichte, Sittengerichte oder andere kommunale Gremien – waren die Menschen in jeder Konfession in irgendeiner Weise beteiligt und arbeiteten auf diese Weise an ihrer Selbstkonfessionalisierung und Selbstdisziplinierung kräftig mit.

Im protestantischen Bereich war dabei der landesherrliche Zugriff auf die Angelegenheiten von Kirche und Religion von Anfang an stärker. Schon die Einziehung des Kirchengutes und die Säkularisation des Bildungswesens machte es möglich, Institutionen („Konsistorien") aus- oder aufzubauen, die künftig alle kirchlichen, schulischen und karitativen Aufgaben kontrollieren sollten. Grundlage bildeten die jeweiligen Kirchenordnungen, die der Landesherr als *„Summus episcopus"*, gleichgültig ob Fürst oder Ratsgremium einer Reichsstadt, erlassen hatte (z.B. 1528 das ernestinische Herzogtum Sachsen oder 1533 die Reichsstadt Nürnberg).

Aber auch katholische Territorien erfuhren durch die Konfessionalisierung einen Modernisierungsschub. Obwohl das landesherrliche Kirchenregiment immer auf die Kooperation mit Bischöfen und Papst angewiesen blieb, unterlagen die kirchlichen Einrichtungen fortan einer verstärkten Kontrolle. In München etwa übernahm der „Geistliche Rat" (1556) für das Herzogtum Bayern ähnliche Aufgaben wie andernorts die lutherischen Konsistorien. Verstärkte konfessionelle Kontrolle und Disziplinierung aller bewirkte auch in katholischen Gebieten eine Nivellierung der Untertanen gegenüber der Obrigkeit. Die Tätigkeit neuer Orden – besonders von Jesuiten und Kapuzinern – und erneuerte bzw. neue Kultformen – Wallfahrten, Bruderschaften, Heiligenverehrung – führten zur Ausprägung einer barocken Frömmigkeitskultur, die das protestantische Deutschland nicht kannte. Langfristig trug konfessionelle Homogenisierung auf diese Weise auch zur Schaffung von (politischer und kultureller) Identität bei: Deutschland – und Europa – war künftig konfessionell geteilt.

Insgesamt bewirkte die Konfessionalisierung damit eine Modernisierung von Staat und Gesellschaft, die auch als Territorialisierung beschrieben wird. Mentalitätsprägung und politisch-kulturelle Abgrenzung der Territorien nach außen, Entwicklung des Herr-Untertanen-Verhältnisses und Verstaatlichung der Kirche sind zusammenfassend jene Prozesse staatlicher Intensivierung, die als modern in die Zukunft weisen sollten.

Literatur Johannes Burkhardt, Das Reformationsjahrhundert. Deutsche Geschichte zwischen Medienrevolution und Institutionenbildung 1517–1617, Stuttgart 2002, 77–135; Heinrich-Richard Schmidt, Konfessionalisierung im 16. Jahrhundert (Enzyklopädie deutscher Geschichte 12), München 1992; Dieter Weiss, Katholische Reform und Gegenreformation. Ein Überblick, Darmstadt 2005.

D. Sch.

Chassidismus – jüdische Glaubensbewegung

> Der Rabbi wurde gefragt: „Der Talmud erklärt, der Vogel Storch heiße deshalb im Hebräischen Chassida, die Fromme oder Liebreiche, weil er den Seinen Liebe erweise. Warum wird er dann aber unter die unreinen Vögel gerechnet?“ Er gab zur Antwort: „Weil er nur den Seinen Liebe erweist“.
>
> (Martin Buber, Hundert chassidische Geschichten)

Polen war vielleicht nicht das gelobte Land; aber lange Zeit lebten Juden hier sicherer und freier als in den meisten Teilen Europas. Das änderte sich um die Mitte des 17. Jh.s in dramatischer Weise: Der große Kosaken-Aufstand in der Ukraine war verbunden mit einer ganze Reihe mörderischer Judenpogrome, die östlich des Dnjepr alle Judengemeinden vernichteten. Man schätzt die Zahl der jüdischen Opfer auf weit über 100 000. Fast gleichzeitig fielen wegen dynastischer und konfessioneller Konflikte zwischen den Wasa-Königen die Schweden ins polnische Kernland ein. Die *„Sintflut“* (so der Titel der Roman-Trilogie Henryk Sienkiewicz') dezimierte die polnische Bevölkerung um fast die Hälfte, verwüstete die Städte, ruinierte kulturelles Leben. Die größten Verluste hatte die jüdische Bevölkerung. Die Institutionen jüdischer Gelehrsamkeit waren vernichtet. Bis 1700 verarmten große Teile des polnischen Judentums. Über das Land waren Pogrome hinweggegangen, die bis zum Holocaust zu den furchtbarsten Katastrophen in der jüdischen Erinnerung gehören. Juden wurden für vieles verantwortlich gemacht, was das Leben beeinträchtigte und gefährdete. So führten Kriege und wirtschaftliche Not bei vielen Polen – nicht zuletzt unter dem Einfluss der katholischen Kirche – zu aggressivem Antijudaismus. In dieser Zeit entstanden im polnischen Judentum neue religiöse Bewegungen mit intensiven messianischen Hoffnungen. Die Bewegung, die schließlich die weiteste Verbreitung fand und zu einer der prägenden geistigen und kulturellen Kräfte im östlichen Europa wurde, war der Chassidismus. Der „Chassid“, „der Fromme“ (Pl.: Chassidim) ist ein Mensch, der sich dem göttlichen Willen ergibt, was ihm auch zustoßen mag. Er glaubt, dass alles Geschehen auf der Welt mit Gott verbunden ist. Es gibt für ihn keine Trennung von „Leben in Gott“ und „Leben in der Welt“. So konnte der Gründer der Bewegung sagen: „Auch das Leid hat Gutes an sich, es holt das Edelste und Herrlichste aus dem Menschen: Güte, Verstehen und Erbarmen.“ Ziel des irdischen Daseins ist das Erlangen der Vollkommenheit: durch Ergeben in den Willen Gottes, Bereitschaft zur Umkehr, Demut, Brüderlichkeit und Liebe. „Wer wahrhaft Demut empfindet“, so der große Leh-

Chassidim beten in der ukrainischen Stadt Uman (29.9.2000) am Grab des Rabbi Nachman (1772–1810), Urenkel des Baal Shem-Tow und Gründer des Breslover Chassidismus. Weltweit gibt es heute noch Dutzende von Gemeinschaften, die sich auf Rebbe Nachmann berufen und ihn als Lehrer und Zaddik verehren. Seit den 1990er-Jahren wurde die kleine Stadt Uman zu einer Wallfahrtsstätte Tausender von Breslover Chassidim. © picture-alliance/DPA

rer, „der kann auch den sündhaften Menschen lieben, denn er sagt sich: Der ist noch immer besser als ich."

Das auffälligste Kennzeichen für den äußeren Betrachter war die Lebensfreude der Chassidim. Die Freude bedeutete für sie das schönste und gottgefälligste Werk; Schwermut und Traurigkeit galten dagegen als Sünde, weil sie den Menschen von Gott trennten. Auch der Rebbe singt und tanzt mit den anderen Chassidim, und aus dem Tanz, bis hin zur Ekstase, schöpft er seine Stärke. Mit dieser spirituellen Kraft zur Lebensfreude versuchten chassidische Juden die Krise der Zeit, drohende Pogrome und reale Armut zu bewältigen.

Der charismatische Gründer des Chassidismus war Israel ben Elieser. Er wurde 1700 in Podolien (heutige südwestliche Ukraine) geboren. Seit 1736 verbreitete sich sein Ruf als großer Weiser und frommer Wundertäter mit magischen Kräften. In dieser Zeit ließ er sich in dem podolischen Städtchen Miedzybóz nieder. Seine Anhänger gaben ihm den ehrenden Namen Baal Schem Tow, abgekürzt Bescht, „Meister des heiligen Namens", gemäß der

Kabbala, der jüdischen Mystik und Geheimwissenschaft, wonach der, der den verborgenen Namen Gottes und die wahren Namen der Lebewesen und Dinge kenne, magische Kräfte besitze. Um den Bescht, der stets bescheiden lebte, sammelte sich eine Schar von Anhängern und Jüngern, die nach seinem Tode 1760 seine Lehren zusammenfassten und niederschrieben. Zu seinen Lebzeiten kamen die Menschen von weither, um seinen Rat und seine Hilfe zu suchen. Er galt ihnen als Zaddik, als Gerechter vor Gott.

So wuchs in wenigen Jahrzehnten eine große Laienbewegung mit zahlreichen örtlichen Gemeinschaften heran. Um 1800 finden sie sich von den polnischen Kernlanden bis zum Schwarzen Meer; das dichteste Netz bildete sich in den Grenzländern Polens und der Ukraine: Galizien, Podolien und Wolhynien. Diese Gemeinschaften standen oft in Opposition zum orthodoxen Rabbinat. Denn der Bescht hielt wenig von der buchstabengetreuen Einhaltung der religiösen Vorschriften, schon aus Gründen der Armut. Und allemal war den Chassidim die Hilfe für den Nächsten wichtiger als ein abstraktes Gebot. Örtliche oder lokale Gemeinschaften scharten sich später um charismatische Wunderrabbis. Der Rebbe oder Zaddik war ihr Mittler zwischen Gott und den Menschen. Die Gemeinde sorgte für dessen materiellen Lebensunterhalt; so entstanden sogar einzelne Zaddik-Dynastien, die einen außerordentlich hohen Einfluss hatten.

Die Welt der Chassidim und des Ostjudentums zeigte seit dem späten 19. Jh. durch eine hohe Auswanderungsquote osteuropäischer Juden gewisse Auflösungstendenzen. Zerstört wurde sie durch den nationalsozialistischen Völkermord. Chassidische Gemeinschaften – ihre Mitglieder geben sich meist durch Kaftan und Haarlocke auch äußerlich zu erkennen – sind heute über die Welt verstreut. Man findet sie beispielsweise in Israel, in New York und London; Antwerpen besitzt die größte chassidische Gemeinschaft Europas.

Literatur Chaijm Bloch, Chassidische Geschichte, Wiesbaden 1996.
Die jüdische Welt von gestern. Texte und Bildzeugnisse aus Mitteleuropa 1860–1938. Hrg. von Rachel Salamander, München 1990.

S. M.

Zwischen Scharlatanerie und Heilkunst – zur Geschichte der Medizin

Medizin in der Antike

Die wissenschaftliche Medizin – und um die soll es hier vor allem gehen, ohne dass das Weiterwirken von magischen und religiösen Vorstellungen damit in Frage gestellt würde – nahm zu dem Zeitpunkt ihren Anfang, als der Mensch nicht mehr ausschließlich als Spielball von dämonischen und Naturkräften angesehen wurde, als eine Ethik ihm Verantwortung für sich und andere zuwies und als die erwachende Philosophie nach den Zusammenhängen von Körper und Seele fragte. Gesundheit gewann einen neuen Stellenwert: Der Mensch erkannte, dass er einen gewissen Einfluss auf sein körperliches und sein seelisches Wohlbefinden hatte und dass beides miteinander verknüpft war. Schon bei Pythagoras (6. Jh. v. Chr.) wurde deshalb eine Art körperlicher und seelischer Diätetik als Voraussetzung für Gesundheit propagiert. Gleichzeitig wuchs das Bedürfnis, neben den Gegebenheiten der Erde und des Kosmos auch die Beschaffenheit des Menschen, seine „chemische" Zusammensetzung, kennenzulernen.

Zur Sache Der Arzt Alkmaion (6./5. Jh. v. Chr.) stellte bereits fest, dass das Gehirn bei allen Lebewesen, die über ein solches verfügen, das Zentrum der Sinneswahrnehmung ist, beim Menschen auch das des Denkens; dass der Mensch sich durch seine Denkfähigkeit vom Tier unterscheidet; dass der Mensch dann gesund ist, wenn sich alle seine Einzelbestandteile in einer ausgewogenen Mischung, in einem harmonischen Zustand befinden.

Wer nach diesen Bestandteilen fragt, fragt nach dem Ursprung aller Dinge. Der berühmte Naturforscher Heraklit von Ephesus (550–480 v. Chr.) stellte eine ebenso kühne wie eigentlich richtige Theorie auf: Der Urstoff allen Seins sei die reine Energie. Die Erscheinungsform dieser Energie, so Heraklit, sei das Feuer, was natürlich mehr Fragen entstehen ließ, als es beantwortete: Wie konnten aus Feuer feste Dinge entstehen? Wie konnte das Feuer seinen förmlichen Gegensatz, das Wasser, aus sich selbst hervorbringen?

Zur Sache Der Philosoph und Arzt Empedokles (483–420 v. Chr.) erweiterte Heraklits Urstoff-Idee dahingehend, dass er von vier Grundelementen ausging, nämlich Erde, Feuer, Wasser und Luft, die die Grundbausteine allen Seins darstellten und auch die Empfindungen steuerten.

Diese letztgenannte Überlegung zeigt, dass nicht mehr nur die Natur, sondern mehr und mehr auch der Mensch im Mittelpunkt des Denkens stand, er war, wie es die Sophisten ausdrückten, das Maß aller Dinge. Dieses neue Denken bedeutete auch einen enormen Aufschwung für die Heilkunst: Auf der Grundlage der Theorie von den vier Elementen entstand eine wissenschaftlich fundierte Heilkunde.
Vor der kleinasiatischen Küste, auf der Insel Kos, etablierte sich eine bedeutende Medizinschule mit Sanatorium und Tempelanlage, durch den berühmtesten Arzt aller Zeiten brachte sie es zu Weltruf: durch Hippokrates von Kos (460–370 v.Chr.)

Zur Sache 130 Schriften sind unter seinem Namen überliefert, etwa die Hälfte davon stammt vermutlich wirklich aus seiner Hand, das berühmte „*corpus Hippocraticum*". Es bildete für viele Jahrhunderte die wichtigste Handbibliothek für Ärzte und liefert die Grundlage für die bis heute übliche ärztliche Terminologie.
Hippokrates verfasste Schriften über Physiologie und Konstitutionslehre, über Krankheitslehre, Chirurgie, Gynäkologie, Arzneimittelkunde, über Diagnostik und Therapie. Seine anatomischen Kenntnisse stützten sich auf Tiersektion und Beobachtung lebender Menschen (denn die Sektion menschlicher Leichen war der Antike höchst zuwider) – die daraus zu gewinnenden Einsichten führten zu folgenschweren Irrtümern und Defiziten, die bis in die Neuzeit hinein Bestand hatten.

Hippokrates beschrieb bereits Knochen und Muskeln, Gefäße und Organe wie Herz, Gedärm, Milz, Leber, Gefäße und Uterus. Dass aber bis heute sein Name den jedes anderen Arztes an Berühmtheit übertrifft, liegt daran, dass in der Ärzteschule von Kos erstmals ein umfassender Ethikkanon für den ärztlichen Stand formuliert wurde, den man bis heute als den „hippokratischen Eid" kennt.

Hippokrates, hellenistische Büste,
© picture-alliance/akg-images/Erich Lessing

Zur Sache Der ursprüngliche antike Text enthält u.a. die Forderungen, den akademischen Lehrer zu ehren, ärztliche Verordnungen nur zum Nutzen des Patienten zu treffen, keine aktive Sterbehilfe zu betreiben, keine Abtreibungsmittel zu verabreichen, keine chirurgische Tätigkeit (die als eines Arztes unwürdiges Handwerk galt) zu verrichten, sich eines einwandfreien Lebens- und Berufswandels zu befleißigen, sich vor sexuellen Übergriffen an Patienten zu hüten und über ihre Leiden Stillschweigen zu bewahren.

Vieles davon ist keineswegs überholt; wie ein Beispiel moderner ganzheitlicher Therapie mutet auch die Kur an, die Hippokrates seinen (reichen!) Patienten im Asklepieion auf Kos verordnet: Er fordert, dass sich der Kranke aus seinem normalen Lebenskreis herauslöst und durch Gebet und Meditation, Schlaf, Bad, Massage und Diät völlig entspannt.
Aber trotz dieser hochentwickelten Medizin existierte noch kein feinmaschiges System, das die physische und psychische Konstitution des Menschen, das Wesen von Erkrankungs- und Genesungsprozessen hätte genau erklären können.

Zur Sache Grundlegend für ein solches System wurde die Humorallehre des Polybos, der Hippokrates' Schüler und Schwiegersohn war.
Polybos entwickelt die Theorie von den vier Körpersäften, deren Entstehung auf die vier (empedokleischen) Elemente zurückzuführen sei: Die Cholé (gelbe Galle) entstamme dem Feuer, das Phlegma (Schleim) dem Wasser, die Melancholé (schwarze Galle) der Erde, das Haima (Blut) der Luft.
Aus diesen Säften bestehe alle lebende Materie, auch der Mensch; Pneuma, der Lebenshauch, verleihe ihm die Lebenskraft.
Aus dieser Annahme ergibt sich eine durchaus logische Erklärung für die Entstehung von Krankheiten: Sind die Säfte eines Menschen in einem seiner Konstitution angemessenen Verhältnis vorhanden und richtig gemischt – diesen Zustand nennt Polybos Eukrasie – ist er gesund, sind sie falsch gemischt (Dyskrasie), ist er krank. Der Körper reagiert darauf mit Abwehrmaßnahmen: Er stellt durch Kochung (Pepsis), die sich in Fieber bzw. Entzündungen bemerkbar macht, die richtige Mischung wieder her. Schafft er das nicht, muss der Arzt helfend eingreifen, z. B., indem er eine der über 200 damals bereits bekannten Heilpflanzen (verarbeitet als Aufguss, Mixtur, Pastille, Saft oder Zäpfchen, als Umschlag, Salbe oder Räucherung) verordnete.

Im Prinzip blieb dieses System, die Humoralpathologie, grundlegend und bestimmend für das Medizinverständnis bis weit in die Neuzeit hinein und wurde bereits im Verlauf der Antike ständig weiter differenziert und ergänzt.

Zur Sache Platon z. B. ordnete die drei Empfindungsebenen den entsprechenden Körperregionen zu: Das Vernünftige dem Kopf, das Emotionale der Brust, das Begehrliche dem Bauch. Aristoteles, der große Sammler und Ordner naturwissenschaftlicher und philosophischer Erkenntnisse, erklärte die Entstehung des Lebens als einen Vorgang, bei dem während der Schwangerschaft die Grundstoffe aus den vier Elementen über die vier Körpersäfte mehr oder weniger komplex zusammengemischt würden: einfache Mischungen seien z. B. Knochen und Fleisch, kompliziertere dagegen Gewebe und Organe. Die alexandrinische Medizinschule (ab dem 3. Jh.) entdeckte die Funktion des Herzens als Pumpe und begründete damit die Pulslehre (bis zur Entdeckung der Blutkreisläufe vergingen freilich noch viele Jahrhunderte).

Heilender Amphianaos, griech. Relief, © picture-alliance/akg-images/Erich Lessing

So übernahmen die Römer von den Griechen neben vielem anderen auch eine hochentwickelte medizinische Wissenschaft. Ein Grieche war es auch, der das antike Wissen bündelte, systematisierte und theoretisch untermauerte: Galenos von Pergamon (129–199 n. Chr.), der auf dem Höhepunkt seiner Karriere Leibarzt Kaiser Mark Aurels wurde. Sein Werk, bewahrt von byzantinischen und arabischen Ärzten, wurde ein Jahrtausend später zur Grundlage der Medizin des abendländischen Mittelalters; zusammen mit Hippokrates blieb Galenos bis ins 16. Jh. hinein die unangefochtene medizinische Autorität.

H. P.

„O armer Mensch, wes warten wir?" – Seuchen des Mittelalters

Der im Glauben tief verwurzelte mittelalterliche Mensch fand zwar in der Religionsausübung Trost und Hoffnung; dies verminderte jedoch nicht seine Angst vor schweren Erkrankungen, denn in den meisten Fällen konnte er kaum etwas gegen sie unternehmen und ihre Entstehung war ihm rätselhaft. Weit weniger als heute waren die damaligen medizinischen Erkenntnisse, von ihrer Richtigkeit einmal abgesehen, Allgemeingut, eingeleitete Heilmaßnahmen oft so offensichtlich wirkungslos, dass das Vertrauen in sie gering war. So wurden schwere bzw. epidemische Krankheiten immer auch als göttliche Prüfungen oder Strafen angesehen; man bekämpfte sie – von den gängigen Therapien abgesehen – mit magischen Mitteln, mit oft verzweifelt-hysterischer Religiosität oder auch mit radikaler Ausgrenzung der Kranken.

Die Pest

Ein Gespenst ging um im Europa der Jahre 1347 bis 1351, das zu einer tiefen gesellschaftlichen Krise führte und die Menschen am Sinn bislang unantastbarer Normen, ja, an Gott zweifeln ließ, das Gespenst des schwarzen Todes.

Von genuesischen Handelsstützpunkten am Schwarzen Meer gelangte die Seuche 1347 per Schiff nach Konstantinopel, Messina, Marseille und Genua und breitete sich mit großer Geschwindigkeit nach Norden und Osten aus.

Zur Sache Der Pestbazillus (nach dem Entdecker Alexandre Yersin 1894 Yersinia pestis genannt) wird meist von Rattenflöhen auf den Menschen übertragen, vor allem dann, wenn diese sich nach Verendung ihrer Wirtstiere absetzen. Im Verlauf der Ausbreitung erfolgt die Übertragung auch durch den Menschenfloh, durch Schmutz- und Tröpfcheninfektion, also über Wunden bzw. den Nasen-Rachenraum. Die Hautinfektion führt zur Beulen- oder Bubonenpest: an den Einstichstellen entstehen schwarze Blattern (Nekrosen), die regionalen Lymphknoten schwellen und eitern. Unerträgliche Schmerzen (durch Ödeme, die auf das Nervengeflecht drücken), Benommenheit und Fieberschübe begleiten die Infektion; wenn die Lymphbarriere bricht und die Erreger in die Blutbahn gelangen, kommt es nach bis zu sieben Tagen zur Septikämie und zum Tod. Andernfalls kann die Krankheit überwunden werden. Bei Nasen-Rachen-Infektion bzw. sekundärem Lungenbefall ist eine Genesung ausgeschlossen, der Tod erfolgt bisweilen schon nach Stunden durch Ersticken infolge Nervenlähmung und Zerstörung des Lungengewebes.

Erreger, Infektionswege und Entstehung der Seuche waren den Menschen des 14. Jh.s unbekannt. Die zeitgenössischen Ärzte, die beide Formen der Pest empirisch zu unterscheiden lernten und auch ihren hochinfektiösen Charakter erkannten, versuchten ihre Entstehung und ihren Verlauf mit dem Instrumentarium der Humoralpathologie zu erklären.

Zur Sache Danach führte eine Dyskrasie (fehlerhafte Mischung) des feucht-warmen Blutes zur Fäulnis der inneren Organe, eben der Pest. Zur Dyskrasie kam es durch verdorbene Nahrung oder durch „verpestete" Luft (Miasmen). Als gefährlich galten bestimmte Nahrungsmittel (z. B. Fisch) sowie feuchtschwüles Klima, die Luft über Seen und Sümpfen, auch der Atem und Schweiß von Erkrankten. Im Sinn dieser Pesttheorie wurde mit Aderlass (Verringerung des schädlichen Blutes), Brechmitteln und Einläufen (Entfernung von Fäulnisstoffen aus dem Körper), mit der Reinigung der Luft (Abbrennen harziger Hölzer und aromatischer Kräuter) sowie mit dem Versprühen von Essigwasser, das als Pestizid galt, therapiert.
Eine neue Art der „Fachliteratur", die der Pestregimina, entstand, deren Fülle von teilweise rührenden Ratschlägen beredtes Zeugnis der verzweifelten Hilflosigkeit ablegt: In Wein getauchtes Brot essen, stinkende Arzneien (Theriak) einnehmen, Gewürznelken kauen, Bäder und Sexualverkehr meiden, am Tag nicht schlafen, nicht über die Pest reden, nur bei Nordwind die Fenster öffnen. Wenn die Pest nicht durch Kälteeinbrüche (bei unter 10° verfallen die Flöhe in Gliederstarre) oder durch Immunisierungsprozesse gestoppt wurde, half nur, das lernte man gegen Ende dieser ersten (schlimmsten) Pestpandemie, die sofortige Isolation der Erkrankten. Heilbar ist die Krankheit erst seit der Entwicklung von Tetrazyklinen (1948/49), eingedämmt wurde sie durch Schutzimpfungen und verbesserte Hygiene – vorerst jedenfalls.

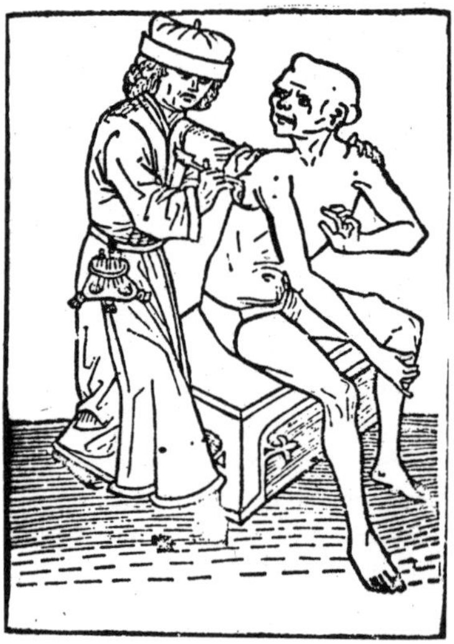

Ein Arzt schneidet einem Patienten die Pestbeule auf. Pestbücher des Hans Folz, 1482 (Ann G. Carmichael, Richard Ratzan (Hg.), Medizin in Literatur und Kunst. Köln 1994, 62)

Damals waren die medizinischen und sozialen Folgen fürchterlich: Zwei Fünftel der Bevölkerung Europas starben, ganze Dörfer wurden ausgerottet. Kranke wurden verstoßen oder alleingelassen, Raub, Plünderung und Mord waren an der Tagesordnung. Die Menschen wurden unberechenbar, moralische Grundsätze verloren ebenso ihre Geltung wie verwandtschaftliche Beziehungen. Es gab Äußerungen hysterischer Lebensfreude ebenso wie solche verzweifelter Resignation, fanatischen Glaubenseifer (Geißler) neben hemmungslosen Orgien. Die allgemeine Todesangst machte sich in Gewalttaten Luft. Man suchte Sündenböcke für das Elend und fand sie in den Juden: Pogrome begleiteten den schwarzen Tod und erhöhten noch die Zahl seiner Opfer.

Der Aussatz

Während die Pest vor kaum einem Haus Halt machte, Unzählige befiel und binnen kürzester Zeit dahinraffte, erkrankten am Aussatz (Lepra, mittelalterlich „Miselsucht“, von lat. „misellus“, unglücklich) nur vergleichsweise wenige, die außerdem, freilich mit im Lauf der Zeit immer schrecklicheren Entstellungen, noch Jahrzehnte leben konnten. Daher galt die Pest vielen Zeitgenossen als allgemeine Gottesstrafe im Sinn einer „ägyptischen Plage“, der Aussatz dagegen als Sündenstrafe für den Einzelnen, eine Folge individueller Verfehlungen, die eine langjährige Buße einschloss.

Zur Sache Der Aussatz gelangte in der Spätantike aus dem Vorderen Orient in die Mittelmeerländer und breitete sich im frühen Mittelalter über ganz Europa aus. Es handelt sich um eine bakterielle Infektionskrankheit (Erreger: Mycobacterium leprae), die vor allem die Haut befällt und mit sensiblen Störungen und Verstümmelungen einhergeht. Die Ansteckungsgefahr ist eher gering, nur längerer, enger Kontakt mit Erkrankten führt zur Übertragung, wahrscheinlich durch Tröpfchen- oder Schmierinfektion. Die Inkubationszeit beträgt mehrere Jahre; viele Infektionen verlaufen symptom- und komplikationslos. Nach Ausbruch der Krankheit kommt es zu Hautveränderungen, Haarausfall, Sensibilitätsverlust und Knotenbildungen vor allem im Gesicht („Löwengesicht“). Sensibilitätsverlust und Lähmungen führen langfristig zu schweren Verstümmelungen. Heute ist die Krankheit, von der weltweit noch Millionen Menschen betroffen sind, mit Chemotherapeutika heilbar, auch Impfung ist möglich.

Das Mittelalter machte, neben Giften unterschiedlicher Art, verdorbener Luft, zu stark gewürztem Essen und anderen humoralpathologisch geprägten Ursachen vor allem lasterhafte Lebensführung und gesteigerten Sexualtrieb für die Entstehung der Lepra verantwortlich; als Ursache für die körperlichen Veränderungen galt ein Übermaß an (verdorbener) schwarzer Galle (Melancholia).

Was das Entsetzen vor dieser Krankheit ausmachte, war weniger die (eher geringe) Sterblichkeit als ihr sichtbar fortschreitender Verlauf und die abstoßenden Entstellungen, die gleichsam nach außen zu signalisieren schienen: Hier hat ein Mensch durch seine Sündhaftigkeit seine Menschlichkeit verloren und ist zur monströsen Kreatur geworden.
Die Aussonderung der Erkrankten aus der Gesellschaft ist daher nicht allein mit der Furcht vor Ansteckung und dem Ekel vor den Verunstaltungen zu erklären, sondern auch als Scheu vor dem Lasterhaften, Verworfenen. Dementsprechend begegnete man dem Aussätzigen mit einer Mischung aus Abscheu und Mitleid. Man hielt sich fern von ihm, aber ließ ihn keine materielle Not leiden.

Zur Sache Die von der Krankheit verursachten seelischen Leiden waren, auch unter Berücksichtigung der damaligen Mentalität, womöglich noch schlimmer als die physischen. Entstand der Verdacht auf eine Erkrankung, wurde eine – in der Regel von der Kirche eingeleitete – Lepraschau durchgeführt. Dabei wirkten Ärzte und teilweise auch bereits Erkrankte mit. Insbesondere wurden Urin und Blut beschaut, Geschwulste und Sensibilitätsstörungen gesucht, stimmliche und muskuläre Veränderungen geprüft.
Bestätigte sich der Verdacht, wurde der oder die Kranke in einem ritualisierten Verfahren aus der Gemeinschaft ausgeschlossen. Er wurde für tot erklärt (tamquam mortuus) und ausgesegnet, musste Familie und Gemeinde verlassen, der Partner konnte die Ehe für aufgelöst erklären oder das Asyl des Kranken teilen. Kontakte mit der bisherigen Gemeinschaft waren dem Aussätzigen verboten. Sein neues Zuhause wurde eines der meist an den Ausfallstraßen der Städte gelegenen Leprosorien, die materiell oft gut ausgestattet und teilweise von besonderen Gemeinschaften (Orden vom heiligen Lazarus) betreut wurden.

Es lässt sich schwer entscheiden, ob eher die als solche erkannte Ansteckungsgefahr oder die moralische Disqualifikation der Kranken für ihre „Aussetzung" bestimmend waren; es gelang jedoch auf diese Weise, die Krankheit einzudämmen; nach 1300 ging sie zurück und war im 16. Jh. in Europa nur noch selten anzutreffen.

Franzosenkrankheit und Englischer Schweiß

Auch das ausgehende Mittelalter musste noch mehrere Seuchenzüge ertragen: 1493 schleppten Kolumbus' Männer von den Antillen die „Franzosenkrankheit" („Böse Blattern", eine der Syphilis eng verwandte Geschlechtskrankheit) nach Spanien ein, die sich rasch über Frankreich und Deutschland verbreitete. Als man Jahre später den Sexualverkehr als Über-

tragungsgrund erkannte, wurde sie gesellschaftlich tabuisiert und maßgebend für Moral und Mentalität der frühen Neuzeit: Sexualität ist unrein und macht krank.
Um 1500 erfasste, von England kommend, der „Englische Schweiß" den Kontinent, eine Krankheit, deren Ursachen bis heute unbekannt sind. Sie äußerte sich in Schweißausbrüchen, Krämpfen und Bewusstseinsstörungen und führte in vielen Fällen zum Tod. In der Mitte des 16. Jh.s verschwand diese Krankheit, vermutlich handelte es sich um eine Virusinfektion.
Nie aber haben diese Krankheiten soviel Schrecken verbreitet wie Aussatz und Pest, die, als Folgen individueller und kollektiver Schuld verstanden, Höllenstrafen vorwegnahmen und mit schrecklicher Eindeutigkeit die Vergeblichkeit irdischen Strebens vor Augen führten: O armer mensch, wes warten wir? / wir wissen weder zeit noch stund, / morgen tot, heut gesunt. / niemant weiss seins lebens frist / als lang als ein kleines weilen ist (Der Toten Tanz, S. 829).
Texte zu Pest und Aussatz: Der Toten Tanz, in Deutsches Mittelalter. Ausgewählt von Friedrich von der Leyen, Frankfurt/Main 1980, 821–830; Hartmann von Aue, Der arme Heinrich, Stuttgart 1993; Giovanni di Boccaccio, Das Dekameron, Frankfurt/Main 1989, 9–19.

Literatur Gundolf Keil, Seuchenzüge des Mittelalters, in Mensch und Umwelt im Mittelalter, hg. v. Bernd Herrmann, Stuttgart 1987, 109–128.

H. P.

Vom Wundarzt zum Star der Medizin – die Geschichte der Chirurgie

Chirurgie und Medizin sind beide aus der Verbindung von empirisch gewonnenen Erfahrungen und magischen Vorstellungen entstanden. Doch galt die Chirurgie lange Zeit als die Magd der Medizin.

Die Anfänge der Chirurgie

Chirurgische Eingriffe gab es bereits in der Steinzeit. Skelettfunde zeigen behandelte Verrenkungen oder eingerichtete Knochenbrüche, und Schädelöffnungen (Trepanationen) lassen praktische Erfahrungen und geschickten Umgang mit einfachsten Geräten erkennen.

Ein wichtiger Schritt in der Entwicklung der Medizin gelang Hippokrates von Kos (um 460–377 v.Chr.). Er besaß umfangreiche anatomische und chirurgische Kenntnisse und gab Ratschläge für die Behandlung von Verrenkungen oder Knochenbrüchen. Um 100 n.Chr. erreichte die antike Chirurgie in Alexandria ihren Höhepunkt. Zu den durchgeführten Eingriffen gehörte die Operation am Auge beim Grauen Star („Starstich"), die Entfernung von Steinen aus der Harnblase („Steinschnitt"), die Behandlung des Leistenbruchs und das Nähen von Wunden.
Als theoretische Grundlage von Gesundheit und Krankheit hatten Hippokrates und seine Nachfolger die „Humoralpathologie" entwickelt, die für die nächsten 1500 Jahre zur verbindlichen Lehre wurde. Sie geht von den vier Körpersäften Blut, Schleim, schwarze und gelbe Galle aus, deren Gleichgewicht für die Gesundheit verantwortlich sein sollte. Krankhafte Störungen mussten diagnostiziert und behandelt werden, was vor allem durch Arzneien erfolgte. Damit war der erste Schritt einer Trennung von Medizin und Chirurgie erfolgt. Die Medizin beschäftigte sich zunehmend mit theoretischen Fragen, die Chirurgie (wörtlich: „Tätigkeit mit der Hand") war dagegen eher für die praktisch-handwerkliche Seite zuständig.

Die Chirurgie als „Wundarznei"

Im Mittelalter wurde diese Trennung noch vertieft. Die Medizin war jetzt zuständig für die „Leibarznei", für die Behandlung des ganzen Menschen. Dies galt als Aufgabe eines an der Universität ausgebildeten „Physicus" oder „Medicus", der auf Grund seiner Ausbildung ein entsprechendes Honorar verlangen konnte. Die große Mehrheit suchte eher den „Wundarzt" auf, der für die Behandlung einzelner Körperteile verantwortlich war. Einfache Eingriffe wie Aderlass und das Ziehen von Zähnen konnte auch ein Bader ausführen. Aber für komplizierte oder schwierige Operationen brauchte man den „Chirurg[ic]us" oder „Wundarzt", der genügend Erfahrung und Übung hatte. Er entfernte Hämorrhoiden, Nasenpolypen und Mandeln, richtete gebrochene Knochen und schiente sie, reinigte Wunden, legte Drainagen und konnte sogar Amputationen oder einen Kaiserschnitt durchführen.
Die Chirurgen waren im Mittelalter unentbehrlich. Sie mussten Verletzungen beurteilen, wenn entsprechend der Wunde ein Bußgeld festgesetzt werden sollte, oder traten als Gutachter bei Gerichtsverhandlungen auf. Besonders wichtig waren sie im Krieg, wenn es darum ging, Verletzte

schnell zu versorgen. Schlachtfeld und Feldlazarett wurden für viele Chirurgen zur wichtigsten Ausbildungsstätte.
Aber die mittelalterlichen Chirurgen beschränkten sich nicht auf die eigenen praktischen Erfahrungen und das hauptsächlich mündlich tradierte Wissen, sondern ließen die antiken Autoren abschreiben und übersetzen. Seit dem 12. Jh. unterrichteten sie in Italien und Frankreich auch an Hochschulen und verfassten eigene Schriften. Das umfassendste Werk über Chirurgie stammte von Guy de Chauliac (um 1298–1368). Seine *„Chirurgia magna“* (auch *„Inventarium“*) leitete er mit einem historischen Abriss über sein Fach ein und beschrieb die notwendigen Eigenschaften eines Chirurgen: „Vier Bedingungen soll ein Chirurg erfüllen: Er sollte erstens gebildet, zweitens sachverständig, drittens geschickt und viertens anpassungsfähig sein.“ Vor allem wird vom Chirurgen gefordert, dass er nicht nur die Grundsätze der Chirurgie, sondern auch die der Medizin in Theorie und Praxis beherrscht.
Aber trotz der Erfolge der Wundarznei war die Kunst der mittelalterlichen Ärzte begrenzt, und nur ein Teil der Patienten überlebte kompliziertere Behandlungen und Operationen. Deshalb suchten viele Kranke Trost in Religion, Astrologie oder Magie, was die vielen Votivgaben und Segens- oder Zaubersprüche beweisen.
In der Frühen Neuzeit gab es in der Chirurgie große Fortschritte. Einen wichtigen Beitrag leistete dabei der Buchdruck. Im Jahre 1497 erschien das *„Buch der Cirurgia. Hantwirkung der Wundartzney“* von Hieronymus Brunschwig, 20 Jahre später das *„Feldtbuch der wundtarzney“* von Hans von Gersdorff.

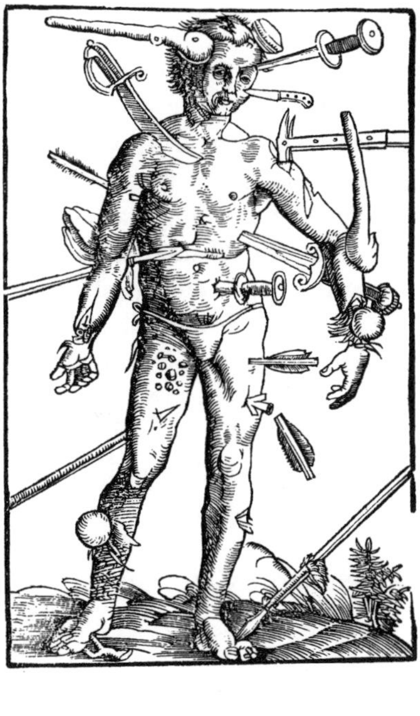

Der „Wundenmann“ ist Lehrbild für den Feldchirurgen und gibt ihm einen Überblick über häufige Verletzungen im Krieg. Holzschnitt aus Hans von Gersdorffs „Feldtbuch der wundtarzney“, Straßburg 1517.

Andreas Vesalius (1514–64) nutzte die Möglichkeit, durch das Sezieren von Leichnamen ein umfangreiches anatomisches Wissen zu erwerben und konnte Hunderte von Irrtümern der antiken Ärzte korrigieren. Mit seinem Buch *„De humani corporis fabri"* (1543) begründete er die wissenschaftliche Anatomie. Wichtig für die Chirurgie wurde ein einzelner Erfolg. Als der Chirurg Charles François Felix bei Ludwig XIV. eine Mastdarmfistel operativ entfernte, erhielt er ein fürstliches Honorar und den Adelstitel. Sein Erfolg trug erheblich zum Ansehen seines Berufsstandes bei, was zu einem wachsenden Angebot an Vorlesungen und Kursen über Chirurgie führte. Bei der Reform des Medizinstudiums in Frankreich 1794 wurde eine chirurgische Ausbildung verlangt. Die anderen europäischen Länder folgten diesem Vorbild. 1852 wurde der Rangunterschied zwischen Arzt und Chirurg in Preußen abgeschafft.

Der Vorstoß ins Innere des Körpers

Bis ins 19. Jh. blieb die Chirurgie eine „Oberflächenmedizin", denn ein Eingriff ins Innere des Körpers war – von Ausnahmen abgesehen – nicht möglich. Dafür mussten erst zwei wichtige Voraussetzungen erfüllt sein: die Anästhesie und die Asepsis.

Jahrhundertelang hatten Wundärzte mit verschiedenen Mitteln versucht, die Schmerzen während der Behandlung zu dämpfen. Doch erst seit dem 19. Jh. war die Suche nach Narkosemitteln erfolgreich. Man erprobte anfangs Lachgas, später verwendete man Äther und schließlich Chloroform.

Ebenso wichtig für Operationen wurde die aseptische Wundbehandlung mit Chlorwasser oder Karbolsäure (Phenol). Ein steriler Operationssaal, keimfreie Instrumente, Gummihandschuhe, Schürze und Mundschutz für die Ärzte wurden schließlich chirurgischer Standard.

Das 19. Jh. wurde zur Glanzzeit der Chirurgen, denn jetzt waren auch Operationen im Bauchraum möglich. Erkrankte Organe wie Magen und Darm, Bauchspeicheldrüse, Galle, Nieren, Leber, Blase oder Gebärmutter konnten direkt behandelt und teilweise oder vollständig entfernt werden. Die erfolgreichen Eingriffe im Bauchraum ermutigten die Chirurgen, auch am Gehirn und in der Brusthöhle zu operieren.

Die moderne Chirurgie

Im 20. Jh. arbeitete die Chirurgie immer enger mit den anderen Teilbereichen der Medizin zusammen. Vor allem die verbesserten Diagnoseverfahren trugen zum Erfolg vieler Operationen bei. Aus einfachen Blasen-

und Magenspiegelungen entstanden die verschiedenen Methoden der Endoskopie.
Die moderne Medizintechnik hat mit dem Röntgen, dem Ultraschall, der Computer- und Kernspintomographie zahlreiche weitere wichtige Hilfsmittel zur Diagnostik entwickelt. Alle diese Verfahren erlauben dem Chirurgen, sehr viel gezielter und schonender einzugreifen und die Diagnose nicht erst während der Operation stellen zu müssen.
Die Chirurgie hat sich in den letzten Jahren in einem atemberaubenden Tempo differenziert und verfeinert. Ein besonders eindrucksvolles Beispiel ist die Herzchirurgie. Der Katheter lässt sich direkt ins Herz einführen und ermöglicht, verstopfte Adern durch „Ballondilatation" zu weiten und feinmaschige Stahlröhrchen („Stents") in die Herzkranzgefäße zu setzen. 1954 wurde die erste Herz-Lungen-Maschine eingesetzt, fünf Jahre später erstmals ein Herzschrittmacher eingepflanzt. Einen Durchbruch in der Herzchirurgie brachte das Jahr 1967, als in Cleveland die erste Bypass-Operation und in Kapstadt die erste Herztransplantation gelang.
Die modernen Methoden zeigen, wie sich Ziele und Aufgaben der Chirurgie verändert haben. Erkrankte Organe oder Organteile werden sehr viel schonender entfernt, Operationen zum Wiederherstellen oder Ersetzen verloren gegangener Funktionen sind immer wichtiger. Dies ist in vielen Fällen die Aufgabe der plastischen Chirurgie, die zunehmend an die Stelle der Prothetik tritt. Erkrankte Körperteile, z.B. Hüft- oder Kniegelenke, werden immer öfter durch Implantate aus Metall und Kunststoff ersetzt.
Seit etwa zwanzig Jahren wird die Endoskopie auch für eine „minimal invasive Chirurgie" verwendet. Mussten die Chirurgen vor einigen Jahren bei einer Blinddarm- oder Gallenoperation noch längere Schnitte machen, so genügen heute mehrere kleine „Knopflöcher". Durch eines von ihnen wird das Endoskop eingeführt, das den Eingriff mit Videotechnik auf dem Bildschirm sichtbar macht. Die anderen Einstiche werden für die Operationsinstrumente verwendet. Diese Operationen führten zu weiteren neuen Techniken. Schnitte erfolgen durch ein Hochfrequenzskalpell oder durch einen Laser, mit denen das Gewebe „verkocht" wird und nicht blutet, ein Schnitt wird nicht mehr genäht, sondern geklammert oder geheftet.
Aber ähnlich wie im 19.Jh. besteht heute erneut die Gefahr, dass die Verbesserungen dazu verleiten, allzu schnell zu operieren. Kritiker verweisen auf die sprunghaft angestiegene Zahl an Operationen in den letzten Jahren und bezweifeln, dass alle notwendig waren.

Chirurgen sind heute die Stars unter den Medizinern und genießen große Popularität. Operationen berühmter Persönlichkeiten werden ebenso mediengerecht vermarktet wie komplizierte Eingriffe, zum Beispiel das Trennen von siamesischen Zwillingen. Die Chirurgie ist nicht mehr die Stiefschwester der Medizin, sondern eher ihr Flaggschiff, das mit großem Tempo zu neuen Ufern aufgebrochen ist.

Literatur Roy Porter, Die Kunst des Heilens. Eine medizinische Geschichte der Menschheit von der Antike bis heute, Darmstadt 2000.

H. B.

Volksmedizin und magische Heilrituale

Erst im letzten Drittel des 19. Jh.s nahm die Zahl der Ärzte auch auf dem Lande allmählich zu. Die Bevölkerung ländlicher Gebiete vertraute dennoch weiter mehr den Fähigkeiten ortsansässiger Heiler als einem Mediziner mit wissenschaftlicher Ausbildung. Dies hatte materielle, aber auch sozial bedingte Gründe. So konnte sich kaum einer die Behandlung durch einen Schulmediziner leisten. Hinzu kamen die langwierige Anreise und der Zeitverlust beim Besuch eines meist weit entfernten Arztes. Menschen bevorzugten daher vielfach als „alternative" Heiler Bekannte oder Verwandte, zu denen ein engerer Bezug bestand. Rationale Erklärungen für Krankheiten waren überdies für viele weniger glaubwürdig als etwa „böse Menschen" oder „dunkle Einflüsse", denen man eine krankmachende Wirkung zusprach. (Noch heute übrigens glauben nach einer Emnid-Umfrage 41 % der Deutschen an den Einfluss magischer Kräfte auf ihre Gesundheit.)
Die Behandlungsmethoden im 18. Jh. entsprangen weniger einem konkreten Wissen um die Krankheit als dem Bedürfnis, möglichst schnell und kostengünstig einzugreifen. Positive Resultate beruhten demnach meist auf Zufällen, in der Regel wurde eine Mischung aus heidnischen und christlichen Elementen in Spruchformeln verpackt. Im Gegensatz zur Kräutermedizin, die eine Mixtur aus germanischem Aberglauben, religiösen Elementen und nachweisbarer Wirkung darstellte, beruhte die mit Magie verknüpfte Volksmedizin auf keiner fassbaren Grundlage. Doch lassen sich beide Bereiche in vielen Fällen schwer trennen. So sollten Holunderblüten gegen Augenkrankheiten, Erkältungen, Darmkrankheiten, Zahnweh, Fieber und Koliken helfen, aber andererseits auch Dämonen abhalten und Gestohlenes zurückbringen. Dem Johanniskraut vertraute man als Mittel

gegen eitrige Wunden, bei Leber- und Magenbeschwerden, Bleichsucht, Bettnässen und Kopfweh. Gleichzeitig sah man in ihm einen wirksamen Schutz gegen den Teufel und gegen Feuer, wenn man Kräuterbüschel aufs Dach warf. Labkraut und Thymian wiederum legte man schwangeren Frauen ins Bett, Würzbüschel sollten gegen Blitz und Brand helfen, doch auch kranken Rindern wurden sie ins Futter gemischt.

Volksglaube und magische Medizin für Tiere

Wenn Tiere erkrankten, drohte dies die Existenzgrundlage zu vernichten. Entsprechend häufig wurden daher in diesen drohenden Notlagen alle möglichen, oft dubiosen Heilverfahren angewendet, die in der Regel nur mündlich überliefert sind. Zwar ließen sich Erkrankungen von Tieren in den meisten Fällen auf eine Kombination von schwerer Arbeit und falscher Fütterung zurückführen, doch dieser Zusammenhang wurde selten erkannt. So versuchte man etwa oft auftretende Blähungen, die ernste Folgen haben konnten, mit folgendem Rezept zu behandeln:

„Wenn ein Stück Vieh aufgebläht oder aufgelaufen ist, so nimm warmen Saudreck, tu ihn in ein Ei und zerdrücke es dem Vieh in den Hals"

Aus medizinischer Sicht lässt sich bei dieser Rezeptur keine Wirkung nachweisen, aber man hatte etwas getan. Unterstützt wurde die Behandlung häufig noch mit Spruchformeln. Sie hatten den entscheidenden Vorteil: Wenn sie auch in den meisten Fällen nichts nützten – schaden konnten sie nie.

Da man an den dämonischen Ursprung von Krankheiten glaubte, weil man sie sich nicht erklären konnte, musste das Wirken böser Geister auch durch deren Austreibung beendet werden. Wenn man z.B. eine trächtige Kuh nicht auf die Beine bringen konnte, sollten zunächst einige magische Formeln gesprochen werden, danach ritzte der Heiler der Kuh mit einem Messer drei Kreuze in den Schwanz und streute Pfeffer und Salz hinein. Sprang die Kuh dann nicht auf, war der Zauber zu stark, und man verkaufte das Tier an den Metzger.

Schutz und Heilung für den Menschen

Die Vermischung von Naturmedizin, Aberglauben und magischer Medizin beim Menschen verband ebenfalls Spruchformeln mit meist abschreckenden oder gar ekelerregenden Heilmethoden. So schwor man einerseits auf die mittelalterliche „Dreckapotheke", die mit Urin, Kot, Schweiß, Blut und zahlreichen anderen eher abwegigen Substanzen gegen Krankheiten

vorging: Bei Mundfäule z.B. sollte der Patient einen Frosch vor den Mund binden und bei Brechdurchfall in Heidelbeersaft gekochte Forellenaugen zu sich nehmen.
Eine in vielen Regionen verbreitete Form des magischen Volksglaubens bezog sich auf den Altvaterbaum. Darunter verstand man Eichen mit einem gespaltenen Stamm. In einer Vollmondnacht wurde ein krankes Kind von der Mutter oder der Großmutter mit dem Kopf voran durch den Stamm geschoben. Dabei durfte man nicht gesehen werden, vor allem vom Pfarrer nicht, da es sich um ein heidnisches Verfahren handelte und man die Dämonen nicht erzürnen sollte. Heilung erfolgte durch ein Abstreifen der Krankheit am Baum, die dadurch auf ihn überging und das Kind eine Art Wiedergeburt erleben ließ.
Unterstützend wirkten außerdem vielfach Reliquientäfelchen oder Heil- und Glückssegen, heute würde man sagen Talismane, die man in schriftlicher Form bei sich trug, entweder auf einem Papierfetzen, einem Stück Stoff oder sogar kunstvoll in ein Kissen gestickt. 1817 erfolgte in Bayern ein Verbot von derartigen „abergläubischen Zetteln und Büchern“, mit denen trotzdem weiterhin ein schwunghafter Handel getrieben wurde – ein Zeichen dafür, wie tief verwurzelt derartiger Aberglaube war. Als eine der bekanntesten Abwehrformeln für die Westentasche, die seit der Antike in verschiedenen Regionen gebräuchlich war, gilt das „Sator-Palindrom“, das als eine Art Universalzauber gegen Diebstahl, Feuersbrunst und Krankheiten gleichermaßen helfen sollte. Das magische Buchstabenquadrat erlaubte geheimnisvolle Bedeutungskombinationen, konnte kreuz und quer gelesen werden und wurde als eine Versicherung gegen teuflische Kräfte am Leib getragen. Noch heute ist diese Formel in okkulten Zirkeln beliebt:

S A T O R
A R E P O
T E N E T
O P E R A
R O T A S

Literatur Eckart Straube, Heilsamer Zauber. Psychologie eines neuen Trends, Heidelberg 2005.

W. W.

Entstehung der modernen Medizin

Die moderne Schulmedizin verdankt ihre institutionellen Ausformungen und spezifischen Arbeitsweisen zwei miteinander verschränkten historischen Entwicklungen des 19. Jh.s: der technisch-industriellen Revolution und dem naturwissenschaftlichen Denken.

Die sozialen und ökonomischen Auswirkungen der Industrialisierung führten insbesondere in den Ballungszentren zu markanten Veränderungen in den Rahmenbedingungen medizinischen Wirkens. In den Industriestädten entstanden Brennpunkte sozialer und gesundheitlicher Gefahren. Die Folgen von Kinderarbeit, Verelendung, Prostitution, Alkoholismus und steigender Kriminalität stellten völlig neue Anforderungen an die medizinische Versorgung der Bevölkerung. Steigende Wohnungsnot und unhaltbare hygienische Zustände in den Slums der Arbeiter begünstigten die Ausbreitung von Seuchen, hauptsächlich Cholera und Tuberkulose. So meldete der Mikrobiologe und Mediziner Robert Koch, der im August 1882 wegen des Ausbruchs der Cholera in Hamburg weilte, nach Berlin: „Ich habe noch nie solche ungesunden Wohnungen, Pesthöhlen und Brutstätten für jeden Ansteckungskeim angetroffen" (Hamburger Freie Presse, 26. Nov. 1892). Die Erreger der Seuche waren in das Trinkwasser der Hafenmetropole gelangt, das seinerzeit nur vier Kilometer flussaufwärts von der größten Abwassereinleitungsstelle aus der Elbe entnommen wurde. Die Epidemie forderte bis Mitte November 8 605 Todesopfer bei 16 956 Erkrankten. Auch die Tuberkulose, eine Krankheit, die direkt übertragen wird und sich nur bei einer ausreichend großen Anzahl empfänglicher Individuen ausbreiten kann, fand in den überbevölkerten Ballungszentren derart günstige Bedingungen vor wie noch nie zuvor in der Geschichte.

Neben den Auswirkungen der Industrialisierung bestimmten die im Zuge der Aufklärung entstandenen empirischen Methoden der Naturwissenschaften immer mehr die Denk- und Arbeitsweisen der Medizin. Physikalische und chemische Untersuchungs- und Darstellungsmethoden halfen Krankheitssymptome besser zu erkennen (Diagnose) und zu beschreiben (Statistik). Schließlich führten die Erkenntnisse der Biologie zu einem Paradigmenwechsel von ganzheitlichen Ansätzen hin zum Lokalismus, d.h. von der Viersäftelehre zur Zellularpathologie.

In der Frühen Neuzeit bestimmte noch die durch Hippokrates (um 400 v. Chr.) begründete und von Galenus (2. Jh. n. Chr.) in ihrer endgültigen Form niedergeschriebene Viersäftelehre das medizinische Denken. Man ging davon aus, dass der menschliche Körper analog zu den vier Elementen Feuer, Wasser, Erde und Luft die vier Körpersäfte gelbe Galle, Schleim, schwarze Galle und Blut bildete. Krankheiten entstanden demnach durch Störungen der Ausgewogenheit dieser vier Säfte; die Aufgabe des Arztes bestand darin, das Gleichgewicht durch Diäten, Arzneimittel oder chirurgische Maßnahmen (z.B. Aderlass) wiederherzustellen. Im 19.Jh. vollzog sich ein radikaler Wandel dieser Auffassung. Ausgehend von den zellularen Pflanzenstudien der Botanik wurde die Untersuchungsmethode der Mikroskopie auf das Gebiet der tierischen Gewebe ausgedehnt. Rudolf Virchow (1821–1902) gelang es, durch intensive Studien auf dem Gebiet der Zellbeobachtung eine völlig neue Krankheitslehre zu begründen. Danach können alle Krankheitszustände des Organismus auf pathologische Veränderungen der Körperzellen zurückgeführt werden. Da die Vermehrung von Zellen durch Zellteilung bedingt ist, besitzt jede physiologische Störung demnach einen lokal definierbaren Ausgangspunkt im Körper. In der Chirurgie z.B. lieferte das lokalistische Denken die Voraussetzung für die moderne Organchirurgie.

Mit der Zellularpathologie war ein Denkansatz entwickelt worden, der bezogen auf die Verbreitung ansteckender Krankheiten einen Wandel von der Miasmentheorie zur so genannten Kontagienlehre nahelegte. Die Miasmentheorie (griech. Besudelung, Verunreinigung) ging noch davon aus, dass epidemische Krankheiten durch schlechte Ausdünstungen des Bodens und des Wassers oder durch krank machende Bestandteile der Luft verursacht und verbreitet werden. So wurde z.B. die große Pestpandemie des Mittelalters erklärt (vgl. S. 110).

Jakob Henle (1809–1885) brachte als Erster die Begriffe *contagium vivum* bzw. *contagium animatum* und damit auch die Theorie von Mikroorganismen als Ursache von Infektionskrankheiten auf. Damit knüpfte er an die so genannte Kontagienlehre des italienischen Arztes Girolamo Fracastoro (1478–1553) an. Unterstützt wurde Henles Theorie durch die Entdeckung einiger Parasitenarten, so z.B. der Trichinen durch Richard Owen 1832. Die Forschungen und Erkenntnisse Louis Pasteurs (1822–1895) und Robert Kochs (1843–1910) verhalfen schließlich der Kontagienlehre und der Bakteriologie als medizinischem Wissenschaftszweig zum Durchbruch. Pasteur zeigte, dass eine Reihe von Erkrankungen von Erregern erzeugt wird und dass man diese Erreger durch Erhitzen abtöten kann. Er erfand das nach ihm benannte Verfahren der Pasteurisierung. Zugleich galt Pasteurs Interesse aber auch der Verhütung der von Erregern hervorgerufenen Krank-

heiten durch Impfung (Vakazination). 1880 gelang Pasteur die Herstellung eines Impfstoffes gegen Hühnercholera, danach gegen Milzbrand und Tollwut. In Deutschland entdeckte Robert Koch 1882 den Erreger der Tuberkulose, ein Jahr später den Choleraerreger und legte damit den Grundstein für die Entwicklung von Serum und Impfstoff gegen diese Krankheiten.
Die Erkenntnis, dass Keime für die Entstehung von Krankheiten verantwortlich waren, führte zu Bemühungen um keimarmes bzw. keimfreies Arbeiten bei Operationen und in der Geburtshilfe. So hatte z.B. Ignatz Phillip Semmelweis (1818–1865) erkannt, dass das gefürchtete Kindbettfieber in erster Linie von den Händen der Gynäkologen und Geburtshelfer übertragen wurde. Als Konsequenz forderte er gründliches Händewaschen und die sorgfältige Reinigung gynäkologischer Instrumente. In der Chirurgie setzte sich zunächst der Einsatz von Desinfektionsmitteln, später die Dampfdesinfektion chirurgischer Instrumente durch.
Die umfangreichen Forschungen führten zur Entwicklung immer neuer Techniken, Methoden und Teildisziplinen. In der Anästhesie kam es zur Etablierung der Lachgas-, der Ätherinhalations- und der Chloroformnarkose, was lang andauernde und spezielle Operationsmethoden ermöglichte. Es bildeten sich medizinische Teildisziplinen, z.B. die Otologie bzw. Laryngologie (Hals-Nasen-Ohrenheilkunde), die Orthopädie, die Pädiatrie (Kinderheilkunde) und die Dermatologie (Hautkunde und Venerologie).
Die gestiegenen Erkenntnisse und Anforderungen brachten letztendlich gravierende Konsequenzen für die Krankenhäuser mit sich. Bis zum 19. Jh. besaßen Krankenhäuser mehrere Funktionen. Neben der Krankenpflege galt es Arme, Alte und Obdachlose zu versorgen. Die ausschließliche Behandlung von kranken Menschen rückte in den Mittelpunkt sowie die Diagnose und der Nachweis von Krankheiten durch systematische Laborstudien und Untersuchungen an Leichen (Pathologie). In den großen Städten waren Krankenhäuser mit mehr als 150 Betten keine Seltenheit mehr. Die Herausbildung medizinischer Disziplinen sowie die Erkenntnisse über die Verbreitungsmechanismen von Krankheiten erforderten es, dass die Patienten in Kategorien eingeteilt und entsprechend untergebracht wurden, was sich in einer völlig veränderten Krankenhausarchitektur äußerte. Neben Laboren und Versorgungseinrichtungen ist die Abteilungsdifferenzierung des modernen Korridorkrankenhauses Ausdruck dieser Entwicklung. Daneben ergaben sich auch im Bereich der Pflege tief greifende Änderungen. Lag diese traditionell in den Händen katholischer Ordensfrauen, traten seit der Gründung des „Vereins für Bildung und Beschäftigung evan-

gelischer Diakonissen“ im Jahre 1836 auch evangelische Krankenschwestern in den Pflegedienst. Die äußerst hohe soziale Akzeptanz des Pflegedienstes eröffnete den von beruflicher Arbeit ausgeschlossenen bürgerlichen Frauen eine Alternative zum eng eingegrenzten Leben als Ehefrau und trug zu einer allmählichen Säkularisierung der Wohlfahrtspflege bei. Schließlich entwickelte sich eine qualifizierte Krankenhauspflegeausbildung auch außerhalb der kirchlichen Institutionen.
Ausgehend von der Erkenntnis, dass die Volksgesundheit wichtig für die ökonomische Entwicklung eines Staates ist und erträgliche Lebensbedingungen Unruhen und Revolten verhindern, kam es zur Gründung staatlicher Gesundheitseinrichtungen und zur Entwicklung einer Gesundheits- und Sozialgesetzgebung. Den Anfang machte um 1840 in England das vergleichsweise fortschrittliche *sanitary movement.* Die Bewegung hatte zum Ziel, die soziale und gesundheitliche Lage der englischen Arbeiterschaft zu verbessern. Dazu gehörten Maßnahmen zur Straßenhygiene, Kanalisation und Frischwasserversorgung, u.a. auch zur baurechtlichen Einführung von „water closets“. Gleichzeitig wurde die Kinderarbeit gesetzlich eingeschränkt, die bargeldlose Arbeiterentlohnung mit Firmenprodukten untersagt und die Arbeitssklaverei aufgehoben. Im Deutschen Kaiserreich setzte sich die bismarcksche Sozialgesetzgebung durch. 1883 wurde ein Gesetz zur Krankenversicherung der Arbeiter verabschiedet, 1884 das Gesetz über die Unfallversicherung und 1889 das Alters- und Invalidenversicherungsgesetz. Die Institutionalisierung der wissenschaftlichen Hygiene begann mit der Eröffnung des ersten Hygiene-Instituts in München. Drei Jahre zuvor wurde in Berlin das Kaiserliche Gesundheitsamt gegründet, dessen Nachfolger bis zu seiner Auflösung 1994 das Bundesgesundheitsamt war. 1874 wurde das Reichsimpfgesetz verabschiedet und die Pockenschutzimpfung gesetzlich vorgeschrieben. Das Nahrungsmittelgesetz von 1879 regelte die Durchführung bakteriologischer Analysen. 1900 bestimmte das Reichsseuchengesetz Präventiv- und Bekämpfungsmaßnahmen auf dem Gebiet des Seuchenschutzes, was in seinen generellen Aussagen heute noch Gültigkeit besitzt.

Literatur Wolfgang Eckart, Geschichte der Medizin. 3.Aufl. Berlin 1998; Robert Koch, in: Hamburger Freie Presse vom 26. Nov. 1892.
Unterrichtsmaterial: Praxis Geschichte, 2/2000: Kranke, Ärzte, Scharlatane; Geschichte lernen, Nr. 30, 1992: Gesundheit und Krankheit.

C. H.

Zugänge

Zeugnisse „kollektiver" Erinnerung

Denkmal – Mahnmal – Erinnerungsorte

„Das Auffallendste an Denkmälern", so Robert Musil, „ist nämlich, dass man sie nicht bemerkt." Musils Vorstellung von einem Denkmal war wahrscheinlich eine sehr konkrete gewesen; ein materielles Objekt oder eine Installation, möglicherweise mit Inschriften versehen, die im öffentlichen Raum errichtet, von den Menschen aber nicht mehr wahrgenommen. Erinnerung und Vergessen Hand in Hand.

„Kaum ein Begriff ist heterogener als der des Denkmals", heißt es in dem Buch *„Kleine Kunstgeschichte des deutschen Denkmals"* (Darmstadt 1984). Der Begriff kann metaphorisch verwandt werden oder in enger Eingrenzung, er kann eine Einheit bezeichnen oder Einzelnes. Fasst man den Terminus weit, gehören gar Urkunden und Münzen dazu. Denkmäler im engeren Sinne sind künstlerisch gestaltete Gegenstände, die mit dem Ziel geschaffen wurden, an ein Ereignis, einen Brauch, einen Menschen oder eine Gruppe über die Zeiten hinweg öffentlich zu erinnern. Eine frühe Definition des Denkmalbegriffs stammt aus dem 18. Jh. Der Theologe und Historiker Johann Martin Chladenius (1710–1759) notierte: „ Denckmahl ist ein Ding, welches die Kinder veranlasset, ihre Eltern nach der Ursach und Bedeutung zu fragen [...]. Dieses kann ein Körper sein, der wegen seiner besonderen Beschaffenheit die Aufmerksamkeit an sich ziehet [...]."

Es gibt jedoch auch zahlreiche Denkmäler, bei deren Errichtung ursprünglich kein Erinnerungswert intendiert war. Dies wird deutlich, wenn man sich eine Auflistung der Deutschen Stiftung Denkmalschutz betrachtet. Fachleute unterscheiden heute mehrere große Gruppen von Denkmälern. Die größte Gruppe bilden die Baudenkmale: Burgen, Schlösser, Kirchen, Bauernhöfe, Scheunen usw. Auch technische Denkmale wie Brücken,

Schleusen und Fabrikanlagen gehören dazu. Ein weitere Gruppe stellen alte Gärten und Parkanlagen dar. Man spricht auch von „beweglichen Denkmälern“ wie zum Beispiel bei alten Dampfloks oder Schiffen. Denkmal-Ensembles werden geschaffen, wenn man ganze Dörfer oder Stadtviertel unter Denkmalschutz stellt, da sie in ihrer gewachsenen Form einmalig und kostbar sind.

Denkmäler stellen Zeichen der Erinnerung dar, sie sind ein wichtiger Bezugspunkt zur Vergangenheit. In ihren verschiedenen Konstellationen und Beziehungen sind sie Orte der Erinnerung – Erinnerungsorte. Der französische Publizist und Historiker Pierre Nora gab in den achtziger und frühen Neunzigerjahren des vergangenen Jahrhunderts das siebenbändige Werk *„Les lieux de mémoire“* heraus, in welchem er eine beträchtliche Zahl von Bruchstücken des französischen nationalen Gedächtnisses in Form von Essays zusammentrug. „Mein Vorhaben“, erklärte er, „bestand darin, an die Stelle einer allgemeinen, thematischen, chronologischen oder linearen Untersuchung eine in die Tiefe gehende Analyse der ‚Orte‘ – in allen Bedeutungen des Wortes – zu setzen, in denen sich das Gedächtnis der Nation Frankreich in besonderem Maße kondensiert, verkörpert oder kristallisiert hat.“ Das konnten etwa Statuen berühmter Persönlichkeiten, Kriegerdenkmäler oder die Gräber der französischen Könige in Saint-Denis sein. Symbole und Embleme wie die Trikolore oder die Marseillaise, Marianne oder der 14. Juli gehören nach diesem Konzept ebenso dazu wie Gebäude (Notre-Dame, das Schloss von Versailles, der Eiffelturm) oder bedeutsame Texte der nationalen Erinnerung, etwa die Erklärung der Menschenrechte oder der Code Napoléon.

Das Konzept von Nora machte in verschiedenen Ländern bald Schule, so in Italien, Niederlande und Dänemark. In Deutschland erschien 2001 das von Ètienne François und Hagen Schulze herausgegebene dreibändige Werk „Deutsche Erinnerungsorte“, das die Überlegungen von Nora mit Modifikationen aufgriff. Auch sie wollten den Begriff des „Erinnerungsortes“ nicht als analytischen Begriff, sondern als Metapher verstanden wissen: „Die Zahl der Erinnerungsorte ist unübersehbar. Jedes Schulbuch, jedes Testament, jedes Archiv, jeder Verein, jede Gedenkminute kann als Erinnerungsort beschrieben werden, wenn damit bewusste Überlieferungsabsichten verbunden sind.“ Mit dieser inhaltlichen Erweiterung entzogen sie den Begriff des Ortes dem realen Wortsinn und dehnten ihn auf soziale, politische, kulturelle oder gar imaginäre Dimensionen aus. Erinnerungsorte sind somit Fixpunkte in der Vergangenheit, die ihre Bedeutung und ihren Sinn erst durch ihre Bezüge und ihre Stellung inmitten sich immer neu formierende Konstellationen und Beziehungen erhalten. Gleichwohl konzentrierten sich die Herausgeber der deutschen Ausgabe mit insgesamt knapp einhundertzwanzig Essays auf Erinnerungsorte von nationaler Bedeutung.

Das Konzept Noras und seiner deutschsprachigen Vertreter fußt auf den Überlegungen des französischen Soziologen Maurice Halbwachs. Dieser entwickelte in den 20er-Jahren des vergangenen Jahrhunderts den Begriff der „mémoire collective“. Damit gab er den inhaltlichen Anstoß für das, was heute als Konzept der „Erinnerungskultur“ im feuilletonistischen als auch im wissenschaftlichen Gebrauch diskutiert wird. Halbwachs vertrat die Auffassung, dass es neben der Herausbildung eines individuellen Gedächtnisses auch ein „Gruppengedächtnis“ gebe. Die These ist umstritten, aber seitdem sind nicht nur Historiker, sondern auch zahlreiche interdisziplinär arbeitende Kulturwissenschaftler auf der Suche nach dem kollektiven Gedächtnis und seiner Bedeutung für die Identität von Gruppen, Milieus und Nationen.

Bereits Cicero wusste um die Bedeutung und Wirkung von Erinnerungsorten im engeren Sinne, als er vermerkte, „dass wir beim Anblick solcher Stätten, an denen sich denkwürdige Persönlichkeiten dem Vernehmen nach oft aufgehalten haben, mehr beeindruckt werden, als wenn wir einmal von ihren eigenen Leistungen hören oder eine Schrift von ihnen lesen“.

In den deutschen Sprachgebrauch wurde der Denkmalbegriff durch Martin Luther eingeführt. Er verwandte diesen Begriff im Sinne des lateinischen Terminus *monumentum*, der sich wiederum vom Verbum *monere* ableitet. Dieses bedeutet sowohl „erinnern“ als auch „mahnen“. Mahnmale werden mitunter als eine Unterklasse von Denkmälern verstanden. Sie erinnern an schmerzhafte historische Ereignisse oder deren Opfer. Sie richten aber an ihre Adressaten nicht nur die Aufforderung, der Opfer dieser Ereignisse zu gedenken, sondern die Ereignisse selbst als Mahnung oder Appell aufzufassen.

Der Begriff des Mahnmals wird sehr häufig synonym für den des Denkmals genutzt, wenn an die unter nationalsozialistischer Herrschaft begangenen Verbrechen oder deren Opfer erinnert werden soll. Im Verlauf der Kontroverse um das „Denkmal für die ermordeten Juden Europas“ in Berlin bemühte sich der Theologe und Politiker Richard Schröder um eine Unterscheidung zwischen Denkmal und Mahnmal: „In der Debatte werden die Wörter Denkmal und Mahnmal wechselweise gebraucht – zu Unrecht, wenn wir genauer hinhören. Ein Denkmal sagt: Abel wurde erschlagen, denkt an ihn. Ein Mahnmal sagt: Kain erschlug seinen Bruder Abel, vergesst das nicht."

Ein Denkmal beschränkt sich demnach auf die Erinnerung an das Opfer, beim Mahnmal gerät auch der Täter in den Blick. Schröder zufolge verfügt ein Mahnmal über eine explizitere Botschaft als ein Denkmal. Es hat einen moralisch weitergehenden Anspruch. Es geht nicht nur um das Opfergedenken, sondern auch um einen „Appell, der sich im Prinzip an die Menschheit als Ganzes" richtet.

Denkmäler sind keine Erfindung der Moderne. Im 17. und zu Beginn des 18. Jh.s galt das öffentlich aufgestellte barocke Reiterstandbild als Inbegriff des absolutistischen Selbstverständnisses und war allein dem Herrscher vorbehalten. Es diente der Repräsentation seiner Macht und legitimierte sich durch ihn und durch das Gottesgnadentum.

In Deutschland entstand im 19. Jh. eine hochdifferenzierte Denkmalkultur – man könnte geradezu von einem Boom sprechen – mit einer neuen politisch aufgeladenen Erinnerungsfunktion. Es war kein Zufall, dass im Jahrhundert der deutschen nationalstaatlichen Einigung der Geschichte eine zentrale Rolle zugewiesen wurde, und besonders deutlich offenbarte sich dies bei den neu geschaffenen Nationaldenkmälern. Diese hatten fortan nicht nur eine Erinnerungsfunktion, sondern auch eine identitätsstiftende Aufgabe.

Die Walhalla bei Regensburg, errichtet von Ludwig I. von Bayern, war das erste gesamtdeutsche Monument. Sie veranschaulicht den Gedanken der kulturellen Einheit in Porträtbüsten von „großen Deutschen". Thomas Nipperdey bezeichnete die Walhalla als „Denkmal der Kulturnation". Drei Inschriftentafeln, die in den Boden der Walhalla eingelassen sind, verweisen auf die Baugeschichte: auf den Entschluss des Kronprinzen Ludwig zum Bau der Walhalla vom Januar 1807, auf den Baubeginn am 18. Oktober 1830 und die Vollendung am 18. Oktober 1842. Nicht von ungefähr erfolgte die Terminierung auf den 18. Oktober, den Gedenktag der Völkerschlacht zu Leipzig.

Die Hochzeit des nationalen Denkmals begann mit der Reichsgründung 1870/71. Zu nennen sind unter anderem die Berliner Siegessäule (1873), das Hermannsdenkmal im Teutoburger Wald (1875), das Niederwalddenkmal (1883), die Reiterstandbilder Wilhelms I. in Berlin (1897), am Deutschen Eck in Koblenz (1897), auf dem Kyffhäuser (1897) und in Hamburg (1903).

Es entwickelte sich nicht nur ein neuer Anspruch an diese Denkmäler, auch ihre Entstehungsgeschichte unterschied sich von denen der Fürstenstandbilder. Wurde zuvor der Großteil der Denkmalprojekte von den politischen Machthabern beauftragt und finanziert, ging nun häufiger die Initiative vom engagierten Großbürgertum aus, welches in eigens gegründeten Denkmalkomitees zu Spenden für ihr jeweiliges Projekt aufrief und anschließend einen Architekten- und Künstlerwettbewerb ausschrieb.

Der Wiesbadener Kurdirektor Ferdinand Heyl forderte 1871 in einem Zeitungsartikel ein rheinisches Denkmal, das an den Sieg im deutsch-französischen Krieg und die Reichsgründung erinnern sollte. Als Standort schlug er den seit 1866 zu Preußen gehörenden Niederwald vor. Der Rüdesheimer Landrat Fonck und der spätere Ministerpräsident Botho Graf zu Eulenburg griffen den Vorschlag auf. Noch im gleichen Jahr gründete sich das „Große Komitee zur Errichtung eines Nationaldenkmal auf dem Niederwald“. Zwei Konkurrenzausschreiben im Herbst 1872 und Frühjahr 1873 endeten zunächst ohne Ergebnis, da die Jury mit den Vorschlägen nicht zufrieden war. Schließlich erhielt der Bildhauer Johannes Schilling im dritten Anlauf den Zuschlag. 1883 wurde das Niederwalddenkmal nach sechsjähriger Bauzeit in Anwesenheit von Kaiser Wilhelm I. eingeweiht.

Das Denkmal liegt oberhalb von Rüdesheim am Rhein und besitzt wie wohl kaum ein anderes Nationaldenkmal des 19. Jh.s in Deutschland eine Fülle direkter und indirekter Botschaften, die Auskunft geben über den Versuch nationaler Selbstvergewisserung. Im Sockelrelief sind als Reichsgründer Kaiser Wilhelm I., Otto von Bismarck sowie die zum Reich gehörenden Souveräne verewigt, flankiert

Niederwalddenkmal,
© picture-alliance/KPA

von den Allegorien für Krieg und Frieden. Unter dem Hauptrelief prangt das Gedicht „Die Wacht am Rhein“. Es handelt sich jedoch keineswegs um den vollständigen Liedtext, vielmehr fehlt die ursprüngliche vierte Strophe, die einzige, die sich direkt warnend an den „Erbfeind Frankreich“ wendet. Sie wurde bewusst fortgelassen, um die Wirkung des Liedes und damit die Gesamtaussage des Niederwalddenkmals zu entschärfen. Die Inschrift auf der Vorderseite lautet: „Zum Andenken an die einmuethige siegreiche Erhebung des deutschen Volkes und an die Wiederaufrichtung des Deutschen Reiches 1870–1871.“ Die „Reichsgründung von oben“ wird zu einer Volkserhebung „von unten“ umgedeutet.

Bismarck blieb der Einweihungszeremonie trotz Einladung demonstrativ fern. Er hatte grundsätzliche Einwände gegen die Ausführung des Denkmals. Die Germania erschien ihm mit mehr als 12 Metern zu groß geraten. Die Darstellung des Kaisers im Hauptrelief – und damit auch sein eigenes Relief – wirkten dagegen etwas klein. Die Baukosten überstiegen letztlich die geplanten 250000 Mark. Von den benötigten rund 1200000 Mark stammten etwa eine halbe Million aus Geldspenden der Bevölkerung.

Historische Umwälzungen verändern auch die Form der kollektiven Erinnerung. Die Katastrophe des Ersten Weltkriegs und die Niederlage brachten es mit sich, dass nationale Denkmäler nach 1918 immer auch Kriegerdenkmäler waren und umgekehrt. Dieser Denkmalstypus wurde im Dritten Reich von Staat und Partei weiter gefördert. Denkmalsetzer haben letztlich keine Kontrolle darüber, inwieweit ihre Interpretationsangebote wirklich angenommen werden. Darauf verweist das eingangs zitierte Bonmot von Musil. Im Dritten Reich koppelten die Nationalsozialisten Orte symbolischer Erinnerungskraft mit staatskultischen Ritualen. So diente der „Ehrentempel“ auf dem Münchener Königsplatz dem raffiniert inszenierten Totenkult für die „Märtyrer“ der NS-Bewegung.

Die Unbegreiflichkeit des Holocaust und der damit verbundene Zivilisationsbruch provoziert die Suche nach neuem künstlerischen Ausdruck. Das „Denkmal für die ermordeten Juden Europas“ in Berlin stellt eine radikale Auseinandersetzung mit dem Begriff des Denkmals dar, auch weil es auf jegliche Symbolik verzichtet. Das begehbare Raster der 2711 Betonstelen überlässt es den Besuchern, ihren Weg hinein und hinaus zu finden. Die Zahl der Stelen ergibt sich aus den für den Standort gewählten Maßen. Sie hat keine symbolische Bedeutung oder Beziehung zur Zahl der Opfer. Ein unterirdisch angelegter „Ort der Information“ gibt Auskunft über die Opfer, die Orte der Vernichtung sowie über heutige Gedenkstätten.

Im Rahmen einer Veranstaltung zur Frage nach der Gestaltung des Berliner „Prinz-Albrecht-Geländes“ forderte die Fernsehjournalistin Lea Rosh im August 1988 erstmals die Errichtung eines „Mahnmals“ für die während der NS-Zeit ermordeten Juden. Zwischen 1933 und 1945 befanden sich auf dem Prinz-Albrecht-Gelände die wichtigsten Institutionen des nationalsozialistischen Terrorapparates. Hier waren die Schaltzentralen von Gestapo und SS, ab 1939 befand sich dort das Reichssicherheitshauptamt. In der Prinz-Albrecht-Straße 8 war das berüchtigte Gestapo-Hausgefängnis. Am 25. Juni 1999 entschied sich der Deutsche Bundestag für den in einem zweistufigen Wettbewerbsverfahren ausgewählten, überarbeiteten Entwurf von Peter Eisenmann. Das Denkmal wurde von 2003 bis 2005 in unmittelbarer Nähe des Brandenburger Tors gebaut und am 10. Mai 2005 feierlich eingeweiht.

Holocaust-Mahnmal in Berlin, © dpa-Report

Soweit der nüchterne Rahmen eines historisch-politischen Diskurses, der gesamtgesellschaftliche Bedeutung besitzt und in breiter Form in der politischen Öffentlichkeit ausgetragen wurde. In der Diskussion über die Aufgabe und Funktion des Denkmals kristallisierte sich zunehmend die Frage nach der Verantwortung der deutschen Gesellschaft für die NS-Verbrechen heraus. Von dieser Verantwortung war interessanterweise in dem Ausschreibungstext für den Wettbewerb nicht die Rede. Dort ging es nicht um die Einzigartigkeit des Mordes an den europäischen Juden, sondern um die Einzigartigkeit des Verlustes. Dies entsprach durchaus den Entkonkretisierungs- und Relativierungstendenzen der Ära Kohl im Umgang mit dem Nationalsozialismus.

Die Diskussion über das „Denkmal für die ermordeten Juden Europas" offenbart auch, dass Denkmäler drei Geschichten besitzen: die Referenz auf das geschichtliche Ereignis, auf das sie sich beziehen, die eigene Entstehungsgeschichte und die Geschichte ihrer Nutzung. Letztere ist offen und nunmehr in Berlin zu beobachten, wie Besucher des Holocaust-Denkmals dieses rezipieren.

Erinnern ist auf komplizierte und paradox anmutende Weise mit dem Prozess des Vergessens verbunden. Ein Beispiel dafür ist der Umgang mit dem Konzentrationslager Dachau. Nach der Befreiung des Lagers im Jahr 1945 dienten die ehemaligen Häftlingsbaracken mehrere Jahre als Unterkunft für Flüchtlinge und „Displaced Persons". Für die damals enorme Summe von über 5 Millionen DM schuf die Bayerische Flüchtlingsverwaltung die „Wohnsiedlung Dachau-Ost" auf dem ehemaligen Lagergelände im Winter 1948/49. In den folgenden Jahren wurden im Lagerbereich Industrien angesiedelt: eine Färberei, ein Lederveredelungsbetrieb, Nudel- und Strumpffabriken und eine Holzwerkstatt. In die ehemaligen Häftlingsbaracken wurden nicht nur Wohnungen für 400 Familien und 200 Ledige eingebaut, sondern auch Geschäfte, Gaststätten, ein Kino, eine Schule und ein Kindergarten. Die Lagerstraße wurde geteert, eine Buslinie in die Stadt Dachau eingerichtet und die Wasser- und Stromversorgung erneuert. Es gab ein siedlungseigenes Heizkraftwerk, eine katholische und eine evangelische Kirche. In der ehemaligen Entlausung richtete man eine Gaststätte ein, die 1961 der neue Wirt in „Gaststätte zum Krematorium" umtaufte. Nach und nach wurden die Umfassungsmauer und die Umzäunung entfernt und mit dem Abriss der Wachtürme begonnen. Die Art der Nutzung des ehemaligen Konzentrationslagers zeugt von der vorherrschenden Tendenz, sich nicht mit der konkreten Geschichte des Lagers befassen zu wollen.

Als 1955, zum 10. Jahrestag der Befreiung, das erste Internationale Treffen der ehemaligen Gefangenen in Dachau stattfand, beschloss man – angesichts des geschichtslosen Zustandes des Lagers – die Gründung des Comité International de Dachau, um als Organisation der ehemaligen „Dachauer" geschlossen die Forderung nach einer würdigen Mahn- und Gedenkstätte zu erheben. Es bedurfte jedoch noch jahrelanger Bemühungen, bevor die KZ-Gedenkstätte Dachau 1965 durch Überlebende eröffnet werden konnte.

1968 wurde das Internationale Mahnmal auf dem ehemaligen Appellplatz enthüllt. 2005 besuchten fast eine Million Menschen das Lager. Die Zahl belegt eindrucksvoll, dass dieser authentische Ort eine der bedeutsamsten Einrichtungen der Erinnerung an die Opfer und die Verbrechen des Nationalsozialismus geworden ist.

Literatur ÉTIENNE FRANÇOIS/HAGEN SCHULZE (Hg.), Deutsche Erinnerungsorte. München 2001. 3 Bde.; denkmal aktiv – Kulturerbe macht Schule. Arbeitsblätter für den Unterricht. 2. erweiterte Ausgabe. Deutsche Stiftung Denkmalschutz Bonn 2004, (www.denkmal-aktiv.de); HELMUT SCHARF, Kleine Kunstgeschichte des deutschen Denkmals, Darmstadt 1984.

M. L.

Bismarcktürme und Bismarcksäulen

Schon zu seinen Lebzeiten war Otto von Bismarck zur Kultfigur nationaler Kräfte avanciert. Ihm zu Ehren wurden Denkmäler, Säulen und Türme errichtet, Straßen und Plätze benannt, sogar ein Südsee-Archipel bekam seinen Namen. Eine Besonderheit stellen die Bismarcktürme dar, von denen 238 zwischen 1869 und 1934 errichtet wurden. Heute gibt es noch 171, die man in Deutschland, Österreich, Frankreich, Tschechien, Russland, Polen, Kamerun und Chile findet. Der älteste Turm (1869) ist noch erhalten und steht in Ober-Johnsdorf/Schlesien (heute: Janowek/Polen).

Bismarckturm von Hagen in Nordrhein-Westfalen, © Werner Otto/OKAPIA

Die Tradition der Bismarcksäulen wurde 1898, dem Todesjahr des „Eisernen Kanzlers“, begründet, als die Deutsche Studentenschaft einen Architektenwettbewerb ausschrieb, um „dem Unvergeßlichen [Bismarck] ein bleibendes, würdiges und volkstümliches Wahrzeichen vaterländischen Dankes“ zu errichten. Die Idee sah vor, dass auf den Türmen an besonderen Gedenktagen (z. B. Bismarcks Geburtstag) ein Feuer brennen sollte, um so die Verdienste Bismarcks an möglichst vielen Orten sichtbar zu machen. Bei der Konzeption griff der deutsch-nationale Studentenbund auf germanische Riten zurück:

> **Zur Sache** „Wie vor Zeiten die alten Sachsen und Normannen über den Leibern ihrer gefallenen Recken schmucklose Felsensäulen aufrichteten, deren Spitzen Feuerfanale trugen, so wollen wir unserem Bismarck zu Ehren auf allen Höhen unserer Heimat, von wo der Blick auf die herrliche deutsche Landschaft schweift, gewaltige, granitene Feuerträger errichten. Überall soll – ein Sinnbild der Einheit – das gleiche Zeichen entstehen, von ragender Größe, aber einfach und prunklos, in schlichter Form auf massivem Unterbau, nur mit dem Wappen oder Wahlspruch des eisernen Kanzlers geschmückt. Kein Name soll der gewaltige Stein tragen, aber jedes Kind wird ihn deuten können ... überall wo Deutsche wohnen, werdet ihr dasselbe Wahrzeichen sehen ...“
>
> (zit. n. Hardtwig, 259)

Nach dem Wettbewerb der Deutschen Studentenschaft wurde durch den preisgekrönten Entwurf „Götterdämmerung“ von Wilhelm Kreis ab April 1899 die Form der Bismarck-Feuersäule festgelegt. Der Plan des Architekten sah auf quadratischem Grundriss einen gedrungenen, blockartigen und unverzierten Turmbau vor, der an den Kanten von vier enggestellten Säulen begrenzt wurde. Diese trugen ein kapitelartiges Gesims, auf dem ein altarähnliches Flammenbecken ruhte. Entsprechend der Idee der Feuersäule verzichteten diese Bauten auf alle figürlichen Darstellungen Bismarcks, wie sie z. B. beim Bismarckdenkmal vor dem Reichstag (nicht mehr erhalten), beim Düsseldorfer Denkmal oder beim Monument in Hamburg, das den Reichskanzler in der Tradition der Rolandstatuen darstellt, zu finden sind. Insgesamt wurden 47 der Feuersäulen nach dem Standardentwurf von Wilhelm Kreis gebaut. Weitere Architekten konstruierten ähnliche Türme bzw. Säulen mit unterschiedlichem Charakter.
Finanziert wurde der Bau der Bismarckdenkmäler vom national gesinnten Bildungsbürgertum und von Unternehmern. Juristen, Ärzte, Fabrikanten, Bankiers, Lokalpolitiker, Studenten und Lehrer waren Mitglieder in den

entsprechenden Stiftervereinen und trugen in Spendenaktionen, unterstützt von lokaler und staatlicher Seite, die notwendigen Gelder zusammen.
Eine einheitlich geplante Befeuerung der Türme („Flammen über ganz Deutschland zu Ehren Bismarcks“) an bestimmten Gedenktagen war von der Deutschen Studentenschaft vorgesehen, doch konnte man sich nicht auf gemeinsame Termine einigen. So wurden die Türme teilweise zu Bismarcks Geburtstag, Todestag, zur Sommersonnenwende oder am Sedantag entzündet. Burschenschaften mit nationalen Gesängen auf den Lippen zogen dann durch die Ortschaften und feierten den zum Symbol der Einheit und Größe verklärten Reichskanzler in einem an ein „germanisches Weiheritual“ erinnernden Fest.

> „Die Stifter der Feuersäulen abstrahieren zusehends von Bismarck als historischer Persönlichkeit, seine Gestalt wird weitgehend zu einem Symbol des Reichsgedankens. Die archaische Feuersymbolik ... die soweit als möglich stadtferne Aufstellung der Bismarcktürme, eine zunehmend verklärende Rezeption entrücken den Reichskanzler, den ‚Recken‘, zu einem mythischen, bisweilen auch germanisierend-völkisch unterlegten Heros [...]“
>
> (zit. n. ENGELSKIRCHEN, 37)

Diese Bismarckverehrung hing auch zusammen mit der Ende der 90er-Jahre um sich greifenden Zukunftsangst und Orientierungskrise des Bürgertums. Man griff in Form der Bismarcktürme auf „eine dieser Krise entzogene neue, vermeintlich oder tatsächlich allgemein zustimmungsfähige symbolische Form“ zurück, um ein Objekt bedingungsloser und zugleich irrationaler Identifikation zu schaffen, das den letztlich aus angstvoller Unsicherheit geborenen „Willen zur Macht“ präsentierte, der, die inneren und äußeren Konflikte des Kaiserreichs ignorierend, seine scheinbare Legitimation aus irreal mythischen Vorstellungen bezog.

Literatur WOLFGANG HARDTWIG, Geschichtskultur und Wissenschaft, München 1998; LUTZ ENGELSKIRCHEN, Zweimal Bismarck. Die Wuppertaler Bismarckdenkmäler, o.O. 1998.

S. Sch.

Das Völkerschlachtdenkmal in Leipzig

Mit der Niederlage Napoleons in Russland 1812/13 begannen die Befreiungskriege. Die Entscheidung fiel vom 16. bis 19. Oktober bei Leipzig. Der überwältigende Sieg auf deutschem Boden verlangte nach einem Monument, das zugleich der deutschen Nation ein Denkmal setzen sollte. Kurz vor dem ersten Jahrestag der Schlacht schrieb Ernst Moritz Arndt in einem Aufsatz *„Über ein Denkmal bei Leipzig"*, wie es aussehen könnte. Es sollte „groß und herrlich seyn, wie ein Koloss, eine Pyramide, ein Dom zu Köln". Arndt wünschte sich einen künstlichen Hügel, bekrönt von einem riesigen Kreuz mit einer goldenen Kugel und umgeben von einem Eichenwald. Andere Künstler schlugen eine Säule oder eine Kirche vor. Allgemeine Zustimmung fand der Entwurf eines „deutschen Nationaltempels" von Friedrich Weinbrenner. Aber der Wiener Kongress und die Ära Metternich ließen keinen Platz für die Verwirklichung eines nationalen Denkmals. Es dauerte hundert Jahre, bis das Bauwerk schließlich vollendet wurde. In dieser Zeit änderten sich Initiatoren, Zielsetzung, politisch-ideologische Aussage und nicht zuletzt Geschmack und Stil. Damit repräsentiert die Geschichte des Denkmals zugleich ein Jahrhundert deutscher Geschichte.

Im Jubiläumsjahr 1863, in dem auch die Befreiungshalle eingeweiht wurde, kam es in Leipzig zu einer symbolischen Grundsteinlegung für das Völkerschlachtdenkmal, ohne dass man mit dem Bau begann. In der „Denkmalwelle" nach 1871 waren das neu gegründete Reich und der aktuelle Sieg über Frankreich die bevorzugten Themen. Erst nach dem Regierungsantritt Wilhelms II. wurde der Wunsch nach dem Bau eines Völkerschlachtdenkmals wieder lebendig.

Im Jahre 1894 entstand der konservative „Deutsche Patriotenbund zur Errichtung eines Völkerschlachtdenkmals bei Leipzig", der 1895 und 1896 zwei Wettbewerbe ausschrieb. Das Denkmal sollte „ein Dankeszeichen für den Allmächtigen, der die Waffen der Verbündeten segnete, ein unvergängliches Ruhmeszeichen für die Helden der Befreiungskriege voll Selbstverleugnung und Todesmuth, ein Wahrzeichen für die gewaltige Erhebung des deutschen Volkes sein". Doch keiner der über 100 eingereichten Entwürfe fand die Zustimmung des Patriotenbundes, auch nicht das Denkmal „Walküre", für das Wilhelm Kreis den ersten Preis bekommen hatte. Alle Entwürfe orientierten sich zu sehr an bereits bestehenden Vorbildern. Deshalb wurde der bekannte Architekt Bruno Schmitz (1858–1916) – er hatte bereits das Kyffhäuser-Denkmal entworfen – mit dem Bau beauftragt. Sein

Entwurf von 1897 (überarbeitet 1898) war die Grundlage für den Bau, der mit manchen Veränderungen in den nächsten 15 Jahren zur Ausführung kam. Am 18. Oktober 1913, genau hundert Jahre nach der Schlacht, wurde es im Beisein des Kaisers und zahlreicher deutscher Fürsten enthüllt.

Das Denkmal ist eingebettet in eine durch Wälle abgegrenzte Parkanlage. Ein Großteil der Anlage besteht aus einem Wasserbecken, in dem sich das Denkmal spiegelt. Der Bau besteht aus drei Baukörpern. Ein Sockel mit der Treppenanlage ähnelt einer Stufenpyramide, der kubische Mittelteil einer mittelalterlichen Burg. Den Abschluss bildet die Kuppel mit einer Aussichtsplattform, die von 12 riesigen Wächterfiguren umgeben ist. Die Völkerschlacht ist in einem Relief an der Stirnwand des Sockels stilisiert dargestellt. Über einem Berg von Gefallenen triumphiert der Erzengel Michael in Ritterrüstung, umgeben von vier Furien und zwei Adlern. Das Innere stellt eine Krypta dar, die an die Gefallenen erinnern soll. Acht Pfeiler tragen „Schicksalsmasken“, vor denen jeweils zwei überdimensionale Ritter als Totenwächter stehen. Eine Ruhmeshalle, die wie eine Empore um die Krypta führt, stellt in vier Monumentalfiguren die Tugenden dar, die das deut-

Bruno Schmitz, „Völkerschlachtdenkmal“, 2. Entwurf 1898

sche Volk bei den Befreiungskriegen bewies: Volkskraft, Glaubensstärke, Tapferkeit und Opferbereitschaft. Die Reliefs von 324 Reiterfiguren in der Kuppel symbolisieren den Siegeszug der heimkehrenden Krieger, die Barbarossaköpfe an den Stützmauern die Größe des mittelalterlichen Kaiserreiches.
Das Denkmal, mit 91 m Höhe das bis dahin größte in Europa, war schon bei seiner Einweihung umstritten. Das schwere, drückende Gebäude in seiner Verbindung von Wehr- und Sepulkralbau wirkt ernst und düster, ja pessimistisch. Von einer Freude über den Sieg – wie etwa bei der Befreiungshalle – ist wenig zu spüren. Wahrscheinlich hat die aktuelle politische Lage, das Gefühl der militärischen Bedrohung und die Bereitschaft zu einem neuen Krieg, stärker gewirkt als die Erinnerung an das historische Ereignis.

Literatur HANS UND ORTRUN HARTMANN: Völkerschlachtdenkmal Leipzig, Leipzig 1972.

H. B.

Tannenbergdenkmäler

Kaum ein anderes Ereignis hat so unterschiedliche Erinnerungstraditionen ausgebildet wie die Schlacht bei Tannenberg (poln. Bezeichnung Schlacht von Grunwald). Am 15. Juli 1410 erlitt der Deutsche Orden auf dem Höhe-

Tannenbergdenkmal – Postkarte von 1930 (Privatbesitz)

punkt seiner Macht eine verheerende Niederlage im Kampf um die Vorherrschaft im Ostseeraum. Die 1386 gegründete polnisch-litauische Union siegte und unterstrich ihren Anspruch auf den Rang einer Großmacht. Es war kein nationaler oder ethischer Konflikt; diese Qualität erhielt die Schlacht erst in der 2. Hälfte des 19. Jh.s. – Im preußischen historischen Bewusstsein begann die eigene Traditionslinie mit 1525, also mit der Einführung der Reformation und dem Ende des als rückständig bewerteten Ordensstaates. Der große Propagandist einer nationalistischen Deutung war der Historiker Heinrich von Treitschke (*Das deutsche Ordensland Preußen*, 1861). Der Orden war für ihn deutsche Vorhut im Osten, die Ritter eine Verkörperung „deutschen Wesens“: Aggressivität und bedingungslose Treue, und Tannenberg eine nationale Katastrophe. Im historischen Bewusstsein der Polen hatte die Schlacht zunächst eine weit größere Bedeutung als bei den Deutschen. Jahrhundertelang fanden am Tag der Schlacht in vielen Kirchen Polens Dankgottesdienste statt. Spiegelbildlich zur nationalistischen Deutung in Deutschland entwickelte sich auch eine solche in Polen. Am wirkungsvollsten in diesem Sinne war der Schriftsteller Henryk Sienkiewicz. Für ihn war an dem Tag von Grunwald der deutsche Drang nach Osten an der polnischen Macht zerbrochen. Sein Roman *Die Kreuzritter* (1900) erlebte unzählige Auflagen, wurde in Polen als erstes Buch nach 1945 wieder gedruckt und 1960 verfilmt; es war schulische Pflichtlektüre.
1901 wurde in Tannenberg ein erstes, bescheidenes Denkmal errichtet. Es erinnerte – ganz im Sinne nationalistischer Geschichtsdeutung – an den in der Schlacht für „deutsches Wesen“ und „deutsches Recht“ gefallenen Hochmeister Ulrich von Jungingen (so die Inschrift).
In den Masuren östlich von Tannenberg besiegte gleich zu Beginn des Ersten Weltkrieges die 8. Armee unter dem Oberbefehl Paul von Hindenburgs in einer Umfassungsschlacht die russische Narev-Armee. Diese militärischen Operationen wurden propagandistisch als „Revanche“ für 1410 gefeiert, als „zweite Schlacht bei Tannenberg“, obwohl das Kampfgebiet so großräumig war, dass zwanzig andere Orte ebenfalls ihren Namen hätten geben können. Tannenberg war nun auch in Deutschland endgültig ein Mythos. Dazu gesellte sich der Personenkult um Hindenburg als „Retter von Ostpreußen“ und des Reiches.
Das verlangte nach einem Denkmal. Betrieben wurde der Bau von militärischen und rechten Kreisen; die Finanzierung war privat. So entstand 1926/27 bei Hohenberg im südlichen Ostpreußen das Tannenbergmonument – das größte deutsche Denkmal des 20. Jh.s – nach Entwürfen der Ar-

chitekten Walter und Johannes Krüger. Das Oktogon von 100 Metern Durchmesser mit acht über 20 Meter hohen, quadratischen Ecktürmen sollte in seiner Wehrhaftigkeit an Friedrichs II. Castel del Monte in Apulien oder an die Silhouette einer mittelalterlichen Stadt erinnern und den Gedanken an die Reichskrone assoziieren. Es war der Ort nationalen Totenkults für den Unbekannten Soldaten und Symbol für den Willen, den deutschen Osten zu verteidigen. Das „Nationaldenkmal“ wurde am 18. Sept. 1927 im Beisein Hindenburgs, der nunmehr Reichspräsident war, eingeweiht.

Gegen seinen ausdrücklichen Willen wurde Hindenburg hier am 7. August 1934 beigesetzt; die Idee kam von Goebbels. Gebaut wurde nun eine eigene Totengruft für Hindenburg, das stehende christliche Kupferkreuz tauschte man gegen ein in den Boden des zentralen Hofes eingelassenes Eisernes Kreuz (von Friedrich Schinkel 1803 als Militärorden in Anlehnung an das Kreuz des Deutschen Ordens entworfen). In diesem „Reichsehrenmal“ und „Heiligtum der Nation“ veranstaltete die nationalsozialistische Führung jeweils an Hindenburgs Geburtstag, dem 2. Oktober, den Tag von Tannenberg, der Hitler Gelegenheit bot, sich in die Traditionslinie des „Erretters“ zu stellen. Mit monströsem Pomp wurde 1935 Hindenburgs Leichnam in die Totengruft umgebettet.

Am Ende des Zweiten Weltkrieges sprengten deutsche Pioniere das Tannenbergdenkmal; die Reste dienten als Steinbruch für den Wiederaufbau Warschaus und das sowjetische Ehrenmal in Allenstein. Die Sarkophage Hindenburgs und seiner Gattin kamen über die Potsdamer Garnisonkirche in die Elisabethkirche nach Marburg.

Seit 1945 war Grunwald ein fester Bestandteil in der polnischen Erinnerungspolitik, der Ort von Feiern für den Sieg über Deutschland. 1960 wurde ein neues monumentales Denkmal eingeweiht – im Beisein hochrangiger Vertreter aller Staaten des Warschauer Paktes. In einem zentralen Amphitheater stellt ein Modell die Schlacht von 1410 nach. Am 15. Juli 1990 fand hier nochmals eine große Grunwald-Gedenkfeier statt. Seither schwächt sich diese Tradition ab, und am Ort der Schlacht von 1410 treffen sich nunmehr Menschen aus ganz Europa, die jenseits aller Nationalismen in historischen Rüstungen die spätmittelalterliche Schlacht imitieren. Ein Mythos, der nicht mehr trennt, sondern verbindet?

S. M.

Kyffhäuser – romantisches Nationaldenkmal

Der Kyffhäuser ist ein kleines waldreiches Mittelgebirge, südlich des Unterharzes gelegen und von diesem durch das weit ausladende, fruchtbare Tal der Goldenen Aue getrennt. Seit ottonischer Zeit gab es hier umfangreiches Königsgut, das u.a. von der Pfalz Tilleda aus verwaltet wurde. Oberhalb der Pfalz und zu deren Schutz entstand auf dem nordöstlichen Bergrücken des Kyffhäusers um 1100 eine Reichsburg, die in der Zeit Friedrich Barbarossas (1152–1190) mächtig ausgebaut wurde, schließlich den gesamten Bergrücken einnahm und mit 608 m Länge und ca. 60 m Breite eine der größten europäischen Burgen des Hochmittelalters war. Als sie im 15./16. Jh. zunehmend verfiel, hatte sich mit dem Kyffhäuser längst eine Sage verbunden, die nicht, wie so oft, nur lokale Verbreitung fand. Demnach schläft auf einen Thron sitzend im Inneren des Berges Kaiser Friedrich. Alle hundert Jahre erwacht er und schickt einen Knaben oder Zwerg hinaus, der nachsehen soll, ob die Raben noch den Berg umkreisen. Tun sie das, so schläft er weiter, und über die Jahrhunderte ist sein Bart durch den vor ihm stehenden Marmortisch gewachsen. Dereinst aber wird er aufstehen und die Macht des Reiches wieder errichten. Eine Neubelebung erfuhr die Sage im Geist der Romantik zu Beginn des 19. Jh.s. Gruppen von Studenten wanderten zur Burgruine und deuteten die Kyffhäusersage gemäß ihren politischen Idealen: Freiheit und Nationalstaat. Der Kaiser war nun eindeutig Friedrich Barbarossa, der ja mit der Lokalgeschichte verbunden war, während ursprünglich wohl sein Enkel, Friedrich II., gemeint war. Die Sage kannte bald jedes Kind, und Generationen von Schülern haben das Gedicht von Friedrich Rückert über den schlafenden Kaiser Rotbart (1817) auswendig gelernt.

Im März 1888 starb Kaiser Wilhelm I. – der Reichsgründer von 1871. Noch im gleichen Jahr unterbreitete der Deutsche Kriegerbund den Vorschlag, ein Denkmal zu errichten, und zwar auf dem Kyffhäuser. Als denkmalwürdig galt Wilhelm I. ohnehin; es bedurfte nur einer Begründung für die Ortswahl: „Kaiser Weißbart“, so hieß es, habe die Sage von Kaiser Rotbart erfüllt: der Hohenzoller als Reinkarnation des Hohenstaufers. Im Bereich der einstigen Oberburg wurde von 1891 bis 1897 an dem gewaltigen Nationaldenkmal gebaut, zeitweise waren 400 Arbeiter beschäftigt. Obwohl noch nicht ganz fertig, wurde es am 18. Juni 1896 eingeweiht. Kaiser Wilhelm II., der Enkel, war zugegen, zahlreiche Bundesfürsten nahmen teil, 20 000 Soldaten und Veteranen. Das Denkmal wurde fortan zum Bezugspunkt natio-

Kyffhäuser-Denkmal, © dpa-Report

naler Feiern vor allem der deutschen Kriegerverbände, in deren Eigentum es überging. Am 1. Januar 1900 wurde eine Dachorganisation gegründet, die bezeichnenderweise den Namen „Kyffhäuser-Bund der deutschen Landeskriegerverbände" trug.
Der Entwurf stammte von dem Berliner Architekten Bruno Schmitz. Das Denkmal hat mit 131 m Länge, 96 m Breite und 81 m Höhe monumentale Ausmaße. Als Material diente Sandstein vom Kyffhäuser. Zentrales Architekturelement ist der Turm; Er ist, gemessen von der Mittelterrasse, 57 m hoch und schließt mit einer 6,6 m aufragenden Kaiserkrone ab. Vor der Nische im Turm steht das gewaltige Reiterstandbild Wilhelms I. (fast 10 m hoch, bestehend aus 17,1 t Kupfer und Eisen). Unterhalb des Reiterstandbildes im Sockelbereich zwischen unterer und mittlerer Terrasse findet sich eine Barbarossafigur von 6,5 m Höhe. Sie zeigt den Kaiser Rotbart im Moment des Erwachens und stellt den Bezug zu Wilhelm I. und der Reichsgründung her. Auf das Mittelalter nehmen auch die romanisch stilisierten Formen Bezug.
Man wollte ein in die Natur eingebettetes Denkmal – ein Typ, der in anderen Ländern so gut wie unbekannt ist. Italiener und Franzosen beispielsweise stellen ihre Denkmäler in die Stadt, schließlich sollen sie ja von möglichst vielen Menschen gesehen werden. Der deutsche – romantische – Denkmaltyp dagegen steht abseits der Zivilisation, man muss sich zu ihm auf den Weg machen wie zu einem Kultplatz oder Wallfahrtsort. Romantische Naturauffassung spiegelt sich in der Anordnung des Reiterstandbildes. Der Kaiser blickt in die Landschaft und reitet gewissermaßen in diese hinein. Ihm gegenüber ist kein fester Punkt (wie es in der Stadt der Fall wäre), sondern das Ferne, das Unendliche, das Transzendente. Mit

dem romantischen Motiv der mittelalterlichen Sage verdichtet sich die Botschaft des Denkmals: Die Reichsgründung ist die Erfüllung der nationalen Geschichte. Es ist ein monarchisches Monument: Denn der Monarch ist es, der das Reich geeint hat und es erhält. Die Monumentalität steht für die Größe, die Unerschütterlichkeit, die Ewigkeitsdauer. Das Denkmal war zudem für den Aufmarsch von Massen zu Treuekundgebungen konzipiert: Auf den Terrassen war Platz für 15 000 Menschen. Die Botschaft hieß: Monarchie, Größe des Reiches und nationale Solidarität der Massen.

Literatur WINFRIED NERDINGER, Vom Klassizismus zum Imperialismus, München 1980, 177–180.

S. M.

Schuld und Verantwortung

Verwirrung und Verweigerung – der Fall Nolde

So viel ist sicher: Er begrüßte anfangs die nationalsozialistische Erhebung, er hatte nordisch-völkische und mitunter sogar antisemitische Töne im Repertoire, indem er beispielsweise gegen die „süße Sünde der Rassenmischung“ eiferte, er verachtete neben Kritik und Buchwissen auch die demokratische Staatsform und er war 1933 (als dänischer Staatsbürger) sogar Mitglied der dänischen Sektion der NS-Partei geworden. Dem Volk die Augen für die Kunst zu öffnen, war ihm besonderes Anliegen, dem deutschen Maler, der Jahrhunderte nach der Dürerzeit eine zweite germanische Renaissance einleiten wollte: „... möchte ich so gerne, dass Mut und Kraft und Können im Künstlerischen zu gleicher Geltung kommen wie im Politischen.“ (Nolde in einem Brief an seinen Schweizer Freund Hans Fehr, zit. nach „Der Spiegel“ 49/1998, S. 276.) Und es hätte nicht viel gefehlt und er, der zielstrebige Karriereplaner, wäre von Goebbels zum Prototyp des „nordischen“ Künstlers stilisiert worden, hätte nicht die „Kampfbund“-Seite vehement protestiert.

Dennoch standen die aus den Museen konfiszierten über 1000 Werke des norddeutschen Expressionisten Emil Nolde (1867–1956) im Mittelpunkt der Ausstellung „Entartete Kunst“, die 1937 von München aus durch deutsche und österreichische Städte ihren Weg nahm. Er sah sich als Opfer des nationalsozialistischen Kunstbetriebs, erkannte wohl auch zum Teil seine Weltfremdheit und politische Naivität und er zuckte spürbar zusammen – so seine Frau Ada – als am 23.August 1941 ein Schreiben von hochoffizieller Seite eintraf: Ziegler, Präsident der Reichskammer der bildenden Künste in Berlin, teilte Nolde mit, er sei „wegen mangelnder Zuverlässigkeit“ aus der Reichskunstkammer ausgeschlossen, und nicht nur dies, er untersage ihm „mit sofortiger Wirkung jede berufliche – auch nebenberufliche – Betätigung auf den Gebieten der bildenden Künste“. Nolde begriff in den nächsten Minuten, dass dies vor allem eines bedeutete – Malverbot. Verweigerung, Auflehnung, Enttäuschung – all dies lässt sich in Noldes Reaktion auf diesen Erlass erkennen. „Zwölftausend Impotente, mit aller erdenklichen Gunst und allen Mitteln bedacht“, so Nolde einige Tage später auf einem jener kleinen Zettel, die er stets bei sich trug, auf die er seine Gedanken notierte und die aneinandergereiht so etwas wie ein Tagebuch ergeben, „sind losgelassen, um wenige Schaffende zu erdrosseln“. Seine nun entstehenden berühmten *„Ungemalten Bilder“*, mit denen er dem Malverbot trotzte und seine Verfolger verachtete, erscheinen heute als Zusammenfassung und Krönung seines Werkes, ein genialischer Bilderkreis, gemalt in einem sehr abgelegenen Winkel seines einsamen Seebüller Atelierhauses in der Nähe der dänischen Grenze. Es sind viele hundert kleinformatige Aquarelle, figürliche Themen überwiegend, aber auch Landschaften, kaum größer als eine Handfläche und somit leicht zu verstecken, denn die Gestapo kontrollierte das verhängte Verbot; auch das Malen mit Ölfarben war für ihn tabu, der Geruch der Farbe hätte ihn verraten können. Wenn man die leuchtenden, positiven Farben bedenkt und die außergewöhnliche Produktivität Emil Noldes in diesen dunklen Jahren der ständigen Bedrohung würdigt, stellen seine *„Ungemalten Bilder“* vor allem eine Sache unter Beweis – den Widerstand gegen eine mörderische und stilistisch verengte Diktatur und die Verantwortung des Künstlers für die Freiheit seiner Kunst.

Literatur Martin Urban, Noldes Ungemalte Bilder, in: Ungemalte Bilder 1938–1945, Stiftung Seebüll Ada und Emil Nolde, Seebüll 1985, 5–8; Konrad Dussel, Der NS-Staat und die „deutsche Kunst“, in: Karl-Dietrich Bracher u.a. (Hgg.), Deutschland 1933–1945. Neue Studien zur nationalsozialistischen Herrschaft, Bonn 1993, 256–272; Jürgen Hohmeyer, Sturmböen im Müllsack, in: Der Spiegel 49/1998, 276–278.

R. M.

Verbrennungsöfen für Auschwitz

Immer wieder neu wird die Frage gestellt: Wie konnte es zu dem grauenhaften Geschehen kommen, das verharmlosend „Endlösung" genannt wurde? Wie konnten Menschen sich dafür hergeben, was ging in denen vor, die sich politisch und auch praktisch damit beschäftigten? Dabei ist bis heute wenig ins Blickfeld geraten, wie das unvorstellbare Grauen technisch möglich gemacht wurde. Es mag zynisch klingen, aber der Massenmord hatte auch seine „handwerkliche" Seite, und diese funktionierte so reibungslos, dass es den heutigen Betrachter sprachlos werden lässt.

Die Firma Topf & Söhne – Techniker der Endlösung

Den „Technikern der Endlösung" hat das Jüdische Museum in Berlin eine Sonderausstellung gewidmet, die von der Banalität des Tötens handelt, von deutschem Erfindergeist und handwerklichem Können, die den Massenmord zu einem mühelosen Unternehmen werden ließen. Das Ganze war offenbar so normal wie jedes andere Geschäft, und man gab sich redlich Mühe, die SS-Auftraggeber zufriedenzustellen. Für die Beteiligten war es so etwas wie ihr Berufsalltag.

Die Rede ist von der Erfurter Firma Topf & Söhne, einem ehrbaren Unternehmen, das ursprünglich spezialisiert war auf den Bau von Mälzereien und Dampfkesselanlagen. Im Dritten Reich eröffnete sich ein neuer gewinnbringender Geschäftszweig. 1939 begannen die Geschäftsbeziehungen zur SS mit der Lieferung eines fahrbaren Einäscherungsofens für Buchenwald, da die Zahl der Toten durch eine Ruhrepidemie sprunghaft angestiegen war. Von da an baute das Unternehmen Öfen für die Krematorien der KZ und machte sich einen Namen mit Belüftungsanlagen für die Gaskammern, die das Zyklon B nach der Ermordung der Menschen rasch abziehen ließen. Auf diese Weise konnte der Betrieb der Anlagen beschleunigt und die Tötungsmaschinerie unverzüglich wieder in Gang gesetzt werden.

Damit die Anlagen reibungslos funktionierten, wurden sie von Monteuren der Firma Topf & Söhne eingebaut und über Monate getestet. Man überprüfte die Abläufe und untersuchte die Kapazitäten. Dazu hielten sich Mitarbeiter in den Vernichtungslagern auf und verfolgten in „Probeläufen" den kompletten Verbrennungsvorgang. Wirklich gestört hat das offenbar niemand, wenn „unwertes Leben" vernichtet wurde. Auch in der Firmenzentrale wussten Ingenieure und Techniker, womit man in den „Gaskellern" sein Geld verdiente. Pläne und Dokumente jedenfalls, die im Archiv

der Firma gefunden wurden, belegen eindeutig, dass es um die Durchführung von Massenmord nach den Vorgaben der SS ging.
Die Mitarbeiter des Unternehmens versuchten sogar von sich aus die Effizienz der gelieferten Öfen stetig zu steigern. Dies stellten sie in einer Werbebroschüre besonders heraus, in der Krematoriumsöfen angepriesen wurden, die im Prinzip wie Anlagen zur Abfallverbrennung funktionierten. Ein grausiger Gedanke und offenbar eine willkommene Geschäftsidee. Doch als sich der Firmenchef Ludwig Topf nach Kriegsende das Leben nahm, schrieb er in einem Abschiedsbrief: „Ich war stets anständig, das Gegenteil von einem Nazi."
Das Grauen organisierte die Firma Topf & Söhne mit einer solchen Selbstverständlichkeit, dass sie während der NS-Zeit nicht einmal versuchte zu verschleiern, was sie tat. Ihre Öfen standen neben Auschwitz auch in Buchenwald, Dachau, Mauthausen und Gusen. Erst nach 1945 wollte man sich nicht mehr erinnern; Ludwig Topf meinte, man habe doch nur versucht, durch ordnungsgemäße Verbrennung der Toten Seuchenherde und damit Schlimmeres zu verhindern.
Mit welch schrecklicher Konsequenz und Pflichterfüllung die Firma Topf & Söhne dem NS-Regime verbunden war, wurde im Januar 1945 auf schaurige Art dokumentiert. Das Ende des Dritten Reiches nahte, und die russische Armee rückte unaufhaltsam vor. In dieser Situation bauten Techniker des Unternehmens das Gebläse einer Gaskammer in Auschwitz ab, um es nach Mauthausen zu bringen, wo die Vernichtung der Menschen fortgesetzt werden sollte.
Heute steht das Verwaltungsgebäude der Firma in Erfurt unter Denkmalschutz, kein leichtes Erbe für die Stadt, die sich ihrer Geschichte stellen muss.

Literatur Techniker der Endlösung, Jüdisches Museum, Berlin 2005.

W. W.

Kann Deutschland wieder Heimat sein? – Deutsch-jüdische Geschichte nach 1945

Der israelische Schriftsteller Amos Oz, 1939 in Jerusalem geboren, war sich als Grundschüler der vierten Klasse sicher, dass er nie nach Deutschland reisen wolle, Deutschland vielmehr hassenswert und mit einem ewigen Bann zu versehen sei; als etwas später ein älterer Junge desselben Stadtviertels, der in Zwickau geboren war, bekannte, dass er sich oft nach Zwickau als seiner Heimat sehne und vielleicht dorthin zurückkehren wolle, war für Oz und weitere Freunde die Reaktion darauf spontan klar: Sie verprügelten ihn fürchterlich. Und auf die Frage, ob man den Deutschen je vergeben könne, antwortete seine Mutter: „Wenn sie sich selbst nicht vergeben, dann werden wir ihnen vielleicht irgendwann vergeben. Aber wenn sie sich selbst vergeben, dann werden wir ihnen nicht vergeben."

Mittlerweile pflegt Amos Oz freundschaftliche Beziehungen zu deutschen Autoren, ist nach eigener Schätzung mindestens 15-mal in Deutschland gewesen, und vielleicht lebt sein Nachbarsjunge von einst inzwischen wieder in Zwickau. Was ist geschehen? Haben die Deutschen aus jüdischer Sicht sich also nicht vergeben, sondern zeigen glaubwürdig eine historische Verantwortung für das Geschehene? Ist Deutschland aus jüdischer Sicht wieder eine mögliche Heimat geworden und nicht mehr das Land der Meister des Todes, wie Paul Celan schrieb, in dem „die Sprache unserer Mörder" gesprochen wird?

Manches deutet darauf hin. Im Februar 2005 wurde Oberleutnant Michael Berger vom Zentralrat der Juden in Deutschland zum Ansprechpartner für die Anliegen jüdischer Soldaten in der Bundeswehr ernannt, die bislang zwar nur „eine Handvoll" ausmachten, aber in Zukunft eine größere Gruppe bilden könnten. Michael Berger sieht in der Entscheidung junger deutscher Juden, den Wehrdienst zu leisten, ein „Signal" dafür, dass Juden für sich in Deutschland eine Zukunft sehen, und er kann den Schritt zur Bundeswehr offenen Herzens empfehlen: „Ich persönlich habe zu 99 Prozent gute Erfahrungen gemacht." (Jüdische Allgemeine 33/2005, S. 7) Ebenso scheint die Fürsorge für den Erhalt jüdischer Kulturdenkmäler gewachsen zu sein, etwa in der grundsätzlichen, parteiübergreifenden Bereitschaft politischer Repräsentanten, den Erhalt des größten jüdischen Friedhofs Berlin-Weißensee zu unterstützen, auf dem 115 000 Menschen begraben liegen und sich u. a. auch eine Beisetzungsstätte für etwa 90 Torarollen befindet, die in der Pogromnacht 1938 geschändet wurden. Der Friedhof könnte als erste jüdische Erinnerungsstätte auf die deutsche Vorschlagsliste für die Anerkennung als Weltkulturerbe kommen. (Jüdische Allgemeine 35/2005, S. 17) Statistisch gesehen wachsen auch die jüdischen Gemeinden in Deutschland wieder, wobei ein näherer Blick die begleitende Melancholie dieser geschichtlichen Entwicklung offenbart, wie man am Beispiel Nürnbergs leicht sehen kann: Dort erhielt 1850 der Großhändler Josef Kron als erster Jude nach ihrer Vertreibung aus der Stadt im 15. Jh. wieder das Niederlassungsrecht; zwei Jahre später wurde im Zeichen der rechtlichen Emanzipation die Israelitische Kultusgemeinde von Nürnberg gegründet – die Gemeinde entwickelte sich dabei wie folgt:

1852:	87 Mitglieder	1952:	182 Mitglieder
1862:	1254 Mitglieder	1961:	217 Mitglieder
1871:	1831 Mitglieder	1995:	460 Mitglieder
1880:	3032 Mitglieder	1998:	700 Mitglieder
1900:	5956 Mitglieder		
1910:	7815 Mitglieder		
1932:	9500 Mitglieder		

(Zahlen aus: Hermann Rusam: Die Geschichte der jüdischen Gemeinde Nürnbergs ab 1850, Hersbruck 1998, 56–62.)

Die Gemeinde wächst also seit 1952 wieder, sie umfasst aber nun, nach rund 60-jähriger Nachkriegsgeschichte, beileibe noch nicht einmal die Größe, die sie bereits 1862 hatte.

Der Nationalsozialismus bzw. der Holocaust gehören so zu den beiden prägenden Faktoren jüdischen Lebens in Deutschland nach 1945, den zweiten bilden die Gründung des Staates Israel sowie die Aufnahme diplomatischer Beziehungen zwischen der Bundesrepublik Deutschland und Israel. Henryk M. Broder hat die Bedeutung des Staates Israel für viele in Deutschland lebende Juden einmal mit der Metapher des „Rettungsbootes" umschrieben, das Israel für zahlreiche Juden in der Diaspora darstelle: „Solange es Israel gibt, können die Juden bleiben, wo sie sind, weil sie wissen, dass sie im Notfall nach Israel gehen können." In Deutschland leben zu wollen oder nicht: die Antwort auf diese Frage hängt in der Folge für viele Juden auch davon ab, wie sich das Land gegenüber Israel verhält, ob es grundsätzlich zum Erhalt des „Rettungsbootes" beiträgt. Ein für sich genommenes Vertrauen in das Land Deutschland darf noch immer nicht als vorbehaltlos angesehen werden. Der Grund dafür liegt wiederum in der geschichtlichen Verantwortung Deutschlands für den Holocaust, der das jüdische Volk so sehr geschwächt, es „amputiert" „und an einen Rollstuhl gefesselt" hat, wie Amos Oz es beschrieb. Die Auswirkungen des Nationalsozialismus auf die nichtjüdischen Deutschen einerseits und die europäischen Juden andererseits sehen viele Juden wie Amos Oz als gänzlich verschieden an, und „sollte ein Moment kommen, in dem der Staat Israel, behüte, durch einen gegen ihn gerichteten Krieg in seiner Existenz bedroht ist – dann müßte Deutschland sich daran erinnern, daß das jüdische Volk, wäre Deutschland nicht gewesen, heute größer wäre, als es ist, und besser befähigt, seine Existenz zu verteidigen". So mag es zwar zunächst paradox erscheinen, aber für eine politische Bewertung des Nachkriegsdeutschlands (als möglichem Lebensort) sind aus jüdischer Sicht nicht nur die Errichtung einer demokratischen und toleranten Bundesrepublik wichtig geworden, sondern auch die Proklamation des Staates Israel durch den jüdischen Volksrat unter Führung David Ben Gurions am 14. Mai 1948 sowie die Haltung Deutschlands gegenüber Israel im Abkommen zwischen beiden Ländern vom 10. September 1952 und die Aufnahme diplomatischer Beziehungen am 13. Mai 1965. Die Proklamation Israels erwähnte ausdrücklich, dass das Land „für die jüdische Einwanderung und die Sammlung der zerstreuten Volksglieder geöffnet" sein werde und begründete damit sozusagen das Rettungsboot; das Abkommen von 1952 wiederum wurde explizit in der Absicht geschlossen, unter anderem Israel die Mittel für die Eingliederung derjenigen, die vor der Verfolgung durch die Nationalsozialisten geflohen waren, zu verschaffen. Dass Rolf Pauls schließlich, der erste deutsche Botschafter in Tel Aviv, sich in den Augen vieler schnell als ein wahrer Freund Israels erwies, war die beste Werbung für sein eigenes Land, das nun z. B. Amos Oz allmählich zu bereisen innerlich bereit war.

Dennoch ging wohl allen Reisen in das Nachkriegsdeutschland lange ein enormes Ringen mit der Erinnerung und Angst voraus. Das gilt vor allem für die wenigen Überlebenden, die in dem Land ganz oder teilweise aufgewachsen waren und nun erwogen, dorthin zurückzukehren. Der am 19. Juli 1950 in Frankfurt gegründete „Zentralrat der Juden in Deutschland" repräsentierte noch etwa 20000 Juden und sah seine Hauptaufgabe zunächst darin, eine jüdische Interessensvertretung bis zur und für die endgültige Ausreise aus dem Land zu sein. Mit dieser Aufgabe befasste sich von 1945 an bereits das in der amerikanischen Zone gegründete „Zentralkomitee der befreiten Juden". Es vertrat KZ-Überlebende sowie osteuropäische Flüchtlinge, die beide verwaltungstechnisch als „displaced persons" galten, woran so viel richtig war, dass sie auf keinen Fall in Deutschland bleiben wollten: Bis 1950 konnten etwa 200 000 ausreisen, zumeist nach Palästina/Israel oder in die USA. Remigranten gab es nur wenige, und diese haderten wie z. B. die Autorin Grete Weil, die nach der Ermordung ihres Mannes einen gemeinsamen Jugendfreund heiratete, mit dem Zweifel, ob die Rückkehr nach Deutschland nicht ein Verrat an den Toten sei. Die gemeinsame deutsch-jüdische Nachkriegsgeschichte ist daher alles andere als selbstverständlich, sondern zunächst eher Zufall, wie Richard Chaim Schneider festhielt; es waren rein persönliche Motive, das „portative Vaterland" der Literatur wie bei Marcel Reich-Ranicki oder in Osteuropa die Ablehnung des Kommunismus, die wenige (wieder) hierzulande leben ließen. Ein Gefühl von bundesrepublikanischer Zugehörigkeit oder gar Heimat konnte hier auch für die Kinder der Überlebenden sehr lange kaum entstehen und ist auch jetzt noch durch immer wiederkehrende antisemitische Vorfälle gefährdet. Offiziell gibt es seit dem 27. Januar 2003 einen „Staatsvertrag" zwischen der Bundesregierung und dem „Zentralrat der Juden in Deutschland", in dem mit den heute 87 jüdischen Gemeinden eine „kontinuierliche und partnerschaftliche Zusammenarbeit", vor allem aber die Unterstützung für den „Aufbau einer jüdischen Gemeinschaft" durch den Staat vereinbart wurde. Der damalige Zentralratsvorsitzende Paul Spiegel sah in dem Vertrag einen Vertrauensbeweis der in Deutschland lebenden Juden in die (heutige) Gesellschaft und Demokratie. Und doch sehen andererseits manche Skeptiker wie der Historiker Julius H. Schoeps in der Gegenwart nun sogar das „Ende" der deutsch-jüdischen Geschichte und „etwas Neues" gekommen (SZ vom 5.11.2005); denn von den heute über 100 000 Bürgern, die der „Zentralrat" repräsentiert, sind etwa 80 000 Immigranten aus dem Machtgebiet der früheren Sowjetunion. Immerhin erscheint Deutschland aus jüdischer Sicht heute aber als ein Land, in das man reisen und in dem man mit vorsichtigem Optimismus leben wollen kann. Sollte auch darin das Neue liegen, von dem Schoeps spricht, wäre die bisherige deutsch-jüdische Nachkriegsgeschichte ein Erfolg.

Literatur Amos Oz, Israel und Deutschland, Frankfurt 2005; Henryk M. Broder, Der ewige Antisemit, Berlin 2005; Richard Chaim Schneider, Wir sind da! Die Geschichte der Juden in Deutschland von 1945 bis heute, München 2000; www.zentralratdjuden.de

R. T.

Flucht, Vertreibung, Integration – Fremde im eigenen Land

Über die Folgen des Potsdamer Abkommens, die sich aus der Formulierung „der Ausweisung von Deutschen aus Polen, der Tschechoslowakei und Ungarn“ ergaben, ist seit dem Ende des Krieges oft und ausführlich geschrieben und gesprochen worden. Es sollte eine „geregelte Überführung der deutschen Bevölkerung“ werden, die auf „menschliche Weise“ erfolgen sollte, doch es wurde ein brutaler Akt der Vertreibung. Weit weniger öffentliches Echo fand die oft schwierige Integration dieser Menschen in ihrer neuen Heimat. Viele von ihnen empfanden sich als ungeliebte Fremde im eigenen Land, die oft lediglich geduldet, als „Polen“ beschimpft und schikaniert wurden. Selbst wenn einzelne Gemeinden diesen Menschen ohne Vorurteile gegenübertraten, war die Ablehnung angesichts eigener Notlage doch groß.
Beispielsweise war sich auch die bayerische Regierung dieser Problematik bewusst. Ministerpräsident Dr. Hoegner richtete daher einen dringenden Appell an die Bürger seines Landes, in dem er um Unterstützung für die Flüchtlinge und Ausgewiesenen warb:

> „(...) Die Bevölkerung ist über die Not der Flüchtlinge auf alle mögliche Weise durch Vorträge, Radio und Presse aufzuklären. Insbesondere ist auch die Geistlichkeit zu ersuchen, die Bevölkerung auf ihre Christenpflicht gegenüber den Flüchtlingen nachdrücklich aufmerksam zu machen..“
>
> (Dokument Nr. 10; München 23.09.1946; Archiv der Stiftung Kulturwerk Schlesien)

Integrationsversuche und ihre Wirkung

Die staatlichen Maßnahmen zur Integration gestalteten sich schwierig, da es an Wohnraum fehlte und die Zuteilung der Flüchtlinge oft willkürlich erschien. In einzelnen Gemeinden mussten gerade Personen, die durch ihre Nähe zum Nationalsozialismus als vorbelastet galten, nach einer Liste der Alliierten vorrangig Vertriebene aufnehmen. Fruchtbar waren in der Folgezeit die staatlichen Versuche, möglichst eng mit der Industrie zusammenzuarbeiten, um so die Betroffenen rasch in den Arbeitsprozess zu integrieren und von staatlichen Hilfeleistungen unabhängig zu machen. Doch auch hier blieben die Möglichkeiten zunächst begrenzt:

> „(...) In letzter Zeit häufen sich immer mehr Ansuchen der Industrie für ihre Betriebe Flüchtlinge bzw. ganze Flüchtlingsfamilien zu beschäftigen. Der Arbeitseinsatz stößt beinahe überall auf große Schwierigkeiten, da nach Meldungen der Industrie meist keinerlei Unterbringungsmöglichkeiten vorhanden sind."
> (Dokument Nr. 9 Bayerisches Staatsministerium des Inneren, Staatskommissar für das Flüchtlingswesen, München 27.08.1946; Archiv der Stiftung Kulturwerk Schlesien)

Sich mit Gelegenheitsarbeiten etwas zu verdienen oder bei der Ernte zu helfen, war in vielen Fällen die einzige Möglichkeit vor allem auf dem Land, so dass die Vertriebenen auf die Hilfe der Bevölkerung angewiesen blieben. Der Mangel an Lehrern, allein in Bayern waren auf Grund der Entnazifizierungsverfahren etwa 10 000 entlassen worden, bot dagegen für die 12 500 Lehrer unter den knapp zwei Millionen Flüchtlingen in Bayern eine gute Chance auf eine Arbeitsstelle, mit der man eine Familie ernähren konnte. Verständlich, dass dies den Neid der Entnazifizierten hervorrief und nicht immer die Integration der Neubürger förderte. Auch die ab dem 14.August 1952 einsetzenden Zahlungen nach dem Lastenausgleichsgesetz wurden von der einheimischen Bevölkerung vielfach kritisiert, weil man nicht verstehen wollte, weshalb gerade die Schlesier, Pommern und Ostpreußen vom Aufschwung profitieren sollten.

Menschen auf der Suche nach einer neuen Heimat

Als mit der Konferenz von Potsdam im August 1945 die willkürlichen Vertreibungen faktisch legalisiert wurden, irrten bereits Tausende von Flüchtlingen aus den Ostgebieten unregistriert durch die Besatzungszonen. Mit Hilfe der Alliierten wurde die Vertreibung nun in großem Umfang organisiert, wobei Schleswig-Holstein, Niedersachsen und Bayern als Hauptaufnahmegebiete der schlesischen Heimatvertriebenen bestimmt wurden, da hier die kriegsbedingten Schäden geringer waren als in anderen Landesteilen. Am Beispiel des Schicksals von zwei Schlesierinnen soll veranschaulicht werden, was die Ankunft in der neuen Heimat, die man sich nicht aussuchen durfte, bedeutete.

> **Wally H. erzählt über ihre Flucht und Ankunft in der neuen Heimat**
> „Im Januar 1945 kam die Nachricht, dass die Sowjetarmee die Grenzen Schlesiens erreicht hatte, und wir verließen panikartig unser Dorf. Mit dem Nötigsten, das wir in Rucksäcken mitschleppten, schafften wir es nach langem Fußmarsch zu einem der völlig überfüllten Züge. Doch auf dem Weg nach Österreich wurden wir von tschechischen Jugendbanden überfallen, die uns auf offner Strecke

anhielten und restlos ausraubten. In Österreich wurden wir in ein Getreidesilo einquartiert, wo es weder Heizung noch genügend zu essen gab. Die Bewohner kümmerten sich so gut wie nicht um uns, und unter den Kindern brachen bald die Masern aus. Täglich fragten wir uns, wie lange wir hier noch aushalten müssen, denn die sanitären Zustände waren kaum zu ertragen. Ende Oktober endlich wurden wir wieder auf Züge verladen und nach Deutschland verfrachtet. Niemand von uns wusste, wohin die Reise ging, bis wir schließlich nach tagelanger Irrfahrt im November im Spessart ankamen. Auf amerikanischen Armeelastern verteilte man uns jetzt auf verschiedene Ortschaften. Wir ließen alles stumm geschehen, so erschöpft und entmutigt waren wir inzwischen.
Als wir in unserem Zielort P. ankamen, wartete schon die Bevölkerung vor dem Gemeindehaus auf uns. Wir fünf wurden einem Bahnhofswärter zugeteilt, der als ehemaliges NSDAP-Mitglied offenbar für seine Sünden büßen und deshalb Vertriebene aufnehmen sollte. Er sprach kaum mit uns, und wir hatten bei ihm lediglich ein Dach über dem Kopf. Ich fand Arbeit in einer neugegründeten Schuhfabrik, und meine Schwester versuchte als Näherin und Erntehelferin etwas Geld zu verdienen. Doch es reichte nie und wir mussten immer improvisieren. Wir erhielten täglich ein Pfund Brot und für den Rest mussten wir selber sorgen. Von der Bevölkerung half uns in dieser Zeit niemand. Manchmal waren wir sehr verzweifelt. Unsere Lage besserte sich auch nicht, als wir einer anderen Familie zugeteilt wurden, da die Militärbehörden den Bahnhofvorsteher enteigneten. Während der Mann in dieser neuen Familie sehr nett war, schikanierte uns seine Frau, wo immer sie konnte, und machte uns den Alltag zur Qual.
Diese Leidenszeit nahm auf unerwartete Weise zunächst für meine Schwester ein Ende, als der Suchdienst des Roten Kreuzes ihren Mann ausfindig gemacht hatte, der inzwischen bei der Post arbeitete, und sie zog mit ihren Töchtern zu ihm nach Aschaffenburg. Wir hatten Jahre sehr isoliert gelebt, als auch mein Schicksal sich wendete. Eine Arbeitskollegin von mir lud mich 1948 zu einer Hochzeit ein und dort wurde ich von einem jungen Mann aus dem Ort zum Tanzen aufgefordert. Er war gelernter Bäcker und einige Zeit später heirateten wir. Mit einem Kredit eröffneten wir trotz des Widerstandes seiner Mutter eine kleine Bäckerei. Dass mich nach Jahren schließlich alle Menschen in unserem Ort akzeptierten, verdanke ich meinem Mann und den leckeren Kuchen, die alle bei uns kaufen wollten."

Die Ankunft der 16-jährigen Irmgard G. im neuen Leben
„Als ich mit meiner Mutter und den anderen im Juli 1945 auf US-Lastern einem ungewissen Ziel entgegenfuhr, wussten wir, dass wir nie mehr nach Hause zurückkommen würden. Wo aber sollte die Reise enden? Die Soldaten sprachen kein Deutsch und wir verstanden kein Englisch. Nach tagelanger Fahrt gelangten wir in ein kleines Dorf im Spessart. Dort luden uns die zwei Begleitsoldaten ab und überließen uns quasi unserem Schicksal, denn sie hatten lediglich einen Zettel mit der Anzahl der Personen, die offenbar pro Dorf abzusetzen waren.

Und so geschah es auch, selbst wenn damit Familien auseinandergerissen wurden. Kaum war der Lastwagen davongefahren, strömten die Bewohner auf den Dorfplatz und begutachteten uns. Sie waren ebenso überrascht wie wir, betrachteten uns als Polen und behandelten uns entsprechend. Wir wehrten uns nicht dagegen, denn wir wussten, dass wir völlig von ihnen abhängig waren. So suchten sich die Dorfbewohner ihre neuen Arbeitskräfte aus und es war Glücksache, in welche Verhältnisse man kam.
Da hörte ich auch schon mal Sätze wie: ‚Kartoffelkäfer und Flüchtlinge müssen umgebracht werden.' Nicht einmal der katholische Pfarrer der Gemeinde spendete uns Trost, da er sich nicht für evangelische Flüchtlinge zuständig fühlte. Weil wir zuvor nie eine Axt in der Hand gehalten hatten und aus kaufmännischen Berufen kamen, fiel uns die Arbeit im Wald sehr schwer, wo wir uns auch Brennmaterial besorgen mussten. Wir lebten völlig isoliert und meine Lage besserte sich erst mit meiner Arbeitstelle in einer Glashütte. Als ich schließlich Anfang der fünfziger Jahre meinen Mann kennen lernte, der aus einem Nachbarort stammte, und mit ihm in die nächstgelegene Kleinstadt zog, begann für uns so etwas wie ein normales Leben."

Tipp Viele Schüler haben in ihrer eigenen Familie oder ihrer persönlichen Umgebung Ansprechpartner, die sie zur Flucht und Integration befragen können. Es ließen sich so im Rahmen eines kleinen Projektes die dargestellten Befunde bestätigen, differenzieren oder auch widerlegen. Außerdem ist dieser Ansatz gut geeignet, Schüler für aktuelle Probleme der Integration von Flüchtlingen und Menschen anderer Kulturkreise zu sensibilisieren.

Literatur Flucht, Vertreibung, Integration – Katalog zur Ausstellung der Stiftung Haus der Geschichte der Bundesrepublik Deutschland, Bielefeld 2005.

W. W.

Ein Altnazi macht „Zweitkarriere" – der Fall Oberländer

Für die frühe Bundesrepublik kann man von einer weit verbreiteten Weigerung sprechen, sich mit der eigenen Vergangenheit auseinanderzusetzen. Zahlreiche Nachkriegskarrieren waren erst möglich, da bestimmte Taten und Äußerungen entweder nicht bekannt oder wissentlich nicht wahrgenommen wurden. Ein ideologiefeindlicher Pragmatismus gab dem

Wiederaufbau der materiellen Existenz den Vorrang. Walter Dirks, Begründer der „Frankfurter Hefte", gab dazu das Stichwort der fünfziger Jahre: Der restaurative Charakter der Epoche. Ein Beispiel dafür ist der Fall Oberländer.

Theo Oberländer (1905–1998) war 1923 als 18-Jähriger Teilnehmer an Hitlers „Marsch zur Feldherrenhalle". Im Mai 1933 wurde er Parteimitglied der NSDAP und übernahm im gleichen Jahr die Leitung des Instituts für Osteuropäische Wirtschaft in Königsberg, zugleich wurde er Landesleiter für den „Bund Deutscher Osten" (BDO), außerdem Leiter des ostpreußischen Büros der „Vereinigung für das Deutschtum im Ausland" (VDA). Ferner war er Mitbegründer der Nord- und Ostdeutschen Forschungsgemeinschaft, gehörte somit zum harten Kern der völkischen Wissenschaft des NS-Regimes. 1937 wechselt er in das Amt „Ausland/Abwehr" der Wehrmacht. Am 29.1.1941 meldete „Die Zeit", das NS-Gauorgan aus dem Sudetenland: „Prof. Dr. Theodor Oberländer ist zum Dekan der rechts- und staatswissenschaftlichen Fakultät (Prag) ernannt worden." Oberländer war gerade 35 Jahre alt. Später wird er erklären, man habe ihn mit dieser Ernennung zum Dekan „kaltstellen" wollen.

Im Krieg führte er den „Kampf gegen den Bolschewismus" nicht nur vom Katheder aus, sondern auch als Kommandeur eines Bataillons ukrainischer Freiwilliger. Als Abwehr- und Wehrmachtsoffizier war er nämlich mit der Aufstellung der Sonderverbände „Nachtigall" und „Bergmann" beschäftigt. Bei diesen Verbänden handelte es sich um eine ukrainische bzw. eine kaukasische Einheit, die auf deutscher Seite zum Einsatz kamen.

Zwischen 1941 und 1943 verfasste Oberländer eine Reihe von Denkschriften, in denen er seine Visionen über ein deutsches Kolonialreich im Osten darlegte. 1943 wurde er wegen seiner Kritik an der Politik gegenüber den „Ostvölkern" aus der Wehrmacht entlassen. Oberländer glaubte an die zivilisatorische Überlegenheit der Deutschen und das „wahre Herrentum", sah aber in den Völkern Osteuropas Bundesgenossen im Kampf gegen Moskau. Zugute kam ihm später dabei, dass er wegen seiner Äußerungen in massiven Gegensatz zu Heinrich Himmler geraten war, so dass er sich nach 1945 als heimlicher Widerstandskämpfer anpreisen konnte. Adenauer brachte 1959 Oberländers Rolle in der NS-Zeit auf die Formel: „Er war einer von den Anständigeren – nicht von den Anständigen."

Nach dem Krieg wurde Oberländer zunächst Mitglied der FDP. 1950 gründete sich der Gesamtdeutsche Block/Bund der Heimatvertriebenen und

Entrechteten (GB/BHE), dem sich Oberländer alsbald anschloss. 1953 zog die Partei mit 27 Abgeordneten in den Deutschen Bundestag ein. Adenauer setzte sich über das politische Vorleben von Oberländer hinweg und machte ihm in seinem Kabinett zum Minister für Vertriebene, Flüchtlinge und Kriegsgeschädigte. Der Bundeskanzler benötigte den GB/BHE, um die Zwei-Drittel-Mehrheit für die Verfassungsänderung im Zuge der Wiederbewaffnung zu erhalten.

Nach einer parteiinternen Krise des GB/BHE im Juli 1955 traten Oberländer und sieben weitere Bundestagsabgeordnete aus der Partei aus. Die abgespaltene Gruppe schloss sich im Februar 1956 der CDU-Fraktion an. Oberländer gehörte auch dem dritten Kabinett Adenauer ab 1957 an. Im Mai 1960 musste er sein Amt als Vertriebenenminister aufgeben, nachdem er zunehmend in die Kritik geraten war. Seit Ende der 50er-Jahre wurden gegen Oberländer die Vorwürfe erhoben, er sei als Mitglied der Einheit „Nachtigall" an Kriegsverbrechen im Raum Lemberg beteiligt gewesen. Dieses Bataillon marschierte als erste Einheit der Wehrmacht im ukrainischen Lemberg ein. Vom 30. Juni bis zum 7. Juli 1941 kam es zu einem grauenhaften Pogrom gegen die jüdische Bevölkerung, an dem sich auch viele Einwohner Lembergs beteiligten. In der DDR wurde Oberländer 1960 in Abwesenheit ein Prozess gemacht und zu lebenslangem Zuchthaus verurteilt. Das Berliner Landgericht urteilte im Jahre 1993, es habe sich bei den damals vorgelegten Beweisstücken um „geheimdienstliche Fälschungen" gehandelt, und hob das Urteil des DDR-Gerichts gegen Oberländer auf.

Gegenüber seiner Vergangenheit zeigte Oberländer nach 1945 keine Spur der Reue oder auch nur der Nachdenklichkeit. Der CDU-Politiker Franz Böhm, Verhandlungsleiter für das Wiedergutmachungsabkommen mit Israel und zwischen 1953 und 1965 Mitglied des Deutschen Bundestages, urteilte 1960: „Oberländer ist niemals ein Gegner des Nationalsozialismus und niemals ein Freund der Demokratie gewesen und hat sich der Methoden, die während des Dritten Reiches im Kampf zwischen den kleinen und den großen Matadoren üblich waren, ohne jede Skrupel bedient [...]. Sein Verständnis für Fairness, Rechtlichkeit, Wahrhaftigkeit, Offenheit und menschliche Rücksichtnahme ist nur unvollkommen entwickelt."

M. L.

Oskar Schindler – heimatlos in Deutschland

Durch den Film „Schindlers Liste“ von Steven Spielberg aus dem Jahr 1994 wurde Oskar Schindler weltberühmt, der deutsche Fabrikbesitzer, der unter Einsatz seines Lebens und seines gesamten Vermögens fast 1 100 Juden vor dem sicheren Tod im Vernichtungslager Auschwitz rettete. Wenig bekannt ist hingegen Schindlers Schicksal nach Ende des Krieges.

Nach der Kapitulation flohen Oskar Schindler und seine Frau Emilie in die amerikanische Besatzungszone. Die folgenden Jahre bis 1949 verbrachten sie meist in Regensburg. Einer der Gründe für die Wahl des Wohnortes, so mutmaßt der amerikanische Historiker David M. Crowe, war wohl, dass Schindler hier seiner Heimat, dem Sudetenland, nahe war. Anfänglich bezogen sie Lebensmittelspenden aus dem nahegelegenen Lager für „displaced persons“ vom American Jewish Joint Distribution Committee (kurz Joint). Später erhielt Schindler eine Stelle im Lagerhaus des Joints. 1947 halfen ihm „Schindlerjuden“, eine Stelle als Importeur für Metallwaren und Maschinen im Münchener Büro der Jewish Agency for Palestine zu bekommen; doch dieses wurde bereits 1948 wieder geschlossen und Schindler verlor den Posten. Voller Enttäuschung über das Leben, das er führte, sprach er später von seinen „untätigen und unproduktiven Jahren“ in Deutschland. Bitter äußerte er sich über das Schicksal von Millionen von Flüchtlingen, die sich entnazifizieren lassen mussten, während prominente Nazis „kaum von dem lückenhaften Gesetz erreicht werden“.

Ende 1948 besuchte der kanadische Journalist Herbert Steinhouse Oskar und Emilie Schindler in deren Regensburger Wohnung. Er war zunächst skeptisch, wenn er Geschichten über „gute Deutsche“ hörte. Im Verlauf von sechs Wochen erzählte Schindler, was er getan hatte, um „seine“ Juden zu retten. Steinhouse schrieb darüber einen langen Artikel und versuchte vergeblich, diesen zu veröffentlichen. Von seinem Agenten hörte er, dass Zeitschriften kein Interesse mehr an Artikeln über die Judenvernichtung und über „gute Deutsche“ hätten. So kam es, dass Steinhouses Reportage erst im Jahr 1994 publiziert wurde, als Spielbergs Film für ein entsprechendes Medienecho gesorgt hatte.

Ende 1949 wanderte Oskar Schindler mit seiner Frau Emilie nach Argentinien aus. Die Auswanderung war nur mit der finanziellen Hilfe des Joint möglich gewesen. Dort verdingte er sich zunächst als Verwalter einer Farm und baute mit seiner Frau eine Hühner- und Legehennenzucht auf. 1953 gründete er eine Nutria- und Wildtierzucht auf einer vier Hektar großen

Farm in San Vicente. Zu seiner Frau sagte er: „Sieh mal, Emilie, da hast du dein Geschäft des Jahrhunderts. Damit werden wir Millionäre. Pelzmäntel tragen alle Frauen." Doch seine Zuchtfarm wurde zu einem finanziellen Debakel, binnen kurzem war die Nutriafarm verschuldet. Versuche, finanzielle Mittel aus Deutschland im Zuge des Bundeslastenausgleiches zu erhalten, schlugen fehl. 1955 schrieb ihm das Lastenausgleichsamt, dass er nicht die Kriterien erfülle, die für eine Entschädigung notwendig seien.
1957 übersiedelte Schindler wieder nach Deutschland, seine Frau Emilie ließ er in Argentinien zurück. Aber wiederum scheiterten sämtliche unternehmerischen Ambitionen. Da er zu jung war für eine Lastenausgleichsrente, konnte er für seine Ansprüche nur durch ein Darlehen der Lastenausgleichsbank entschädigt werden, das für den Ankauf eines bankrotten Unternehmens gewährt wurde. Verschiedene Versuche, ein solches Unternehmen zu erwerben, scheiterten in den Folgejahren, da es immer wieder Schwierigkeiten mit den Behörden gab. Erst im Frühjahr 1962 gelang es Schindler, das Beton- und Kunststeinwerk Kurt Ganz in Hochstadt am Main zu kaufen. Die Firma stellte Fensterbretter und Treppenstufen aus Zement her. Innerhalb eines Jahres ging das Unternehmen bankrott. Beim Versuch, den Betrieb wieder in Schwung zu bringen, erlitt Schindler einen Herzanfall, der ihn fast umbrachte.
Mietek Pemper, KZ-Häftling im Lager Plaszow und durch seine Tätigkeit als persönlicher Stenograf des Lagerkommandanten Amon Göth von März 1943 bis September 1944 wichtiger Informant und Vertrauter Schindlers, urteilt über dessen Scheitern nach dem Krieg: „Er konnte sich nicht zurechtfinden. Er hatte keine unternehmerische Erfahrung im Sinne des Wortes gehabt. Weder in der Fabrik seines Vaters noch später in Krakau und Brünnlitz. Die Emailwarenfabrik führten seine jüdischen Mitarbeiter. Außerdem befürchte ich, dass er nicht den ganzen Lastenausgleich für die Firma einsetzte. Und für den Job eines Angestellten war er auch nicht geschaffen. Er war kein Schreibtischmensch. Ich glaube, er ist während des Krieges in eine vollkommen andere Situation hineingewachsen – mit mehr als tausend Arbeitern und einem riesigen Maschinenpark. Da sollte er plötzlich zurückgestuft werden? Nein, er fand sich nicht mehr zurecht, das ging nicht mehr, rauf geht es, aber runter nicht."
1962 kam Schindler zum ersten Mal nach Israel, um seine Ehrung als „Gerechter der Nationen" entgegenzunehmen. Diese Nominierung weckte internationales Interesse. Doch verschiedene anvisierte Filmprojekte scheiterten letztendlich. So trat auch Hollywood Anfang der 60er-Jahre an

Schindler heran. Doch das Filmskript mit dem Titel „To the Last Hour" nahm es mit der Faktentreue nicht sonderlich genau.
Die Ehrung in Israel brachte Schindler nicht nur Beifall. Arbeiter seiner eigenen Firma griffen ihn körperlich an, ein Geschäftspartner beschimpfte ihn als Judenfreund.
In den 1960er-Jahren konnte er sich eines bescheidenen Ruhmes erfreuen. 1966 verlieh ihm Bundespräsident Heinrich Lübke das Bundesverdienstkreuz. Doch für die meisten Deutschen blieb er zu seinen Lebzeiten ein Unbekannter.
Seine letzten zehn Lebensjahre waren bestimmt von finanziellen und gesundheitlichen Problemen. Schindler lebte in einer kleinen Wohnung in der Nähe des Frankfurter Hauptbahnhofes (Am Hauptbahnhof 4). Der hessische Ministerpräsident gewährte ihm eine kleine Ehrenrente von monatlich 500 DM. Als Geschäftsführer des Bundesverbandes der Gesellschaften der Freunde der Hebräischen Universität in Deutschland erhielt er zudem ein kleines Gehalt. In dieser Zeit lebte er in zwei Welten, in einer jüdischen und in einer deutschen. Von seinen Schindler-Juden wurde er nie vergessen, bis zu seinem Tode haben sie Oskar Schindler immer wieder finanziell unter die Arme gegriffen. In Frankfurt besaß er einen kleinen Freundeskreis, darunter befand sich auch der Frankfurter Propst Dieter Trautwein. Dieser hatte Schindler nach dessen Ehrung als „Gerechter der Völker" aufgesucht und bat ihn 1967, auf dem Frankfurter Jugendkirchentag zu sprechen.
1968 litt Schindler erneut an Herzattacken. Die gesundheitliche Beeinträchtigung ließ ihn zunehmend depressiv werden. 1973 folgte ein Schlaganfall, der eine rechtsseitig Lähmung zur Folge hatte. Ein Jahr später fiel er bei einer Operation ins Koma, aus dem er nicht mehr erwachte. Oskar Schindler war sechsundsechzig Jahre alt. Er wurde auf dem Lateinischen Friedhof auf dem Berg Zion am Rand der Jerusalemer Altstadt begraben.

Literatur David M. Crowe: Oskar Schindler. Die Biographie. Berlin 2005; Mietek Pemper: Der rettende Weg – Schindlers Liste – die wahre Geschichte. Hamburg 2005.

M. L.

Der Auschwitz-Prozess (1963–1965)

„Richtig, auf all das Schreckliche, das da passiert ist und was sonst noch damit zusammenhängt, bin ich erst spät gekommen“, lässt Günter Grass die Protagonistin seiner Kurzgeschichte in dem Buch „Mein Jahrhundert“ über den Auschwitz-Prozess sagen. Dies entsprach der weit verbreiteten Bewusstseinslage der bundesdeutschen Gesellschaft, die gekennzeichnet war durch Verschweigen und Verdrängen. Der Holocaust war im Bewusstsein der Bürger des Wirtschaftswunderlands nicht präsent. Nicht wenige Deutsche, darunter prominente Kirchenleute und Politiker, solidarisierten sich Ende der 40er-, Anfang der 50er-Jahre mit den „schuldlosen Opfern alliierter Siegerjustiz“, mit den „deutschen Kriegsgefangenen in alliierter Haft“ und in den 60er-Jahren verschiedentlich mit den Angeklagten in NS-Gewaltverbrecherverfahren, indem sie mit Blick auf die NS-Prozesse von Nestbeschmutzung sprachen und nach einem Schlussstrich unter die NS-Vergangenheit riefen. Das politische Klima in der Bundesrepublik spiegeln auch die Ergebnisse einer Allensbach-Befragung aus dem 1954 wieder, wonach noch fast 40 Prozent der Befragten angaben, „Emigranten sollten kein Regierungsamt haben“, nur 13 Prozent waren hingegen dafür.

Der Frankfurter Auschwitz-Prozess ist einmalig in der deutschen Justizgeschichte. Zwar gab es bis 1949 diverse Prozesse mit knapp 4500 Verurteilungen wegen verbrecherischer Taten im „Dritten Reich“, doch meist ohne Bezug zum Holocaust. Mit dem Auschwitz-Prozess wurde erstmals das konkrete Vernichtungsgeschehen in einem der zentralen Lager aufgearbeitet: in aller Breite, mit allen Details, mit konkreten Gesichtern. Möglich gemacht hatte den Mammut-Prozess der hessische Generalstaatsanwalt Fritz Bauer (1903–1968). Ihm zur Seite standen die jungen Staatsanwälte Fritz Vogel und Joachim Kügler, die ab Mitte 1959 versuchten, den Tatkomplex Auschwitz aufzuklären.

Auschwitzprozess, © picture-alliance/dpa

Am 20. Dezember 1963 begann das Verfahren mit dem Aktenzeichen 4 Ks 2/63 im Frankfurter Römer. Den Angeklagten wur-

de zur Last gelegt, im Konzentrations- und Vernichtungslager Auschwitz in den Jahren 1940 bis 1945 „durch mehrere selbständige Handlungen, teils allein, teils gemeinschaftlich mit anderen [...] Menschen getötet" bzw. „als Gehilfen bei der Begehung von Verbrechen durch Rat oder Tat wissentlich Hilfe geleistet zu haben" (Eröffnungsbeschluss des Landgerichts Frankfurt am Main).
Im Auschwitz-Prozess verhandelte man gegen niedere SS-Chargen. Die ranghöchsten SS-Offiziere waren die Adjutanten Robert Mulka und Karl Höcker. Nicht mehr greifbar waren die Lagerkommandanten Rudolf Höss, der 1947 in Polen zum Tode verurteilt und hingerichtet wurde, und Richard Baer, der in der U-Haft verstarb. Neben den Adjutanten saßen fünf Mitglieder der Lager-Gestapo, vier Aufseher, drei Sanitäter, drei KZ-Ärzte, der Lager-Apotheker, der Kleiderkammerverwalter und als einziger „Funktionshäftling" der brutale Kapo Emil Bednark auf der Anklagebank. Die 20 Angeklagten leugneten zumeist die Beteiligung an den in Auschwitz begangenen Verbrechen.
Das Gericht hörte 357 Zeugen. Unter ihnen waren 211 Überlebende von Auschwitz, die meisten polnischer Herkunft. Um in der Hauptverhandlung aufgekommene, offene Fragen am Tatort klären zu können, führten ein beauftragter Richter, Staatsanwaltschaft und Verteidigung unter Begleitung eines Angeklagten (Franz Lucas) im Dezember 1964 eine Ortsbesichtigung durch. Dieser historische Vorgang hinter dem „Eisernen Vorhang" inmitten des Kalten Krieges stieß in der internationalen Presse auf großes Echo.

Die Medien beobachteten genau den sich über 183 Verhandlungstage hinziehenden Prozess. Während dieser Zeit verfolgten fast 20000 Menschen im Publikum die Aussagen. In den Prozessberichten wurde der Kadavergehorsam und die Brutalität der Bewacher ebenso thematisiert wie das Leiden der überlebenden Zeugen von Auschwitz, die in Frankfurt auftraten. Bedauern seitens der Täter war nicht zu hören, sie beriefen sich auf den militärischen Gehorsam. Der Kampf gegen den Kommunismus sollte jede Grausamkeit rechtfertigen.
„Die Mörder sind wie du und ich", überschrieb der *Stern* seine Serie von Porträts der Angeklagten. Das war die Botschaft des Prozesses: Deutsche Gesellschaft und NS-Täterschaft ließen sich nicht säuberlich voneinander trennen. Die Nachkriegsstrategie, sich zum Opfer zu erklären – Opfer der Verführung durch Hitler, Opfer des Bombenkrieges, Opfer der Vertreibung – war angesichts des Frankfurter Prozesses immer schwerer auf-

rechtzuerhalten. Der Zeitgeschichtler Wolfgang Benz nennt den Prozess folgerichtig ein „Schlüsselereignis, das den nationalsozialistischen Terror und die ‚Endlösung der Judenfrage' in grellstes Licht stellte". Das Verfahren, notiert der Historiker Norbert Frei, ist „der historisch-politisch bedeutsamste Versuch, dem verbrecherischen Geschehen im größten nationalsozialistischen Konzentrations- und Vernichtungslager mit den Mitteln des Strafrechts beizukommen".

Von erheblicher Bedeutung waren auch Gutachten, die von Sachverständigen des Münchener Instituts für Zeitgeschichte erstellt wurden und die die historische Grundlage des Verfahrens bildeten. In der im April 1963 vorgelegten Schwurgerichtsanklage stellte die Staatsanwaltschaft die nationalsozialistische Verfolgungs- und Vernichtungspolitik umfassend und konsistent dar und schrieb damit erstmals auf einer breiten Quellenbasis die Geschichte des Konzentrations- und Vernichtungslager Auschwitz-Birkenau.

Im August 1965 verkündete das inzwischen ins neu gebaute Bürgerhaus Gallus umgezogene Schwurgericht das Urteil. Es blieb bei seinen Sprüchen meist am unteren Rand des Möglichen: Von den 20 Angeklagten wurden 17 verurteilt und drei freigesprochen. Sechs erhielten eine lebenslange Strafe. Die übrigen Verurteilten kamen mit Freiheitsstrafen zwischen 14 Jahren – wie Mulka – und dreieinhalb Jahren davon.

Unter den sechs zu lebenslanger Haft Verurteilten war auch der „Teufel des Lagers", Wilhelm Boger, der Häftlinge wahllos erschossen und in der berüchtigten „Boger-Schaukel" zu Tode geprügelt hatte. Die „Boger-Schaukel" war eine Art Reck, an der Boger die Opfer in den Kniekehlen aufhängte und so lange prügelte, bis sie im eigenen Blut ertranken.

Der Auschwitz-Prozess kann nicht kaschieren, dass die bundesdeutsche Gesellschaft nur unzureichend an der Verfolgung der NS-Täter interessiert war. Der Tatort Auschwitz war jedoch fortan keine Leerstelle mehr im historischen Gedächtnis der Deutschen. Auschwitz wurde zur Chiffre für den Unrechtsstaat der Nazis und zur Metapher eines unvorstellbaren Verbrechens schlechthin.

Literatur Der Auschwitz-Prozeß. Tonbandmitschnitte, Protokolle und Dokumente. Hrg. vom Fritz Bauer Institut und dem Staatlichen Museum Auschwitz-Birkenau, 2005. DVD-ROM-Publikation. Digitale Bibliothek

M. L.

Anpassung – Widerstand – Terror

„... Deren sich ein steinern Herz erbarmen sollte" – der Fall Barbara Schwarz

In einem Urteil des Bundesgerichtshofs aus dem Jahr 1961 – es ging für den Kläger um die Anerkennung als Widerstandskämpfer während der NS-Zeit – heißt es, „eine Widerstandshandlung könne nur dann als legitim anerkannt werden, wenn sie ‚wenigstens eine gewisse Aussicht' biete, ‚eine wirkliche Wendung zum Besseren herbeizuführen'" (zit. nach *Der Spiegel*, Heft 45 2005, S. 84). Nicht nur im Hinblick auf die NS-Diktatur ist diese Festlegung höchst fragwürdig: Verweigert sie doch geradezu zynisch der Zivilcourage des Einzelnen die Anerkennung, die vielleicht nicht mehr vermochte, als ein kleines Zeichen zu setzen und oft genug wirkungslos blieb, aber dennoch den Nachgeborenen Wertmaßstäbe eindringlicher nahebringt als manche großangelegte Verschwörung.

Zur Sache Der Fall, um den es hier geht, spielte sich in den Jahren 1627 bis 1630 in und um das Bistum Bamberg ab. Unter Fürstbischof Johann Georg Fuchs von Dornheim (1623–1632) hatte die Hexenverfolgung ihren Höhepunkt erreicht; glaubwürdige Quellen sprechen von 600 Justizopfern während seiner und seines fanatischen Weihbischofs Friedrich Förner Regierungszeit. Obwohl die gesamte Prozessführung von vielen Zeitgenossen als unmenschlich und geltendem (Reichs-)Recht eklatant widersprechend eingeschätzt wurde, wagte kaum jemand offenen Einspruch geschweige denn Widerstand, zumal, als 1628 ein erklärter Gegner der bischöflichen Hexenpolitik, der Kanzler Dr. Georg Hahn, mit seiner ganzen Familie selbst der Hexerei angeklagt und schließlich hingerichtet worden war.

Am 17. September 1627 wurde Barbara Schwarz, Ehefrau des Gastwirts Johann Schwarz und Wirtin des Gasthauses „Zur Gans", verhaftet und wegen Überfüllung des Malefizhauses in ein Filialgefängnis nach Zeil am Main gebracht. Anlass ihrer Verhaftung war die Denunziation eines Nachbarn, mit dem es wegen der Nutzung eines Regnitz-Kanals Streit gegeben hatte. Zwei Jahre und acht Monate wurde sie gefangengehalten und während dieser Zeit achtmal „peinlich befragt", was nach ihrem eigenen Zeugnis die Anwendung von Finger- und Beinschrauben, Peitschen und Ruten bedeutete. Sie widerstand jedes Mal der Folter und beteuerte ihre Unschuld. Um ihren hartnäckigen Widerstand zu brechen, wurde sie immer wieder auf Wasser und Brot gesetzt. Doch auch diese zusätzliche Qual vermochte die

geschwächte, von Schmerzen gepeinigte und vom psychischen Druck während der Haft zermürbte Frau nicht zu besiegen: Sie weigerte sich standhaft, ein „Verbrechen“, das sie nicht begangen hatte, zu gestehen.
Barbara Schwarz muss eine Frau von außerordentlichem Mut und enormer physischer und psychischer Widerstandskraft gewesen sein. Am 20. Mai 1630 nämlich gelang es ihr (sie muss die Geistesgegenwart gehabt haben, auf dem Rückweg von einem der peinlichen Verhöre ins Gefängnis unbemerkt einen Stein an sich zu bringen), ihre eisernen Fesseln zu zerschlagen und zu fliehen. Wie sie, verletzt, verzweifelt und hungergeschwächt, die 30 Kilometer nach Bamberg (unentdeckt) zurücklegen konnte, ist kaum zu begreifen. Sie fand Unterschlupf im Gartenhaus eines Freundes. Anstatt jedoch so bald wie möglich weiterzufliehen, z.B. nach Nürnberg, wo sie – wie andere Fälle belegen – Aufnahme und Unterstützung gefunden hätte, entschloss sie sich zu bleiben und trotz der tödlichen Gefahr, in der sie schwebte, auf ihrem Recht zu bestehen und die Willkür der bischöflichen Rechtsprechung anzuprangern. Wohl mit Unterstützung ihres Freundes richtete sie eine Bittschrift (Supplication) an den Kaiser, in dem sie ihren Fall schilderte:

> „Allerdurchlauchtigster! Ich arme Bürgerin von Bamberg, eine elende und kranke Frau, deren sich ein steinernes Herz erbarmen sollte, klage Eurer kaiserlichen Majestät mit aller Untertänigkeit, dass ich nunmehr seit fast drei Jahren in Zeil im Stift Bamberg in härtester Haft bei Wasser und Brot gehalten worden bin ...“

Eindringlich und mit beachtlicher Sachkunde wies sie auf die zahlreichen Rechtsbrüche (Verhaftung aufgrund bloßer Denunziation, Missachtung des Bürgerrechts, wiederholte Anwendung der Folter) hin und erklärte:

> „Mit meiner Flucht habe ich doch wohl nicht gegen das Recht gehandelt, weil man einem Richter, der jemanden zu Unrecht bedrängt und den Prozess nicht vorantreibt, ungestraft nicht gehorcht, ja ihm zu Recht Widerstand leistet ... So ist mein alleruntertänigstes Bitten und Flehen, Eure kaiserliche Majestät ... möge befehlen, ... mich ungehindert bei meinem lieben Mann und meinen Kindern wohnen zu lassen ... Ich erkläre mich bereit, ... falls gegen mich eine rechtmäßige Anzeige dieser (zauberischer) oder anderer Missetaten erfolgen sollte, ... hinzunehmen, was ein unparteiisches Gericht in einem rechtmäßigen Prozess über mich urteilen würde.“

Der Fall hat eine grausige Pointe: Barbara Schwarz wurde von ihrem Mann, der um den Ruf seines Wirtshauses fürchtete, verraten und erneut in Haft genommen. Ihr weiteres Schicksal liegt im Dunkeln, wahrscheinlich wurde sie doch noch ein Opfer der Hexenjustiz. Auch wenn ihr mutiges Handeln folgenlos blieb, war sie trotzdem eine Widerstandskämpferin gegen Terror und Unrecht, die es verdient hat, unvergessen zu bleiben.

Literatur Zitate übertragen aus: Ferdinand Leitschuh, Beiträge zur Geschichte des Hexenwesens im Bistum Bamberg, Bamberg 1883; zur Hexenverfolgung in Franken: Harald Parigger, Ich sterbe als ein rechter Märtyrer, in: GWU 1990/1, 17–33.

H. P.

Was will der liebe Gott? Die Bibel und der Bauernkrieg

Ein Bauer schwenkt die Fahne des Evangeliums – und Luther fordert dazu auf, ihn niederzustechen? War nicht die Heilige Schrift der Grund, auf dem beide standen, der gemeine Mann im Bauernkrieg und der Reformator selbst? Schon lange vor dem Bauernkrieg von 1525 war es im Reich immer wieder zu bäuerlichen Revolten gekommen. Aber die Aufständischen, die sich unter der Fahne des bäuerlichen „Bundschuhs“ oder unter der Bezeichnung „Armer Konrad“ hier und dort versammelten, waren nicht nur rasch wieder zur Räson gebracht, sie versuchten ihre Beschwerden auch anders zu begründen als wenige Jahre später: Das „Alte Recht“, das ungeschriebene Herkommen, wollten sie gegen die steigende Last der Abgaben, Fronen und Dienste und gegen die Eingriffe in ihre dörfliche Selbstverwaltung durch Grund-, Gerichts- oder Leibherren gewahrt und wiederhergestellt wissen.
Mit einem Mal tauchten dann, erstmals im August 1524 in den 67 Beschwerdeartikeln der Stühlinger Bauern am Oberrhein, Begriffe wie „Göttliches Recht“, „Göttliche Gerechtigkeit“ oder „Evangelium“ auf. Sie wurden zur zentralen Argumentationsfigur und Legitimationsgrundlage für alle Aufstände, die seit dem Frühjahr 1525 ausbrachen und sich nun zum Flächenbrand in Schwaben, Franken, Thüringen, im Elsass, im Hochstift Salzburg und in Tirol ausweiteten. Mehr noch, das Evangelium wurde in Inhalt und Wirkung zum eigentlichen revolutionären Manifest des gesamten Bauernkrieges.

Wider die Mordischen vnd Reubischen Rotten der Bawren.

Psalm. vij.
Seyne tück werden jm selbs treffen/
Vnd seyn mütwill/ wirdt vber jm außgeen.
1525.
Martinus Luther. Wittemberg.

Martin Luther „Wider die Mordischen und Reubischen Rotten der Bawren“, Titelblatt der Flugschrift, Druck M, Nürnberg 1525

Wichtigstes Vorbild für zahlreiche Beschwerdeschriften waren die „Zwölf Artikel“ der schwäbischen Bauernschaft. Kürschnergeselle Sebastian Lotzer und Prediger Christoph Schappeler hatten sie in Memmingen verfasst und jede der bäuerlichen Forderungen Punkt für Punkt – übrigens nicht immer zutreffend –mit Zitaten aus der Heiligen Schrift und Verweisen auf Bibelstellen untermauert. So wollte man die Leibeigenschaft abschaffen oder den Kleinen Zehnten, weil sie in der Bibel nicht erwähnt werden. Es ging dabei aber eigentlich nicht um geschickte und neue Begründungen für längst bekannte oder ausgeweitete Ansprüche. Umgekehrt: Alle Forderungen ergaben sich konsequent aus einem Glauben, der radikal ernst machen wollte mit dem Wort Gottes in allen Bereichen des Lebens. Konsequenterweise wollten die Bauern nicht nur dann einen Beschwerdeartikel fallen lassen, wenn man ihn „mit dem wort Gots für vnzimlich anzaigen“ würde, sondern sie kündigten sogar an, weitere Forderungen zu formulieren, falls „in der schrifft mit der wahrhait mer artickel erfunden“ würden (12. Artikel).

Den Zugang zu solch revolutionär-zündendem Biblizismus aber hatte insbesondere Martin Luther eröffnet. Er hatte dazu aufgerufen, die unverstellte evangelische Wahrheit zu finden, und er hatte auch gezeigt, wie man mit der Bibel in der Hand ein altes Gebäude zum Einsturz bringen konnte. Dennoch versagte er den Bauern seine Unterstützung: In der *„Ermahnung zum Frieden auf die Zwölf Artikel“* fordert er zwar die Fürsten zu Zugeständnissen und zur Einsicht auf und legt den Bauern Bescheidenheit und Rücknahme zu weit gehender Forderungen nahe. Vor allem aber weist er die biblische Legitimation der Bauern zurück, weil sie die christliche Freiheit „fleischlich", also sozialpolitisch-weltlich, missverstünden. Sich fügen, dulden und leiden müsse der rechte Christ eben. Deutlicher wird er wenige Monate später unter dem Eindruck des sich radikalisierenden thüringischen Aufstandes, denn Luther sah durch die Bauern das reformatorische Anliegen in Misskredit gebracht und deshalb die Unterstützung durch Fürsten und Obrigkeit gefährdet. In der *Schrift „Wider die räuberischen und mörderischen Rotten der Bauern"* ermuntert er schließlich die Herren: „Drum [...] steche, schlage, würge hier, wer da kann": Die Revolution hatte ihren ideologischen Wegbereiter verloren.

Literatur PETER BLICKLE, Die Revolution von 1525, 4., durchges. und bibliograf. erw. Aufl. München 2004.

D. Sch.

Die Ermordung Rathenaus als Signal

„Auf zum Schutz der Republik! Volksgenossen! Das Maß ist voll!", konnte man am 26. Juni 1922 auf leuchtendbunten Flugblättern der SPD in München lesen. Thomas Mann hielt ebendort kurze Zeit später brieflich fest, dass er nun vorhabe, seine öffentliche Rede zu Gerhart Hauptmanns 60. Geburtstag „zu einer Art von Manifest zu gestalten, worin ich der Jugend, die auf mich hört, ins Gewissen rede." Zur gleichen Zeit verspürte hingegen der Schriftsteller Jakob Wassermann eine „eisige Lähmung" in sich, „Arbeit erscheint schal, Verkehr mit Menschen schal, Lektüre schal, in der gewohnten Regel weiterexistieren sinnlos".
Ursache dieser Reaktionen war die Ermordung des Außenministers Walther Rathenau am 24. Juni: Im Hinblick auf seine Wirkung eines der bedeutsamsten Ereignisse der Weimarer Republik, da in ihm zwei konträre Zukunftsaussichten verwoben waren. Zum einen war es der frühe Moment, von dem ab die Geschichte der Weimarer Republik hätte anders verlaufen können, hin in Richtung eines entschlossenen Widerstands gegen die antisemitischen Hassprediger der damaligen Zeit. Denn die Weimarer Republik verlief eben nicht als eine Einbahnstraße in Richtung Nationalsozialismus, sondern es gab Alternativen. Hier tat sich eine auf; der treu ergebene NS-Famulus Ernst Boepple zum Beispiel, der Hitlers frühe Reden herausgab, nannte die Zeit rückblickend diejenige, in der „man Hitler zum erstenmal erledigen wollte". Zum anderen und gleichzeitig empfanden führende jü-

dische Intellektuelle hier etwas, das rückblickend wie eine Ahnung von Exilnot und Holocaust erscheint.
Thomas Mann reagierte wütend und beschämt: „Welche Finsternis in den Köpfen dieser Barbaren!“, notierte er in einem Brief an Ernst Bertram vom 8.Juli 1922. Seine erwähnte Geburtstagsrede, die später den Titel *„Von deutscher Republik“* erhielt, schrieb er nun um zu einem Bekenntnis zur Demokratie: *„Es lebe die Republik!“* Kanzler Joseph Wirth sagte am 25.Juni im Reichstag entschieden: „Geehrte Herren von rechts: So wie es bisher gegangen ist, geht es nicht mehr in Deutschland.“ Der „Feind“ war für ihn ausgemacht, er stand innerhalb Deutschlands und zwar „rechts“, er war zum Kampf gegen ihn entschlossen, in der Erkenntnis, „daß unter dieser völkischen Verheerung, unter der wir leiden, unser deutsches Vaterland rettungslos dem Untergang entgegentreiben muß“.
An den auf das Attentat folgenden Tagen fanden Demonstrationen für die Republik z.B. in München und Berlin mit bis zu 200000 Teilnehmern statt sowie das Staatsbegräbnis Rathenaus zu den Klängen der Egmont-Ouvertüre und des Trauermarschs aus der „Götterdämmerung“. „Die Wirkung war ungeheuer. Man hörte Schluchzen, viele um mich herum weinten, das Weltgeschichtliche dieses schicksalsschweren Todes schwebte in der Musik durch die Seelen“, notierte ein Beobachter. Tief berührt war auch der spätere Reichskanzler und Außenminister Gustav Stresemann. In der Folge setzte auch er sich für ein „Gesetz zum Schutz der Republik“ ein, das eine Möglichkeit zum Verbot extremistischer Organisationen bot. Auch der Diplomat Harry Graf Kessler sah den Tod Rathenaus als ein entscheidendes Signal für die Zukunft Deutschlands, die nun einer nachdrücklichen Friedensarbeit bedürfe, „wenn sie nicht das deutsche Volk durch eine Nacht der Schrecken, in den Abgrund, in den Nibelungentod führen soll“. Die Ermordung des jüdischen Deutschen Rathenau durch Anhänger ultrarechter Kreise war so zu einem Alarmzeichen im Hinblick auf die Bedrohung des Staates durch den Rechtsradikalismus geworden.
Gleichzeitig empfanden viele Juden den Mord als bedrohliches Signal. Rathenau verkörperte in seiner Persönlichkeit wie durch sein Wirken im preußischen Kriegsministerium während des Ersten Weltkriegs sowie als Wiederaufbau- und Außenminister geradezu den Prototyp des assimilierten Juden – und trotzdem war er ermordet worden. Die Hoffnung, durch Anpassung ein normales Leben in Deutschland führen zu können, war damit dahin. Wassermann sprach von der „Tragik der unerwiderten Liebe“ aller Juden zu Deutschland, und ihm war, als rufe man in diesem Land Rathenau

wie allen Juden zu: „Sei Mensch, sei Genius, sei ein Gott: in unsern Augen zählst du nicht, in unsern Augen bist du nicht, wir nehmen dich nicht auf, denn du bist von fremdem Blut und folglich Schädling, Feind und Verderber.“ „An ihren Früchten sollt ihr sie erkennen!“, schrieb Albert Einstein nach dem Tod Rathenaus zornig und schockiert über das Verhältnis der Deutschen zu den Juden und gewann in der Folge ein wachsendes Verständnis für den Zionismus, denn man werde in Deutschland „zurückgesetzt oder erschlagen“, „einfach weil wir Juden sind“. „Wie soll man weiterleben?“, fragte auch Jakob Wassermann, nicht nur in persönlicher, sondern in symbolischer Resignation als Jude in Deutschland. Für ihn war das Leben nun in eine „Atmosphäre von Ekel und Grauen“ getaucht, es blieb nur die Hoffnung, dass der Widerstand gegen die antisemitischen Hassprediger Erfolg haben würde.
Quellen: Die Neue Rundschau. 33. Jahrgang der Freien Bühne, hg. v. Oskar Bie u. a., Berlin u. Leipzig 1922/Bd. 2; Albert Einstein, Briefe, hg. v. Helen Dukas u. Banesh Hoffmann, Zürich 1981; Ernst Boepple (Hg.), Adolf Hitlers Reden 1922–1924, München 1933; Harry Graf Kessler, Tagebücher 1918–1937, hg. von Wolfgang Pfeiffer-Belli, Frankfurt 1996.

Literatur HANS WILDEROTTER (Hg.), Die Extreme berühren sich. Walther Rathenau 1867–1922 (Ausstellungskatalog), Berlin o. J.

R. T.

Arnold Brechts Rede an Hitler 1933

Möchte man im Geschichtsbewusstsein die demokratische Tradition in Deutschland und ihr „Wider-Stehen“ gegenüber autoritären Versuchungen stärken, dann darf ein Hinweis auf ihn nicht fehlen: Arnold Brecht. Er setzte sich fast ein Leben lang für Rechtsstaatlichkeit und Demokratie ein und hielt am 3. Februar 1933 die letzte freie Rede im Reichsrat an Hitler, eine bewegende und mutige Rede, doch leider auch eine weithin vergessene. Vergessen scheint der ganze Mann, denn wenn man im Buchhandel nach seinen beiden Bänden der „Lebenserinnerungen“ fragt, so findet man sie nur noch im Antiquariat.
Geboren 1884 in Lübeck, wurde Arnold Brecht Jurist; seine Hinwendung zur Politik begann, wie bei vielen seiner Zeitgenossen, mit dem Ersten Weltkrieg. Seine Berufung in die Reichskanzlei im Oktober 1918, noch im Zeichen der Monarchie, nahm er mit einem romantischen Ernst entgegen,

der aus heutiger Sicht vielleicht verwundern mag: „Ich wollte mich dem Dienst für Deutschland im Geiste von Gerechtigkeit, Wahrheit und Freiheit weihen, besonders in diesen Tagen der Not."

Arnold Brecht war niemand, der den Sturz der Monarchie bejubelt hätte, allerdings auch niemand, der unkritisch an ihr festhielt: Eine seiner ersten Unternehmungen wurde die Zusammenstellung der „Urkunden zur Vorgeschichte des Waffenstillstandes", die schon 1919 als ein Kampfmittel gegen die „Dolchstoß-Legende" hätte eingesetzt werden können. Im Verlauf des Winters 1918/19 gewann er ein immer näheres Verhältnis zur MSPD, den Parteieintritt allerdings lehnte er als Beamter für sich ab. Gleichwohl wurde er als jemand bekannt, der für die Republik warb. Nachdem er 1921 in das Reichsinnenministerium übergetreten war, wirkte er u.a. an der Gestaltung der jährlichen Verfassungsfeiern mit: Er hoffte, die Festlichkeiten und die Einbindung prominenter Gäste aus dem Kulturleben könnten der Republik einen stärkeren Glanz verleihen. 1930 gründete er den demokratischen „Deutschlandbund", der in populären Formen gegen die NSDAP aufzutreten versuchte.

Zu diesem Zeitpunkt war er bereits der Vertreter Preußens im Reichsrat und galt dem preußischen Ministerpräsidenten Otto Braun als politisch loyaler, verdienstvoller und seriöser Beamter. Und in der ihm eigenen unaufgeregten, sachlichen, zugleich aber sehr bestimmten Weise entgegnete er dann als Sprecher des Reichsrats dem gerade vereidigten Reichskanzler Hitler, als der sich dieser Institution vorstellte. Wie wenig es Hitler dabei darum ging, die föderale Tradition und die verfassungsgemäßen Rechte der Länderkammer zu achten, ist bekannt. Auch Brecht argwöhnte nicht erst in diesem Moment, dass mit Hitler eine „extreme" Politik begänne; umso mehr unternahm er es in dieser vis-à-vis geführten Rede, Hitler an die wörtliche Bedeutung seines Eides und die Würde des Reichsrats zu gemahnen und ihm die Unterstützung der Länderkammer nur für den Fall zuzusagen, dass Hitler diese jeweils achte:

> „Sachlichkeit, temperierte Austragung sachlicher Gegensätze, Pflege guter persönlicher und kameradschaftlicher Beziehungen sind die Gewohnheit des Reichsrats, von der uns keine Unterbrechung bekannt ist. (...) Der Reichsrat soll der Anker im deutschen Uhrwerk sein. Motor, Feder und Unruhe zu sein, ist nicht seine Aufgabe. (...) Er soll das Gewissen in unruhigen und leidenschaftlichen Zeiten sein. Kein Hemmschuh für energischen Fortschritt, aber ein Hemmschuh für Ausbrüche der Leidenschaft und des überhitzten Kampfes. Eine Stütze für alle sachliche Arbeit, besonders aber eine Stütze für die Reichs-

> regierung in solcher Arbeit. (...) Wir bitten Sie, Herr Reichskanzler, sich des hohen Wertes dieser Einrichtung bewußt zu sein und sich ihrer so zu bedienen, wie es dem Reichsrat nach der Verfassung zukommt. (...) Sie haben, Herr Reichskanzler, den schweren Schritt vom Führer einer in Opposition gewachsenen Bewegung zum verantwortlichen Leiter der Politik des Deutschen Reiches getan. Das ist, wir fühlen es alle, auch für Sie persönlich ein überaus ernster Entschluß. Denn er bedeutet, daß Sie die schwere Pflicht auf sich genommen und durch Ihren feierlichen Eid bekräftigt haben, Ihre Kraft für das Wohl des ganzen Volkes einzusetzen, die Verfassung und die Gesetze des Reiches zu wahren, die Ihnen danach obliegenden Pflichten gewissenhaft zu erfüllen und Ihre Geschäfte ‚unparteiisch und gerecht gegen jedermann' zu führen. In diesen Aufgaben wird Ihnen der ganze Reichsrat stets eine starke und verständnisvolle Stütze sein."

Eine solche Rede ist kein Attentat, doch der mutige und stolze Versuch, die Würde rechtsstaatlicher und parlamentarischer Prinzipien auch vor einem Extremisten als unumstößlich darzustellen. Man könnte auch sagen: Brecht kündigte für den Reichsrat Hitler die Gefolgschaft. Für Hitler war diese Botschaft ganz eindeutig: Brecht wurde am gleichen Abend benachrichtigt, „daß der Führer über seine Rede wütend sei und daß die vier oder fünf Parteigenossen, die ihn zur Sitzung begleitet hatten, vollends ‚tobten'". Es war somit fast ausgemacht, dass Brecht emigrieren musste. Er tat es nach der Berufung an die New Yorker New School for Social Research am 9. November 1933.
1947/48 betrat er wieder deutschen Boden, diesmal aber als amerikanischer Staatsbürger und in der Funktion als politischer Berater der Alliierten für den Wiederaufbau einer deutschen Demokratie. Er starb 1977.
Quelle: Arnold Brecht, Vorspiel zum Schweigen. Das Ende der deutschen Republik, Wien 1948, 113–116.

Literatur Arnold Brecht, Lebenserinnerungen. 2 Bde., Stuttgart 1966/67.

R. T.

Hitlers Telefonist und das Ende im Bunker

Eigentlich war er immer nur ein Komparse, im richtigen Leben wie jetzt im Film „Der Untergang". Die Rede ist von Rochus Misch, dem Einzigen von Hitlers Mannschaft aus den letzten Tagen im Führerbunker, der immer noch lebt. Damals gehörte Misch zu den Randfiguren, heute drängen sich

Journalisten und Kamerateams aus aller Welt, um aus seinem Munde zu hören, wie es wirklich war. Fünf Jahre hat Misch Hitler praktisch überall hin begleitet. Für ihn war er nicht der Führer, sondern der „Chef" und er sein Telefonist. Einer ganz in seiner Nähe, unbeachtet und doch immer da. Am Ende folgte er ihm in den Bunker, den er am 2. Mai 1945 als einer der Letzten verließ. Heute sagt Misch rückblickend: „Ich habe im Dritten Reich sozusagen das Licht ausgemacht."

Als Ende April 1940 in der Reichskanzlei ein Telefonist und Kurier im Führerbegleitkommando gesucht wird, erhält Misch zufällig diesen Posten. Er ist weder in der Partei noch in der Hitlerjugend. Von da an begleitet er Hitler auf den Obersalzberg, zur Wolfsschanze und bleibt bis zum bitteren Ende. Fünf Jahre erlebt er die Nähe eines furchtbaren Diktators, der im persönlichen Umgang harmlos und liebenswürdig auf seinen Telefonisten wirkt. Er hätte ihn fast täglich ermorden können, aber nie hat er an ein Attentat gedacht. Wenn Misch nicht gebraucht wird, fotografiert er Hitler und seine persönliche Umgebung, bis er ganze Schuhkartons voll mit Fotos hat. Erst 60 Jahre später wird man sich dafür interessieren.

Auch das nahende Ende erlebt der Telefonist Misch im Führerbunker zwischen den wahnwitzigen Illusionen des Führers und den verzweifelten Anfragen von Soldaten. Misch hört alle Gespräche mit. Manchmal geraten auch Zivilisten zufällig an den Bunker-Anschluss mit der Nr. 12 00 50. Der Anruf eines Berliners bewegt ihn noch heute: „Nebenan wird vergewaltigt, die Leute haben geschrien – was soll man bloß tun?" Er kann nichts tun, er kann nur warten.

Die Telefonzentrale liegt nur ca. sechs Meter von Hitlers Besprechungszimmer und Goebbels' Arbeitsräumen entfernt. Bei der mitternächtlichen Teerunde auf dem Gang und beim Überbringen wichtiger Depeschen kann er „den Chef" auch in den letzten Tagen häufiger persönlich erleben. Er ist ein unauffälliger, loyaler Mitarbeiter. Von einem Redakteur bei der Recherche zum Film befragt, warum er so lange ausgehalten hat, kommt die knappe Antwort: „Das war meine Aufgabe."

Im April 1945 werden die täglichen Meldungen der einzelnen Frontabschnitte immer verheerender. Alles löst sich auf, doch noch immer funktioniert das Telefon. Wenn die spielenden Goebbels-Kinder aus dem Vorbunker nach unten kommen, erscheint Misch die Lage noch gespenstischer. Immer wieder tuschelt in diesen Tagen Frau Goebbels mit Fräulein Braun, und Misch kann hören, wie sie über den gemeinsamen Tod sprechen.

Von Tag zu Tag wirkt Hitler abwesender, sein Gesicht ist fahl und zusammengefallen. Manchmal sieht Misch, wie Hitlers Hände beim Lesen zittern. Um der schleichenden Angst zu entkommen, telefoniert Rochus Misch möglichst laut, während die anderen zunehmend flüstern. Dann hört er, wie Hitler seiner Sekretärin sein Testament diktiert. Immer öfter kommt ihm der Gedanke, dass sie im Bunker wie in einem riesigen Sarg begraben werden. Am 30.April begegnen Hitler und sein Telefonist sich zum letzten Mal. Seine letzte Anweisung an seinen Adjutanten ist, dass er nicht mehr gestört werden möchte. Dann wird es still. Oben in den noch nicht zerstörten Räumen der Reichskanzlei und im Vorbunker findet dagegen ein Gelage statt. Als Misch nach oben telefoniert, reagiert keiner. Die meisten sind viel zu betrunken, um zu erfassen, dass Hitler dabei ist, Selbstmord zu begehen.
Wenig später wird Hitlers Leiche in eine Decke gehüllt an ihm vorbeigetragen und einer sagt: „So, jetzt wird der Chef verbrannt, geh mal schnell rauf." „Nee", antwortet Misch. „Ich geh da nicht rauf, geh du rauf." Alle schauen sich an, keiner weiß mehr, was er tun soll. Im allgemeinen Chaos fordert die Fliegerin Hanna Reitsch Frau Goebbels auf, doch wenigstens die Kinder auszufliegen. Die Antwort ist knapp: „Nein, die Kinder bleiben hier." Während Misch weiter telefoniert, sieht er sie in weißen Nachthemden mit Frau Goebbels in den Vorbunker gehen. Als sie zwei Stunden später allein zurückkommt, sind sie vergiftet. Frau Goebbels setzt sich weinend an einen Tisch und legt Patiencen. Ihr Mann steht schweigend neben ihr und schaut ihr zu. Nach etwa einer Stunde geht sie alleine nach oben. Danach hat sie keiner im Bunker mehr gesehen.
Während oben die Erde bebt, wird es immer stiller. Da wagt es Misch, Goebbels zu fragen, ob er gehen kann. Irgendwann meint der dann: „Na ja, wir haben verstanden zu leben, und jetzt werden wir auch verstehen zu sterben. Sie können jetzt Schluss machen." Am 2.Mai 1945 verlässt Misch den Bunker. Auf dem Weg durch das brennende Berlin trifft er Hitlers Diener Alfred Linge, der ihm stolz die Armbanduhr des „Führers" zeigt.
Für den Telefonisten Misch, ganz zufällig in das Zentrum der Macht gelangt, beginnt mit dem Untergang eine lange Gefangenschaft. Erst nach neun Jahren kehrt er aus Sibirien zurück. Und nach 60 Jahren sieht er seine Geschichte im Kino.

Literatur www.der-untergang.de (Materialien, Meinungen und Medien zum Thema)

W. W.

Kinder im KZ

Kinder und Jugendliche haben genauso die unmenschliche Wirklichkeit der Konzentrationslager kennen gelernt wie ihre Eltern. Zwei Beispiele einerseits zeigen, wie zynisch die Nationalsozialisten dies propagandistisch ausschlachteten, andererseits, wie Kinder den Alltag im KZ erlebten.

Die Kinderoper Brundibar

Dass eine Oper berühmt wird, weil sie in einem KZ gespielt wird, wünscht sich kein Komponist und dennoch dürfte Hans Krasa sehr berührt gewesen sein, als er in Theresienstadt wieder auf seine Kinderoper „Brundibar" traf. Sie sollte im Juli 1941 im jüdischen Waisenhaus von Prag zum 50. Geburtstag des Direktors Otto Freudenfeld zum ersten Mal aufgeführt werden. Da zahlreiche Beteiligte unerwartet deportiert worden waren, spielten die Kinder sie mit nur drei Instrumentalisten. Im folgenden Jahr musste auch Freudenfeld nach Theresienstadt, doch er schmuggelte als besonderen Schatz den Klavierauszug der Oper durch alle Kontrollen. Gleich am ersten Tag nahm er im KZ Kontakt mit dem Komponisten auf, damit er eine neue Partitur erstellen konnte. Und am 23. September 1943 fand in Theresienstadt die eigentliche Premiere von „Brundibar" statt.
Kinder spielten die Geschichte des bösen Leierkastenmannes Brundibar, der ihnen das Leben zur Hölle macht. Aber gemeinsam gelingt es ihnen auf märchenhafte Weise, das Böse zu vertreiben. Fünfzigmal wurde die Oper im Theresienstädter Ghetto gespielt und unzählige Male auf den Gängen und in Hofecken. Bald erkannte das Lagerkommando die Bedeutung von „Brundibar" und missbrauchte die Oper zu Propagandazwecken. Als am 23. Juni 1944 eine Kommission des Internationalen Roten Kreuzes das Lager inspizierte, präsentierten die Nazis das märchenhafte Stück als Beweis dafür, wie schön das Leben im „Kurort Theresienstadt" sei. Eine Propagandalüge, die im Film „Der Führer schenkt den Juden eine Stadt" fortgeführt wurde. Goebbels hatte angeordnet, das „Theresienstädter Paradies" zu filmen, und die Kinderoper durfte nicht fehlen. Er hatte nicht bedacht, dass er damit den missbrauchten Kindern auch eine Stimme gab, die über den NS-Staat hinaus alle Propaganda entlarven konnte. Im Finale der Oper feiern die Kinder ihren Sieg über den bösen Brundibar mit dem Versprechen: „Ihr müsst auf Freundschaft bauen!"
Nach dem Besuch des Roten Kreuzes läutete immer öfter die Sterbeglocke, wurden die Transporte in die Gaskammern nach Auschwitz immer größer.

Die Überlebende Ela Weisberg erinnert sich an diese Zeit als Kind im KZ Theresienstadt und die Bedeutung der Musik: „Selbst unter allerschwierigsten Bedingungen kann man viel erreichen, wenn man fähig ist, etwas gemeinsam zu tun und an etwas anderes zu denken als an den nächsten Bissen Brot. Wenn wir gesungen haben, waren wir glücklich – für diesen einen Moment."

Ein Mädchen über den Alltag in Bergen-Belsen

Zur Sache Ende 1943 werden Hetty Werkendam, ihre Geschwister und ihre Eltern nach Bergen-Belsen deportiert. Als sie von ihren Eltern getrennt werden, übernimmt Hetty die Rolle einer Art „Ersatzmutter" für 40 Kinder im KZ. Sie hilft ihnen zu überleben und beginnt unmittelbar nach der Befreiung damit, ihre Erinnerungen aufzuschreiben. Erst im Jahr 2000 erscheinen ihre Aufzeichnungen als Buch.

Als sie sich von ihren Eltern verabschieden muss, steht sie mit ihren Geschwistern erstarrt und hört wie von ferne den hysterischen Schrei einer Frau: „Ich will mein Baby!" Hettys Mutter versucht die Kinder zu beruhigen und gibt ihr zum Abschied einen Läusekamm. „Halte deine Haare sauber und die der Jungen auch", schärft sie ihrer Tochter ein, die sich an sie klammert. Aber obwohl ihr Herz blutet, kann sie nicht weinen.
Nach Tagen allein in der Kinderbaracke übernehmen die Großen ganz selbstverständlich die Verantwortung für die Kleinen. Viele Kinder weinen still und sind nicht ansprechbar. Als der erste Junge stirbt, notiert Hetty, er sei sicher deshalb nicht mehr am Leben, weil er seine Mutter so sehr vermisst hat. Immer wieder machen schreckliche Nachrichten die Runde. So erzählt eines Tages einer von den Größeren, dass in einer Baracke viele Frauen sind, die keine Haare haben und riesige Augen. Viele von ihnen bekommen ein Baby. Sie selbst hat auch etwas Schauriges entdeckt, ein Haus hinter einem hohen Zaun. Es ist das Krematorium.
Bis sie tätowiert werden, müssen sie ihre Registriernummer auf ein Stück Tuch schreiben. Angst und Elend lassen die Kinder verstummen. Sie streiten wenig, denn sie wissen, sie müssen einander helfen. Hetty aber fragt sich immer wieder: „Warum hilft uns keiner?"

Literatur Nach Hetty E. Verolme, Wir Kinder von Bergen-Belsen, Weinheim 2005. Buchtipp: Carlo Ross, Im Vorhof der Hölle, München 1994 (Schicksal eines Jungen in Theresienstadt).

W. W.

Die „Werdauer Oberschüler"

Die meisten waren 16 bis 19 Jahre alt, als sie Anfang Oktober 1951 vom Landgericht Zwickau verurteilt wurden, 19 junge Menschen, darunter zwölf Schüler und drei Schülerinnen der Oberschule Werdau (Sachsen). Sie erhielten insgesamt „130 Jahre Zuchthaus", so die Schlagzeile im westdeutschen „Stern" (2.12.1951). Was waren ihre „Verbrechen", was die Motive?

Vor dem Hintergrund von Krieg und NS-Herrschaft waren die Jugendlichen empfänglich für die politischen Angebote des neuen Regimes in der SBZ, das Frieden und Antifaschismus propagierte und zur aktiven Mitarbeit am „Aufbau einer neuen demokratischen Ordnung" aufrief. Etliche traten in die FDJ ein, einige wurden sogar Funktionäre, einer SED-Mitglied.

Aber bald wurden die Widersprüche für die politisch interessierten Jugendlichen immer deutlicher: Politische Opposition wurde zunehmend kriminalisiert. Die SED als „Partei neuen Typs" (1948) bediente sich der stalinistischen Praxis der KPdSU: Ausschaltung politischer Gegner, Terror, Bespitzelung, Unterdrückung von Meinungsfreiheit. Werdau galt als Hochburg des „Sozialdemokratismus"; Oberbürgermeister Gerhard Wecker (ursprünglich SPD-Mitglied und Häftling im KZ Buchenwald) war seit 1948 in Bautzen inhaftiert. In der Oberschule wurde die Parteilinie von Direktorat und Lehrerschaft konsequent „durchgestellt" und abweichende politische Äußerungen mit scharfen Schulstrafen bis hin zur Entlassung bedroht.

In dieser Atmosphäre begannen die „Werdauer Oberschüler" in kleinen Zirkeln zu diskutieren. Nach der Erinnerung des später zu acht Jahren Zuchthaus verurteilten Achim Beyer spielten dabei die Flugblätter der „Weißen Rose" (1943) eine wichtige Rolle: Indem sie Begriffe auswechselten – NSDAP gegen SED, HJ gegen FDJ, Gestapo gegen Staatssicherheit – entwickelten die Jugendlichen eine Analyse der politischen Situation der DDR und sahen immer mehr Ähnlichkeiten zwischen NS-Regime und Stalinismus. „1984" von Georg Orwell wurde heimlich gelesen und diskutiert: Als „Großer Bruder" erschien ihnen der von zahllosen Wänden blickende Josef Stalin; „Neusprech" passte zur Parteiterminologie, die „Gedankenpolizei" zu den Kontrollkommissionen von SED und FDJ – und im „Zwiedenken" sah man sich bereits geübt, in der Spaltung zwischen privatem und öffentlichem Verhalten.

Widerstand ist immer eine Sache der Minderheit. Was die „Werdauer Oberschüler" dachten, war wohl nicht weit entfernt von den Gedanken der

Mehrheit. Aber die Jugendlichen wollten Zeichen setzen, sich nicht korrumpieren lassen. Aus Anlass der ersten Wahl zur Volkskammer der DDR am 15.10.1950, die so offensichtlich undemokratisch war, startete die Gruppe die erste Flugblattaktion. Mit einem Abzugsgerät wurden 500 Flugblätter hergestellt, in denen zum „Nein" bei der Wahl aufgerufen wurde. Ein Kernsatz mit den Leitbegriffen auch nachfolgender Flugblätter lautete: „Wir alle sehnen uns nach Frieden, nach Einheit Deutschlands in Freiheit."
Gegen das Todesurteil für den Oberschüler Hermann Josef Flade aus Olbernhau/Erzgebirge, der, unabhängig von den Werdauern, ebenfalls Flugblätter verteilt und bei seiner Verhaftung einen Polizisten mit dem Taschenmesser verletzt hatte, entwarfen die Werdauer ein Protestflugblatt. Da die Herstellung schon wegen der Papierbeschaffung außerordentlich schwierig war, knüpften sie Kontakt zu der Westberliner KgU (Kampfgruppe gegen Unmenschlichkeit) und erhielten die erhoffte Unterstützung; dies wurde vor Gericht als „Agenten- und Partisanentätigkeit" ausgelegt und wirkte strafverschärfend.
Mitte Mai 1951 wurden zwei Aktivisten der Werdauer beim Verteilen von Flugblättern verhaftet. Rasch hatten die Behörden genügend Informationen, um die anderen Beteiligten festzunehmen. Der Prozess, der am 3. Oktober vormittags begann und kurz nach Mitternacht endete, ist ein Musterbeispiel für politische Justiz: Verlauf und Urteile waren schon vorher festgelegt – in Abstimmung zwischen Staatsanwaltschaft, MfS, SED-Kreisleitung und den willfährigen Richtern. Die Angeklagten hatten den ersten Kontakt mit den Pflichtverteidigern erst zu Prozessbeginn; die Anklageschrift durften sie vorher nur einmal lesen, ohne sich Notizen zu machen. Eltern waren als Prozessbeobachter nicht zugelassen, nur Funktionäre und „fortschrittliche Lehrkräfte" der Oberschule, die schon vorher dafür gesorgt hatten, dass die Angeklagten der Schule verwiesen wurden. Die Höchststrafe war 15 Jahre für den „Rädelsführer" Joachim Gäbler. Den politischen Umständen hatten es die jungen Menschen zu danken, dass die letzten 1956 entlassen wurden. Im gleichen Jahr war von Chruschtschow die „Entstalinisierung" eingeleitet worden.
Von den 19 Angeklagten und Inhaftierten blieben vier in der DDR. Achim Beyer betrieb in der Bundesrepublik seine Rehabilitierung und Anerkennung als politisch Verfolgter. Allerdings beschied ihn der zuständige Generalstaatsanwalt in Bamberg: „Hätten Sie sich anständig benommen, wären Sie nicht ins Zuchthaus gekommen."

Literatur Achim Beyer, Die „Werdauer Oberschüler" – Widerstand und Verfolgung von Jugendlichen zu Beginn der fünfziger Jahre, in: Der Schein der Normalität. Alltag und Herrschaft in der SED-Diktatur, hg. von Clemens Vollnhals und Jürgen Weber, München 2002, 157–201.

S. M.

Im Kampf um den eigenen Staat – die PLO

Die PLO (Palestine Liberation Organisation) stellt eine Vereinigung unterschiedlicher palästinensischer, teilweise militanter und terroristischer Widerstandsgruppen dar. Ihr gemeinsames Ziel ist die Schaffung eines säkularen palästinensischen Staates.
Die Gründung der PLO als „Organisation zur Befreiung Palästinas" erfolgte auf Initiative des damaligen ägyptischen Staatspräsidenten Gamal Abdel Nasser (1918–1970) am 2. Juni 1964, der das militante Potenzial der nahezu 700 000 palästinensischen Flüchtlinge für seine Zwecke nutzen wollte. So stand die PLO bis zum Sechs-Tage-Krieg 1967, in dem die arabischen Staaten gegen Israel unterlagen, unter dem starken politischen Einfluss Ägyptens. In der Folge gewann jedoch die palästinensische Widerstandsgruppe „Al-Fatah" (arab.: „der Sieg") immer mehr an Einfluss, so dass ihr Führer Jassir Arafat (1929–2004) am 13. Februar 1969 zum Vorsitzenden der PLO gewählt wurde. Neben der Al-Fatah bildete die PFLP (Popular Front for the Liberation of Palestine) die zweitstärkste Fraktion innerhalb der PLO. Sie ist durch Flugzeugentführungen, vor allem durch die Entführung der deutschen Lufthansa-Maschine „Landshut" 1977, bekannt geworden.
Eine unbestreitbare Strategie des von der PLO und ihren Unterorganisationen geführten Kampfes ist der Terror. Einige Terroraktionen haben weltweit Aufsehen erregt wie der Überfall auf die israelische Olympiamannschaft in München 1972 durch die palästinensische Untergrundorganisation „Schwarzer September". Die Aktionen der PLO richteten sich nicht nur gegen Israel. Nach einem Attentat am 2. September 1970 auf den jordanischen König Hussein, dessen Regierung zunehmend durch die Präsenz von PLO-Kämpfern destabilisiert wurde, kam es zu bewaffneten Auseinandersetzungen mit der jordanischen Armee. Im Verlauf der Kämpfe wurde die PLO aus Jordanien vertrieben (*Schwarzer September* 1970) und sie musste ihre Operationsbasen in den Süden des Libanon verlegen. Der israelische Angriff auf den Libanon im Sommer 1982 diente u.a. der Zerstörung dieser

Basen, von denen aus die PLO Anschläge auf Israel und seine Bevölkerung geplant und durchgeführt hatte.
Seit Beginn der 1990er-Jahre drängen die USA auf die Schaffung eines dauerhaften Friedens im Nahen Osten. Nach mehreren Verhandlungen erkannten sich Israel und die PLO gegenseitig an (Osloer Abkommen vom 13.9.1993) und vereinbarten Grundlagen für eine Teilautonomie der Palästinenser in den von Israel besetzten Gebieten (Gaza-Jericho-Abkommen).
Bis heute haben diese und weitere Vereinbarungen jedoch nicht zur Beendigung des Nahost-Konflikts geführt. Die Verhandlungen sind vor allem deshalb schwierig, da es sich bei der PLO im Grunde nicht um eine homogene Organisation handelt. Von den unter ihrem Dach organisierten Widerstandsgruppen ringen besonders die PFLP (Volksfront zur Befreiung Palästinas) und die Al-Fatah Jassir Arafats um die Führung. Dabei untergräbt die PFLP die Glaubwürdigkeit der palästinensischen Friedensbemühungen, indem sie immer wieder Selbstmordattentate durchführt, zuletzt am 1. November 2004 für einen Anschlag auf einem Markt in der Innenstadt von Tel Aviv. Während sich die PLO unter ihrem derzeitigen Vorsitzenden und Mitbegründer der Al-Fatah Mahmud Abbas offiziell um Frieden mit Israel bemüht, führt wiederum eine Unterorganisation der Al-Fatah, die Al-Aqsa-Märtyrer-Brigaden, Selbstmordanschläge in Israel aus, bei denen viele unbeteiligte Zivilisten getötet werden.
Auch die offizielle Anerkennung Israels durch die PLO wirkt nicht glaubwürdig, wenn der palästinensische Nationalrat am 26. April 1996 entschieden hat, diejenigen Abschnitte in der Palästinensischen Nationalcharta zu entfernen, die zur Zerstörung Israels aufrufen, diese Veränderungen bis heute jedoch nicht vorgenommen wurden. So heißt es im Artikel 15 nach wie vor: „Die Befreiung Palästinas ist vom arabischen Standpunkt aus nationale Pflicht. Ihr Ziel ist, der zionistischen und imperialistischen Aggression gegen die arabische Heimat zu begegnen und den Zionismus in Palästina *auszutilgen*.“ (Palästinensische Nationalcharta v. 17.07.1968)
Schließlich führt das offizielle Bestreben der PLO nach einer politischen Lösung des Nahost-Konflikts zur Stärkung militanter radikalislamischer Gruppierungen wie z.B. der Hamas und damit zur Aufsplitterung der palästinensischen Front. Die Hamas erkennt Israel nicht als Staat an und will im Unterschied zur PLO eine islamische Theokratie auf den Gebieten des heutigen Israels, der Westbank und des Gazastreifens errichten. Hamas begeht Selbstmordattentate gegen israelische Zivilisten als Mittel der so genannten asymmetrischen Kriegführung. Gleichzeitig gewinnt die Organisation

im Gazastreifen mit sozialen Hilfseinrichtungen und wohltätigen Aktionen Anhänger und Sympathisanten besonders unter den palästinensischen Jugendlichen. Dass die PLO in dieser Altersgruppe längst an Prestige verloren hat, zeigen die Aufstände meist frustrierter jugendlicher Palästinenser in den von Israel besetzten Gebieten (1.Intifada 1988, 2.Intifada 2000). Mit dem Sieg der Hamas bei den Parlamentswahlen am 26.1.2006 endet der Anspruch der PLO als alleinige Interessenvertreterin der Palästinenser.
Quelle: Palästinensische Nationalcharta 17.Juli 1968, aus: Generaldeligation Palästinas in der Bundesrepublik Deutschland, http://www.palaestina.org/dokumente/plo/palaestinensische_nationalcharta.pdf (03.01.2006)
Tipps für den Unterricht: Praxis Geschichte, 3/1998: Naher Osten – ferner Frieden?; Geschichte Lernen, Nr. 83: Israel – Palästina.

C. H.

Mörderischer Realitätsverlust – die RAF

Die Rote Armee Fraktion (RAF) war eine linksterroristische Gruppe, die 1970 unter Andreas Baader, Gudrun Ensslin, Ulrike Meinhof und Horst Mahler in der Bundesrepublik Deutschland gegründet wurde. Die Bezeichnung „RAF" tauchte das erste Mal Anfang 1971 in dem von Ulrike Meinhof verfassten Manifest „Konzept Stadtguerilla" auf. Unter der Abkürzung „RAF" war auf dem Titelblatt eine Kalaschnikow-Maschinenpistole abgebildet. In den Medien wurde die Gruppe seinerzeit auch „Baader-Meinhof-*Gruppe*" genannt. Die Springer-Presse verbreitete die Bezeichnung „Baader-Meinhof-*Bande*".
Die Ursprünge der Terrorgruppe sind im gesellschafts- und mentalitätsgeschichtlichen Kontext der 1968er-Bewegung zu suchen. Diese war Ausdruck des Protests gegen die autoritären Strukturen der bürgerlichen Welt. Sie fand unterschiedliche Ausdrucksformen sowohl auf politischer als auch auf kultureller Ebene. In Sitzstreiks („Sit-ins"), Demonstrationen und einer betont anti-bürgerlichen Lebensweise richteten sich die Proteste gegen die Notstandsgesetze (30.5.1968), den Vietnam-Krieg, die Springer-Presse und den Schah in Persien und gingen einher mit Beat-Musik, langen Haaren und Bärten, freier Liebe, Hippie-Bewegung und Rauschgiftkonsum. Auf den Straßen kam es zu Ausschreitungen. Wohl aus Hilflosigkeit und mangelnder Erfahrung reagierten die staatlichen Ordnungskräfte mit übertriebener Härte und trieben so die Eskalation voran. Die Auseinandersetzungen gipfelten in der Erschießung des Studenten Benno Ohnesorg am 2.Juni 1967

bei einer Demonstration und dem Attentat auf Rudi Dutschke am 11.April 1968. Während die Bewegung am Ende an Breitenwirkung verlor und die öffentlichen Proteste abebbten, radikalisierten sich extreme und fanatische Aktivisten. Ein Teil von ihnen vereinigt sich in der RAF.

Zunächst führte die Gruppe unter Andreas Baader und Gudrun Ensslin „Gewalt gegen Sachen“ aus und legte am 2.April 1968 Brände in zwei Frankfurter Kaufhäusern, um gegen den Einsatz von Napalm und den Krieg in Vietnam zu protestieren. Die Täter wurden schnell gefasst und zu Haftstrafen verurteilt, dann jedoch nach einem Revisionsantrag ihrer Verteidigung auf freien Fuß gesetzt. Andreas Baader verschwand daraufhin im Untergrund, wurde jedoch bald wieder gefasst. Unter dem Vorwand, zusammen mit der Journalistin Ulrike Meinhof ein Buch verfassen zu wollen, erhielt er Freigang in das Berliner Institut für Soziale Fragen. Dort befreite ihn am 14.Mai 1970 eine Gruppe der RAF und er tauchte zusammen mit Ulrike Meinhof unter. Es folgten Banküberfälle und Diebstähle von Ausweispapieren. Dann kam es zu Bombenanschlägen auf Einrichtungen der US-Armee, das LKA München, den Sitz des Axel Springer Verlages und auf einen Bundesrichter. Dabei kamen vier Menschen ums Leben, 41 erlitten z.T. schwere Verletzungen. Im Juni 1972 wurden die wichtigsten Mitglieder der RAF verhaftet, darunter Andreas Baader, Gudrun Ensslin, Holger Meins, Ulrike Meinhof, Jan-Carl Raspe, und im April 1977 zu lebenslanger Haft verurteilt.

Standen die Aktivitäten der RAF anfangs noch unter einer gewissen revolutionären Zielsetzung, von den Mitgliedern als Kampf gegen Imperialismus und Kapitalismus bezeichnet, scheint es nach der Inhaftierung der Baader-Meinhof-Gruppe vor allem um deren Freipressung gegangen zu sein.

Im Jahr 1977 überstürzten sich die Ereignisse. Am 7.April ermordete die RAF den Generalbundesanwalt Siegfried Buback und zwei seiner Begleiter und am 30.Juli den Vorstandssprecher der Dresdner Bank Jürgen Ponto. Am 5.September folgte die Entführung des Arbeitgeberpräsidenten Hanns-Martin Schleyer. Dabei wurden seine vier Begleiter erschossen. Die Entführer wollten die Freilassung der in Stuttgart-Stammheim einsitzenden RAF-Terroristen erzwingen. Dass Terrorismus nicht erst seit den Anschlägen der El-Kaida international verflochten ist, zeigte am 13.Oktober die Entführung der deutschen Lufthansa-Maschine „Landshut“ mit 91 Insassen nach Mogadischu (Somalia) durch die palästinensische Terrorgruppe „Schwarzer September“. Auch sie forderte die Freilassung der deutschen

RAF-Terroristen. Am 18. Oktober stürmte die Sondereinheit GSG-9 des Bundesgrenzschutzes die Maschine und konnte 90 Geiseln befreien. Zuvor hatten die Terroristen jedoch den Piloten ermordet. Wenige Stunden später wurden Andreas Baader, Gudrun Ensslin und Jan-Carl Raspe tot in ihren Gefängniszellen aufgefunden. Baader und Raspe hatten sich erschossen, Ensslin erhängte sich an einem Kabel. Bis heute ist nicht geklärt, wie die Schusswaffen in die Zellen des eigens für die RAF-Terroristen errichteten Hochsicherheitsgefängnisses gelangen konnten. Einen Tag später fand man die Leiche Hanns-Martin Schleyers im Elsass.

Nicht zuletzt der kollektive Selbstmord der Gründungsmitglieder verhalf der RAF zu einer bisweilen mythologisch anmutenden Popularität. Nach Angaben des Verfassungsschutzes zählten zeitweise bis zu 250 Aktivisten zur Terrorgruppe. Neben einer großen Zahl von Sympathisanten unterstützten staatliche Organe der DDR die RAF organisatorisch und finanziell. Letztere waren natürlich an einer Destabilisierung der BRD interessiert. Bis zu ihrer „Selbstauflösung" 1998 wurden durch die RAF 34 Menschen getötet. Auf Seiten der Terroristen starben 20.

Literatur Stefan Aust, Der Baader Meinhof Komplex, München 1998.

C. H.

Historisches Erzählen

Historische Jugendbücher – genauer: historische Romane im Unterschied zu Jugendsachbüchern – sind ein junges Genre mit langer Vorgeschichte. Bis zum Ende des 18. Jh.s gab es kaum Literatur, die speziell für Jugendliche geschrieben worden war. Sie sollten die Klassiker lesen, meistens in einer für ihr Alter bearbeiteten Fassung.

Ein Vorbild für das historische Jugendbuch wurden historische Romane für Erwachsene, die durch Walter Scott (1757–1832) neue Impulse bekamen. Er schuf zeitgemäße Figuren wie Ivanhoe, die den Leser zur Identifikation einluden, während die „großen Gestalten" im Hintergrund blieben. Außerdem gelang ihm ein sehr anschauliches und genaues Zeitkolorit. Das erklärt, warum Walter Scott in Bearbeitungen heute noch gelesen wird. In Deutschland hätte vielleicht Wilhelm Hauff (1802–27) seine Rolle einnehmen können, was jedoch sein früher Tod verhinderte. Stattdessen verfolgte die Literatur für Jugendliche in dieser Zeit eher didaktische Ziele. Sie sollte der vaterländischen Erziehung dienen, die man vor allem durch „Lebensbilder“ vermitteln wollte. Ein viel gelesener Jugendbuchautor war der Priester Christoph von Schmid (1768–1854), der seine Romane hauptsächlich im Mittelalter spielen ließ. Im Mittelpunkt stand eine moralische Botschaft, während die Historie austauschbare Kulisse war.

Erst gegen Ende des 19.Jh.s entstand ein historischer Jugendroman, der diesen Titel verdient. Es war Christoph David Friedrich Weinlands Buch „Rulaman. Erzählung aus der Zeit des Höhlenmenschen und des Höhlenbären“ (1876). Weinland (1829–1915), von Beruf Zoologe, hatte das Buch „der Jugend und ihren Freunden“ gewidmet. Es erlebte zahlreiche Auflagen, wurde mehrfach übersetzt und wird immer noch gelesen. Trotz seiner erkennbaren didaktischen Absicht – Weinland gibt eine Reihe von Anmerkungen und Sachinformationen – hat der Autor eine anschauliche und spannende Geschichte geschrieben, deren Titelheld jugendliche Leser zur Identifikation einlädt. Einen vergleichbaren Erfolg erzielte A.Th. Sonnleitner (1869–1939) vierzig Jahre später mit der Trilogie „Die Höhlenkinder“ (1918–1920).

Bei Weinland und Sonnleitner stehen die historische Epoche, in der das Buch spielt, und die zu dieser Zeit lebenden Menschen im Mittelpunkt. Andere Autoren und Werke dagegen benutzten die Geschichte für pädagogische oder politische Ziele, vor allem in der Zeit des Nationalsozialismus. Erst das Kriegsende und die intensive Rezeption ausländischer historischer Jugendromane ließen eine moderne Jugendliteratur in Deutschland entstehen.

Kinder und Jugendliche wählen kurze, leicht lesbare und spannende Bücher mit attraktiven Titeln. Für Erwachsene, die solche Bücher verschenken, und für Lehrer, die sie empfehlen oder als Lektüre auswählen, gibt es noch andere Kriterien. Historische Romane sind der geschichtlichen Wahrheit verpflichtet. Der Autor kann zwar erfinden und ausschmücken, aber Handlung und Personen dürfen nicht im Widerspruch zu den gesicherten Fakten stehen. Jugendbücher sollen dem Leser glaubwürdige Personen anbieten, die eine Identifikation im positiven Sinn ermöglichen. Dies gilt vor allem für Mädchen und junge Frauen, die nicht nur untergeordnete und passive Rollen spielen oder sich als Jungen verkleiden müssen, um etwas zu erleben. Schließlich müssen ethische Maßstäbe erfüllt sein, vor allem wenn das Schicksal von Außenseitern und Minderheiten thematisiert wird.

Gerade am historischen Beispiel können Toleranz und Fremdverstehen vermittelt werden.
Sind diese Voraussetzungen erfüllt, so kann das historische Jugendbuch eine wertvolle Lektüre sein, die einen Beitrag zur Geschichtsvermittlung leistet. Zu seinen Vorzügen gehört der Perspektivenwechsel, der vor allem das Alltagsleben und das Schicksal der Menschen früherer Zeiten beschreibt. Dabei kann der Leser viele anschauliche Details erfahren, für die im Unterricht meistens keine Zeit bleibt: Essen, Trinken, Kleidung und Wohnen, das Leben in den Familien oder in anderen Gemeinschaften, verschwundene Berufe und Tätigkeiten, auftretende Probleme und ihre Bewältigung, politische und religiöse Fragen, um nur einige Aspekte zu nennen. Schließlich ist vom historischen Jugendbuch nur ein kleiner Schritt zum historischen Roman und zur Behandlung der Geschichte in der Dichtung.
Im Folgenden soll für jede Epoche ein Jugendbuch vorgestellt werden. Berücksichtigt wurden bekanntere, aber auch weniger bekannte Titel und Autoren. Wichtige Kriterien für die Auswahl waren eine altersgerechte Sprache für die Unter- und Mittelstufe, eine glaubwürdige, anschauliche und spannende Darstellung und die Tatsache, dass die Bücher 2005 im Buchhandel lieferbar waren. Weitere Titel von Jugendbüchern für den Unterricht finden sich im Internet unter www.historisches-forum.de (Historisch-politische Jugendbücher).

■ Die Begegnung von zwei ungleichen Kulturen ■

Gabriele Beyerlein und Herbert Lorenz, *Die Sonne bleibt nicht stehen. Eine Erzählung aus der Jungsteinzeit,* Würzburg 1988, 164 S.

Dilgo gehört zu einer Sippe von „Waldmenschen“, die in einer Höhle wohnen und von der Jagd und vom Sammeln leben. Während des Sommerlagers der Sippe will er die Probe ablegen, nach der er zu den Erwachsenen gehört. Dazu muss er einen Monat allein im Wald überleben. Bei seinen Streifzügen stößt er auf ein Dorf von Bauern, die Weizen züchten und Tiere gezähmt haben. Hier lernt er Mirtani kennen, die nach einem Streit mit ihren Angehörigen das Dorf verlässt und einige Tage mit Dilgo zusammen im Wald lebt. Aber die unterschiedliche Lebensweise führt zu Missverständnissen, und nach einem heftigen Streit trennen sich die beiden und kehren zu ihren Familien zurück. Als bei einem Gewitter mehrere Bauerndörfer in der Nähe abbrennen, überfallen deren Einwohner Mirtanis Dorf und rauben die Vorräte. Da kommt Dilgo zurück und bietet den Bauern an, ihnen über den Winter zu helfen.

Gabriele Beyerlein wurde 1949 geboren und arbeitete nach einem Psychologiestudium in der sozialwissenschaftlichen Forschung. Seit 1987 ist sie freie Schriftstellerin und schreibt Romane und Sachbücher für Kinder und Erwachsene. Herbert Lorenz (1950–95) war Archäologe und arbeitete freiberuflich am Institut für Ur- und Frühgeschichte an der Ruhruniversität Bochum.
Das Buch spielt während der Jungsteinzeit ca. 5000 v. Chr. an Altmühl und Donau. Es berichtet abwechselnd aus der Sicht von Dilgo und Mirtani über das Aufeinandertreffen der beiden unterschiedlichen Kulturstufen, denen Dilgo und Mirtani angehören. Auf beiden Seiten gibt es Vorurteile über das Leben der anderen, die schwer zu überwinden sind. Dilgo sieht anfangs nur die Zerstörung des Waldes und das für ihn sinnlose Töten von Tieren, während Mirtanis Familie die „Waldmenschen" für unbelehrbare Primitive hält. Erst die Liebe der beiden zueinander und die Not führt zu mehr Verständnis und zur Zusammenarbeit. Die Autoren machen auch deutlich, dass ein kultureller Fortschritt mit Nachteilen und Problemen verbunden ist. Diese Frage ist aktuell und bietet Anlass für Diskussionen. Eine Karte erleichtert die Orientierung, und das Nachwort („Phantasie oder Realität?") enthält Informationen zu der Zeit, in der Dilgo und Mirtani lebten.

Kriminalgeschichten aus dem kaiserzeitlichen Rom

Henry Winterfeld, *Caius, der Lausbub aus dem alten Rom. Alle Abenteuer,* Frankfurt 2000, 375 S.

Der erste Roman mit dem Titel „Caius ist ein Dummkopf" erschien 1954. Caius, der etwas begriffsstutzige Sohn des Senators Vinicius, besucht zusammen mit sechs anderen Jungen die Privatschule des Griechen Xanthos, den seine Schüler Xanthippus nennen. Als Rufus während des Unterrichtes auf seine Tafel „Caius ist ein Dummkopf" schreibt und sie den anderen zeigt, kommt es zu einer Prügelei. Rufus soll die Schule verlassen. Am anderen Morgen finden die Schüler Xanthos als Opfer eines Überfalls gefesselt in seiner Wohnung. Gleichzeitig steht der Spruch „Caius ist ein Dummkopf" in Rufus' Schrift an der Wand des Minervatempels. Rufus bestreitet die Tat, landet aber trotzdem im Gefängnis. Die Jungen wenden sich an den Hellseher Lukos, der gegenüber der Schule wohnt. Dieser jagt sie aber wütend davon. Bald finden sie eine Reihe von Indizien, mit denen sie die Unschuld von Rufus beweisen und den wahren Täter entlarven können.

Im zweiten Roman „Caius geht ein Licht auf“ (1959) werden die sieben Freunde wieder in ein aufregendes Abenteuer verwickelt. Es beginnt mit einem rätselhaften Sklaven, den sie Xanthos zum Geburtstag schenken wollen. Mit Mut, viel Glück und Xanthos' mathematischen Fähigkeiten retten sie den Senator Vinicius vor einem Mordanschlag und lösen das Rätsel um einen verschwundenen Schatz.
Noch dramatischer verläuft der dritte Band „Caius in der Klemme“ (1976). Caius wird zum Tode verurteilt, weil er angeblich Kaiser Tiberius töten wollte. Aber auch diesmal sind die Bemühungen seiner Freunde und seines Lehrers erfolgreich. Caius kann seine Unschuld beweisen und ein aufregendes Wagenrennen rettet sein Leben und das seiner Freunde.
Henry Winterfeld (1901–1990) wurde in Hamburg geboren und lebte lange in Maine. Die drei Bände wurden auch unter dem Titel „Caius, der Lausbub aus dem alten Rom“ veröffentlicht. Die Bücher werden bis heute gerne gelesen, denn Winterfeld vereint geschickt Schul-, Abenteuer- und Kriminalgeschichten. Die Aufklärung der Kriminalfälle erfolgt durch vorher versteckte Indizien. Schauplatz sind verschiedene Stadtviertel Roms, die der Autor anschaulich beschreibt. Das Leben in Rom um 20 n.Chr. bildet unaufdringlich den Hintergrund, ist aber ausgeprägt genug geschildert, um Interesse an römischer Geschichte zu wecken.

■ Christen, Juden und Muslime im mittelalterlichen Europa ■

Geoffrey Trease, *Das Goldene Elixier (The Red Towers of Granada)*, übers. von Abraham Teuer, Weinheim und Basel 1993, 219 S.

Der 16-jährige Robin studiert in Oxford. Während der Ferien in seinem Heimatdorf bekommt er eine Hautkrankheit, die der Pfarrer als Lepra erklärt und Robin in einer Beerdigungszeremonie aus der menschlichen Gemeinschaft ausschließt. Er hilft dem jüdischen Arzt Salomon, den Räuber überfallen. Salomon stellt fest, dass Robin nicht an Lepra erkrankt ist und nimmt ihn mit in sein Haus im Ghetto in Nottingham. Aber obwohl Robin bald geheilt ist, darf er nicht mehr in sein Dorf zurück. Er bleibt bei Salomon, auch als die Juden aus England ausgewiesen werden. Salomon erhält vorher von der englischen Königin den Auftrag, für sie in Spanien eine besondere Arznei zu beschaffen, das „Goldene Elixier“, das ein arabischer Arzt herstellt. Salomons Familie fährt von England nach Bordeaux und reist durch die Gascogne nach Toledo und Cordoba auf der Suche nach dem Arzt. Bei dieser Reise werden sie von Salomons ehemaligem Diener und dessen Gefährten verfolgt, die das „Goldene Elixier“ irrtümlich für eine alchemistische Rezeptur halten. Im maurischen Granada finden Robin und Salomons Sohn David schließlich den Arzt al-Razi. In seinem Haus kommt es zu einem Kampf mit ihren Verfolgern, bei dem al-Razi vor Aufregung stirbt. Robin heiratet al-Razis Enkelin, eine arabische Christin, und kehrt mit ihr nach London zurück, wo er sich als Apotheker niederlässt.

Geoffrey Trease (1909–98) schrieb von 1934 an Kinder- und Jugendbücher, vor allem historische Romane. Bis 1997 veröffentlichte er über hundert Titel.

Die Qualität des Buches liegt in der anschaulichen und einfühlsamen Darstellung der drei mittelalterlichen Religionen und Kulturen. Robin erlebt das Christentum in seinem Heimatdorf vor allem in der Person des engstirnigen und eifersüchtigen Dorfpfarrers. Vom Leben in der kultivierten Familie des jüdischen Arztes ist er fasziniert wie von den Muslimen, die er auf seiner Reise durch das mittelalterliche Europa kennen lernt. In dem Buch folgen mehrere Spannungsbögen aufeinander: Robins Krankheit und seine Heilung, die Vertreibung der Juden aus England, die Suche nach dem „Goldenen Elixier“ und schließlich die Verfolgungsjagd zwischen Salomons Familie und seinem Diener.

■ Hexenverfolgung zur Zeit des Dreißigjährigen Krieges ■

Harald Parigger, *Die Hexe von Zeil*, München 1996, 212 S.

Während der Regierung des Bischofs Johann Georg Fuchs von Dornheim kommt es im Hochstift Bamberg zu zahlreichen Hexenprozessen. Auch Anna Lambrecht, die Frau des Bamberger Bürgermeisters, wird als Hexe hingerichtet. Weil Johannes Lambrecht die Hexenprozesse kritisiert, wird er verhaftet und später heimlich hingerichtet. Die 19-jährige Ursula versucht ihrem Vater zu helfen, aber auch sie gerät in den Verdacht, eine Hexe zu sein. Sie wird in das Gefängnis nach Zeil gebracht, von einem Wächter vergewaltigt und in eine Zelle gesperrt. Dort lernt sie zwei andere Frauen kennen. Die 70-jährige Grete hat durch die Folter den Verstand verloren und glaubt selbst, eine Hexe zu sein. Anna Neuberger dagegen hat mehr als drei Jahre lang dem Prozess und der Folter widerstanden. Anna kümmert sich um Ursula und macht ihr Mut. Ursula wird von den bischöflichen Richtern Einwag und Schwarzkonz verhört und zwei Mal gefoltert. Die körperliche und psychische Qual und Angstträume bringen sie an den Rand des Wahnsinns, so dass sie schließlich an ihre Schuld glaubt. Doch der Ge-

richtsschreiber Christoph Steiner, der inzwischen an der Rechtmäßigkeit der Prozesse zweifelt, will sie retten. Mit Hilfe eines Zeiler Schuhmachers, dessen Tochter auch als Hexe verbrannt wurde, und eines befreundeten Bamberger Ratsherrn gelingt die Flucht. Ursulas Schwester, die nach dem Tod der Mutter Dominikanerin geworden ist, schreibt 40 Jahre später die Ereignisse auf, nachdem auch sie an dem Vorgehen der Kirche zu zweifeln begonnen hat.
Harald Parigger (*1953) studierte Geschichte und Germanistik, arbeitete als Gymnasiallehrer in München und am Haus der Bayerischen Geschichte und ist inzwischen Schulleiter. Er schrieb mehrere historische Romane, die im Altertum und Mittelalter spielen.
Grundlage des Buches ist ein Originaldokument: der Brief, den Johannes Lambrecht 1627 aus der Zelle des Bamberger Malefizhauses an seine Tochter geschrieben hat. Auch der geschichtliche Hintergrund und weitere Personen des Romans sind authentisch. Das Buch schildert am Beispiel der Familie Lambrecht sehr eindrucksvoll die Hexenprozesse als Produkt aus Aberglauben und Fanatismus. Parigger zeigt aber nicht nur die Qualen, die die Opfer ertragen mussten, sondern auch starke Frauen wie Anna Neuberger, die Hilfsbereitschaft und Solidarität üben und um die Gerechtigkeit kämpfen.

Eine Familie kämpft ums Überleben

Simone van der Vlugt, *Emma. Die Zeit des schwarzen Schnees,* aus dem Niederländischen von Eva Grambow, München 2001, 219 S.

Der Bauer Henk Mullender im niederländischen Süd-Limburg ist von einer Missernte betroffen und kann seine Pacht nicht bezahlen. Deshalb muss er mit seiner Familie den Hof verlassen. Zusammen mit seiner schwangeren Frau und seinen fünf Kindern geht er nach Kerkrade, wo er in der Kohlegrube Arbeit findet. Um aber leben zu können, müssen auch die Mutter, die 14-jährige Emma und ihre vier Geschwister im Bergwerk arbeiten. Emmas Aufgabe besteht darin, die schweren Kohlenkörbe durch den Schacht nach oben zu tragen. Sie erlebt die harte und gefährliche Arbeit und den Konkurrenzkampf zwischen den Arbeitern. Bei einer Inspektion der Grube wird sie zusammen mit Rudolf Brandenburg, dem Sohn eines Mitbesitzers am Bergwerk, verschüttet. Nach ihrer Rettung unterstützt er Emmas Familie. Als ihr jüngerer Bruder bei einem Wassereinbruch im Stollen ums Leben kommt, vermittelt Rudolf ihr eine Stelle als Dienstmädchen bei Ver-

wandten in Maastricht. Hier erzählt sie einem Verleger die Geschichte ihrer Arbeit im Bergwerk. Als dieser sie in der Zeitung veröffentlicht, wird Emma entlassen, aber sie findet Arbeit bei der Zeitung. Rudolf Brandenburg hat inzwischen eine Ausbildung als Fotograf gemacht und in Maastricht ein Studio eingerichtet. Er porträtiert nicht nur die reichen Unternehmer, sondern dokumentiert in seinen Bildern die Lage der Arbeiter.
Simone van der Vlugt wurde 1966 in Hoorn geboren. Sie studierte Niederländisch und Französisch, um Lehrerin zu werden. Bevor sie diesen Beruf antrat, veröffentlichte sie ihr erstes Jugendbuch. Inzwischen ist sie erfolgreiche Jugendbuchautorin.
„Emma. Die Zeit des schwarzen Schnees“ ist gründlich recherchiert. Das Thema „Soziale Frage“ wird am Beispiel der Familie Mullender anschaulich erzählt: das Schicksal eines armen Bauern, der mit seiner Familie den Hof verlassen und im Bergwerk arbeiten muss, die geringen Löhne, die auch Kinder zur Arbeit zwingen und die anstrengende und gefährliche Arbeit unter Tage. Emma als mutige junge Frau, die sich auch durch Schicksalsschläge nicht entmutigen lässt, bietet sich als Identifikationsfigur an. Das Ende ist offen, der Leser erfährt nichts über das weitere Schicksal von Emmas Familie und ihrer Beziehung zu Rudolf.

■ Emanzipation im Jahre 1848 ■

Dietlof Reiche, *Der verlorene Frühling. Die Geschichte von Louise Coith und dem Lokomotivheizer Hannes Kühn, der zum Barrikadenbauer wurde,* Modautal-Neunkirchen 1979, 478 S.

Der Roman spielt in Frankfurt am Main zwischen dem 2. März und dem 19. September 1848. Der 18-jährige Hannes Bühn, ein Waisenkind, erhält nach einer Schmiedelehre eine Anstellung als Heizer bei der Taunusbahn Frankfurt-Wiesbaden. Unter dem Einfluss seines Lokomotivführers beginnt er sich für Politik zu interessieren und trifft auf einer politischen Versammlung die 21-jährige Louise Coith, die als Hauslehrerin bei einer Bankiersfamilie arbeitet. Louise ist politisch interessiert, liest regelmäßig Zeitungen und besucht ein Lesekabinett. Bei der Versammlung kommen die beiden ins Gespräch und sie verabreden sich zu einem Treffen im Lesekabinett. Der Roman entwickelt in seinem weiteren Verlauf vier Linien. Hannes und Louise erleben die Ereignisse der Märzrevolution. Hannes schließt sich einer Gruppe von Republikanern an, beteiligt sich schließlich am 18. September an den Barrikadenkämpfen und muss nach Baden fliehen. Louise wird

zunehmend selbstbewusster und kritischer und verfasst erste Zeitungsartikel, in denen sie sich für die Rechte der Frauen einsetzt. Trotz unterschiedlicher Herkunft, Berufe und Lebensverhältnisse kommt es zur Freundschaft zwischen Hannes und Louise, doch der Plan einer Heirat oder eines Zusammenlebens erscheint beiden unrealistisch. Die politischen Ereignisse bewirken schließlich eine schnelle Trennung.
Dietlof Reiche (*1941) war Berufssoldat und studierte anschließend Maschinenbau und Soziologie. Während seines Zweitstudiums schrieb er sein erstes historisches Jugendbuch und hat inzwischen eine Reihe von Kinder- und Jugendbüchern veröffentlicht.
Das anspruchsvolle Buch eignet sich eher für ältere Schüler. Reiche erzählt die Lebensumstände und die politischen Ereignisse in doppelter Perspektive (Hannes – Louise) anschaulich und sehr detailliert. Ihre Freundschaft und ihr Umgang mit Sexualität sind einfühlsam dargestellt. Auch die Nebenpersonen werden genau beschrieben und durch ihre unterschiedliche Sprache charakterisiert. Die Sympathie des Autors gehört den Republikanern, aus deren Sicht die bürgerlich-liberalen Parteien und ihre Abgeordneten in der Nationalversammlung sehr kritisch beurteilt werden.

■ Entscheidungsjahre der deutschen Geschichte ■

Klaus Kordon, *Trilogie der Wendepunkte. Bd. 1: Die roten Matrosen oder ein vergessener Winter; Bd. 2: Mit dem Rücken zur Wand; Bd. 3: Der erste Frühling*, Weinheim 1984, 1990, 1993; 487 S., 455 S., 510 S.

Der erste Band beginnt im November 1918. Familie Gebhardt lebt in ärmlichen Verhältnissen in Berlin-Wedding. Sie wohnt in der Ackerstraße 37 im vierten Hinterhof. Der Vater Rudi Gebhardt war Maurer und hat im Krieg einen Arm verloren, die Mutter arbeitet in einer Fabrik. Ihr 13-jähriger Sohn Helle (Helmut) ist die Hauptperson. Er geht in die Schule und in seiner freien Zeit versorgt er die beiden Geschwister, die 5-jährige Martha und das einjährige Hänschen. Zusammen mit seinen Freunden Fritz und Ede erlebt er die Revolution in Berlin. Die politischen Hintergründe erfährt er aus vielen Gesprächen. Sein Vater unterstützt die Spartakisten und lehnt Eberts Politik, das Bündnis mit den Eliten des Kaiserreiches, als Verrat an der Revolution ab. Helle wird Augenzeuge der anfänglichen Erfolge der Revolution, von ihrem Scheitern, das auch durch die Uneinigkeit und Unschlüssigkeit der Spartakisten verursacht wird, und schließlich von dem brutalen Vorgehen der Wehrmacht und der Freikorps. Trotz der Opfer un-

ter ihren Freunden gibt die Familie die Hoffnung auf eine bessere Zukunft nicht auf.
Im zweiten Band ist Helles jüngerer Bruder Hans die Hauptperson. Aus seiner Sicht werden das Ende der Weimarer Republik und der Beginn der NS-Diktatur erzählt. Hans, seine Freundin Mieze, Helle und seine Frau Jutta kämpfen vergeblich gegen das Erstarken der Nationalsozialisten. Martha verlobt sich mit einem SA-Mann, weil sie sich davon ein besseres Leben erhofft. Im dritten Band erlebt die zwölfjährige Änne, Helle und Juttas Tochter, die letzten Monate des Krieges und sein Ende. Sie ist bei ihren Großeltern aufgewachsen, ihre Mutter und ihr Onkel Hans sind von den Nationalsozialisten ermordet worden. Ihr Vater wird 1945 aus dem Konzentrationslager Buchenwald befreit.
Klaus Kordon (* 1943) wuchs in Ost-Berlin auf und lebt seit 1973 in der Bundesrepublik. Er ist seit 1980 als freier Schriftsteller tätig. Zu den Vorzügen seiner historischen Romane gehört die Verdichtung entscheidender Ereignisse auf wenige Tage, die Anschaulichkeit in der Detailschilderung und in der Charakteristik seiner Personen. Die „Trilogie der Wendepunkte" ist ein großes Epos deutscher Geschichte, das eindeutig Stellung für die Arbeiter bezieht und ihnen in der Familie Gebhardt ein literarisches Denkmal setzt.

Kindersoldaten

Xavier-Laurent Petit, *Kriegskind*, aus dem Französischen von Agnes Kloocke, Aarau/Frankfurt a.M. 2001, 153 S.

Der 12-jährige Jozef Gessiek wächst in einem Gebirgsdorf auf, das in einem nicht näher bezeichneten Land auf dem Balkan liegt. Weil seine Schwester Nahalia mit einem großen Hautmal geboren wird, glauben die Dorfbewohner, dass die Familie Unglück bringt und grenzen sie aus. Auch für die Trockenheit und Wasserknappheit wird sie verantwortlich gemacht. Als ein Krieg ausbricht, wird Jozefs Vater einberufen und fällt kurz darauf. Das Dorf zwingt nun die restliche Familie, in einer einsamen Berghütte zu leben. Als Partisanen in dieser Gegend einen Hubschrauber abschießen, werden auch Jugendliche zum Militär gezwungen, darunter Jozefs 15-jähriger Bruder Tadeus. Durch seine Entschlossenheit und Skrupellosigkeit wird er schnell zum Leutnant befördert. Bei einem Besuch bringt er Jozef dazu, als „junger Kämpfer" zum Militär zu gehen. Nach einer kurzen Ausbildung werden er und seine Kameraden eingesetzt, in zerstörten Häusern die Toten zu bergen. Als eine Niederlage droht, treibt man sie auf Minenfelder, um anschließend den Gegner angreifen zu können. Jozef überlebt und kommt schwer verwundet in ein Flüchtlingscamp, wo er ärztlich betreut wird. Dort wartet er auf seine Mutter und seine Schwester, die seit der Flucht aus ihrem Heimatdorf verschollen sind.

Xavier-Laurent Petit (*1956) war nach einem Philosophiestudium einige Jahre als Lehrer tätig. Dann begann er zu schreiben. In einem Vorwort erzählt er die Entstehung des Buches.

In einer fiktiven Rahmenhandlung trifft ein Journalist Jozef in dem Flüchtlingscamp und macht von dem Gespräch Tonbandaufzeichnungen. Die eigentliche Handlung besteht aus den chronologisch geordneten Aufzeichnungen, kurzen Dialogen zwischen dem Journalisten und Jozef, erzählenden Einschüben und Ergänzungen aus anderen „Quellen“. Mit dieser modernen Erzähltechnik erreicht der Autor ein hohes Maß an Authentizität. Die Zuordnung zu einem bestimmten Land fehlt, so dass es zu keiner nationalen Schuldzuweisung kommt. Das Buch erzählt eindrucksvoll von dem Leben im Dorf, das durch Aberglauben und Vorurteile bestimmt ist, vor allem aber von dem Schicksal von Kindersoldaten. Es ist eine eindringliche Anklage gegen Intoleranz und Krieg.

H. B.

Nahaufnahmen

Frauengestalten – Frauen gestalten

Zenobia (arab. Bat-Zabbai), die erste Kaiserin

Sie hat ein Imperium herausgefordert – und verloren. Aber es war kein Spiel ohne Aussicht auf Erfolg, sondern ein mit Willensstärke und großem diplomatischen und militärischen Geschick eingefädelter Plan, die politischen Strukturen des spätantiken Orients grundlegend zu verändern.

Geboren wurde sie um 240. Ihr Heimatort war Palmyra, die alte Drehscheibe des Handels zwischen der Levante und dem Euphrat. Zenobias Familie war arabischer Abkunft und besaß römisches Bürgerrecht. Ihr Mann Odainathos brachte es zum Vir consularis, ja zum römischen Statthalter im Orient, als das Imperium im Westen durch die Germanen, im Osten durch die Perser und im Inneren durch Machtkämpfe bedroht war. Er konnte die militärische Stärke Palmyras in die Waagschale werfen. Denn durch den Geleitschutz, den sie Karawanen boten, waren die Palmyrener seit eh und je kriegserprobt. Doch Odainathos wurde 267 in Emesa (Homs) ermordet, sicher auf Befehl von Kaiser Galienus.

Nun griff Zenobia nach der Macht, für sich und ihren siebenjährigen Sohn Vaballathus Athenodoros (= Geschenk der Athena). Sie wurde zur ersten Frau, die im Vorderen Orient regierte, wenn man von der sagenhaften Assyrerin Semiramis absieht. Zunächst brachte sie durch Verhandlungen und auch durch militärischen Druck die Nomadenstämme der römischen Provinz Arabia hinter sich. Dann griff sie Ägypten an, als der Statthalter gerade gegen die Goten in der Ägäis kämpfte. Sie kontrollierte die wichtigste Kornkammer Roms und die Südroute des Osthandels. Ein Vorstoß nach Kleinasien sicherte die Nordroute. Es waren die Umrisse einer neuen Großmacht. Im Sommer 271 vollzog sie den endgültigen Bruch mit Rom. Sie nannte sich nicht mehr nur Königin von Palmyra, sondern auf den von ihr geschlagenen Münzen tauchte der Titel Augusta, Kaiserin, auf, und ihr

Sohn führte die Titulatur Imperator Caesar Vhabalathus Augustus. Die Münzen mit dem Bildnis Kaiser Aurelians wurden aus dem Verkehr gezogen. Das war die öffentliche Bekanntmachung des Umsturzes der Machtverhältnisse. Schon in den zurückliegenden Jahren hatte Zenobia eine glänzende hellenistische Hofhaltung entfaltet und griechische Gelehrte nach Palmyra eingeladen.
Nun aber rüstete Kaiser Aurelian zum Gegenschlag. Die Offensive erfolgte in Ägypten und in einem Winterfeldzug 271/72 in Kleinasien. In zwei Schlachten in Syrien wurde die palmyrenische Armee besiegt, der Weg nach Palmyra war für den Kaiser offen. Zenobia versuchte, nach Persien zu fliehen. Dies misslang; sie wurde Gefangene Aurelians. Von ihrem Ende gibt es zwei Versionen: Nach der einen ist sie beim Übergang über den Bosporus ums Leben gekommen; nach der anderen präsentierte sie der Kaiser bei seinem Triumphzug (274) in Rom, schenkte ihr dann aber ein Landgut bei Tivoli, wo sie als Verbannte auskömmlich lebte.

S. M.

Hildegard von Bingen, die „Orgel des heiligen Geistes“

Als zehntes und letztes Kind der Edelfreien Mechtild und Hildebert wurde sie 1098 auf dem Gut Bermersheim bei Alzey geboren.
Im Alter von acht Jahren kam sie zur Erziehung in die neugegründete Klause auf dem Disibodenberg bei Kreuznach und wurde – wie viele Töchter aus adeligen kinderreichen Familien – dem Dienst für Gott geweiht. Um 1112 legte sie die Profess ab. Als die Leiterin der Klause 1136 starb, wurde sie deren Nachfolgerin und gründete, auf dieser Frauengemeinschaft aufbauend, zwischen 1147 und 1152 auf dem Rupertsberg bei Bingen ein Benediktinerinnenkloster, dessen Äbtissin sie bis zu ihrem Tod 1179 blieb.
Hildegard besaß umfangreiche Kenntnisse in zeitgenössischer Theologie; sie verfasste 70 geistliche Lieder, Schriften zur Ethik, zur Kosmologie und zur Anthropologie, praktische Anleitungen zu Ackerbau und Viehzucht. Als Briefpartnerin zahlreicher prominenter Zeitgenossen (unter ihnen Bernhard von Clairvaux, mehrere Päpste und Kaiser Friedrich I. Barbarossa) genoss sie hohes Ansehen, vielleicht, weil sie nie ein Blatt vor den Mund nahm und deutliche Zeitkritik übte. Von Kindheit an hatte sie Visionen, die sie ab 1141 (mit Unterstützung, weil sie nur mangelhaft Latein sprach) niederschrieb. Die daraus entstandene Trilogie weist sie als eine herausragende Vertreterin mittelalterlicher Spiritualität aus, die von ihrer Schülerin Elisabeth von Schönau als „Orgel des heiligen Geistes“ gepriesen wurde.

Neuzeitlichen Ruhm genießt Hildegard jedoch wegen ihrer Schriften „Physica“ und „Causae et curae“ als Naturforscherin bzw. vermeintliche Vorläuferin einer „sanften Medizin“. Tatsächlich erinnert ihre auf der Verknüpfung von Theologie und üblicher Humoralpathologie beruhende Lehre an die Harmonievorstellungen der griechischen Medizin. Nach ihrem heilsgeschichtlich geprägten Verständnis ist Krankheit kein Prozess, sondern eine prinzipielle menschliche Schwäche, die nur am ganzen Menschen behoben werden kann. Mit der Vertreibung aus dem Paradies verlor der Mensch die ihm von Gott aus der Erde verliehene „viriditas“, die grüne Lebensfrische, die ihn eins sein ließ mit der Natur und dafür sorgte, dass er weder Schlaf noch Nahrung brauchte und keine Krankheit kannte. Therapie ist daher Dienst am Menschen mit dem Ziel der Wiederherstellung des paradiesischen Heilszustands. Hildegards Heilmethoden selbst sind traditionell (Aderlass, Lithotherapie und humoralpathologische Apotheke) und auch dem damaligem (salernitanischen) Kenntnisstand unterlegen.

Hildegard von Bingen war eine hochbegabte und couragierte Frau, eine bedeutende Anthropologin und Theologin. Eine mit Erfolg anwendbare Heilkunde hat sie nicht begründet.

H. P.

Margarethe Maultasch – ein Opfer der Machtpolitik

Ihr Vater Heinrich, Herzog von Kärnten und Graf von Tirol, hatte keinen männlichen Erben und arrangierte deshalb 1330 mit Kaiser Ludwig (dem Bayern) für die 1318 geborene Margarethe die weibliche Erbfolge. Im selben Jahr wurde sie mit dem neun Jahre alten Johann Heinrich von Luxemburg vermählt. Als Heinrich 1335 starb und Johann Heinrich die Regentschaft übernehmen wollte, besetzte Herzog Albrecht II. von Österreich in Absprache mit Kaiser Ludwig Kärnten, so dass dem Paar nur Tirol blieb.

Die Ehe der beiden war nicht glücklich. Im Einvernehmen mit Margarethe kam es 1341 zu einer Verschwörung gegen Johann Heinrich, der vom Tiroler Adel vertrieben wurde. Kaiser Ludwig bot nun der Gräfin seinen Sohn, Markgraf Ludwig von Brandenburg, als Gatten an. Mit kirchenrechtlichen Gutachten wollte er nachweisen, dass die vorherige Ehe ungültig war, ein päpstlicher Dispens wurde aber verweigert, stand doch Benedikt XII. im gegnerischen Lager. 1342 heiratete Margarethe dennoch den Brandenburger, in den Augen vieler ein Skandal, der fortan das Leben der Herzogin überschatten sollte: Tirol stand unter päpstlichem Interdikt, und so wurden die Pest, Heuschreckenplagen und Erdbeben vom Volk als Gottes Strafe für die ehebrecherische Verbindung verstanden. Ihre Gegner zeichneten das Bild des „bösen Weibes“, das ihr den Zunamen „Maultasch“ einbrachte, der aber nicht auf eine Missbildung zurückging, beschrieb doch ein Zeitgenosse die Herzogin als ausnehmend schön. Im Lauf der 1350er-Jahre stabilisierte sich die Herrschaft Ludwigs und Margarethes, 1359 wurde ihre erste Ehe vom Papst annulliert und das Interdikt gegen Tirol aufgehoben. Nach dem Tod Ludwigs 1361 wurde Margarethes Sohn Meinhard Herzog. Als er 1363 starb, überschrieb sie Tirol dem Habsburger Rudolf IV., dem sie 1363 die Regierungsgewalt ganz übergab. Sie selbst zog sich in das Wiener Minoritenkloster zurück, wo sie am 13. Oktober 1369 starb. Die zeitgenössische Propaganda hat das Leben der „Maultasch“ aufregender gemacht, als es tatsächlich war, im Lauf der Zeit wurde das Bild ihrer Persönlichkeit verfälscht. Letztlich war sie politisch wenig begabt und nur ein Spielball machtpolitischer Interessen um ein begehrtes und umstrittenes Land in der Mitte Europas.

S. Sch.

Teresa von Ávila, Mystikerin, Reformerin, Kirchenlehrerin

„Unstete, ungehorsame und widerspenstige Vagabundin“, beschimpfte sie 1577 der päpstliche Nuntius für Spanien. Teresa war zeitlebens eine umstrittene Frau, aber bereits 40 Jahre nach ihrem Tod wurde sie heiliggesprochen, 1970 als erste Frau zur Kirchenlehrerin ernannt.

Teresa de Cepeda y Ahumada wurde am 28.3.1515 in Ávila, Kastilien, geboren. 1535 trat sie hier in das Karmelitenkloster ein. Die milden Regeln genügten mit der Zeit ihren Vorstellungen von einem gottgefälligen Leben nicht mehr. Sie begann seelisch und physisch zu leiden, fastete in extremer Weise und erkrankte schwer; während einer viertägigen Bewusstlosigkeit bereiteten die Schwestern bereits das Grab. Eine Lebenswende trat in den Jahren zwischen 1554–1560 ein. Sie machte mystische Gebetserfahrungen, ihre Seele, so sagte sie, höre die Stimme Gottes viel klarer, als es körperliche Organe je könnten. Allmählich reifte in ihr der Entschluss zur Erneuerung ihres Ordens; San José in Ávila wurde 1562 das erste Reformkloster. Das Neue an den „Unbeschuhten Karmelitern“ war die strenge Einhaltung der persönlichen Armut und der Klausur, Beachtung von Schweige- und Fastengeboten, Bildung der Schwestern und Erziehung zu eigenständigem Denken. Damit gewannen die Reformklöster der Teresa eine eigene spirituelle Form. Madre Teresa war von heiterer Gelöstheit; mit Novizinnen musizierte sie bei festlichen Anlässen. 17 Konvente hat sie, die *„Madre Funda-*

dora" ins Leben gerufen, auch Männerklöster. Fast immer war sie bei den Gründungen zugegen; sie reiste zu Visitationen – trotz fortgesetzter körperlicher Leiden.
Teresa erlebte viele Anfeindungen; die Inquisition ermittelte wegen Häresie. Ordensobere bekämpften die Reformbewegung, denn Teresa berief sich auf den unmittelbaren Befehl Gottes und weigerte sich, sich der Hierarchie zu unterwerfen. Mitstreiter wurden eingesperrt und misshandelt; sie selbst konnte monatelang ein Kloster nicht verlassen. König Philipp II., beeinflusst von kirchlichen Kreisen, die ihr Wirken schätzten, erwirkte schließlich ein Breve Papst Gregors VIII., in dem die reformierten Karmeliter zu einem selbstständigen Orden erklärt wurden.
Teresa schrieb theologische und mystische Werke sowie Gedichte, eine Autobiografie und eine Geschichte ihrer Klostergründungen. In rund 1500 Briefen war sie die große Ratgeberin in Glaubensfragen. Ihre Werke sind ein Stück Weltliteratur und haben die spanische Sprache nachhaltig geprägt. – Teresa di Gesù starb am 4.10.1582. Weltberühmt ist Berninis Marmorplastik in S. Maria della Vittoria in Rom (1644).

S. M.

Glückel von Hameln, erfolgreiche Geschäftsfrau mit acht Kindern

„Im Jahre 1691 beginne ich dieses zu schreiben, aus vielen Sorgen und Nöten und Herzeleid, wie weiter folgen wird", so beginnen die Erinnerungen einer jüdischen Witwe. Die Memoiren erweisen sich als historischer Glücksfall. Glückel ist die erste erfolgreiche Geschäftsfrau Deutschlands, die eine Autobiografie schrieb. Die dem Westjiddischen zugehörige Originalhandschrift der Verfasserin gilt inzwischen als verloren. Die erste Druckfassung erschien 1896, 1910 fertigte Bertha Pappenheim eine deutsche Übersetzung an. Glückels Absicht war es, ihren Kindern und Enkelkindern ein moralisches Testament zu übergeben und ihnen die Treue zu einem frommen und tugendhaften Lebenswandel einzuschärfen. Frömmigkeit und Geschäftssinn sind ihre Hauptthemen. Glückel berichtet von Reisen, Heiratsverträgen, Berufsausbildungen und vom Familienleben.
1645 wurde sie in Hamburg als Tochter des Kaufmanns und Gemeindevorstehers Löb Pinkerle geboren und im Alter von zwölf Jahren mit Chajm Hameln aus Hameln verlobt. Nach kurzer Zeit in Hameln („Hameln an sich selbst ist ein lumpiger, unlustiger Ort") kehrte das Ehepaar nach Hamburg zurück und erwarb bald beträchtlichen Wohlstand und gesellschaftliches Ansehen.

Als 1689 Chaijm überraschend an den Folgen eines Sturzes starb, blieb Glückel mit acht Kindern zurück. Zu diesem Zeitpunkt gehörte ihr Mann zu den vier Hamburger Mitgliedern der aschkenasischen Gemeinde Altona, die die höchste Steuerlast trugen. Schon während ihrer Ehe beriet sie ihren Mann in geschäftlichen Angelegenheiten und setzte neben ihrer Tätigkeit als Hausfrau und Mutter Verträge auf. „Ich schreibe es nicht, um mich zu rühmen: mein seliger Mann hat von keinem anderem einen Rat angenommen und hat nichts anderes getan, als was wir zusammen besprochen haben." Der Grund für die Mitarbeit ist in der häufigen Abwesenheit des Mannes zu suchen. Er besuchte regelmäßig die Messen in Leipzig, Frankfurt am Main, Frankfurt an der Oder, Naumburg und Braunschweig. Nach seinem Tode führte sie die Geschäfte weiter und setzt die Reisen fort: Ich „habe mich sehr gequält, bin im Sommer bei der Hitze und im Winter bei Regen und Schnee auf die Messen gefahren und habe dort ganze Tage in meinem Gewölbe gestanden".

1700 heiratete sie in der Hoffnung auf ein behagliches Alter einen reichen Bankier aus Metz. Der geschäftliche Zusammenbruch ihres zweiten Mannes stürzte beide jedoch in Armut. Glückel von Hameln starb 1724 mittellos im Haus ihrer Tochter in Metz.

M. L.

Émilie du Châtelet: „Ich bin ein eigener Mensch."

Der jungen Émilie, 1706 geborenen Tochter eines Höflings in Versailles, fehlte das Entscheidende für ein Avancement bei Hofe: Schönheit. Sie war sehr groß und, so ihr Vater, „hässlich wie ein Bauernrekrut aus der Gascoigne". Solchermaßen klassifiziert, lernte sie wie besessen, auch um den vermeintlichen Mangel auszugleichen. Bald sprach sie fließend Englisch, Spanisch, Italienisch und Deutsch, übersetzte Aristoteles und Vergil und erwarb sich mathematisches und physikalisches Wissen. Außerdem wurde sie eine perfekte Reiterin und Fechterin, von der es später hieß, dass ihre Klinge so tödlich sei wie ihre Zunge.

Im Lauf der Pubertät wandelte sich das wenig attraktive Mädchen zu einer schönen jungen Frau. So konnte sie sich einen Ehemann suchen, der ihr eine gesicherte Existenz bot und den ihre geringe Mitgift nicht störte. Sie fand ihn im Marquis du Châtelet, den sie 1725 heiratete: Eine Vernunftehe, die aber bestens funktionierte: Kinder wurden gezeugt und geboren, man erfüllte die gemeinsamen gesellschaftlichen Verpflichtungen, ansonsten lebte jeder sein eigenes Leben. Als ihr Mann sich mit wechselnden Lieb-

schaften vergnügte, nahm sie dasselbe auch für sich in Anspruch. Doch hielt sie das nicht davon ab, weiter zu studieren. Sie beschäftigte sich mit Leibniz, Descartes und den Lehren des genialen Physikers Newton. 1733 lernte sie den berühmtesten Franzosen seiner Zeit kennen – den Dichter-Philosophen Voltaire. Sie verliebte sich in ihn und ließ sich – Zeichen ihres Durchsetzungsvermögens oder der Toleranz ihres Ehemanns – mit ihm auf einem entlegenen Landsitz des Marquis in der Champagne nieder. Dort richtete sie sich ein physikalisches Laboratorium ein, stürzte sich in ihre naturwissenschaftliche Forschung und veröffentlichte 1740 die *„Institutions de Physique“* – einzigartig für eine Frau ihrer Zeit. Außerdem war sie literarisch tätig; ihre Übersetzung des „Ödipus“ von Sophokles wurde maßgeblich für das französische Theater.
Ihr Drang nach Freiheit, der ihren Geist in solche Höhen geführt hatte, wurde ihr nach fünfzehn gemeinsamen Jahren mit Voltaire zum Verhängnis: Sie begann ein Verhältnis mit einem jüngeren Mann, wurde schwanger und starb 1749 im Kindbett.
Souverän hatte sie ihr Leben lang die Fesseln abgestreift, die die Gesellschaft den Frauen auferlegte. An Friedrich den Großen schrieb sie einmal: „Betrachten Sie mich bloß nicht als Gefolge etwa dieses großen Generals oder jenes verdienten Gelehrten … Ich bin ein eigener Mensch und mir allein verantwortlich für alles, was ich bin, was ich sage und was ich tue.“

H. P.

Anna Amalia von Sachsen-Weimar-Eisenach, die Wegbereiterin des klassischen Weimar

Am Abend des 2. September 2004 brannte in Weimar eine der berühmtesten Bibliotheken der Welt. Feuer und Löschwasser beschädigten oder zerstörten wertvolle Bücher, der über drei Geschosse reichende Rokokosaal wurde stark in Mitleidenschaft gezogen. Die Bibliothek trägt den Namen der Herzogin Anna Amalia; diese hatte nicht nur den Umbau eines kleinen Schlosses zur Bibliothek in Auftrag gegeben, sondern durch gezielten Ankauf diese einzigartige Sammlung geschaffen.
Sie kam am 24. Oktober 1739 als Prinzessin von Braunschweig-Wolfenbüttel zur Welt; ihre Mutter war eine Schwester Friedrichs des Großen und erweckte bei ihr früh ein Interesse für die schönen Künste. 1756 heiratete sie, 16-jährig, den zwei Jahre älteren Herzog Ernst August II. Constantin. Sie wurde in Weimar gut aufgenommen, eine zierliche junge Frau mit einnehmendem Wesen und einer *braunschweigische(n) Nase,* wie ein Zeitge-

nosse bemerkte. Kränklich wie er war, starb der junge Herzog zwei Jahre später. Anna Amalia übernahm – vom Kaiser als *Obervormünderin* bestellt – die Regentschaft für ihren noch nicht einmal ein Jahr alten Sohn Carl August. Ihr zweiter Sohn, Constantin, kam einige Monate nach dem Tod des Vaters zur Welt. Anna Amalia wollte nicht nur ihre Räte gewähren lassen, sondern selbst regieren. An den Sitzungen ihre Räte im Geheimen Consilium nahm sie regelmäßig teil. Sogar um die Belange der Stadt kümmerte sie sich. So ließ sie alle Weimarer Kanäle überwölben, führte die öffentliche Beleuchtung ein und verordnete den Abriss aller Scheunen im Stadtinneren. Weimar sollte ein städtisches Gesicht erhalten.
Als Anna Amalia nach Weimar kam, bot die Stadt keine großen kulturellen Möglichkeiten. Zum Ruhm gereicht der Herzogin, dies mit geringen Ressourcen und einem kleinen Kreis von Menschen geändert zu haben. Entscheidend war die Berufung von Christoph Martin Wieland (1772) zum Lehrer ihrer Söhne – gegen den Widerstand der Räte. Der junge Carl August, von seinem Lehrer inspiriert und seit 1775 Regent, holte noch im gleichen Jahr Goethe nach Weimar. Dieser wiederum war an der Berufung Herders 1786 zum Generalsuperintendenten beteiligt, den Goethe aus seiner Straßburger Zeit kannte. 1799 zog Schiller mit seiner Familie nach Weimar; zu ihm hatte die Herzogin seit zwölf Jahren Kontakt. Die „großen Vier" haben sich wechselseitig inspiriert und Weimars Ruf als „kulturelles Zentrum der Klassik" begründet. Anna Amalia hat diese Entwicklung in Gang gesetzt und mit Geist und kommunikativen Fähigkeiten gefördert. Goethe schrieb in einer ersten biografischen Skizze: „... Sie gefiel sich im Umgange geistreicher Personen und freute sich, Verhältnisse dieser Art anzuknüpfen, zu erhalten und nützlich zu machen; ja, es ist kein bedeutender Name von Weimar ausgegangen, der nicht in ihrem Kreise früher oder später gewirkt hätte." – Sie starb am 10.April 1807.

S. M.

Olympe de Gouges – „frei geboren und dem Manne gleich"

Die Schriftstellerin Marie Olympe de Gouges gilt als Pionierin und Ikone der Frauenemanzipation. Geboren wurde sie als Marie Gouze 1748 in Montauban, Languedoc. Mit siebzehn wurde sie mit einem Verwalter und späteren Wirt verheiratet. Kurz nach der Geburt ihres Sohnes Pierre verstarb ihr Ehemann. Seitdem nannte sie sich Olympe Marie de Gouges.
1770 kam die junge Witwe als Lebensgefährtin des Transportunternehmers Jacques Biétrix nach Paris, um dort eine Laufbahn als Schriftstellerin

einzuschlagen. Erst hier erlernte Olympe die französische Sprache. Bis dahin beherrschte sie nur das Okzitanische, den Dialekt ihrer Heimat. Sie fand Eingang in die besseren Kreise und wurde möglicherweise Mätresse Philipps von Orléans (1747–1793). 1785 kam es zur Aufführung ihres ersten Theaterstückes in Paris. Ein weiteres Stück wurde 1789 alsbald aufgrund eines völligen Misserfolges abgesetzt.
Sie veröffentlichte Flugschriften, die ihre revolutionäre Gesinnung belegen, zugleich aber auch zeigen, dass sie eine konstitutionelle Monarchie favorisierte. Während der Revolution entstanden so etwa 30 Flugschriften politischen Inhalts. 1791 formulierte sie die „Erklärung der Rechte der Frau und Bürgerin“ in Anlehnung der „Erklärung der Menschen und Bürgerrechte von 1789“. Damit wandte sie sich vehement dagegen, dass das Konzept der Aufklärung nur für eine Hälfte der Menschheit gelten solle. In Artikel 1 formulierte sie: „Die Frau ist frei geboren und bleibt dem Manne gleich in allen Rechten.“ Ihre Erklärung ergänzte sie durch den Entwurf eines Ehevertrages zwischen Mann und Frau, in dem beide für die Dauer ihrer gegenseitigen Zuneigung ihr Vermögen gemeinsam verwalten. Im Juni 1793 wurde diese Anregung teilweise übernommen, als der Konvent das Recht der Frauen auf einen Anteil am Familienbesitz beschloss. Mit den Führern der Revolution entzweite sie sich, als sie in einer 1792 publizierten Flugschrift den bereits angeklagten König Ludwig XVI. verteidigte. Mit einer öffentlichen Einladung an Robespierre zum gemeinsamen Bad in der Seine machte sie sich diesen angeblich zum Feind. Im Juli 1793 wurde sie inhaftiert, zum Tod verurteilt und am 4. November 1793 auf dem Schafott in Paris hingerichtet. In der Urteilsbegründung hieß es: „Ein Staatsmann wollte sie sein, und das Gesetz hat die Verschwörerin dafür bestraft, dass sie die Tugenden vergaß, die ihrem Geschlecht geziemen.“

M. L.

Bertha von Suttner – ein Leben für den Frieden

Bertha von Suttner wurde einer größeren Öffentlichkeit erst im Jahre 1889 durch die Veröffentlichung ihres pazifistischen Romans „Die Waffen nieder!“ bekannt, war dann führend in der internationalen Friedensbewegung tätig und erhielt 1905 als erste Frau den von ihr angeregten Friedensnobelpreis. Am 9. Juni 1843 wurde Bertha Sophia Felicita Gräfin von Kinsky von Chinic und Tettau in Prag geboren. Ihr Vater, ein pensionierter Feldmarschall von 75 Jahren, verstarb eine Woche vor ihrer Geburt. Ihre Mutter war spielsüchtig und brachte das ganze Familienvermögen durch. Die junge Bertha plante eine Karriere als Sängerin und nahm Gesangsstunden. Drei Verlobungen schlugen fehl, zwei Heiratskandidaten liefen davon, einer starb. Als Hochadelige, allerdings mittellose, tat sie Unerhörtes: Sie suchte sich Arbeit. Sie wurde Erzieherin im Hause des Barons von Suttner in Wien und verliebte sich in den jüngsten der Söhne, Arthur Gundacar von Suttner, der sieben Jahre jünger war als sie. Diese Mesalliance beendete Arthurs Mutter, indem sie Bertha nach Paris schickte, wo sie eine Stelle als Sekretärin und Hausdame bei Alfred Nobel, dem Erfinder des Dynamits und Stifter der gleichnamigen Preise, antrat. Beide blieben einander ihr Leben lang freundschaftlich verbunden. Doch noch im gleichen Jahr, 1876, kehrte sie nach Wien zurück und heiratete heimlich ihren Arthur. Vor dem Zorn der Eltern floh das Paar in den Kaukasus, kehrte 1885 nach Wien zurück und versöhnte sich mit Arthurs Eltern.

Bertha von Suttner war 46 Jahre alt, als „Die Waffen nieder!“ erschien. Das Buch wurde ihr größter literarischer Erfolg, erlebte 37 Auflagen und wurde in ein Dutzend Sprachen übersetzt. 1891 gründete sie die „Österreichische Gesellschaft der Friedensfreunde“ und 1892 die „Deutsche Friedensgesellschaft“. 1899 nahm sie als einzige Frau an der „Ersten Haager Friedenskonferenz“ teil.

Ihre politischen Ziele lassen sich in drei Punkte zusammenfassen, die auch heute noch aktuell sind: 1. Durch Schiedsgerichtsverträge sollen Konflikte zwischen Staaten mit friedlichen Mitteln geregelt werden. 2. Eine Friedensunion aller Staaten soll jeden Angriff eines Staates gegen einen anderen gemeinschaftlich zurückweisen. 3. Ein internationaler Gerichtshof soll im Namen der Völker das Recht vertreten.

Zwölf Jahre nach ihrem Mann starb sie, am 21. Juni 1914, sieben Tage vor dem Attentat in Sarajewo, das den Ersten Weltkrieg auslöste. Österreich gedenkt ihrer mit ihrem Bildnis auf der Rückseite der Zwei-Euro-Münze.

A. D.

Rosa Luxemburg, ein „Adler unter Hühnern“

„Freiheit ist immer nur die Freiheit des anders Denkenden“. Dieses Zitat Rosa Luxemburgs gehört mittlerweile zu den Klassikern. Es stammt aus einem Aufsatz über die russische Revolution, der aber nicht mehr zu ihren Lebzeiten publiziert wurde. Paul Levi, Spartakusführer, beschwor Rosa Luxemburg in der Gefängniszelle, ihre Kritik an den Bolschewisten nicht so deutlich zu äußern. Die ihm überreichte Schrift veröffentlichte Levi erst 1922 kurz nach seinem Bruch mit Lenin.

Rosa wurde als Kind polnischer-jüdischer Eltern 1871 in Zamosc bei Lublin geboren, ihre Familie zog 1880 nach Warschau um. Sie schloss sich der sozialistischen Bewegung an und gehörte zu den Mitbegründern der polnischen sozialdemokratischen Partei. Wegen einer drohenden Verhaftung floh sie 1889 in die Schweiz, wo sie Staatswissenschaften studierte und promovierte. Mit 27 Jahren übersiedelte sie nach einer Scheinheirat mit Gustav Lübeck, wodurch sie die deutsche Staatsbürgerschaft erhielt, nach Deutschland und engagierte sich beim linken Flügel der SPD. Ende 1905 ging sie in den unter russischer Herrschaft stehenden Teil Polens und nahm in Warschau an Demonstrationen und Kämpfen gegen die russische Staatsmacht teil. In jenem Jahr erlebte sie auch die erste russische Revolution mit. Innerhalb der deutschen Sozialdemokratie wirkte sie wie ein Paradiesvogel. Lenin charakterisierte Rosa Luxemburg als „Adler unter Hühnern". Der österreichische sozialistische Parteiführer Victor Adler (1852–1918) nannte sie wenig schmeichelhaft „ein giftiges Luder, aber blitzgescheit".
Mit der staatstragenden Linie ihrer Partei geriet die begabte Journalistin und Rednerin zunehmend in Konflikt. Verbündete fand sie in Clara Zetkin und dem Reichstagsabgeordneten Karl Liebknecht. Der Beginn des Ersten Weltkrieges und die Haltung der Sozialdemokratie zu den Kriegskrediten deprimierten sie zutiefst. Von März 1915 bis Februar 1916 sowie von Juli 1916 bis November 1918 war Rosa Luxemburg in Haft, zunächst in Berlin, später in Posen und Breslau. Nach ihrer Freilassung im November 1918 hob sie die Zeitung „Rote Fahne" aus der Taufe und entwarf das Programm für die am 31. Dezember 1918 gegründete Kommunistische Partei Deutschlands (KPD). Liebknecht und Luxemburg wählte man am selben Tag zu deren Vorsitzenden. Knapp zwei Wochen später wurden beide von Freikorpsoffizieren entführt, im Berliner Hotel Eden stundenlang verhört, misshandelt und danach erschossen. Die Leichen warf man in den Landwehrkanal, wo sie erst fast fünf Monate später gefunden wurden.

M. L.

Thea Sternheim, Chronistin einer bewegten Zeit

Sie ging mit offenen Augen durch ihr Jahrhundert und führte ein bewegtes Leben, das sie diszipliniert und ohne Scheu dokumentierte. Über sechzig Jahre bis zu ihrem Tod 1971 schrieb sie an ihrem Tagebuch. In fünf Bänden kann der interessierte Leser heute Tag für Tag ihre Geschichte, aber vor allem auch ein Psychogramm einer ganzen Epoche studieren.

Nach der Scheidung von ihrem Mann Arthur Loewenstein, dem Vater ihrer ersten Tochter, heiratete sie 1907 mit 24 Jahren den überaus erfolgreichen Dramatiker, Erzähler und Kunstsammler Carl Sternheim. Für die damalige Zeit waren sie ein von den Medien begleitetes Traumpaar. Als schwerreiche Erbin einer rheinischen Schraubenfabrik gehörte die strahlende junge Frau zur besten Gesellschaft und pflegte mit ihrem Mann einen mondänen Lebensstil. Für beide Partner war es die zweite Ehe und ein unruhiger Lebensabschnitt. In 15 Jahren wechselten sie 13-mal den Wohnsitz. 1922 kam die Familie nach Dresden und stieg im exklusiven Hotel Bellevue ab. Fasziniert von der politisch erregten revolutionären Stimmung in Sachsen kauften sie ein schlossartiges Anwesen, das zum Treffpunkt von Künstlern und Literaten wurde. Vor allem Franz Pfempfert, Herausgeber der politisch-literarischen Wochenzeitung *Die Aktion,* war regelmäßig zu Gast. Während im Januar 1923 die Inflationskrawalle in Dresden tobten, fürchteten sich die Sternheims und ihre sechs Diener in ihrem Schloss vor den hungernden Menschen, die sich vor dem Anwesen sammelten. Die psychische Erkrankung von Carl Sternheim und eine Entfremdung der Ehepartner ließen auch seine Frau Thea in Krankheit und Selbstmordgedanken flüchten.
Nach der Trennung von Carl Sternheim zog sie nach Berlin und betreute ihn dort während seiner immer wiederkehrenden Krankheitsausbrüche. Dieses zermürbende und enttäuschende Leben begleitete sie jeden Tag minutiös im Tagebuch: Hier erfährt man von der Drogensucht ihrer beiden Kinder aus der zweiten Ehe, vom Wahnsinn ihres Stiefsohnes, der von den Nazis hingerichtet wurde, und immer wieder vom Gang der politischen Ereignisse, die sie begleitete, weitsichtig vorausahnte und ohnmächtig ertragen musste. Noch vor der Machtergreifung emigrierte sie nach Frankreich. Auch anderen Künstlern und Literaten half sie, aus dem NS-Staat zu entkommen. Sie selbst versuchte ab 1940 in Paris zu „überwintern“, wurde in das französische Internierungslager Gurs gebracht, von wo ihr jedoch mit anderen die Flucht gelang. Eine jahrzehntelange Freundschaft verband sie mit dem Dichter Gottfried Benn, auch wenn sie dessen Anpassung im „Dritten Reich“ ablehnte. Ihren Lebensabend verbrachte sie nach langen Wanderjahren in Basel, wo sie 1973 starb.

W. W.

Eleanor Roosevelt, Menschenrechtsaktivistin und Diplomatin

„Die Zukunft gehört denen, die an die Wahrhaftigkeit ihrer Träume glauben.“ Dieser Satz könnte das Motto ihres Lebens gewesen sein, denn sie hat immer für die Idee einer menschenwürdigen Gesellschaft gekämpft und für diese Vision weltweit Menschen begeistern können. Noch heute gilt Eleonor Roosevelt als eine der beliebtesten US-Amerikanerinnen aller Zeiten. Bewundert werden ihre Menschlichkeit und ihr ehrliches Engagement. Selbst ohne jede Starallüren, wurde sie zum Idol ihres Landes.

Als Nichte des republikanischen US-Präsidenten Theodore Roosevelt entstammte sie einer der wohlhabendsten und angesehensten Patrizierfamilien Bostons. Früh zeigte sich ihr eigenständiges Wesen, sie wurde Lehrerin und arbeitete als Journalistin, bevor sie mit 21 am 17.März 1905 ihren entfernten Vetter Franklin D. Roosevelt heiratete. Schon vor ihrer Ehe hatte sie sich in der demokratischen Partei engagiert und eine ungewöhnlich emanzipierte Haltung gezeigt, die nicht auf das ungeteilte Verständnis ihrer Familie getroffen war. Doch ihre politische Überzeugung wurde bestimmend für ihr Leben. Einer, der sie vorbehaltlos unterstützte, war ihr Mann, der 1933 zum Präsidenten der USA gewählt wurde. Obwohl er seit seinem 40. Lebensjahr an Poliomyelitis litt und auf einen Rollstuhl angewiesen war, verkörperten beide in schwieriger Zeit das neue optimistische Amerika. Während ihr Mann das Land aus der wirtschaftlichen Krise führte, widmete sie sich der Jugend-, Frauen- und Minderheitenpolitik. Geschickt nutzte sie dabei ihre Rolle als Präsidentengattin und die Popularität als First Lady. So gab sie benachteiligten Gruppen eine Stimme, obwohl sie von politischen Gegnern und der Presse für ihr Verhalten scharf attackiert wurde. Dass eine First Lady sich in die Tagespolitik einmischte und nicht diskret im Hintergrund blieb, wurde ihr übel genommen. Aber sie war ihrer Zeit weit voraus und prägte damit einen neuen Stil, den sich später z.B. Hillary Clinton zum Vorbild nehmen sollte.

Nach dem Tod ihres Mannes 1945 ernannten die Vereinten Nationen sie zur Delegierten. Das gab ihr die Chance, ihre Anliegen auf großer Bühne weiter zu verfolgen und sich an der UNO-Deklaration der Menschenrechte entscheidend zu beteiligen. Innenpolitisch wandte sie sich Anfang der 50er-Jahre scharf gegen die antikommunistischen Hetzkampagnen der McCarthy-Ära in den USA. Als Erste erhielt sie die von der UNHCR verliehene Nansen-Medaille, weil sie sich in vorbildlicher Weise für Flüchtlinge und Menschen in Not eingesetzt hatte. Sie starb 1962 in New York.

W. W.

Mit dem Geist die Welt verändern

Der Entdecker der Unwissenheit – Sokrates

Ein seltsamer Mann: Hat das Bildhauerhandwerk gelernt, mit dem er gutes Geld verdienen könnte, aber geht ihm nicht nach. Ist im Krieg von großer Tapferkeit, aber interessiert sich nicht für eine militärische Karriere. Zieht als charismatische Persönlichkeit junge, begabte Männer aus besten Kreisen als Schüler in seinen Bann, will aber keinen Lohn für seine Unterweisung nehmen. Was ihn, der als junger Mann die älteren Philosophen studiert hat, brennend interessiert, sind nicht die Fragen, die jene bewegt haben, nicht ihre Theorien im Hinblick auf die Entstehung der Welt, der Beschaffenheit der Natur und ihrer Gesetze. Er ist der Erste, der fragt: Wie soll der Mensch eigentlich sein Leben führen, um seinem Menschsein gerecht zu werden? Was ist Güte? Was Gerechtigkeit? Was Frömmigkeit?

Zur Sache Diese grundlegenden Fragen stellt Sokrates (* 470 v. Chr.) auch seinen athenischen Mitbürgern, gibt sich mit oberflächlichen Definitionen nicht zufrieden, bohrt hartnäckig nach. Dabei wird jedes Mal deutlich, dass die Befragten, obwohl sie ganz selbstverständlich mit diesen Begriffen umgehen, ja, auf deren Definitionen Ansichten gründen und Handlungen rechtfertigen, eigentlich gar nicht wissen, was sie bedeuten. Indem Sokrates seinen Gesprächspartnern nachweist, dass sie nichts wissen, schafft er erst die Voraussetzung für das Bemühen um die Wahrheit. In diesem Sinn ist auch der berühmte delphische Orakelspruch zu verstehen, wonach niemand weiser sei als Sokrates: Er hat allen die Erkenntnis des eigenen Nichtwissens voraus.

Sokrates will die nach seiner Ansicht in jedem Menschen angelegte Basis vernünftigen Denkens und sittlicher Einsicht von Vorurteilen befreien und den Menschen mithilfe begründeten Wissens um das, was gut ist, zu richtigem Handeln hinführen. Wo dieser Weg zum rechten Tun versagt, glaubt er an die göttliche Eingebung als höchste ethische Institution, das Daimonion. Wer wie Sokrates lehrt, alles in Frage zu stellen, und scheinbar Unumstößliches als falsch oder unrecht entlarvt, läuft Gefahr, als Unruhestifter und Aufrührer zu gelten: 399 v. Chr. wird ihm wegen vermeintlicher Gotteslästerung und Verführung der Jugend der Prozess gemacht. In einer grandiosen Apologie (die, wie alle seine Äußerungen nur durch seinen Schüler Platon überliefert ist) macht er seine Ankläger zu Angeklagten; er wird zum Tod verurteilt, die alternative Verbannung lehnt er ab.

Ein Satz aus der „*Apologie*" macht deutlich, warum die Lehren des Sokrates bis heute kaum etwas von ihrer Aktualität verloren haben: „Der du ein Athener bist, aus der größten und an Weisheit und Macht angesehensten Stadt, du schämst dich nicht, dich um möglichst viel Geld, Ruhm und Ehre zu sorgen, aber um Einsicht, Wahrheit und darum, dass deine Seele so gut wie möglich werde, sorgst und kümmerst du dich nicht?"

H. P.

Der Begründer der Wissenschaften – Aristoteles

Aristoteles gilt als Begründer von Zoologie und Physiologie, der Logik, Psychologie, Poetik, Naturgeschichte und Metaphysik und Schöpfer der philosophischen Terminologie, kurzum, er ist der Universalgelehrte der Antike schlechthin und man kann ihn zu Recht als Vater der Wissenschaften bezeichnen. Er wurde 384 v.Chr. in Stagira in Nordgriechenland geboren. Sein Vater Nikomachos war Leibarzt des makedonischen Königs. Aristoteles sollte ebenfalls Arzt werden, so ging er mit 17 Jahren nach Athen. Dort trat er jedoch als Schüler in die Akademie Platons ein, wo er sich mit der griechischen Philosophie vertraut machte. Im Gegensatz zu Platon teilte er die Welt nicht in eine sinnliche und eine geistige, sondern für ihn gab es nur einen einzigen Kosmos des Geistes und der Materie. Erkenntnis erfolgt aus Abstraktion und Beobachtung. So schloss er aus der Überlegung, dass bei einer Reise nach Süden immer neue Sterne über dem südlichen Horizont auftauchen, auf die Kugelgestalt der Erde.

Um 343 wurde er von König Philipp von Makedonien an seinen Hof gerufen, um dessen damals dreizehnjährigen Sohn, den späteren Alexander den Großen, zu erziehen und zu unterrichten. Dort blieb er drei Jahre. Welchen Einfluss die pädagogische Arbeit des Philosophen auf den kommenden Staatsmann und Feldherrn gehabt hat, bleibt weitgehend ungeklärt. Nach Zwischenstationen kehrte er 335 nach Athen zurück und gründete dort seine eigene Akademie. In den nächsten dreizehn Jahren widmete er sich der Lehr- und Forschungstätigkeit und baute eine umfangreiche Bibliothek auf. Unter anderem sammelte er alle damals bekannten Staatsverfassungen. In seinem Werk „*Politik*" beschrieb Aristoteles, warum der Mensch auf Gemeinschaft und Staat angewiesen ist. In seiner „*Ethik*", die er seinem Sohn Nikomachus gewidmet hat, prägte er die Vorstellung vom goldenen Mittelweg. Tugendhaftes Verhalten, schreibt er, liege in der Mitte zwischen zwei Extremen. Auch legte er eine Sammlung von Pflanzen und Tieren der damals bekannten Welt an.

Nach dem plötzlichen Tod Alexanders machte sich eine antimakedonische Stimmung in Athen breit. Aristoteles wurde der Gotteslästerung angeklagt und musste befürchten, wie Sokrates zum Tode verurteilt zu werden. Aristoteles entzog sich der Anklage durch Flucht, der Legende nach mit dem ironischen Satz, er wolle den Athenern nicht zum zweiten Mal Gelegenheit geben, sich gegen die Philosophie zu versündigen. In Chalkis auf Euboia, wo das Landgut seiner Mutter lag, starb er 322 an einem Magenleiden.

M. L.

Vom stummen Ochsen zum Doctor angelicus – Thomas von Aquin

Thomas von Aquin (* 1225) entstammte neapolitanischem Adel und wurde im Benediktinerkloster Montecassino erzogen. Gegen den Widerstand seiner Familie trat er dem Dominikanerorden bei. Ab 1248 studierte er in Paris und wurde Schüler Alberts des Großen. Lehrtätigkeiten in Orvieto, Viterbo und Rom folgten. Er wurde Hauptprediger (1260) und Leiter des Ordensstudiums (1265). In seinen letzten Jahren lehrte er in Paris und Neapel. Am 7. März 1274 starb er auf einer Reise nach Lyon.

Als Persönlichkeit ist Thomas nur in Umrissen greifbar. Seine Mitstudenten nannten ihn wegen seines in sich gekehrten Wesens und seiner Wortkargheit den „stummen Ochsen", Albertus Magnus hingegen prophezeite ihm große Wirkungsmächtigkeit. Er wird als außerordentlich gelehrsam, liebenswürdig und bescheiden, aber auch temperamentvoll beschrieben, soll glaubensstreng und weltentrückt, dabei jedoch gutem Essen und Trinken zugeneigt gewesen sein. 1323 wurde er heiliggesprochen; 1567 erhob Pius V. den „doctor angelicus", wie man ihn jetzt nannte, zum Kirchenlehrer.

Thomas ist der bedeutendste Vertreter der Scholastik, die (nach einer besonderen Methodik mit klaren Fragen, präziser Begrifflichkeit und logischer Beweisführung) christliche Offenbarungslehre und philosophisches Denken, mithin Glauben und Vernunft, zu vereinbaren sucht: Vernunft und Glauben stammten von Gott, also könnten sie nicht im Widerstreit stehen. Wie Aristoteles, dessen Philosophie der seinen zugrunde liegt, ging auch Thomas davon aus, dass alles endlich Seiende aus dem Stoff (der Potenz) und der Form (der Existenz) zusammengesetzt ist, und verstand die Welt als ein in sechs Stufen aufgebautes Ganzes. Die Höhe der Stufe wird von dem Maß bestimmt, in dem sich die Form über den bloßen Stoff erhebt: Tote Dinge, deren Form von außen bestimmt wird, Pflanzen, die ihre Form als

Wachstum in sich tragen, Tiere, die darüber hinaus wahrnehmen, Menschen, die über eine unsterbliche Seele verfügen, die aber im Leben an den Körper gebunden ist, Engel als körperlose, jedoch geschaffene Geister, Gott, die reine, ungeschaffene Existenz. Im Gegensatz zur aristotelischen Auffassung ist Gott bei Thomas nicht nur das Ziel alles Strebens, sondern, als Schöpfer, auch der Anfang. Zwischen Schöpfer und Geschöpf jedoch ist der Abstand so groß, dass Gott sich der menschlichen Vernunft entzieht, man muss ihn glauben. Wenn man ihn aber glaubend akzeptiert, dann, so Thomas, kann man die Existenz Gottes sogar beweisen.

Neben seinen philosophisch-theologischen Schriften (die wichtigste: *„Summa contra gentiles"*) enthält sein Werk eine umfassende Ethik (im zweiten Teil seiner fragmentarischen *„Summa theologiae"*), die ab dem Spätmittelalter außerordentlich breit rezipiert wurde.

H. P.

Politischer Praktiker und Theoretiker der Macht – Niccolò Machiavelli

Am 3. Mai 1469 als Sohn eines Notars in Florenz geboren, blieb Machiavelli stets eng mit seiner Vaterstadt verbunden. Über seine Kindheit und Jugend sowie über seine Ausbildung ist kaum etwas bekannt. Sicher hat er eine fundierte humanistische Ausbildung genossen und juristische und philosophische Studien betrieben. Der junge Machiavelli erlebte die Herrschaft der Medici und das gescheiterte plebiszitär-demokratische Experiment Savonarolas mit, der 1498 auf dem Scheiterhaufen endete. Im selben Jahr begann Machiavellis politische Karriere, als er Sekretär der Signoria und Kanzler des Rats der Zehn wurde, was er bis 1512 blieb. 1499 begannen seine diplomatischen Missionen, die ihn quer durch Europa führten. Als Botschafter der Republik Florenz fällte der scharfsinnige junge Mann treffende Urteile über Personen, Zustände und Situationen. Während seiner vierzehnjährigen Beamtentätigkeit war er auf 23 diplomatischen Delegationen und vertrat die Interessen seiner Heimatstadt unter anderem in Frankreich bei König Ludwig XII., in Rom bei Papst Julius II., am kaiserlichen Hof Maximilians I. und bei Cesare Borgia. Die Begegnungen mit Letzterem hatten starken Einfluss auf Machiavellis politisches Denken, was in seiner Schrift *„Il Principe"* (Der Fürst) seinen Niederschlag fand. Er verfasste sie 1513 im Exil, da er nach dem Untergang der Republik und der Rückkehr der Medici 1512 nach Florenz von diesen in die politische Wüste geschickt worden war. Seine Laufbahn war mit 43 Jahren zu Ende, und ihm, dem Vollblutpolitiker, blieb nichts andres übrig, als sich mit der theoretischen Seite der Staatskunst zu befassen. Neben *„Il Principe"* schrieb er Betrachtungen über Titus Livius (*„Discorsi"*), sieben Bücher über die Kriegskunst, eine Geschichte von Florenz, Zeitgedichte und Komödien. Er war in erster Linie politischer Praktiker, das zeigt sich besonders in seinem von vielen heftig attackierten *„Il Principe"* und in den *„Discorsi"*, in denen er die Staatsräson zum höchsten Prinzip staatslenkerischen Handels erhob:

> „Zwischen dem Leben, wie es ist und wie es sein soll, ist ein so gewaltiger Unterschied, als seine Erhaltung bewirkt; ein Mensch, der immer nur das Gute tun wollte, muss zu Grunde gehen unter so vielen, die nicht gut sind. Daher muss ein Fürst, der sich behaupten will, auch im Stande sein, nicht gut zu handeln und das Gute zu tun und zu lassen, wie es die Umstände erfordern."

Im Jahre 1525 erhielt er zwar den Auftrag, den Bau der neuen Stadtbefestigung zu leiten, doch das war das keine Rückkehr zu den Staatsgeschäften. Zwei Jahre später starb er einsam und seelisch gebrochen. Verheiratet war er immer nur mit seiner Vaterstadt Florenz, aber diese hatte ihn letztlich zurückgewiesen.

S. Sch.

Der Vater des Absolutismus – Thomas Hobbes

Thomas Hobbes of Malmesbury, zweiter Sohn eines Predigers, wurde am 5.April 1588 geboren, als sich eben die spanische Armada der englischen Küste näherte. Mit vier Jahren lernte er lesen, schreiben und rechnen, mit sechs Latein und Griechisch, mit 15 studierte er in Oxford und erlangte dort als *Baccalaureus artium* 1607 das Vorlesungsrecht in Logik. Nach seinem Studium wurde er Hauslehrer des Herzogs von Cavendish, dessen Sohn er auf der obligaten Europareise begleitete, die den Abschluss der Adelserziehung darstellte. Während dieser Zeit begann er sich von der scholastischen Philosophie ab- und der antiken zuzuwenden. Nach England zurückgekehrt, blieb er als Privatsekretär bei der Herzogsfamilie, wodurch er an den politischen Geschicken des Landes teilhatte und führende Persönlichkeiten seiner Zeit kennen lernte. Sein beschaulich-bürgerliches Leben änderte sich ab 1628 grundlegend, als er in die politischen Umwälzungen der Zeit verstrickt wurde und aus England fliehen musste, da er für die Souveränität des Königs eintrat. Elf Jahre verbrachte er im Pariser Exil und schrieb „*De cive*“, mit dem er in Europa berühmt wurde. 1651 folgte der „*Leviathan*“, in welchem er die Kirche und die theokratische Rechts- und Staatslehre kritisierte. Die Veröffentlichung des Werks zwang ihn zur erneuten Flucht, dieses Mal jedoch in die entgegengesetzte Richtung, da nun die französische Geistlichkeit ein Verfahren gegen ihn anstrebte. In seine Heimat zurückgekehrt, konnte er sich zunächst mit Cromwell und später mit der restaurierten Monarchie unter Charles II. arrangieren. In diesen bewegten Jahren stieß Hobbes zu den eigentlichen Themen seines wissenschaftlichen Denkens vor, nämlich zu Moral und Politik, zum Verhältnis von Staat und geistlicher Gewalt, dem Handeln des Staatsmannes und den Gesetzmäßigkeiten des öffentlichen Lebens. Diese Aspekte untersuchte er *more geometrico*, mit den Methoden der Mathematik und Geometrie; ein völlig neuer Denkansatz im Bereich der Ethik und Politik, der für Hobbes frei von Leidenschaft und Affekt war. Er machte die naturwissenschaftliche Empirie zum neuen methodischen Maßstab der Erkenntnis.

Von 1652 bis zu seinem Tod am 4. Dezember 1679 lebte Hobbes in London; er galt als Theoretiker des Absolutismus und Atheismus. Auf dem Index der römischen Kirche waren seine Schriften schon zu seinen Lebzeiten; 1682 dann verbrannte die Universität Oxford „*De cive*“ und den „*Leviathan*“ öffentlich – die Studenten tanzten fröhlich um das Feuer.

S. Sch.

Arzt, Politiker, Philosoph – John Locke

Der 1632 in Wrington, Somerset geborene und 1704 in Oates, Essex gestorbene John Locke ist eine prägende Persönlichkeit der europäischen Aufklärung. Locke studierte Philosophie und Medizin in Oxford und war dort einige Jahre als akademischer Lehrer tätig. Entscheidend für sein Leben wurde die Begegnung mit dem ersten Earl of Shaftesbury, für den er als Arzt und Sekretär arbeitete und dem er 1683 ins Exil in die Niederlande folgte. Nach der „Glorious Revolution“ kehrte er nach England zurück, wo er die meisten seiner Werken publizierte.

John Locke befasste sich im Laufe seines Lebens mit sehr unterschiedlichen Themen, mit Fragen der Wirtschaft und des Geldes, mit Toleranz und Erziehung. Wichtig für die Aufklärung wurde seine Erkenntnistheorie. In „*An Essay Concerning Human Understanding*“ (1689) vertritt er die Auffassung, dass ein Mensch ohne angeborene Ideen auf die Welt kommt und in einem Wechselspiel zwischen innerer und äußerer Wahrnehmung Wissen und Verständnis entwickelt.

Die größte Wirkung hatte Lockes Buch „*Two Treatises of Government*“ (anonym 1698). Seiner Meinung nach besitzt der Mensch von Natur aus ein Recht auf Leben, Freiheit und Eigentum. Im Zusammenleben mit anderen Menschen können daraus Konflikte entstehen, die zu gewaltsamen Auseinandersetzungen führen. Doch sind die Menschen mit Vernunft ausgestattet, die sie befähigt, Konflikte in einem „Gesellschaftsvertrag“ zu regeln. In einem zweiten Schritt übertragen sie die notwendige Gewalt einer Regierung, um den Frieden zu sichern. Dadurch herrscht ein Gleichgewicht zwischen den individuellen Rechten und einer notwendigen Staatsgewalt. Die konstitutionelle Monarchie mit der Trennung in legislative und die exekutive Gewalt, wie sie seit 1689 in England herrschte, war für Locke die geeignetste Staatsform.
Diese Theorie unterstützte die englische Verfassungsentwicklung und beeinflusste politische Denker wie Montesquieu und Thomas Jefferson. Einen besonders starken Einfluss übte Locke auf die politische Entwicklung der USA aus, wo seine Ideen unmittelbar Eingang in die Präambel der Unabhängigkeitserklärung fanden: „We hold these truths to be self-evident that all men are created equal; that they are endowed by there creator with inalienable rights, that among them are life, liberty and the pursuit of happiness ...“

Literatur Rainer Specht, John Locke, München1989.

H. B.

Protagonist der Haskala – Moses Mendelssohn

1743 trat ein 14-jähriger armer jüdischer Junge aus Dessau schüchtern durch das Rosenthaler Tor. Es war der einzige legale Zugang für Juden, die in Berlin einziehen wollten. Moses folgte seinem Lehrer und Rabbiner David Fränkel, um seine Studien an der Jeschiwa, der traditionellen Talmudschule, fortzusetzen. In den Folgejahren wurde Moses Mendelssohn zur Symbolgestalt der jüdischen Minderheit in Deutschland.
In Berlin eignete er sich die Werkzeuge der weltlichen Kultur an: Sprachen, Mathematik und Philosophie. Damit ging er über den Kosmos der jüdisch religiösen Bildung hinaus. In seinen Schriften versuchte er Philosophie und Judentum miteinander zu verbinden. Mendelssohn zielte darauf ab, die jüdische Kultur dem deutschen Leser nahezubringen und umgekehrt den Juden den Weg zur deutschen Kultur zu ebnen. Johann Caspar Lavater, ein wichtiger Vertreter des aufgeklärten Christentums, erwartete von Mendelssohn, dass dieser zum Christentum übertrete. Dies entsprach einer gene-

rellen Erwartungshaltung gegenüber aufgeklärten Juden, die Mendelssohn nicht erfüllte. Vielmehr wurde er zum wichtigsten Protagonisten der Haskala, der jüdischen Aufklärungsbewegung.
Da Berlin noch keine Universität hatte, waren private Treffen gesellschaftliche Zentren für Gelehrte und Männer mit Bildung. Das Haus des Philosophen Moses Mendelssohn übte eine große Anziehungskraft aus. Mit Unterstützung Lessings und des Verlegers Friedrich Nicolai wurde Mendelssohn zu einer der Zentralfiguren der Aufklärung in Berlin. 1763 setzte er sich gegen Immanuel Kant durch und gewann den ersten Preis des Wettbewerbs der königlichen Akademie der Wissenschaften in Berlin. Diese wählte ihn 1771 zu ihrem Mitglied. Friedrich II. erhob jedoch Einspruch und verweigerte die Bestätigung.
Mendelssohn lernte Lessing angeblich am Schachtisch kennen. Beide verband eine lebenslange Freundschaft, die ein oder zwei Generationen zuvor kaum vorstellbar gewesen war. Mit der Hauptfigur in dem Stück „Nathan der Weise“ setzte Lessing seinem Freund 1779 ein Denkmal. Als eine Art „jüdischer Luther“ übersetzte Mendelssohn den Pentateuch, die fünf Bücher Moses, und Psalmen vom Hebräischen ins Deutsche.
Neben dem philosophischen Wirken setzte sich Mendelssohn, der 1786 starb, für die politischen Rechte seiner Glaubensbrüder ein. Jedoch erst mit Gründung des Norddeutschen Bundes bzw. des Kaiserreiches erhielten die Juden die gleichen staatsbürgerlichen Rechte.

M. L.

Vater der Gewaltenteilung – Charles-Louis de Secondat Montesquieu

Bereits zu Lebzeiten war Montesquieu (1689–1755) eine Institution. Sowohl konservative als auch progressive Kreise inner- und außerhalb Frankreichs zeigten großen Respekt vor dem universalgebildeten Juristen, wenn sie auch nicht immer mit ihm einverstanden waren. Als Montesquieu im Winter 1755 an Grippe erkrankte, ließ sich Papst Benedikt XIV. regelmäßig unterrichten, ob Montesquieu endlich gebeichtet und Frieden mit der Kirche geschlossen habe.
Wie viele seiner Vorfahren der alteingesessenen Aristokratenfamilie war Montesquieu für die juristische Laufbahn bestimmt. Er trat 1714 in das Parlament von Bordeaux ein und erbte zwei Jahre später die Präsidentenstelle seines Onkels, die er 1726 verkaufte. 1728 wurde er in die ehrwürdige Académie française aufgenommen. Dies verdankte er einem zunächst

anonym veröffentlichten Werk („*Lettres persanes*"), in dem er ironisch und geistvoll das zeitgenössische Frankreich kritisierte. Auch ließ er in diesem Werk bereits seine Bewunderung für die englische Verfassung und eine konstitutionelle Monarchie erkennen. In den folgenden drei Jahren führten ihn ausgedehnte Reisen durch zahlreiche europäische Länder.
Sein Hauptwerk „*Vom Geist der Gesetze*" erschien 1748. Darin forderte er die Gewaltenteilung. Er führt den Gedankengang John Lockes weiter, der als Erster eine Teilung der Staatsgewalt in Exekutive und Legislative gefordert hatte. Montesquieu verlangt noch zusätzlich eine davon getrennte Judikative. Das Buch fand sofort große Beachtung und löste heftige Attacken der Jesuiten und der Sorbonne aus. 1751 wurde es auf den Index gesetzt.
In seiner Abhandlung schrieb er auch jedem Volk seine eigene Individualität zu. Nationale Unterschiede wären aus natürlichen Bedingungen zu erklären, die in den betreffenden Ländern herrschten, beispielsweise klimatische oder geografische Gegebenheiten. Diese Überlegungen machten Montesquieu zu einem Mitbegründer der politischen Soziologie.
Als im Jahr 1789 in Frankreich die Revolution ausbrach, war Montesquieu längst tot, seine Ideen lebten aber weiter. Bereits die „Virginia Bill of Rights" und die amerikanische Verfassung von 1787 lassen seinen Einfluss erkennen. Montesquieus Theorie der Gewaltenteilung blieb auch im 19. Jh. revolutionär und ist heute keineswegs selbstverständlich, was man an der Häufigkeit ablesen kann, mit der die Rechtsprechung unter politischen Druck gesetzt wird.

M. L.

Theoretiker einer neuen Gesellschaft – Karl Marx

„Marx Reloaded. Seine Theorien wälzten die Weltgeschichte um, nach 1989 wurden sie mit spitzen Fingern ad acta gelegt. Doch Karl Marx bleibt der brillanteste Kritiker des Kapitalismus", titelte die „Schweizer Weltwoche" im Jahr 2004. „Die uralten nationalen Industrien sind vernichtet worden und werden noch täglich vernichtet. Sie werden verdrängt durch neue Industrien, deren Einführung eine Lebensfrage für alle zivilisierten Nationen wird, durch Industrien, die nicht mehr einheimische Rohstoffe verarbeiten und deren Fabrikate nicht nur im Lande selbst, sondern in allen Weltteilen zugleich verbraucht werden", schrieb er zusammen mit Friedrich Engels im „*Kommunistischen Manifest*" 1848. Diagnostizierte Karl Marx bereits vor über 150 Jahren das Zeitalter der Globalisierung?

Er wurde 1818 in Trier als Sohn eines Anwalts, der vom Judentum zum Protestantismus konvertiert war, geboren. Marx studierte Rechtswissenschaften und Philosophie und widmete sich besonders intensiv den Schriften Hegels. Als Redakteur der liberalen „Rheinischen Zeitung“ in Köln (1841/42) lernte er Engels kennen, mit dem er später zusammen die Lehren des wissenschaftlichen Sozialismus und Kommunismus begründete. 1845 siedelten er und Engels nach Brüssel über. Sie gründeten 1847 den „Deutschen Arbeiterverein“ und traten in den „Bund der Gerechten“ ein, der bald in den „Bund der Kommunisten“ umbenannt wurde. Das Motto – „Proletarier aller Länder vereinigt euch“ – entsprach Marx' Vorstellungen.
Nach Beginn der 1848er-Revolution kehrte Marx nach Köln zurück und gab die „Neue Rheinische Zeitung“ als „Organ der Demokratie“ heraus. Im Mai 1849 wurde er aus Preußen ausgewiesen. Über Paris reiste er nach London, das bis zu seinem Tode 1883 dauernder Wohnort wurde. Seinen Lebensunterhalt in England bestritt Marx mehr schlecht als recht als Journalist und Publizist. Friedrich Engels, der ihn zeit seines Lebens finanziell unterstützte, ermöglichte ihm schließlich, das Leben eines politisch engagierten Privatgelehrten zu führen. 1867 veröffentlichte Marx *„Das Kapital“* (Bd. 1), nachdem er 1859 eine Vorstudie unter dem Titel *„Kritik der politischen Ökonomie“* vorgelegt hatte.
Marx war überzeugt, dass man mit den Methoden seines „Historischen Materialismus“ Vergangenheit, Gegenwart und Zukunft exakt erfassen könne. Ungeachtet aller zeitbedingten Einseitigkeiten und Irrtümer ist Karl Marx einer der größten Denker des 19. Jh.s gewesen.

M. L.

Genial, national, demokratisch – Max Weber

Max Weber wurde am 12. April 1864 in Erfurt geboren, nach dem Schulbesuch ging er 18-jährig nach Heidelberg, um dort Jura zu studieren. Sein Studium erweiterte er bald um Geschichte, Nationalökonomie und Philosophie. 1889 promovierte er und habilitierte sich drei Jahre später in Berlin über römische Agrargeschichte und ihre Bedeutung für das Staats- und Privatrecht. Im Auftrag des Vereins für Sozialpolitik erarbeitete er 1891/92 eine Studie über die Landarbeiter Ostelbiens, die seinen wissenschaftlichen Ruf begründete. 1894 erhielt er den Lehrstuhl für Nationalökonomie in Freiburg und bekam drei Jahre später einen Ruf nach Heidelberg, musste aber noch im selben Jahr seine Lehrtätigkeit aufgrund völliger physischer und psychischer Erschöpfung aufgeben. Auch nachdem sich sein Gesundheitszustand 1901/02 gebessert hatte, blieb Weber, „den man ohne Vorbehalte genial nennen könnte“ (F. Meinecke), Privatgelehrter. Ab 1904 veröffentlichte er eine Reihe wichtiger Schriften (z. B. *„Die protestantische Ethik und der Geist des Kapitalismus“*) und war zusammen mit W. Sombart und E. Jaffé Herausgeber des „Archivs für Sozialwissenschaft und Sozialpolitik“. Besonders engagierte er sich dafür, dass die Soziologie zur eigenständigen Disziplin wurde. Ab 1911 beschäftigte sich Weber mit Religionssoziologie und begann 1913 die Arbeit an seinem (unvollendeten) Hauptwerk *„Wirtschaft und Gesellschaft“*.

Im Ersten Weltkrieg bezog der national gesinnte Soziologe klare politische Stellung: Die Machtlosigkeit des Reichstags, fehlende politische Führung, dilettantische Politik, Vorherrschaft des Beamtentums, gesinnungslose Parteien und Untertanenmentalität sah er als die Mängel des Kaiserreichs an. Er forderte die Parlamentarisierung und Errichtung einer plebiszitären Führerdemokratie. Um einer überhand nehmenden Bürokratisierung vorzubeugen, müsse eine charismatische Führerpersönlichkeit als „Träger spezifischer, als übernatürlich (im Sinne von: nicht jedermann zugänglich) gedachter Gaben des Körpers und Geistes“ an der Spitze des Staates stehen. Diese Vorstellungen brachte Weber in die Beratungen zur Weimarer Verfassung mit ein; in der starken Stellung des Reichspräsidenten wurden sie verwirklicht.

1918 war er Mitbegründer der Deutschen Demokratischen Partei (DDP) und wurde im folgenden Jahr nach kurzer Lehrtätigkeit in Wien an die Universität in München berufen. Dort starb er am 14. Juni 1920.

S. Sch.

Der Begründer des Zionismus – Theodor Herzl

> „Niemand ist stark oder reich genug, um ein Volk von einem Wohnort nach einem anderen zu versetzen. Das vermag nur eine Idee. [...] Die Juden haben die ganze Nacht ihrer Geschichte hindurch nicht aufgehört, diesen königlichen Traum zu träumen: ‚Übers Jahr in Jerusalem!‘ ist unser altes Wort. Nun handelt es sich darum, zu zeigen, daß aus dem Traum ein tagheller Gedanke werden kann.“

Deutlicher kann man den Wunsch, mit dem Geist die Welt zu verändern, nicht aussprechen, als es in diesem Vorwort geschah, das Theodor Herzl seiner 1896 erschienenen Schrift *„Der Judenstaat“* voranstellte: Herzl hatte die Vision eines jüdischen Nationalstaates als Lösung für den Antisemitismus wie als Erfüllung eines lang gehegten Traumes. Er wollte mit seinem Buch die Realisierbarkeit dieser Idee zeigen, den Auftakt zur Gründung des eigenen Nationalstaates legen – und dann zufrieden schweigen: „Ich selbst halte meine Aufgabe mit der Publikation dieser Schrift für erledigt." Und tatsächlich gilt Theodor Herzl damit als der eigentliche Begründer des Zionismus, obwohl Leo Pinsker schon 1882 ähnliche Gedanken hegte. Aber erst dank Herzl gründete sich die zionistische Bewegung 1897 in Basel, erst durch sein Büchlein von weniger als 100 Seiten wurde die Idee manifest und leitete „eine geradezu revolutionäre Entwicklung ein, an deren Ende eine Staatsgründung stehen sollte – die 1948 erfolgte Gründung des Staates Israel". (Julius H. Schoeps) Doch damit ein einzelnes Werk so wirken kann, muss es nicht nur bewegend sein, sondern wohl auch von einem prominenten Autor stammen. Tatsächlich war Herzl in dieser Zeit bereits ein berühmter Mann. Geboren am 2. Mai 1860 in Budapest, wollte der Sohn sich assimilierender Eltern eigentlich den Panamakanal bauen oder mit der Eisenbahn zu tun haben. Doch nach dem evangelischen Gymnasium studierte er ab 1878 in Wien Jura und promovierte 1884. Er liebte aber vor allem die deutschsprachige Kultur, entschloss sich 1885 zu einem Leben als freier Schriftsteller, schrieb insgesamt über 12 Theaterstücke, lebte im „wilden Meer der Bohème" und träumte vom Erfolg am Burgtheater. Erst als täglicher Paris-Korrespondent der „Neuen Freien Presse" wurde er ab 1891 aber wirklich bekannt und zum politischen Kopf. Die Dreyfus-Affäre 1894 schließlich wurde ihm zum Auslöser seiner Schrift: „Wenn man uns in Ruhe ließe ... Aber ich glaube, man wird uns nicht in Ruhe lassen." Für Herzl lag die Lösung folglich in der Gründung des eigenen, jüdischen Staats, die er nicht mehr erlebte; er starb 1904. Seine sterblichen Überreste aber wurden 1949 nach Israel überführt.

R. T.

Kauzig, mutig, genial – Albert Einstein

Den kleinen sympathischen Professor mit dem Strubbelkopf kennt heute beinahe jeder, weltberühmt ist er vor allem durch das Bild mit der herausgestreckten Zunge und die Formel $E = mc^2$. Was der Mann, der das wissenschaftliche Weltbild vor hundert Jahren revolutionierte, wirklich geleistet hat, bleibt den meisten unverständlich. Der kleine Albert, geboren 1879, wuchs in einem liberalen Elternhaus auf, das sich offen zeigte für alles, was die Welt bewegte. Früh wurde über alle möglichen Themen diskutiert, und der Vater, Teilhaber einer elektrotechnischen Fabrik, führte seinen Sohn bereits mit fünf Jahren in die Geheimnisse eines Kompasses ein. Schon als Kind schmökerte Einstein in naturwissenschaftlichen Werken; er besuchte eine katholische Schule und wurde gleichzeitig von einem Verwandten mit der jüdischen Religion bekannt gemacht. Obwohl sein Leben von einem naturwissenschaftlichen Weltbild bestimmt wurde, leugnete er nie die Existenz eines Gottes, der sich in der Harmonie der Dinge für ihn offenbarte. Nach dem Studium gelang ihm zunächst nicht der Einstieg in eine akademische Laufbahn. Er nutzte die Zeit unter anderem dazu, sich neben seiner Tätigkeit als Lehrer und Angestellter an einem Patentamt mit wissenschaftlichen Fragen zu befassen. Seine erste Veröffentlichung 1905 zur Lichtquantenhypothese, zum Aufbau von Atomen und zur Elektrodynamik bewegter Körper erregte in der Fachwelt großes Aufsehen. 1906 wurde er an der Universität Zürich promoviert, inzwischen durch seine Veröffentlichungen ein berühmter und bewunderter Wissenschaftler. Als ordentlicher Professor für Physik in Berlin ließ er weitere Publikationen folgen, unter anderem zur allgemeinen Relativitätstheorie. Der Eigenbrötler und Star der Gesellschaft trug niemals Socken, achtete wenig auf sein Äußeres und galt doch als Frauenschwarm. 1919 gelang bei einer Sonnenfinsternis der experimentelle Nachweis seiner Relativitätstheorie. 1922 erhielt er den Nobelpreis. Längst führte der weltweit gefeierte, kauzige Star ein offenes Haus, in dem sich alle Größen der damaligen Zeit trafen.

1933 kehrte er nach einem Forschungs- und Lehraufenthalt in den USA nicht mehr nach Deutschland zurück. Obwohl Nazi-Gegner, stand er wegen Spionageverdachtes unter Beobachtung. 1939 setzte er sich für die Entwicklung der Atombombe ein, beteiligte sich selbst aber nicht aktiv daran. Nach dem Krieg wurde er zum leidenschaftlichen Verfechter der nuklearen Abrüstung und trat für die friedliche Nutzung der Atomkraft ein. Als Pazifist und aufrechter Demokrat war er in der McCarthy-Ära weiter verdächtig; erst nach seinem Tod 1955 wurden die Ermittlungsakten geschlossen.

W. W.

Dinge, die den Fortschritt brachten

Glühlampe

Seit Beginn des 19.Jh.s experimentierten Erfinder und Forscher an einer Glühlampe. Dem Deutschen Heinrich Göbel wurde in einem Patentprozess 1893 gegen Thomas A. Edison bestätigt, dass er in den 50er-Jahren mittels Bambusfasern eine brauchbare Lichtquelle entwickelt hatte. Es blieb jedoch dem amerikanischen Erfinder überlassen, die Glühlampe zu perfektionieren und zur Serienreife zu bringen. In zahlreichen Versuchen fand Edison 1879 heraus, dass Kohle der beste Glühfaden ist und produzierte die ersten Glühlampen. Obwohl Edisons Lampe nur maximal 40 Stunden brannte, löste sie schnell die bisherige Gasbeleuchtung ab, was auch auf das unternehmerische Geschick des Erfinders zurückzuführen war, dessen Ziel in der Elektrifizierung der amerikanischen Haushalte bestand. Das elektrische Licht veränderte das Leben der Menschen grundlegend, wurde doch durch dessen einfache Verfügbarkeit die Abhängigkeit vom Tageslicht weitgehend aufgehoben. Menschen konnten nun 24 Stunden lang bei Licht lesen, schreiben, sich amüsieren und arbeiten, der bisherige Lebensrhythmus durch Tag und Nacht verlor an Bedeutung. Die erste deutsche Glühlampe wurde 1883 im thüringischen Stützerbach hergestellt. Der Chemiker Dr. Carl Auer von Welsbach (1858–1929) entwickelte 1898 die erste Metallfadenlampe, deren Faden aus Osmium war (Osmium-Lampe oder „Auer-Oslicht") und eine viel längere Brenndauer als Kohle hatte. Die Leuchtfäden heutiger Glühlampen sind fast ausschließlich aus Wolfram, während Energiesparlampen zu den Leuchtstofflampen zählen (wie die „Neon-Röhren"). In Zukunft wird wohl die weiß leuchtende Leuchtdiode (LED) die Glühlampe zunehmend ersetzen.

S. Sch.

Telefon

Das Telefon bzw. das Handy hat die private und berufliche Kommunikation, auch über Kontinente hinweg, sehr erleichtert und beschleunigt.

Der Deutsche Johann Philipp Reis (1834–1874) konstruierte 1861 das erste Gerät zur Übertragung von Tönen durch elektromagnetische Wellen; akustische Signale werden in elektrische Signale (Mikrofon) und zurück verwandelt (Hörer). Reis ist der eigentliche Erfinder des Telefons. Zur massenhaften Anwendung brachte es der Amerikaner Alexander Graham Bell (1847–1922). 1876 wurde seine Erfindung allerdings zu Unrecht patentiert,

denn der Italiener Antonio Meucci (1808–1889) hatte sein gleichwertiges Telefon bereits 1871 zum Patent angemeldet, woraus ein langer Rechtsstreit entstand. Erst 2002 wurde Meucci anerkannt. Es gibt also drei Erfinder des Telefons. Weitere Verbesserungen gelangen Thomas Alva Edison (1847–1931), dem Mann mit mehr als 1000 Patenten, mit der Erfindung des Kohlemikrofons (1877) und Almon Brown Strowger mit der Einführung des Drehwählers (1889), der den Selbstanschluss möglich machte.
Die heutigen Handys sind aus der Verbindung der Technik des Telefonierens und der des Funkens entstanden. In der Funktechnik, der drahtlosen Übertragung elektromagnetischer Wellen durch die Luft, waren der deutsche Physiker Heinrich Hertz (1857–1894) und der Italiener Guglielmo Marconi (1874–1937) die wichtigsten Erfinder.

A. D.

Waschmaschine

Englische Zeitschriften berichteten erstmals 1753 von einer York'schen Waschmaschine; diese wurde 1763 von einem Dr. Schäffer in Regensburg erheblich verbessert. Genaugenommen waren die ersten Waschapparate nicht mehr als Holzbottiche, in denen die Wäsche mit Rührflügeln bewegt werden konnte. Das mühsame Walken und Wringen sollte so überflüssig werden. Nach 1871 entwickelte die deutsche Maschinenindustrie mechanische Waschapparaturen, die jedoch zunächst mit Muskelkraft bewegt werden mussten. Bereits vor 1914 gab es aber schon eine durch einen Elektromotor bewegte Rührflügelmaschine. Nach anderem System arbeiteten die Vakuum- oder Schwingmaschinen wie eine Art motorisierter Wäschestampfer, doch die meisten im Handel erhältlichen Waschmaschinen stützten sich noch bis in die Zeit nach dem Ersten Weltkrieg auf einen eher mühsamen Handbetrieb, zumal die wenigsten Haushalte an das elektrische Netz angeschlossen waren. Erst in den 20er-Jahren wurden verschiedene elektrische Waschmaschinen angeboten, für die meisten Familien freilich ein unerschwinglicher Luxus. Besonders der Typ der Wellenradmaschine erreichte eine gute Waschwirkung, allerdings mit sehr hohem Wasserverbrauch. Der heute übliche Typ mit einer frei schwingenden, rotierenden Waschtrommel wurde in den 20er-Jahren entwickelt und setzte sich seit den 50er-Jahren endgültig durch. Als eine „wahre Haushaltsperle" erwies sich aber erst der Waschvollautomat mit integrierter Wäscheschleuder, der auf Knopfdruck tiefengereinigte, duftig frische Wäsche garantiert.

W. W.

Fotografie

Das Geburtsjahr der Fotografie ist das Jahr 1826, als es dem Franzosen Joseph Nicéphore Niepce (1765–1833) gelang, mithilfe einer lichtempfindlichen Platte eine Aufnahme des Blicks aus einem Mansardenzimmer zu machen, die bis heute erhalten ist. 1837 verbesserte Louis Jacques Mandè Daguerre (1787–1851) die Technik des Fotografierens. Gegen eine staatliche Pension machte er sein Verfahren, die „Daguerreotypie", 1839 der Öffentlichkeit bekannt. Zwischen 1835 und 1839 gelang dem englischen Chemiker William Henry Fox Talbot (1800–1877) ein Negativbild, von dem positive Abzüge gemacht werden konnten (die „Talbotypie"). Das Fotografieren für jedermann begann 1888 mit einer Kleinkamera, in die ein Rollfilm eingelegt war, die der Amerikaner George Eastman (1854–1932) entwickelt hatte. Wegen der Schnelligkeit ihrer Herstellung, ihrer vermeintlich objektiven und originalgetreuen Abbildung der Realität, wegen der Kürze ihrer Botschaft und ihrer künstlerischen Möglichkeiten ist die Fotografie in allen Lebensbereichen selbstverständlich geworden.

A. D.

Fernsehen

Im Jahr 1936 konnten die Olympischen Spiele in Deutschland live zum ersten Mal am Bildschirm verfolgt werden, allerdings nur von einigen Tausend verkabelten Zuschauern am Austragungsort Berlin. Seinen Siegeszug trat das Fernsehen erst nach dem Zweiten Weltkrieg an. Einen „Erfinder" gibt es nicht; zahlreiche Forscher und Entwickler haben an seiner Entstehung seit etwa der Mitte des 19. Jh.s mitgewirkt. Aber erst mit der Entwicklung des Röhrenverstärkers durch Manfred von Ardenne (1907–1997) im Jahre 1931 konnte das Fernsehen schließlich zum Massenmedium werden. In den dreißiger Jahren des 20. Jh.s gab es die ersten Fernsehvorführungen in den USA, Kanada und Deutschland. Ein tägliches Programm begann in Deutschland 1952 der Nordwestdeutsche Rundfunk (NWDR), dem bald die anderen Sendeanstalten folgten. Der Deutsche Walter Bruch (1908–1990) erfand ein Farbfernsehsystem, das seit 1966/67 angewendet wird (PAL-System). Das Zeitalter des Satellitenfernsehens begann 1960 mit „Echo 1", allerdings war die Bildqualität noch bescheiden. Das „Pantoffelkino" bestimmt das Freizeitverhalten vieler Menschen, für die dieses Medium wichtigste Unterhaltung und Informationsquelle geworden ist.

A. D.

Dampfmaschine

Die Engländer datieren den Beginn ihrer Industriellen Revolution auf das Jahr 1769, als James Watt (1736–1819) vom englischen König das Patent für seine Dampfmaschine erhielt. Das Revolutionäre an der Dampfmaschine war, dass der Mensch künstlich Kraft zum Antrieb von Arbeitsmaschinen schaffen und sich unabhängig von der natürlichen Menschen-, Tier-, Wind- und Wasserkraft machen konnte. Die erste verwendbare Dampfmaschine war 1712 von Thomas Newcomen (1663–1729) konstruiert worden und diente zum Abpumpen des Wassers aus einem Bergwerk. James Watt verbesserte den Wirkungsgrad der Maschine von Newcomen erheblich. Es gelang ihm, das Auf und Ab des Kolbens mithilfe von Zahnrädern, Achsen, Wellen und breiten Lederriemen in eine Drehbewegung zu überführen, die Arbeitsmaschinen, z.B. Spinn- und Webmaschinen, antrieb. Das war die Geburtsstunde der modernen Fabrik. Als James Watt starb, liefen in England schon mehr als 1500 seiner Dampfmaschinen. Sie ersetzten, so hatte man ausgerechnet, die Arbeit von einer Million Menschen.

Die Dampfmaschine führte zu den revolutionärsten technologischen Innovationen des 19.Jh.s. Die Dampflokomotive verdrängte Pferdekutschen und -fuhrwerke; mit der Eisenbahn erhöhten sich die Kapazitäten und die Geschwindigkeit beim Transport von Personen und Waren um ein Vielfaches. Das Dampfschiff trat an die Stelle des windabhängigen Segelschiffes – eine wichtige Voraussetzung für die Eroberung der Welt im Zeitalter des Imperialismus. Mit dem Dampfschiff wanderten Europäer in die ganze Welt aus, Rohstoffe und neue Nahrungsmittel wurden importiert.

A. D.

Luftschiff

Der Traum, mit einem Schiff auf der Luft wie auf dem Wasser zu schwimmen, bewegte die Menschen seit Jahrhunderten, aber das erste funktionsfähige Luftschiff entstand erst 1852. Mit ihm legte Henri Giffard immerhin 27 Kilometer zurück. Das Prinzip ist dabei bis heute annähernd gleich geblieben: Durch Füllung mit einem Traggas (Wasserstoff oder Helium) erhält das Luftschiff statischen Auftrieb. Eine revolutionäre Verbesserung gelang 1884 den Franzosen Charles Renard und Arthur Krebs, die einen Elektromotor einsetzten und so erstmals wieder zum Ausgangspunkt zurückkehren konnten. Auch in Deutschland arbeiteten Tüftler an einem „Lenkballon“, der zunächst mit Muskelkraft und 1888 mit einem Verbrennungsmotor von Gottlieb Daimler bewegt wurde. Eine bahnbrechende Weiterentwicklung gelang 1896 David Schwarz, er baute das erste Starrluftschiff, das aus einem Holzgerüst und einer Aluminiumhülle bestand. Mit Beginn des 20. Jh.s. waren die Fluggeräte so weit ausgereift, dass der US-Pionier Walter Wellman Nordpol-Erkundungen und Atlantik-Überquerungen wagen konnte. Sie scheiterten zwar, aber der Siegeszug der Luftschiffe war nicht mehr aufzuhalten. Bald beförderten sie Passagiere im Liniendienst nonstop über den Atlantik. In Deutschland war die Entwicklung vor allem mit dem Grafen von Zeppelin verbunden, dessen Zeppelin LZ1 erstmals große Nutzlasten in einem weiten Radius transportieren konnte. Die entscheidenden technischen Fortschritte gelangen im Zusammenhang mit dem Ersten Weltkrieg, in dem das Luftschiff von allen Kriegsparteien eingesetzt wurde. Mehrere Brandkatastrophen bei der Landung setzten in den 30er-Jahren der weiteren Entwicklung des Luftschiffs für lange Zeit ein Ende. Doch in unseren Tagen erlebt es eine Renaissance.

W. W.

Verbrennungsmotor

Der erste funktionstüchtige Verbrennungsmotor wurde 1860 von dem Belgier Etienne Lenoir (1822–1900) gebaut. Der deutsche Ingenieur Nikolaus Otto (1832–1891) entwickelte 1876 einen verbesserten Motor, den Viertakt-Verbrennungsmotor. Gottlieb Wilhelm Daimler (1834–1900) und sein engster Mitarbeiter Wilhelm Maybach (1846–1929) konstruierten einen Einzylinder-Viertakt-Benzinmotor mit Glührohrzündung. Unabhängig von Daimler baute Carl Friedrich Benz (1844–1929) den gleichen Motor. Rudolf Diesel (1858–1913) entwickelte zwischen 1893 und 1897 den nach ihm benannten Hochdruck-Verbrennungsmotor (Selbstzünder), der sehr vielseitig in Kraftwerken, Lastkraftwagen, Schiffen, Lokomotiven und Triebwagen, Bau- und Landmaschinen eingesetzt wurde und wird. Die Erfindung des Verbrennungsmotors war nach der des Rades wohl die wichtigste, weil die Automobile den massenhaften Individualverkehr ermöglichten. In den 20er-Jahren des 20. Jh.s wurden die ersten Wochenend- und Urlaubsfahrten mit dem PKW unternommen, der Lastkraftwagen ermöglichte den Transport von Haustür zu Haustür. Fast durch das ganze 20. Jh. zog sich der „autogerechte" Aus- und Umbau der Landschaft und Städte zur Steigerung der individuellen Mobilität, deren Preis (Energieverbrauch, Umweltverschmutzung, Zersiedelung der Landschaft, Versiegelung der Böden) heute vielen Menschen als zu hoch erscheint.

A. D.

Flaschenzug

Der Flaschenzug ist eine von Hand oder elektrisch betriebene Vorrichtung, mit der man schwere Lasten leichter heben kann. Ohne ihn hätten schon in der Antike viele Großbauwerke nicht errichtet werden können. Beim einfachen Flaschenzug ist die obere Flasche (= Rollengruppe) fest und die untere beweglich. Durch die unterschiedlichen Größen und unterschiedlich gelagerten Rollen (abwechselnd bewegliche und feste Rollen) verlaufen die Seilstücke parallel und reiben sich nicht aneinander. Ein Seil oder eine Kette wird über zwei, vier oder sechs Rollengruppen geführt, wobei der Flaschenzug die Kraft, die aufgewendet werden muss, um die Last zu heben, beim einfachen Flaschenzug halbiert; bei vier Rollen muss nur ein Viertel der Kraft eingesetzt werden Allerdings verlängert sich der Weg der Kraft entsprechend der Zahl der Rollen. Wenn man die Last 1 m hochziehen will, muss man das Seil oder die Kette um 2 m, 4 m bzw. 6 m herunterziehen („Kraft x Kraftweg = Last x Lastweg"). Der Grieche Archimedes aus Syrakus (285–212 v.Chr.) soll den Flaschenzug erfunden haben.

A. D.

Ölmühle

Der Ölbaum wurde sehr früh die wichtigste Kulturpflanze des Mittelmeerraumes. Ursprünglich stammte er aus Palästina; bis ins erste Jahrtausend v.Chr. war er bis zu den Säulen des Herakles verbreitet. In der römischen Kaiserzeit stiegen Produktionsmenge und Verbrauch in vorher unbekannte Höhen. Wurde das Olivenöl traditionell als Nahrungsmittel, Lichtspender, in der Medizin und für die Körperpflege verwendet, so waren nun die Ther-

men der Metropole und der anderen Städte des Imperiums Abnehmer gigantischer Mengen der kostbaren Flüssigkeit (Massage, Körperreinigung). Wichtig wurde somit eine leistungsfähige Produktionstechnik. Die in der Zeichnung dargestellte Ölmühle gab es spätestens seit augusteischer Zeit. Die Oliven legte man in die Vertiefung eines großen Steins (ca. 2 m ø). Mit dem senkrecht stehenden Stein, von menschlicher oder tierischer Kraft bewegt, wurden die Oliven zerquetscht. Das Öl konnte über eine kleine Rinne ausfließen und wurde in einem Krug gesammelt. Aus der zerdrückten Olivenpaste konnte durch Druckpressung zusätzlich noch minderwertigeres Öl gewonnen werden. – Diese Technik wurde mehr als 2000 Jahre lang angewandt. In entlegenen Orten auf Kreta beispielsweise gab es solche Ölmühlen noch in den 70er-Jahren des letzten Jahrhunderts. Die Elektrifizierung und in der Folge die Einführung der Zentrifuge haben diese uralte Technik verdrängt.

S. M.

Fließband

Das Fließband wurde „industriell" zum ersten Mal um das Jahr 1870 in den Schlachthöfen von Cincinnati (Ohio, USA) eingesetzt, um die geschlachteten Tiere bei ihrer Zerlegung von einem Arbeiter zum nächsten zu transportieren. Der amerikanische Automobilhersteller Ransom Eli Olds (1864–1950) führte 1902 in seinen Werken Montagebänder ein und hatte sofort durchschlagenden Erfolg damit. Innerhalb eines Jahres steigerte er die Produktion von 425 auf über 2500 Autos. Henry Ford (1863–1947) hat also das Fließbandsystem nicht erfunden, es aber perfektioniert. Der Arbeiter wurde danach entlohnt, wie schnell er bestimmte Arbeitsschritte durchführen konnte (Akkordlohn). Ford gelang es unter anderem auf diese Weise, die Montagezeit eines Autos von eineinhalb Tagen auf 93 Minuten zu verkürzen. Der „Fordismus" basierte auf Massenfertigung durch extreme Arbeitsteilung, Standardisierung der Bauteile und Rationalisierung durch die Fließbandarbeit. Von dem Serienwagen Modell T („Tin Lizzie") wurden zwischen 1908 und 1927 mehr als 15 Millionen verkauft.

A. D.

Schwarzpulver

Eine explosive Substanz, die ursprünglich zu etwa sechs Teilen aus Salpeter sowie zu je einem Teil aus Schwefel und Holzkohle bestand. Wie viele andere Erfindungen, deren sich die Europäer rühmen, stammt es eigent-

lich aus China; die älteste bekannte Rezeptur wird auf das Jahr 1044 datiert. Über die arabische Welt gelangte das Pulver im 13. Jh. nach Europa. Während es – abgesehen von seiner friedlichen Verwendung in Feuerwerkskörpern – zunächst nur als explosive Munition für Brandpfeile oder Katapulte diente, erkannten die Europäer die ihm innewohnende (kinetische) Energie, die einem Geschoss die notwendige Anfangsgeschwindigkeit zu verleihen vermag.
Die Geschichte vom Alchimisten und Mönch Bertold Schwarz, der angeblich im 14. Jh. in stiller Zelle das (nach ihm benannte) Pulver und die Feuerwaffen erfunden haben und wegen dieser Erfindungen hingerichtet worden sein soll, ist eine Mär, die allerdings schon im 15. Jh. tradiert wurde und sich bis heute gehalten hat. Tatsächlich ist mit dem bereits bekannten explosiven Gemisch vermutlich an verschiedenen Orten experimentiert worden, bis es gelang, die Explosion in Bewegungsenergie für ein Geschoss umzuwandeln. Voraussetzung dafür war, dass der Ausdehnungsdrang des entzündeten Pulvers durch eine Röhre gebändigt wurde, so dass sich die gesamte Energie in Bewegungsenergie für das Geschoss umsetzen ließ. Dies gelang im 14. Jh. mit Büchsen aus Schmiedeeisen. Von diesen ersten mit Schwarzpulver betriebenen „Schießeisen“ führte ein allmählicher Weg zu den modernen Geschützen mit ihrer vernichtenden Feuerkraft. Gerade unter diesem Aspekt ist das Schwarzpulver geeignet, die gewöhnlich positive Besetzung des Begriffs „Fortschritt“ zu problematisieren.

H. P.

Beton

Mancher wird's nicht glauben wollen, aber es ist so: Die Römer haben den Beton erfunden! Das Fundament des zweiten Concordia-Tempels in Rom, der 121 v. Chr. erbaut wurde, besteht aus der Urmischung des Betons, die bis heute verwendet wird: aus Zement als Bindemittel und aus Zuschlagstoffen, in diesem Falle Kies und Wasser. Das schönste erhaltene Beispiel des römischen Betonbaus ist die Kuppel des unter Kaiser Hadrian (76–138 n. Chr.) etwa von 115 bis 125 n. Chr. errichteten Pantheons in Rom. Der Betonbau der Römer war noch nicht mit Stahleinlagen versehen, sodass sie Beton nur für den Hausbau und den Bau von Gewölben einsetzten. Im Mittelalter geriet dieser Baustoff in Vergessenheit. Erst Anfang des 19. Jh.s wurde Beton wieder in Frankreich, wo auch 1855 der Stahlbeton erfunden wurde, verwendet. Die Eigenschaften des Betons, wie z. B. hohe

Druckfestigkeit, Witterungs- und Feuerbeständigkeit machten ihn zum unverzichtbaren Baustoff im Tief-, Wasser- und Hochbau.

A. D.

Impfung

Die erste erfolgreiche Massenimpfung wurde zum Schutz gegen die Pocken durchgeführt. Die Pocken (Blattern) sind als endemische Krankheit bereits seit etwa 1000 v. Chr. in China, Indien und Arabien bekannt. Auch in Europa traten immer wieder Pockenepidemien auf. In den Jahren zwischen 1871 und 1873 registrierte man in Deutschland 175 000 Fälle mit mehr als 100 000 Todesopfern.

Als wissenschaftlich abgesichertes Heilverfahren wurde die Kuhpockenimpfung durch den englischen Landarzt Edward Jenner (1749–1823) eingeführt. Ihm ließ keine Ruhe, dass zahlreiche Kinder an Pocken starben. Die Melkerin Sarah Nelmes brachte ihn auf die richtige Fährte: Sie behauptete, sie sei vor den Pocken geschützt, weil sie sich bereits mit Kuhpocken angesteckt habe. Die Pockenepidemie von 1788 gab ihr Recht: Alle Patienten Jenners, die bereits die Kuhpocken gehabt hatten, blieben gesund. So begann Jenner 1796 mit den Pockenschutzimpfungen, indem er Patienten mit Kuhpockenlymphe infizierte. Seine Medizinerkollegen konnte er nicht überzeugen. Erst im Jahre 1845 wurde die Pockenschutzimpfung in England, 1874 in Deutschland gesetzlich vorgeschrieben. Seit 1977 gelten die Pocken nach einer weltweiten Impfkampagne als vollständig ausgerottet, es besteht keine Impfpflicht mehr.

A. D.

Penicillin

Medikamente, die Krankheitserreger (Bakterien) abtöten oder ihre Vermehrung aufhalten, sind Antibiotika. Das erste Antibiotikum war Penicillin.

Der englische Mediziner Alexander Fleming (1881–1955) musste als Armeearzt im Ersten Weltkrieg erleben, wie viele Soldaten an gewöhnlichen Infektionskrankheiten starben. Nach dem Krieg forschte er nach neuen keimtötenden Medikamenten. Im Jahr 1928 entdeckte er durch Zufall, dass der Schimmelpilz, den er Penicillin nannte, Bakterien abtöten konnte. Er spritzte den Pilz einem gesunden Kaninchen und bewies damit die Ungefährlichkeit des Schimmelpilzes für Gesunde. Den Engländern Howard Walter Florey (1898–1968) und Ernst Chain (1906–1979) gelang es 1940, das im Schimmelpilz wirksame Stoffwechselprodukt zu isolieren und in der Therapie von bakteriellen Infektionen erfolgreich einzusetzen. Massenimpfungen waren und sind ein wichtiger Beitrag zur Erhaltung der Volksgesundheit, zur Seuchenprävention und zur Erhöhung der durchschnittlichen Lebensdauer.

A. D.

Agrikulturchemie

Die Agrikulturchemie leistete – neben den Landreformen zu Beginn des 19. Jh.s. – einen wichtigen Beitrag zur „agrarischen Revolution", die die Industrialisierung begleitete. Albrecht Thaer (1752–1828) führte die Fruchtwechselwirtschaft ein, die bis heute angewandt wird, um eine einseitige Ausnutzung des Bodens zu vermeiden. Gregor Mendel (1822–1884) erkannte aufgrund der Kreuzungsversuche zwischen verschiedenen Sorten von Erbsenpflanzen die Gesetze der Vererbung. Sie wurden Grundlage einer gezielten Pflanzen- und Tierzüchtung zur Steigerung der Erträge und der Widerstandsfähigkeit gegen Kälte und Schädlinge. Den dritten und wichtigsten Baustein zu dieser Agrarrevolution lieferte Justus von Liebig (1803–1873). Liebig schuf die Grundlagen der künstlichen Düngung, der Agrikulturchemie, zunächst durch den Einsatz von Kali aus Bergwerken. Später wurde auch aus Schlacke, schließlich aus dem Stickstoff der Luft künstlicher Dünger erzeugt. Damit konnten in einem Zeitraum von nur 50 Jahren (1875–1925) die Hektarerträge bei Getreide verdoppelt werden (von 13 auf 24 Doppelzentner), ein wichtiger Beitrag zur Versorgung der schnell wachsenden Bevölkerung in Deutschland und in den industriellen Ballungszentren.

A. D.

Sparkasse

Alles fing im Kloster Salem an, das neben der Krankenpflege und der Unterstützung der Armen sich auch um die Versorgung von Waisen zu kümmern hatte. Um deren Vermögen vor Missbrauch zu schützen, gründete Abt Anselm II. 1749 die „Ordentliche Waisenkassa", in der die Gelder der Schutzbefohlenen mit Verzinsung verwaltet wurden. Mit der Beurkundung 1775 war damit die erste deutsche Sparkasse ordentlich belegt, die öffentlich eingelegte Gelder von Privatleuten zuverlässig verwahrte. Dieses Vorbild sollte Schule machen, und so gründeten sich weitere Waisenkassen, um einfachen Menschen die Chance zu geben, für Alter und Krankheit eine sichere Rücklage zu bilden. Aus dem klösterlichen Institut in Salem ging schließlich die Sparkasse Salem Heiligenberg hervor. Nach 1800 nahm die Anzahl der Sparkassen sprunghaft zu, und zwar meist als Gründung kommunaler Initiativen. Als Erste entstand so 1801 die Sparkasse von Göttingen. Finanzinstitute im modernen Sinne entwickelten sich mit Beginn des 20. Jh.s, als der bedeutende Sparkassenreformer Johann Christian Eberle 1908 in Sachsen den bargeldlosen Zahlungsverkehr einführte und damit die Grundlage für den Giroverband deutscher Sparkassen schuf. Bald waren ihre weitverzweigten Filialen nicht mehr nur die Bank der kleinen Leute, sondern prägten mit neuen Finanzierungsmöglichkeiten die Entwicklung im deutschen Bankwesen. So stiegen die Sparkassen ab 1918 ins Bauspargeschäft ein, boten Versicherungen an und nach dem Zweiten Weltkrieg damals ungewöhnliche, heute dagegen vielfältige Spar- und Anlageformen und täglich millionenfach genutzte Konsumentenkredite.

W. W.

Uhr

Ägyptische Astronomen erfanden vor ca. 3000 Jahren die Sonnenuhr. Andere Methoden der Zeitmessung waren Sand- und Wasseruhren, die sich in einer bestimmten Zeit leerten, oder abbrennende Kerzen. Seit Ende des 13. Jh.s gibt es Räderuhren. Mit der Erfindung des Federantriebs konnte man kleine, tragbare Uhren in Dosenform bauen, wie sie der Nürnberger Schlosser Peter Henlein (ca. 1480–1542) um 1510 herstellte (woraus sich später das „Nürnberger Ei“ entwickelte). Der niederländische Physiker und Mathematiker Christiaan Huygens (1629–1695) führte 1657 das Pendel als Gangregler ein und erfand 1674 die Unruh. Sie ermöglichte den Bau sehr genau gehender Uhren. Bisher hatten die Uhren nur Stundenzeiger, jetzt wurde auch die Anzeige der Minuten möglich. Die genaue Zeitmessung mittels massenhaft verwendbarer Uhren war eine wichtige Begleiterscheinung des Wandels von der Agrargesellschaft, die im Rhythmus der Jahreszeiten lebte, zur modernen Gesellschaft mit zunehmender Arbeitsteilung und Mobilität, vor allem seit Beginn der Industrialisierung.

A. D.

Computer

Der deutsche Ingenieur Konrad Zuse (1910–1995) schuf 1941 den ersten voll arbeitsfähigen programmgesteuerten elektromagnetischen Digitalrechner. Gleichzeitig arbeitete Zuse an der Röhrenrelaistechnik für Computer. Zur gleichen Zeit wurde in den USA ebenfalls an der Entwicklung von Großrechnern gearbeitet, z.B. von Vannevar Bush (1890–1974) und John von Neumann (1903–1957), der mit John Presper Eckert (1919–1995) und John William Mauchly (1907–1980) an der Entwicklung des ENIAC (Electronic Numerical Integrator and Calculator) beteiligt war, welcher 1946 den Betrieb aufnahm. Der ENIAC war ein wahres Monstrum: Er bedeckte eine Fläche von 140 Quadratmetern und wog 30 Tonnen, bestand aus 18000 Elektronenröhren und 50000 Schaltungen. In einer Sekunde konnte er 300 verschiedene Rechenoperationen oder 5000 Additionen bewältigen. Auf die erste Computergeneration mit Elektronenröhren folgte die zweite (1955) mit Transistoren, die dritte, seit 1962, mit integrierten Schaltungen und die vierte, seit 1978, mit hoch- und höchstintegrierten Schaltkreisen. Seit der Siliziumchip als Träger für die elektronischen Schaltkreise verwendet wird, werden die Computer immer kleiner und kompakter, leisten aber immer mehr und verändern das Kommunikationsverhalten (E-Mails, ICQ und Teamspeak, Telefonieren und Webcam), die Informationsbeschaffung (Internet-Recherche), die Unterhaltung (Fernsehen, Downloaden von Filmen, Musik und Spielen) und das Konsumverhalten (Ein- und Verkaufen, Er- und Versteigern, Buchen von Reisen, Reservierungen).

A. D.

Wer oder was war's?

1 Heute ist sie ein Sportgerät, das höchste Präzision in der Bedienung verlangt und aufgrund der verwendeten Materialien sowie seiner Hightech-Ausführung nur noch in den Grundzügen seiner historischen Vorgängerin ähnelt. Diese kann man in vielen Museen bewundern, wo sie meistens in der tragbaren Ausführung zu sehen ist. Daneben gab es aber auch riesige stationäre Geräte, die man z.B. auf Schiffen, in Städten oder auch auf Burgen zur Verteidigung einsetzte. Archäologische Funde belegen, dass bereits der erste Kaiser von China diese Geräte kannte, genauso wie sie auch zur Bewaffnung römischer Legionäre gehörten. Von den Normannen wird berichtet, sie hätten diese Waffe so perfekt bedienen können, dass sie nicht zuletzt deswegen die Angelsachsen besiegt hätten. Wegen der enormen Durchschlagskraft und ihrer Reichweite galt die Waffe als unritterlich und wurde im Mittelalter zeitweise geächtet. Das Verbot konnte sich aber nicht durchsetzen. Wer mit ihr umgehen wollte, brauchte einerseits Kraft, um ihren Mechanismus in Gang zu setzen, andererseits eine sehr ruhige Hand. Wilhelm Tell soll beides besessen haben, was seinem Sohn das Leben gerettet hat. Was war's?

W. W.

2 Es gab Zeiten, da war es mehr als nur eine Mode mit ihr aufzutreten, wenn man zur adeligen Gesellschaft gehören wollte. Unter Ludwig XIV. war es für die Menschen bei Hofe sogar von Staats wegen vorgeschrieben, in der Öffentlichkeit nie ohne zu erscheinen. Diese Vorschrift der Etikette galt für vornehme Damen und Herren gleichermaßen und jeder besaß mehrere recht kostspielige Exemplare davon, die in der Regel grau oder weiß gepudert waren, teilweise bis über die Schultern reichten oder gar bis zur Brust. Wie bei allen Moden wechselte der Geschmack und im Laufe des 18. Jh.s schmückten sich damit nur noch Richter und der Hochadel, während sich in bürgerlichen aufgeklärten Kreisen eine zunehmende Abneigung gegen diese als künstlich und unnatürlich empfundene Art der Selbstdarstellung entwickelte. Wenn man in den kommenden Jahrhunderten überhaupt so etwas trug, dann sollte von nun an nur noch ein körperlicher Mangel überdeckt oder ein besonderer Effekt erzielt werden. Der Außenstehende sollte den Eindruck bekommen, das Aussehen des Menschen sei von Natur aus so. Auch heute versuchen viele damit ihr Erscheinungsbild positiv zu verändern. Trotzdem sieht man den Gegenstand in seiner historischen Form noch immer bei Richtern und Parlamentariern in Großbritannien. Was war's?

W. W.

3 Als heilsam kann man diese Erfindung nicht bezeichnen, obwohl sie einem Arzt zugeschrieben wird, dessen Namen sie dann auch bekam. Aus humanitären Gründen habe er das Gestell aus Holz und Stahl konstruiert, heißt es, doch in einem Krankenhaus hatte sie keinen Platz. Das erste Modell schuf ein deutscher Klavierbauer, der den Entwurf im Experiment perfektionierte, indem er eine Schräge hinzufügte. Erstmals kam die Apparatur im April 1792 zum Einsatz. Ein berühmter Ludwig, eine ihm eng verbundene Marie, ein mächtiger George und ein fanatischer Maximilien machten mit ihr ebenso unliebsame Bekanntschaft wie tausende einfacher Leute; wie kaum etwas anderes führte sie die Gleichheit aller Bürger sinnfällig vor Augen. In Deutschland wurde sie bis 1949 eingesetzt, während man in Frankreich noch bis 1977 ihre Dienste in Anspruch nahm, allerdings seit 1939 nicht mehr öffentlich, sondern hinter hohen Mauern. Was war's?

S. Sch.

4 Als er am Abend des 28. Juli 1794 seinen Kopf verlor, klatschte die Menge Beifall, genauso wie sie es getan hatte, als er, der selbst kein Atheist war, die christliche Religion abgeschafft und die Verehrung des „Höchsten Wesens" eingeführt hatte. „So müßt ihr alles, was die Vaterlandsliebe stärken, die Sitten reinigen, die Seelen erheben, die Leidenschaften des menschlichen Herzens zur Mitarbeit im öffentlichen Interesse erziehen will, euch aneignen oder dementsprechende Maßregeln treffen", erklärte er in einer seiner vielen Reden und machte deutlich, was seine an Rousseau geschulten Ideale waren, die er zeitlebens mit den unterschiedlichsten Mitteln zu verwirklichen suchte: die Erneuerung der Gesellschaft und die Herrschaft der Tugend in einem goldenen Zeitalter. Der aus Arras stammende Anwalt war lange der unbestechliche, vorbildliche und populäre Star seiner Zeit. Sein Streben nach Tugendhaftigkeit ließ ihn jedoch alles Maß aus den Augen verlieren: „Terror ist nichts anderes als Gerechtigkeit, prompt, sicher und unbeugsam." Diesen Terror übte er dann auch aus – allein einen Monat vor seinem eigenen Tod ließ er 1285 Menschen hinrichten –, bis seine Gegner den Mut fanden, ihn selbst anzuklagen. „Die Verteidiger der Freiheit werden immer nur Geächtete sein, solange eine Horde von Schurken regiert!", rief er ihnen noch zu, als man ihn abführte. Wer war's?

S. Sch.

5 Er ist für Freiheit, Demokratie, Gleichheit vor dem Gesetz und für eine „gerechtere Verteilung der Güter" eingetreten – und für seine Ideale gestorben. In Köln erinnert nur eine kleine Gedenktafel an den einst berühmten Mann; sie findet sich in der Mauthgasse, seinem Geburtsort 1807. Für Revolutionäre ist wenig Platz im historischen Gedächtnis der Deutschen. Mit 13 Jahren verließ er die Schule; alles Weitere schaffte er als Autodidakt: Er war Journalist, schrieb Gedichte und Theaterstücke und gab in Leipzig, wo er seit 1832 lebte, eine siebenbändige *„Enzyklopädie aller Wissenschaften"* heraus. Er war ein mitreißender Redner und konnte der liberalen Bewegung in Sachsen einen ersten organisatorischen Zusammenhalt geben. 1848 wurde er Vizepräsident des Frankfurter Vorparlaments; in der Nationalversammlung trat er als Sprecher der Linksliberalen auf. Im Oktober 1848 ging er nach Wien, um den Volksaufstand zu unterstützen und die Stadt gegen die kaiserlichen Truppen zu verteidigen. Er wurde verhaftet und auf Befehl des Ministerpräsidenten Fürst Schwarzenberg am 9. November standrechtlich erschossen – dies war zugleich eine eklatante Missachtung des Parlaments und der Abgeordnetenimmunität. Unzählige Trauerfeiern fanden in ganz Deutschland statt. In zahlreichen Gedichten wurde er als Märtyrer der Freiheit verehrt. Er ist eine der großen Persönlichkeiten demokratischer Tradition in Deutschland. Wer war's?

S. M.

6 Die gesuchte Person ist ein römischer Kaiser aus Afrika, geboren in Leptis Magna in der Tripolitana. Als sein Vorgänger und Förderer von den Prätorianern ermordet wurde, war er Legat (Oberbefehlshaber) der römischen Truppen in Oberpannonien. Im Carnuntum (bei Wien) wurde er von seinen Soldaten zum Kaiser ausgerufen. Er war somit der erste in einer langen Reihe von Soldatenkaisern. Zunächst aber hatte er sich dreier Konkurrenten zu entledigen, was ihm schließlich gelang. Seinen Hauptgegner, den Legaten der syrischen Legion, C. Pescennius Niger, besiegte er in einem Feldzug im Orient. Diesen setzte er in einem Krieg gegen die Parther fort und eroberte dem Römischen Reich eine neue Provinz: Mesopotamien. In den folgenden Friedensjahren kehrte er in seine Vaterstadt zurück, der er das *Ius Italicum* verlieh, was mit Steuerprivilegien verbunden war. Durch Aufträge für öffentliche Bauten wurde Leptis Magna zu einer wahrhaft imperialen Metropole. Nach 18-jähriger Regierungszeit starb er bei einem Feldzug in Britannien (Eburacum, heute York). Er war ein bedeutender römischer Kaiser. Wahrscheinlich aber machte er einen großen Fehler, als er die Praxis beendete, nach der ein Kaiser einen befähigten Nachfolger adoptierte und so dessen Herrschaftsübernahme vorbereitete. Er vererbte dagegen die Herrschaft in seiner Familie; seine Nachfolger erlangten eher traurige Berühmtheit. Wer war's?

S. M.

7 Er war über 90 Jahre alt, fast blind, seit 12 Jahren Doge von Venedig und besaß die Energie eines Mannes in den besten Jahren, als er ein historisches Ereignis initiierte, das seine Heimatstadt für 300 Jahre zur Großmacht im östlichen Mittelmeer machen sollte. Westeuropäische Ritter sammelten sich zum 4. Kreuzzug in Venedig, um Jerusalem aus den Händen Saladins zu befreien. Als die Kreuzfahrer den vereinbarten Betrag für die von Venedig ausgerüsteten Schiffe nicht zahlen konnten, ließ der Doge die Schuld gewissermaßen in Form von Dienstleistungen begleichen. Die Ritter eroberten im Auftrag Venedigs die Stadt Zara an der dalmatinischen Küste, die dem katholischen König Andreas von Ungarn gehörte – und am 12.April 1204 die Hauptstadt des oströmischen Reiches, ebenfalls eine christliche Stadt. Der Doge suchte sich einen neuen Kaiser aus und teilte das byzantinische Reich auf, wobei er für Venedig ein Kolonialreich herausschnitt, das am besten seinen Handelsinteressen diente. Jahrelang schafften venezianische Schiffe Kunstschätze aus Byzanz in die Lagunenstadt – eine der größten Plünderungen der Weltgeschichte. Der Mann, der dies mit unglaublicher Härte und Zielstrebigkeit ins Werk setzte, starb 1205 in Konstantinopel und wurde in der Hagia Sophia begraben. Hier ruhten seine Gebeine allerdings nur bis zur Eroberung von Byzanz durch den türkischen Sultan Mehmed II. 1453. Seither sind sie verschollen. Wer war's?

S. M.

8 Sein Geburtsort ist nicht bekannt. Denn als er geboren wurde, ahnte noch niemand, wie berühmt er einmal werden sollte. Sein Vater war ein mächtiger Mann und ein Thronräuber – mit der Zustimmung des Papstes. Zur Zeit dieses Staatsstreiches war der Sohn gerade vier Jahre alt. Nach dem Tod des Vaters wurde er nach der Sitte seines Stammes gemeinsam mit seinem jüngeren Bruder der Nachfolger. Doch schon nach drei Jahren starb der Mitregent. Nun konnte er allein regieren und behielt die Macht im Reich bis zu seinem Tod, insgesamt 46 Jahre lang.

Die meiste Zeit führte er Krieg. Nur in zwei Jahren fand kein Feldzug statt. Dies erschien einem Chronisten so ungewöhnlich, dass er glaubte, eine sol-

che Untätigkeit entschuldigen zu müssen. Er interessierte sich aber auch sehr für die Kultur seiner Zeit und vergangener Epochen. Deshalb versammelte er die berühmtesten Gelehrten an seinem Hof. Er selbst lernte erst spät lesen und nie schreiben. Als er im Alter von 67 Jahren starb, hinterließ er nur einen rechtmäßigen Nachfolger, obwohl er viermal verheiratet war und zahlreiche uneheliche Kinder hatte.
Zwei Länder berufen sich heute auf diesen Mann. Er ist der Held unzähliger Sagen und wurde wohl eher aus Versehen heiliggesprochen. Seine Überreste sind erhalten, und kürzlich haben Forscher nachgewiesen, dass er seinen Beinamen zu recht trägt: Er war etwa 1,90 m groß. Wer war's?

H. B.

9 Man weiß es nicht genau, aber vielleicht wurde er im württembergischen Waiblingen geboren – der später mächtigste Mann Europas.
Am Anfang stand ein langer Streit um die Nachfolge des deutschen Königs, bis schließlich die Wahl auf ihn fiel. Schon seine Zeitgenossen rühmten seine körperlichen Vorzüge: „Sein Körper ist schön gebaut, sein Haar ist blond, seine Augen sind scharf und durchdringend, die Nase ist schön, sein ganzes Gesicht ist fröhlich und heiter." Aber auch seine Eigenschaften werden gelobt, vor allem seine Tapferkeit und seine Großzügigkeit.
Obwohl sein Name das Gegenteil von Krieg bedeutet, war sein Leben durch zahlreiche militärische Konflikte bestimmt. Seine Gegner waren Städte in Oberitalien und der Papst, aber auch sein Vetter in Deutschland. Diese Kämpfe beendete er schließlich erfolgreich. Um seine Macht zu stärken, ließ er viele Burgen errichten und Städte gründen.
Er ist der einzige deutsche Herrscher des Mittelalters, von dem es kein Grab gibt. Denn er starb in einem entfernten Land, als er in einem Fluss badete. Seine Beliebtheit im Volk und sein merkwürdiger Tod ließen bald viele Sagen entstehen. Die berühmteste von ihnen erzählt, dass er gar nicht tot sei, sondern nur in einem Berg schlafe.
Ungewöhnlich für seine Zeit ist, dass ein Kunstwerk mit seinem Porträt erhalten ist: ein Reliquienschrein in Form eines Kopfes, der seine Züge trägt. Zumindest ist zu erkennen, was zu seinem Beinamen geführt hat – zuerst in Italien, später auch in Deutschland. Wer war's?

H. B.

10 Ein heißer Augusttag geht zu Ende. Die bleierne Hitze liegt schwer auf der kleinen Stadt Palos am Rio Tinto. Auch der einsetzende Landwind

bringt kaum Abkühlung in die verwinkelten Straßen und Gassen. Im Hafen liegen zwischen den Fischerbooten drei größere Schiffe.
Als die Sonne untergegangen ist, versammeln sich die Männer in den Bodegas um den Hafen: Handwerker, Fischer, einige Bauern, die sich nach einem Markttag noch vor dem Heimweg erfrischen wollen. Zwischen ihnen sitzen auch ein paar Matrosen, die am nächsten Tag lossegeln wollen.
Schon bald dreht sich das Gespräch nicht mehr um die Fischpreise oder um die letzten Kämpfe gegen die Mauren, sondern um diese abenteuerliche Fahrt. Der Wein fließt in Strömen, und es wird heftig debattiert.
„Habt ihr denn keine Angst?" – „Ihr wollt wirklich mit diesem Verrückten losfahren?" – „Mit diesem Ausländer?" – „Wisst ihr, was der wirklich vorhat?" – „Glaubt ihr denn, dass so etwas zu schaffen ist?" Was war's?

H. B.

11 Er war ein umfassend gebildeter und künstlerisch begabter Mensch, sprach vorzüglich Latein, besaß profunde juristische Kenntnisse und interessierte sich für philosophisch-theologische Fragen. Auch eine Dichtung von ihm ist überliefert. Außerdem aber war er ein gewiefter Politiker und machtbewusster Herrscher.
Im Alter von 21 Jahren heiratete er die um 11 Jahre ältere Prinzessin eines weit entfernten Reichs. Als deren Vater starb, erhob er sofort Anspruch auf das Erbe und kämpfte vier Jahre mit allen politischen und militärischen Mitteln, um sich dieses Erbe zu sichern. Am Tag, an dem er es endgültig geschafft hatte, gebar seine Frau ihm den Sohn, der später sein Nachfolger werden sollte. Er hoffte sehr, die beiden Reiche unter Führung seiner Familie dauerhaft verbinden zu können und war dafür zu großen Zugeständnissen bereit, doch stieß sein Plan auf erheblichen Widerstand; besonders der Papst sträubte sich gegen dessen Verwirklichung, weil er um seine Unabhängigkeit fürchtete. Doch auch sein eigenes Schicksal stellte sich gegen ihn: Vor einer Reise in den Osten starb er, erst 32-jährig, in Messina an Malaria. Seine Frau überlebte ihn nur um ein Jahr; sein Sohn aber ließ Glanz und Macht seiner Familie noch einmal neu erstehen und ist heute weit berühmter als er. Wer war's?

H. P.

12 Ein Biograph ihres Mannes beschreibt die damals Fünfzehnjährige so: „… Wie ein Christkind: ein liebes Gesicht, Rehaugen, goldschimmerndes Haar, eine mädchenhafte Figur … ein süßer Backfisch." Aber charakterlich sei sie eher dem Vater nachgeraten, einem „Hallodri, der nichts als Reisen, Gelage, Zitherspielen, Verseschmieden, Jagen, Pferde und Seitensprünge im Sinne hatte …“

Dieses harsche Urteil hat sie nicht verdient. Sie war ein romantisches junges Mädchen, das gerne wanderte und ritt, dichtete und vor allem ihren eigenen Kopf besaß und sich nicht gern Vorschriften machen ließ. Jedenfalls war sie so anziehend, dass sich einer der mächtigsten Männer seiner Zeit heftig in sie verliebte und anstelle ihrer älteren Schwester sie heiratete.

Man kann nicht sagen, dass die junge Frau glücklich geworden wäre. Ihre nach Ungebundenheit strebende Persönlichkeit litt unter den vielen offiziellen Verpflichtungen und dem starren Zeremoniell, dem sie sich zu unterziehen hatte. Dazu kam noch die gegenseitige Abneigung, die sie mit ihrer Schwiegermutter verband; auch ihre Ehe war nie wirklich harmonisch. So entzog sie sich ihren Pflichten soweit als möglich, reiste viel und lebte ihr eigenes Leben. Einen beinahe verzweifelten Kampf führte sie um den Erhalt ihrer jugendlichen Schönheit. Als sie ihn zu verlieren begann, schottete sie sich von der Öffentlichkeit ab und wurde mehr und mehr depressiv. Vielleicht hätte sie daher dem italienischen Anarchisten nicht einmal gegrollt, der sie am 10. September 1898 mit einer Feile tödlich verwundete.

Wer war's?

H. P.

13 Schon von weitem hörte man ihren unverwechselbaren Klang. Sie bestand aus drei oder vier Holzblättern, die durch einen Lederriemen miteinander und mit einem Holzstab verbunden waren. Oft waren ihre einzelnen Teile mit allerlei Schnitzwerk verziert, vielleicht um dem Zweck, dem sie diente, ein wenig von seinem Schrecken zu nehmen. Denn wer sie trug, tat das nicht freiwillig, sondern musste auf diese Weise signalisieren, dass er aus der Gemeinschaft der anderen ausgeschlossen war. Dabei war die Krankheit, an der ihre Träger litten, noch nicht einmal sonderlich ansteckend und ein normaler Kontakt mit ihnen wäre bei einiger Vorsicht durchaus möglich gewesen. Das aber wusste man nicht; vielmehr hielt man sie für hochinfektiös und glaubte, dass sie auch auf sündhaften Lebenswandel zurückzuführen wäre und daher ebenso den Körper wie das Heil der Seele gefährdete. So mussten die Kranken nicht nur die Schwäche und die Entstellungen hinnehmen, die ihnen ihr Leiden bescherte, sondern sie verloren auch ihre familiären und gesellschaftlichen Bindungen. Und das kleine hölzerne Gerät, das sie schwingen mussten, wenn andere sich ihnen näherten, war für diese eine akustische Warnung, für sie selbst aber eine stete Vergegenwärtigung ihres traurigen Schicksals. Was war's?

H. P.

14 Unser gesuchtes Bauwerk wurde im Juli 2005 in die Weltkulturerbe-Liste der UNESCO aufgenommen. Es hatte und hat die Länge von 550 Kilometern und muss auf die Zeitgenossen gigantisch gewirkt haben: Ein Lindwurm aus Stein, Palisaden und Gräben, bestückt mit etwa 1000 Wachttürmen und über 100 Militärlagern, zog sich in einer breiten, gerodeten „Schneise" (das lateinische Wort dafür ist das Lösungswort) durch die heutigen Bundesländer Hessen, Rheinland-Pfalz, Bayern und Baden-Württemberg.
Das wilhelminische Deutschland kümmerte sich seit 1892 um die Reste des Bauwerks. Auf der Suche nach der „großen Vergangenheit" der Deutschen sahen viele national Begeisterte das gesuchte Bauwerk als Beweis für die Unbesiegbarkeit unserer Altvorderen an. Was war's?

A. D.

15 Gesucht wird ein kolossales Bauwerk, das ursprünglich Amphitheatrum Flavium hieß, mit einem Umfang von 527 Metern und einer Höhe von 54 Metern. Es hat sich als Ort der Grausamkeit tief in das Gedächtnis der Menschheit eingegraben. Das Bauwerk bot Sitzplätze für 60 000 Menschen, denen mit einem gewaltigen Sonnensegel Schatten gespendet werden konnte. Zu seiner Einweihung fanden 100 Tage lang Spiele statt, bei denen 5 000 wilde Tiere getötet wurden. Die Arena konnte geflutet werden, sodass sogar Seeschlachten vorgeführt werden konnten. Da der Boden der Arena heute fehlt, sind die darunterliegenden Räume gut zu erkennen. Hier befanden sich die Käfige, die Kerker, Aufenthaltsräume und die schwere Bühnenausstattung. Mit Hilfe eines Aufzugsystems konnten Tiere in die Arena hochbefördert werden. Die grausamen Spiele – häufiger Tierhetzen als der Kampf Mann gegen Mann – in diesem Amphitheater waren ein wichtiger Bestandteil der römischen Massenkultur und ungeheuer beliebt, so wie es heute der Fußball ist. Was war's?

A. D.

16 Unser gesuchter Held wurde wahrscheinlich im Jahre 16 v. Chr. als Sohn eines Fürsten, Segimer, geboren. Das meiste, was wir von ihm wissen, ist nicht gesichert, weder sein Name noch der Ort seines größten militärischen Erfolges, der später als nationaler Befreiungskampf gedeutet wurde. Trotzdem hat ihm das romantische und nationalistische Deutschland des 19. Jh.s, auf der Suche nach nationalen Mythen und Helden der Vergangenheit, eine überschäumende Verehrung in vielfältiger Form entgegengebracht. Das Kriegshandwerk hatte er in den Diensten der „Besatzungsmacht", seiner späteren Feinde, sehr gründlich erlernt. Bei seinem großen Sieg über die feindliche Übermacht nutzte er genial die landschaftlichen Gegebenheiten für seine Partisanentaktik, aber auch der Wettergott stand ihm zur Seite. Drei Tage soll die Schlacht gedauert haben, der angeblich etwa 25 000 Menschen, Soldaten, Frauen und Kinder, zum Opfer fielen. Der Kommandant des feindlichen Heeres und viele seiner Offiziere begingen angesichts der Katastrophe Selbstmord. Danach versuchte der Gesuchte vergeblich, das Lager der „Widerstandskämpfer" zu einen. Seine Frau Thusnelda wurde 15 n. Chr. von den Feinden gefangengenommen, er selbst wurde um das Jahr 21 n. Chr. ermordet. Wer war's?

A. D.

17 Der Gesuchte wurde am 5. Januar 1876 in Köln geboren. Nach dem Abitur studierte er Jura und arbeitete anschließend als Rechtsanwalt und Hilfsrichter. 1906 stieg er in die Kommunalpolitik seiner Heimatstadt ein. Im Ersten Weltkrieg, 1915, ließ er ein Brot, dessen Zusammensetzung er erfunden hatte, als „Kölner Brot", später auch noch die „von innen beleuchtete Stopfkugel" patentieren. 1917 wurde er zum Oberbürgermeister von Köln, in der November-Revolution des Jahres 1918 zum Vorsitzenden des „Wohlfahrtsausschusses" in Köln gewählt. Im großen Krisenjahr der Weimarer Republik, 1923, machte er sich für den rheinischen Separatismus stark. Im Jahr 1926 war er als Kandidat für das Amt des Reichskanzlers im Gespräch. Der Gesuchte weigerte sich 1933 als Oberbürgermeister der Stadt Köln, den zu einer Wahlkampfrede angereisten Reichskanzler Adolf Hitler zu empfangen, und ließ die Hakenkreuzfahnen von der Deutzer Brücke entfernen. Kurz darauf wurde er als Oberbürgermeister abgesetzt und zog sich aus dem öffentlichen Leben zurück; er wurde zwei Mal für kurze Zeit verhaftet, 1934 und 1944. Nach der Befreiung der Stadt Köln wurde er im Mai 1945 von den Amerikanern als Oberbürgermeister von Köln eingesetzt, im Oktober 1945 von den Briten aber „wegen Unfähigkeit" schon wieder abgesetzt. 1949, im Alter von 73 Jahren, begann seine eigentliche große politische Karriere. Wer war's?

A. D.

18 In jeder italienischen Stadt, ja wahrscheinlich in jedem größeren Dorf erinnert an ihn der Name einer Straße, eines Platzes oder des Corso. Er war eine schillernde Persönlichkeit mit einem bewegten Leben. 1834 war er an einem Aufstand gegen die österreichische Herrschaft in Venetien und der Lombardei beteiligt und floh dann nach Südamerika. Zurück in Europa ließ er sich als Bauer, wie er sagte, auf der Insel Caprera nieder, die Sardinien im Nordosten vorgelagert ist. Es war eher ein ansehnliches Landgut, das er hier besaß und in dem heute ein nationales Museum eingerichtet ist. Zum „Löwen von Caprera" wurde er bei einem tollkühnen Unternehmen im Jahr 1860: Mit nur 1000 Mann begann er die Eroberung Siziliens und fegte mit einer immer stärker anwachsenden Armee die spanisch-bourbonische Herrschaft über Süditalien hinweg. Ein ganzes Königreich konnte er damit seinem Landesherrn, Vittorio Emanuele von Sardinien-Piemont, übergeben. Bald darauf wurde das Königreich Italien gegründet. Unser Mann kehrte nach Caprera zurück und mischte sich immer wieder in die italienische Politik ein, ohne freilich allzu großen Einfluss zu haben. Nach dem Abschluss des italienischen Risorgimento im Jahr 1870, als der Kirchenstaat an Italien fiel, widmete er sich vor allem seinen Schafen und Oliven und hin und wieder Gästen aus ganz Europa. Er starb kurz vor seinem 75. Geburtstag am 2. Juni 1882 auf Caprera, wo er auch begraben wurde. Wer war es?

S. M.

Hinführungen

Bilder als Spiegel ihrer Zeit

Ein Bild ist etwas so Alltägliches, dass eine Begriffsbestimmung gar nicht einfach ist. Doch lassen sich einige Gemeinsamkeiten feststellen: Bilder sind konkret, zweidimensional, grafisch gestaltet und von einem Künstler mit einer bestimmten Absicht geschaffen. Sie unterscheiden sich in der Bildtechnik, in ihrem Inhalt, in der jeweiligen Aussage und Zielgruppe und nicht zuletzt in dem Bezug der Darstellung zur Realität.

In der Geschichte spielen Bilder eine herausragende Rolle. Sie sind nach den Gegenständen die ältesten erhaltenen Kulturzeugnisse und waren Jahrtausende, in denen die Mehrzahl der Menschen weder lesen noch schreiben konnte, wichtiger als die Schrift. Seit einigen Jahrzehnten hat ein neues Zeitalter der Bilder begonnen. Die technischen Möglichkeiten ihrer Herstellung und Verbreitung haben dazu geführt, dass Menschen täglich mit unzähligen Bildern konfrontiert werden – in Zeitungen und Zeitschriften, in der Werbung, im Fernsehen oder im Internet.

Für den Historiker sind Bilder wichtige Quellen, denn ihre Entstehung, Verbreitung und Rezeption sind eng an geschichtliche Bedingungen geknüpft. Der Künstler ist ein Kind seiner Epoche, er bedient sich ihrer technischen Möglichkeiten und gestaltet ihre Ideen, Vorbilder oder Wünsche in seinem Werk. Ebenfalls zeitbedingt sind die ökonomischen Aspekte eines Werkes, die berufliche Situation des Künstlers und der Lohn oder Preis für ein Bild. Auch Auftraggeber und Publikum sind Zeitgenossen und vertreten deren Vorstellungen und Erwartungen. Besonders aufschlussreich ist oft auch die Rezeption eines Werkes. Sie durchläuft von der Kritik in der Entstehungszeit bis zur aktuellen Bewertung einen langen Weg, in dem sich historische Entwicklungen spiegeln können.

Man wird Bildern nicht gerecht, wenn man sie ausschließlich als historische Quellen betrachtet. Aber eine rein ästhetische Betrachtung, in der die Geschichte völlig ausgeblendet wird, ist ebenfalls ein einseitiger und

verkürzter Umgang. Deshalb arbeitet die „Historische Bildkunde" eng mit der Kunstgeschichte zusammen, setzt aber eigene Schwerpunkte.
Die folgenden neun Bilder sind ein „Spaziergang" durch die Geschichte. Für jede Epoche ist ein Bild ausgewählt, das in Inhalt, Gestaltung und Technik typisch für seine Zeit ist.

Ägyptische Malerei

Die Malerei erreichte in der ägyptischen Hochkultur im 2. Jt. v. Chr. ihren ersten Höhepunkt. Nur wenige der damals geschaffenen Werke haben die Zeit überdauert, vor allem die Wandmalereien und die farbig gefassten Reliefs in Gräbern, Tempeln oder Palästen.
Das *Bild im Grab des Oberaufsehers der Kornspeicher* entstand wahrscheinlich um 1370 v. Chr.. Es zeigt den Toten als jungen Mann, der auf einem schmalen Boot in einem Papyrusdickicht Vögel jagt. Er trägt ein Hüfttuch und ein Pektoral. In der linken Hand schwingt er ein Wurfholz, in der rechten hält er drei gefangene Vögel. Begleitet wird er von seiner Frau, die einen Blumenstrauß und ein Saiteninstrument (Sistrum) in den Händen hält. Zu seinen Füßen sitzt seine Tochter, die gerade eine Papyruspflanze

British Museum, London

umfasst. Die ihn umgebende Natur – das Wasser mit Fischen, Papyrusstauden, Vögel und Schmetterlinge – ist naturgetreu und farbenfroh wiedergegeben. Ein eigenartiges Motiv ist die jagende Katze, die offensichtlich auf einem der Stängel sitzt und ebenfalls drei Vögel gefangen hat.
Das Bild ist auf eine mit Stuck überzogene Wand der Grabkammer gemalt. Im Gegensatz zu Bildern der Begräbniszeremonie und des Totengerichts, wie sie in Gräbern häufig zu finden sind, zeigt es den sozialen Status des Toten besonders deutlich. Er trägt prächtigen Schmuck und genießt das Privileg zu jagen. Aber die Darstellung hat auch eine religiöse Bedeutung. Wie der Körper für das Weiterleben nach dem Tod konserviert wurde, so war auch das Bild eine Brücke vom Leben ins Jenseits, denn es sicherte ihm dort Jugend und Reichtum als wichtige Kennzeichen seines Lebens.

Griechische Vasenmalerei

Die Schale, etwa 29 cm im Durchmesser, wurde in der etruskischen Stadt Vulci gefunden, stammt aber wahrscheinlich aus Sparta. Das Bild füllt die ganze Innenseite, ist von einem Fries aus Lotusknospen eingerahmt und durch einen Querstrich in eine große und eine sehr kleine Szene geteilt. Die ungewöhnliche Darstellung zeigt eine Szene aus dem Wirtschaftsleben der griechischen Kolonie Kyrene in Nordafrika (heute Libyen).

Bibliothèque nationale de France

Die Personen lassen sich durch die eingeritzten Bezeichnungen leicht identifizieren. Links sitzt übergroß König Arkesilaos II. (um 560) auf einem faltbaren Klappstuhl und hält ein Zepter in der linken Hand. Er gibt seinem Diener, der vor ihm steht, eine Anweisung. Sie bezieht sich wahrscheinlich auf die vier Männer, die dahinter Säcke mit Silphion wiegen, wobei der Mann ganz rechts als „Silphionwieger“ bezeichnet wird. Diese Pflanze, die es nur in der Kyrenaika gab, war in der Antike als Gemüse, Gewürz und Arznei sehr beliebt und ihre Ausfuhr war die Grundlage für den Reichtum von Kyrene. Die große Waage hängt an einer Stange, wahrscheinlich der Rahe eines Schiffes, das gerade beladen wird. Auf dem unteren Bild kontrolliert ein Aufseher zwei weitere Sackträger. Der Künstler, den man nach diesem Hauptwerk der „Arkesilaos-Maler“ nennt, lebte um 565 v.Chr. Er verwendete gelbgrauen Ton, der mit weißem Firnis überstrichen wurde. In ihn wurden die Umrisse eingeritzt und das spätere Bild in fein geschlämmtem „Glanzton“ (vor allem schwarz, vereinzelt auch rot) aufgetragen. Die griechische Vasenmalerei begann im 11.Jh. und erreichte im 5.Jh. ihren Höhepunkt. Vasenbilder, die oft von den Künstlern signiert wurden, zeigen vor allem Themen aus der Mythologie und dem Alltagsleben.

Römische Münzbilder

Nach dem Sieg über Marc Anton (30 v.Chr.) war Octavian alleiniger Herrscher, aber er musste seine Macht erst noch festigen. Dies gelang ihm im Laufe der nächsten Jahre durch eine geschickte Politik und eine meisterhafte Propaganda. Dazu gehörten die *Münzbilder*, denn sie verbreiteten im ganzen Reich die gewünschte politische Botschaft.

British Museum, London

Das Beispiel zeigt zwei Denare, die kurz nach der Schlacht von Actium geprägt wurden (29/28 v.Chr.). Die Vorderseite enthält jeweils das Porträt des Octavian im Profil ohne Legende. Eine der Münzen zeigt auf der Rückseite die Göttin Venus in Rückenansicht mit Speer und Helm in den Händen. Sie stützt sich auf eine

Säule, an der ein Schild lehnt. Die Legende lautet: „CAESAR DIVI F(ILIUS)". Auf der anderen Rückseite mit derselben Inschrift ist die Göttin Victoria abgebildet. Sie steht auf der Weltkugel und hält in der rechten Hand einen Siegeskranz, in der linken einen Palmzweig.

Beide Münzen sind Teil der Propaganda, die besonders mit Bildern arbeitete. Auf der Vorderseite demonstriert Octavian seinen Machtanspruch, stellt sich aber gleichzeitig in die Tradition Caesars, der erstmals sein Porträt auf römische Münzen prägen ließ. Auch die Inschrift betont diese Verbindung („Sohn des göttlichen Caesars"). Die Göttin Venus soll an den Ursprung des Geschlechtes der Julier erinnern, die sich auf eine göttliche Abstammung beriefen. Die Waffen verweisen auf die militärischen Erfolge des Octavian. Die Göttin Victoria steht ebenfalls für den Sieg, doch ihr Palmzweig weist auf den Frieden hin, der jetzt im Römischen Reich herrscht. Gerade die Sicherung des Friedens, aber auch die propagandistische Verherrlichung seiner Erfolge gehörten zu den wichtigsten Zielen des Princeps.

Mittelalterliche Buchmalerei

Das Bild steht im Mittelpunkt der zweiten Vision, die Hildegard von Bingen zwischen 1153 und 1160 erlebte und in dem *Buch „Liber divinorum operum"* aufzeichnete. In dieser Vision erklärt sie den Bau der Welt durch die Elemente und die Stellung des Menschen im Weltbau. Im Text wird das Bild erklärt und gedeutet.

Biblioteca Statale di Lucca

Das gerahmte Bild ist fast vollständig von Gottvater ausgefüllt, dessen Kopf sogar über den Rahmen hinausragt. Seine Brust ist zu einem großen Kreis ausgeweitet, der aus einem roten, schwarzen, blauen und weißen Ring besteht. Den Mittelpunkt bildet ein brauner Kreis. Davor steht ein nackter

Mensch, der mit seinen ausgebreiteten Armen den blauen Ring berührt. Die Seherin ist selbst Teil des Bildes. In der linken unteren Ecke sitzt sie in ihrem Nonnenhabit in der Zelle und schreibt oder zeichnet auf zwei Tafeln, die auf einem Lesepult liegen, ihre Vision auf.

Der Kreis stellt die vier Elemente dar: Erde, Luft, Wasser und Feuer. Das Feuer ist anthropomorph gestaltet und wird als „Feuer der Liebe Gottes" erklärt. Zu den wirkenden Kräften im Weltenbau gehören die Winde, die als Tierköpfe dargestellt sind, die Sterne und die Wolken. Deshalb sind sie durch Linien miteinander verbunden.

Dem Menschen kommt eine besondere Rolle zu: „Mitten im Bau der Welt steht der Mensch, denn er ist mächtiger als die übrigen Geschöpfe, die in ihr leben: von Gestalt zwar klein, aber groß durch die Kraft seiner Seele. Seinen Kopf richtet er nach oben, seine Füße nach unten und bewegt so die oberen und unteren Elemente." (Das Buch vom Wirken Gottes. Liber divinorum operum, übers. und hg. v. Mechthild Heieck, Augsburg 1998, 48 f.)

Holzschnitt

Der nachträglich kolorierte Holzschnitt ist das *älteste Bild von der Entdeckung der „Neuen Welt" 1492*. Es stammt aus dem Bericht des Kolumbus an Ferdinand von Aragonien und Isabella von Kastilien, der in einer lateinischen Übersetzung mit dem Titel *„De Insulis inventis"* 1493 in Rom und kurz darauf in Basel gedruckt wurde. Die Inschrift „Insula hyspana" bezieht sich auf „Hispaniola", wo Kolumbus am 6. Dez. 1492 gelandet war.

Im Vordergrund liegt eine Galeere mit gerefftem Segel am einzigen Mast. Man sieht nur drei Tiere, aber keine Menschen auf dem Schiff. Zwei Männer mit orientalisch aussehenden Kopfbedeckungen legen mit einem Ruderboot gerade an der Insel an. Der vordere der beiden Männer hält einen nicht genau erkennbaren Gegenstand in den Händen, vielleicht eine Waffe, die auf die Bewohner der Insel gerichtet ist. Zwei Gruppen von jeweils etwa acht nackten Eingeborenen beobachten die Landung des Bootes. Die eine Gruppe reagiert eher furchtsam und hält Distanz, während die andere offensichtlich an Kontakt interessiert ist. Denn der vorderste Mann hält einen Gegenstand (Schmuckstück?) in den Händen, als wollte er es den Ankömmlingen überreichen. Die Insel besteht aus Bergen und engen Tälern, ist teilweise bewaldet und durch Buchten gegliedert. Auf einer ins Meer ragenden Halbinsel steht ein Bauwerk aus Stein.

Der Künstler, wahrscheinlich ein Baseler Holzschneider, hat die wenigen Angaben des Textes zu einem fantasievollen Bild umgesetzt. Kolumbus be-

© akg-images, Berlin

schrieb die Insel als bergig und reich an Häfen und erwähnte die Nacktheit der Eingeborenen. Das Steinhaus ist vielleicht die von ihm gegründete Siedlung La Navidad. Völlig unrealistisch ist dagegen die Darstellung des Schiffes als Galeere. Der Holzschnitt, der etwa zur gleichen Zeit wie der Buchdruck entstand, war ein beliebtes Mittel für Bebilderung der frühen Drucke.

Kupferstich

Das Blatt zeigt die *Werkstatt eines Kupferstechers* und wirbt damit für sein Geschäft. In einem ovalen Medaillon sieht man die einzelnen Schritte bei der Herstellung eines Kupferstiches. Der Mann an dem Tisch im Vordergrund fertigt eine Federzeichnung nach einer Vorlage. Ihm gegenüber graviert der Stecher das Bild in die Kupferplatte. Im Hintergrund trägt ein Mann die Druckfarbe auf die fertige Platte auf. Die einfache Druckerpresse aus Holz bildet den Mittelpunkt des Bildes. Hier wird das angefeuchtete Papier auf die Druckplatte gelegt und anschließend mit Hilfe des Zylinders abgedruckt. Offensichtlich ist dafür sehr viel Kraft notwendig, denn der Drucker hält die Kurbel mit beiden Händen und hilft auch noch mit einem Fuß mit.

Kunstsammlung der Stadt Augsburg

Um das Medaillon läuft eine zweiteilige Schrift. Sie stellt den Künstler als „Wolfgangus Kilianus civis et gliptes augustanus" („Wolfgang Kilian, Bürger und Stecher von Augsburg") vor und beschreibt mit dem Vergil-Zitat „Labor improbus omnia vincit" („Rastlose Arbeit besiegt alles") seine Tätigkeit. In den vier Ecken sind unterschiedliche Bereiche der Kultur (Musik, Kunst, Landwirtschaft, Wissenschaft) anhand von typischen Gegenständen dargestellt. Wahrscheinlich sollen sie zeigen, zu welchen Themen Kupferstiche hergestellt werden konnten.

Wolfgang Kilian (1581–1662) gehörte einer weit verzweigten Augsburger Künstlerfamilie an. Zu seinen wichtigsten Arbeiten zählten Porträts, u.a. von Mitgliedern der Familie Fugger.

Der Kupferstich als älteste Tiefdrucktechnik wurde etwa zur selben Zeit wie der Holzschnitt entwickelt. Aber von einer Kupferplatte konnte man wesentlich mehr Abzüge herstellen. Außerdem ließen sich durch das Herausarbeiten von feinen Linien und von Flächen mittels Schraffur sehr detaillierte Bilder fertigen.

Historienbild

Jacques-Louis David (1748–1825) begann als Rokokomaler und entdeckte während eines Romaufenthaltes die Kunst der Antike, die für ihn zum Vorbild wurde. Ein Ergebnis dieses neuen Stils ist ***„Der Schwur der Horatier"***, das er im Auftrag Ludwigs XVI. malte. Es wurde 1785 in Paris ausgestellt, (heute im Louvre), und erregte großes Aufsehen.

Die dargestellte Szene stammt aus der Frühgeschichte Roms. Drillingsbrüder aus den Familien der Horatier in Rom und der Curatier in Alba Longa sollen stellvertretend kämpfen und den Bürgerkrieg der beiden Städte beenden. David wählte eine Szene, die nicht überliefert ist. Die Horatier schwören vor dem Kampf auf die blanken Schwerter, die ihr Vater hochhält, während im Hintergrund die Frauen, die zum Teil aus der Familie der Curatier stammen, bereits um die Opfer trauern.

Die Wirkung des Bildes, mit dem die Epoche des „Klassizismus" begann, bestand nicht nur in der klar aufgebauten Darstellung, sondern vor allem in der Aussage des Bildes: Vater und Söhne verkörpern Entschlossenheit und Opferbereitschaft und verbinden privates Heldentum mit patriotischem Handeln für die römische Republik. Deshalb wurde das Bild als Aufforderung zu politischem Handeln verstanden und später als künstlerische Vorwegnahme der Revolution gedeutet.

Der *„Schwur der Horatier“* ist ein modernes Historienbild, in dem Geschichte nicht als moralisches Exempel verwendet wurde, sondern zur politischen oder nationalen Sinnstiftung beitragen sollte. David verwendete das Schwurmotiv erneut für den *„Ballhausschwur“* (Entwurf 1791) und für das monarchische Gegenbild, die *„Verleihung der Adler auf dem Marsfeld 1804“* (1810). Auch von späteren Künstlern wurde es oft nachgeahmt.

Bildplakat

Die ersten Bildplakate entstanden zu Beginn des 20. Jhs. Als Mittel der politischen Propaganda erlebten sie in der Weimarer Republik einen ersten Höhepunkt. Ein Beispiel dafür ist das Plakat, das anlässlich der Reichstagswahl 1930 entstand. Die Deutsche Volkspartei (DVP) warb mit dem Porträt von Gustav Stresemann (1878–1929), ihrem bedeutendsten Politiker.

Der Wahlslogan ist sehr knapp gehalten. Da Stresemann bereits tot war, soll die Überschrift an ihn erinnern und Wählerstimmen bringen. Deshalb beherrscht sein Kopf das Bild. Er wächst überdimensional aus dem Felsen am Ufer eines Flusses, der auf Grund der Burgen unschwer als Rhein zu erkennen ist. Er symbolisiert das wichtigste Ziel von Stresemanns Politik: Die Brücke, die den Rhein überspannt, steht für die Aussöhnung mit Frankreich. Das Plakat stammt von dem Berliner Gebrauchsgrafiker Martin Lehmann-Steglitz (1884– vor 1956). Es ist eine holzschnittartig gestaltete Farblithografie und enthält nur die Farben Schwarz, Rot und ein helles Gelb, vielleicht in Anlehnung an die Farben der Republik. Bei der Darstellung Stresemanns könnten die Figuren am Mount Rushmore (begonnen 1927) als Vorbild gedient haben.

Stresemann war 1923 kurz Reichskanzler und anschließend bis zu seinem Tod Außenminister. Für seine politische Leistung (Vertrag von Locarno, Eintritt in den Völkerbund) erhielt er zusammen mit dem französischen Außenminister Briand 1926 den Friedensnobelpreis.

Die Reichtagswahl 1930 war von dem Streit um den Youngplan geprägt und stand bereits im Schatten der Weltwirtschaftskrise. Die bürgerlichen Parteien erlitten gegenüber den Republikgegnern von links und rechts erhebliche Stimmenverluste, die DVP sank von 8,7 % (1928) auf 4,5 %, bevor sie zwei Jahre später politisch bedeutungslos wurde.

© Stadtarchiv, München

Fotografie

Die Fotografie ist die jüngste und heute die wichtigste Bildgattung. Als unmittelbares Abbild der Wirklichkeit scheint sie in hohem Maße authentisch

© *dpa*

zu sein, doch ist auch die Fotografie ein subjektives Kunstprodukt, das Manipulationen und Fälschungen erlaubt.
Das Pressefoto zeigt den bekannten PDS-Politiker Gregor Gysi bei einer Veranstaltung seiner Partei in Chemnitz (bis 1990 Karl-Marx-Stadt). Gysi in Anzug und hellem Mantel steht im Vordergrund und hält eine Rede, bei der er mit der erhobenen linken Hand gestikuliert. Hinter ihm stehen einige Zuhörer. Die Veranstaltung findet statt vor der riesigen Porträtbüste von Karl Marx, die von dem russischen Bildhauer Lew Kerbel stammt (enthüllt 1971). Das Bild wurde während des Wahlkampfes am 27.Mai 1994 von Wolfgang Thieme aufgenommen und am 23.Januar 1995 in den Nürnberger Nachrichten veröffentlicht. Gysi ist so fotografiert, dass er unter der Porträtbüste steht, so dass der Kopf von Karl Marx vollständig zu sehen ist und das Bild dominiert. Damit ist die visuelle Botschaft auf den ersten Blick eindeutig. Die PDS und ihr Spitzenpolitiker Gregor Gysi werden vor Marx im Hintergrund gezeigt, sie vertreten also weiterhin Ideen und Ziele des Kommunismus. Die Parteiinitialen dagegen sind nur unvollständig am rechten Bildrand zu sehen.
Umso merkwürdiger klingt die Bildunterschrift, wie sie in der Zeitung zu lesen war: „Abkehr von den kommunistischen Vordenkern: Auch Gregor Gysi, hier vor dem Marx-Monument in Chemnitz, geht gegen den stalinistischen Flügel vor." Da für die meisten Zeitungsleser der Bildeindruck intensiver ist als ein Text, war die Unterschrift sicher nicht geeignet, um die visuelle Botschaft zu entkräften. Damit war das Bild und seine Veröffentlichung ein Beitrag zu der Kampagne gegen Gysi und die PDS, die gerade in dieser Zeit sehr heftig geführt wurde.

H. B.

„Siegend fuhr er durch die Lande …“ – historische Balladen

S’ist deutschen Reiches Will! Heinrich der Vogler

Herr Heinrich sitzt am Vogelherd
Recht froh und wohlgemut;
Aus tausend Perlen blinkt und blitzt
Der Morgenröte Glut.

In Wies und Feld und Wald und Au –
Horch, welch ein süßer Schall!
Der Lerche Sang, der Wachtel Schlag,
Die süße Nachtigall!

Herr Heinrich schaut so fröhlich drein:
„Wie schön ist heut’ die Welt!
Was gilt’s, heut gibt’s ’nen guten Fang!“
Er lugt zum Himmelszelt.

Er lauscht und streicht sich von der Stirn
Das blondgelockte Haar.
„Ei doch! Was sprengt denn da herauf
Für eine Reiterschar?“

Der Staub wallt auf, der Hufschlag dröhnt,
Es naht der Waffen Klang.
„Daß Gott! Die Herrn verderben mir
Den ganzen Vogelfang!“

Ei nun, was gibt’s! – Es hält der Troß
Vorm Herzog plötzlich an.
Herr Heinrich tritt hervor und spricht:
„Wen sucht ihr da, sagt an?“

Da schwenken sie die Fähnlein bunt
Und jauchzen: „Unsern Herrn! –
Hoch lebe Kaiser Heinrich –
Hoch! Des Sachsenlandes Stern!“

Dies rufend knien sie vor ihm hin
Und huldigen ihm still
Und rufen, als er staunend fragt:
„S' ist deutschen Reiches Will!"

Da blickt Herr Heinrich tiefbewegt
Hinauf zum Himmelszelt.
„Du gabst mir einen guten Fang! –
Herr Gott, wie dir's gefällt."

Die Ballade stammt von dem Wiener Spätromantiker Johann Nepomuk Vogl (1802–1866). In der Vertonung von Carl Loewe (1796–1869) wurde sie sehr populär. Der Sage nach soll sich Heinrich am „Finkenherd" am Fuß des Quedlinburger Burgbergs befunden haben, als ihn der Ruf der Großen des Reichs ereilte und ihn gleichsam vor vollendete Tatsachen stellte. Abgesehen davon, dass Heinrich niemals Kaiser gewesen ist, wohl auch nie danach gestrebt hat, ist seine Wahl durch fränkische und sächsische Adelige 919 in Fritzlar durchaus kein Akt der Spontaneität gewesen. Vielmehr war Heinrich durch seinen Vorgänger bereits designiert; mühsam musste er in der Folgezeit erst um die Loyalität der Herzöge von Baiern und Schwaben werben. Der zentrale Vers „S' ist deutschen Reiches Will!" belegt (ebenso wie der Kaisertitel, die blonden Locken und die idyllische Heimatlandschaft), dass Heinrich I. eine Lieblingsfigur der Romantiker und auch der kleindeutsch orientierten Historiker war: erdverbunden, heldenhaft, dabei aber nüchtern und pflichtbewusst, ohne universalpolitische Ambitionen, gut deutsch gesinnt, der erste wirklich deutsche Herrscher.
Im Geschichtsunterricht der Unterstufe kann der Vortrag der Ballade als Einstieg in eine Stunde über die Elemente der Königswahl dienen: „Könnte es so gewesen sein?" Ein Gespräch über den langen Weg eines Politikers der Gegenwart zum Regierungschef wird schnell zu dem Ergebnis kommen, dass trotz aller Unterschiede auch damals ein so wichtiges Amt kaum bei so beiläufiger Gelegenheit übertragen worden ist. Die anschließende Quellenarbeit mit Auszügen aus Widukinds von Corvay Sachsengeschichte stellt die einzelnen Teile des komplexen Vorgangs der Königswahl heraus: Designation durch den Vorgänger, Wahl durch den führenden Adel, die Salbung und Krönung durch einen hohen Kirchenvertreter. Widukinds Behauptung, dass Heinrich Salbung und Krönung abgelehnt habe, ist heute umstritten; der ganze komplexe Wahlvorgang lässt sich aber anhand des

Berichts über Heinrichs Sohn Otto vertiefend nachvollziehen. (Quellen bei Wolfgang Lautemann und Manfred Schlenke (Hg.), Geschichte in Quellen, Mittelalter, München (bsv) 1989, Nrn. 132, 133 und vertiefend 145)
In der Oberstufe ist die Ballade im Zusammenhang mit der deutschen Einheitsbewegung geeignet, die romantische Mittelaltersehnsucht und die Rezeption mittelalterlicher Stoffe der Zeit zu belegen. Andere Beispiele könnten neben vielen weiteren *„Barbarossa“* von Friedrich Rückert (1788–1866) und *„Friedrich Rotbart“* von Emanuel Geibel (1815–1884) sein. Lohnend ist auch ein Blick auf die Mittelalterrezeption durch die NS-Ideologie. Heinrich Himmler etwa war ein glühender Verehrer König Heinrichs (vgl. die Untersuchung von Frank Helzel, Ein König, ein Reichsführer und der Wilde Osten, Bielefeld 2004).

H. P.

Karl Simrock: Drusus' Tod (9 v. Chr.)

Drusus ließ in Deutschlands Forsten
Goldne Römeradler horsten,
An den heil'gen Göttereichen
klang die Luft mit freveln Streichen.

Siegend fuhr er durch die Lande,
Stand schon an der Elbe Strande,
Wollt hinüber jetzt verwegen,
Als ein Weib ihm trat entgegen.

Übermenschlich von Gebärde,
Drohte sie dem Sohn der Erde:
„Kühner, den der Ehrgeiz blendet,
Schnell zur Flucht den Fuß gewendet!

Jene Marken unsrer Gauen
Sind dir nicht vergönnt zu schauen,
Stehst am Markstein deines Lebens,
Deine Siege sind vergebens.

Säumt der Deutsche gerne lange,
Nimmer beugt er sich dem Zwange;
Schlummernd mag er wohl sich strecken,
Schläft er, wird ein Gott ihn wecken.“

Drusus, da sie so gesprochen,
Eilends ist er aufgebrochen,
Aus den Schauern deutscher Haine,
Führt er schnell das Heer zum Rheine.

Vor den Augen sieht ers klirren,
Deutsche Waffen hört er flirren:
Sausen hört er die Geschosse,
Stürzt zu Boden mit dem Rosse.

Hat den Schenkel arg zerschlagen,
Starb den Tod nach dreißig Tagen.
Also wird Gott alle fällen,
Die nach Deutschlands Freiheit stellen.

Karl Simrock (1802–76), von Beruf Jurist und zeitweise preußischer Beamter, ist heute vor allem als Germanist und Übersetzer Shakespeares bekannt. Während des Studiums in seiner Heimatstadt Bonn und später in Berlin begeisterte er sich für mittelalterliche Dichtung und veröffentlichte 1827 eine Übersetzung des Nibelungenliedes. 1830 wegen eines Gedichtes über die Julirevolution aus dem Staatsdienst entlassen, widmete er sich ganz der Germanistik. 1850 erhielt er eine Professur für Geschichte und deutsche Literatur in Bonn, die er bis zu seinem Tode wahrnahm.
Außer Übersetzungen und Nachdichtungen schuf Simrock auch zahlreiche eigene Gedichte. In der Sammlung *„Rheinsagen aus dem Munde des Volkes und deutscher Dichter"* (1837) erschien erstmals seine Ballade *„Drusus Tod"*. Simrock schätzte dieses Gedicht, denn er veröffentlichte es erneut in seinem Buch *„Das malerische und romantische Rheinland"* (Leipzig, um 1840), in seinen Gedichtsammlungen von 1844 und 1863 und in der Anthologie *„Lieder vom deutschen Vaterland, zur Jubelfeier der Leipziger Schlacht"* (1863). In Gedichtsammlungen und Lesebüchern des Kaiserreiches und der Weimarer Republik hatte die Ballade ihren festen Platz.
Das historische Ereignis, das zugrunde liegt, ist ein Feldzug von Drusus dem Älteren (38–9 v.Chr.), einem Stiefsohn des Augustus und Bruder des Tiberius. Strabon und Livius erwähnen seinen Tod. Am ausführlichsten berichtet Cassius Dio von dem Feldzug bis zur Elbe: „Ein Weib von übermenschlicher Größe stellte sich ihm ja mit den Worten entgegen: ‚Wohin willst du denn, unersättlicher Drusus? Dir ist es nicht vergönnt, alle diese Lande zu schauen. Zieh also ab; denn schon ist das Ende deiner Taten und deines Lebens da!' Es ist zwar verwunderlich, dass solch eine Stimme ir-

gendeinem Menschen von Seiten der Gottheit zuteil geworden sein soll, doch sehe ich keinen Grund, nicht daran zu glauben; ging doch die Prophezeiung also gleich in Erfüllung: Drusus kehrte eiligst um, und ehe er noch den Rhein erreichte, starb er mitten auf dem Wege an einer Krankheit.“ (Römische Geschichte 55, 1; übers. von Otto Veh). Ein Sturz vom Pferd als Ursache für seinen Tod ist nur bei Livius überliefert. Simrock vertrat die Ansicht, dass die Sage von „deutschen Kriegsknechten im römischen Solde [stammt], welche sie aus der Heimat mitbrachten und zu deren Verherrlichung erzählten“ („*Das malerische und romantische Rheinland*“, S. 247).
Die Ballade ist inhaltlich in drei Abschnitte gegliedert. Die beiden ersten Strophen erzählen vom Feldzug des Drusus in Germanien und betonen dabei die von den Römern verübten religiösen Frevel. An der Elbe stellt sich ihm eine riesige Frauengestalt in den Weg, warnt ihn und rät ihm zum Rückzug (Str. 3–5). Drusus befolgt ihren Rat, wird auf dem Rückweg angegriffen und erleidet einen tödlichen Unfall (Str. 6–8).
Simrock hat den antiken Bericht an wesentlichen Stellen verändert. Die Frau erklärt ihre Warnung mit dem Verhalten der Deutschen, die lange brauchen, bevor sie sich zur Wehr setzen, und der Sturz vom Pferd ist bei ihm die Folge eines feindlichen Angriffs („Deutsche Waffen hört er klirren“). Auch die „dreißig Tage“ sind eine dichterische Ergänzung. Simrock instrumentalisiert und aktualisiert die Geschichte. Der Untertitel „9 v. Chr.“ verweist auf das Jahr 9 n. Chr., in dem die entscheidende römische Niederlage gegen die Germanen stattfand. In der fünften Strophe setzt er den missglückten Feldzug des Drusus mit den Kriegen gegen Napoleon gleich. Den Zwang, dem der „Deutsche“ sich nicht beugt, wollte das Römische Reich im Altertum, der französische Kaiser im 19. Jh. ausüben. In beiden Fällen habe es lange gedauert, bis sich „der Deutsche“ – die Begriffe „deutsch“ und „Deutschland“ werden völlig anachronistisch verwendet – schließlich erfolgreich zur Wehr setzt. Der Kampf gegen Drusus war ebenso ein gottgewolltes Werk („ ... wird ein Gott ihn wecken“) wie die Befreiungskriege.
Aber die Ballade beschränkt sich nicht auf historische Analogien in der Vergangenheit, sondern überträgt sie auch auf die Zukunft. Wie die germanische Frau, deren Vorhersage eingetroffen ist, wird der Dichter in den Schlusszeilen zum Propheten: „Also wird Gott alle fällen/die nach Deutschlands Freiheit stellen.“ – Verse, die in Deutschland im Juli 1870 und im Juli 1914 sehr beliebt waren.

H. B.

Helga M. Novak: Lernjahre sind keine Herrenjahre

mein Vaterland hat mich gelehrt:
achtjährig
eine Panzerfaust zu handhaben
zehnjährig
alle Gewehrpatronen bei Namen zu nennen
fünfzehnjährig
im Stechschritt durch knietiefen Schnee
zu marschieren
siebzehnjährig
in eiskalter Mitternacht Ehrenwache
zu Stalins Tod zu stehen
zwanzigjährig
mit der Maschinenpistole gut zu treffen
dreiundzwanzigjährig
meine Mitmenschen zu denunzieren
sechsundzwanzigjährig
das Lied vom guten und schlechten
Deutschen zu singen
wer hat mich gelehrt
Nein zu sagen
und ein schlechter Deutscher zu sein?

(Helga M. Novak, solange noch Liebesbriefe eintreffen. Ges. Gedichte, hg. von Rita Jorek, Frankfurt/M. 1999, 75)

Moderne Balladen werden im Unterschied zu klassischen gelegentlich als „Erzählgedichte“ bezeichnet. Heinz Piontek nennt als wichtige Eigenschaften dieser Gattung „die Sachlichkeit und Genauigkeit der Berichterstattung, die Hinwendung zum Alltäglichen, die Tendenz, ohne das große Ach und Oh der Beschwörung auszukommen, das Aussparen des Dramatischen, der negative Held, die Verwerfung der Chronologie“. (Neue deutsche Erzählgedichte, Stuttgart 1954, 10) Da fast alle dieser Kriterien auch auf das Gedicht von Helga M. Novak zutreffen, kann es als moderne Ballade gelten.

Helga M. Novak wurde 1935 in Berlin geboren, besuchte eine Internatsschule und studierte nach ihrem Abitur Journalistik und Philosophie. Von 1961 an lebte sie mehrere Jahre in Island. Als ihre dort geschlossene Ehe geschieden wurde, kehrte sie 1965 in die DDR zurück. Wegen der Verbreitung systemkritischer Gedichte wurde ihr 1966 die DDR-Staatsbürgerschaft aberkannt. 1967 siedelte sie in die Bundesrepublik über. Schwerpunkt ihres literarischen Werkes sind Gedichte, darunter viele Balladen. Das Gedicht *„Lernjahre sind keine Herrenjahre“* steht in ihrem ersten Gedichtband *„Die Ballade von der reisenden Anna“*, den sie 1965 im Luchterhand-Verlag veröffentlichte. Es ist das erste Gedicht des Kapitels *„Kehricht im Lande Sta“*, das ihre politischen Gedichte enthält.

Das linear erzählte Gedicht ist mit einem etwas abgewandelten Sprichwort überschrieben. Es verbindet zwei parallele Handlungsstränge. Die Autorin nennt stichwortartig sieben Stationen eines Lebens. Eine davon lässt sich verorten: Stalin starb im Jahr 1953, und Ehrenwachen gab es in den Staaten des Warschauer Paktes. Daraus ergibt sich als Geburtsjahr 1935 oder 1936 und eine Biografie, die wahrscheinlich nicht nur für die Autorin, sondern für ihre Generation gilt. Auch den anderen Altersangaben lassen sich bestimmte Jahreszahlen und geschichtliche Ereignisse zuordnen: die letzten Kriegsjahre (1943/44), das Ende des Krieges (1945) und die Jahre 1950, 1953, 1955, 1958 und 1961 in der DDR.

Dieser kollektiven Biografie entspricht die politische Sozialisation der Generation. Die Kindheit Novaks war vom Zweiten Weltkrieg und später von der Erziehung in der DDR geprägt. Als Mitglied der FDJ lernte sie im Stechschritt marschieren und erhielt eine vormilitärische Ausbildung. Schließlich arbeitete sie für die Staatssicherheit und vertrat die Wertvorstellungen der Partei. Das zitierte „Lied vom guten und schlechten Deutschen“ ist wahrscheinlich übertragen zu verstehen. Ein guter Deutscher ist, wer sich anpasst und die Befehle von Staat und Partei treu befolgt.

In den letzten Zeilen zieht die Autorin rückblickend Bilanz und stellt die staatlichen „Lernziele“ syntaktisch wie inhaltlich in Frage. Dazu greift sie noch einmal das Lied „vom guten und schlechten Deutschen“ auf. Da im Sinne der DDR nur der angepasste und linientreue „Jasager“ ein guter Deutscher war, macht sie deutlich, dass die ideologisch-politische Erziehung die Begriffe „gut“ und „schlecht“ und die damit verbundenen ethischen Werte nicht nur relativiert, sondern pervertiert hat. Die meisten ihrer Altersgenossen waren offensichtlich bemüht, „gute Deutsche“ zu sein und hatten darauf verzichtet, eine eigene Meinung zu haben, Kritik zu üben oder sich zu verweigern. Auch wenn die Autorin sich ihnen zugehörig fühlt, zeigt gerade ihr Gedicht, dass sie trotz ihrer Erziehung gelernt hat, *Nein* zu sagen.

H. B.

In der Erde, unter Wasser, aus der Luft – die moderne Archäologie

Stadtarchäologie

Antike Städte wie Troja oder Mykene waren von Anfang an bevorzugte Ziele der Archäologen. Doch galt ihr Interesse den Burghügeln als herrschaftlichen Zentren, während die Wohnviertel kaum beachtet oder gänzlich übersehen wurden. Vergleichsweise jung dagegen ist die archäologische Forschung, die die Wurzeln der modernen Städte sichtbar machen will. Diese Methode wird als Stadtkernforschung oder Stadtarchäologie bezeichnet.

In den vergangenen Jahrhunderten stieß man bei Erdarbeiten immer wieder auf Spuren älterer Besiedlung. Sie dienten als Nachweis für das Alter einer Stadt, vor allem wenn es sich um römische Reste handelte. Einzelfunde von kunsthistorischer Bedeutung wurden in den stadtgeschichtlichen Museen ausgestellt. Spezielle archäologische Fragen werden erst seit einigen Jahrzehnten gestellt. Ein Anstoß waren die Zerstörungen im Zweiten Weltkrieg. Die erste Stadt, in der nach 1945 vor dem Wiederaufbau großräumig gegraben wurde, war London. Einige deutsche Städte wie Köln, Hamburg oder Leipzig folgten dem Beispiel.

Ein weiterer Impuls waren die Stadtsanierungen in den 70er-Jahren, die teilweise mit großem historischen Interesse durchgeführt wurden. Gerade bei der Sanierung älterer Stadtteile untersuchte man deren Vorgeschichte. Neue wissenschaftliche Methoden wie die Dendrochronologie (Datierung mit Hilfe der Baumringe) geben sehr viel genauere Auskünfte und erlauben eine exakte Datierung.

Heute arbeitet die Stadtarchäologie meistens bei der Stadtplanung eng mit dem Denkmalschutz zusammen. Aber sie hat immer noch mit einer Reihe von spezifischen Schwierigkeiten zu kämpfen. Gerade Neubauten in Stadtzentren sollen möglichst schnell durchgeführt werden, und weder Stadtverwaltung noch Bauherr sind begeistert, wenn es durch Denkmalschützer oder Archäologen zu einer Verzögerung kommt.

Ausgangspunkt der Archäologie ist inzwischen in vielen Städten eine Kartierung aller bisher bekannten Fundstellen. Außerdem wird häufig eine Negativkartierung angefertigt, in der alle bekannten Verluste eingetragen werden. Zusammen bilden sie gleichsam ein Röntgenbild des Stadtgebietes

und erlauben eine „präventive Archäologie“, die die knappen Finanzmittel gezielt einsetzt und kommerzielle Interessen berücksichtigt.
Bei einer Ausgrabung in der Stadt muss möglichst zügig gearbeitet werden. Besonders wichtig ist die Dokumentation des Fundes durch Skizzen und Fotos, denn nur selten lassen sich die Überreste in Neubauten integrieren. In den meisten Fällen werden sie unwiederbringlich zerstört.
Die Stadtarchäologie arbeitet eng mit der Stadtgeschichte zusammen und wertet alle vorhandenen Schrift- und Bildquellen, darunter ältere Stadtpläne und -ansichten aus. Aber gerade für die Frühgeschichte einer Stadt fehlen diese Quellen meistens, so dass hier nur Bodenfunde die Frage nach der Entstehung und Gründung beantworten können. Aufschlussreich sind dabei die Spuren vorstädtischer Siedlungen auf dem Stadtgebiet. Gebäudereste wie Mauern oder Holzbalken zeigen Art und Umfang der mittelalterlichen Bebauung, die Veränderung von Stadtkernen und den Übergang vom Holz- zum Steinbau. Durch Brandspuren im Boden können Stadtbrände genauer bestimmt werden. Aus der Baugeschichte von Kirchen und Klöstern lässt sich die Entwicklung einer Stadt ebenso herauslesen wie aus den Veränderungen bei der Stadtbefestigung
Für viele moderne historische Fragestellungen kann die Stadtarchäologie Antworten anbieten. Auskunft über die Wirtschaftsgeschichte einer Stadt geben die Bauweise und der Verlauf von Straßen, die Anlage von Plätzen oder ehemalige Fluss- und Seehäfen, die später oft zugeschüttet wurden. Auch Stadtviertel für spezielle Handwerker sind ein wichtiges Indiz. Die Technikgeschichte interessiert sich für die Wasserversorgung und die Abwasserentsorgung in der Stadt. Skelette verraten dem Medizinhistoriker das Alter des Toten und oft auch seinen Gesundheitszustand und seine Krankheitsgeschichte.
Von besonderem Wert für die Stadtarchäologen sind die Abfallgruben und Latrinen. Denn der Müll, der entsorgt wurde, hat sich dort hervorragend konserviert. Aus den Speiseresten lässt sich der Küchenzettel eines mittelalterlichen Haushaltes rekonstruieren, aus den Resten von Kleidern und Schuhen die Garderobe oder der soziale Status eines Stadtbewohners und aus den Scherben seine Kücheneinrichtung. Dadurch ergänzt die Stadtarchäologie die mittelalterliche Realienkunde und liefert wichtige Ergebnisse für die Alltags- und Sozialgeschichte.

H. B.

Luftbildarchäologie

Die Archäologie gilt allgemein als die Wissenschaft der Ausgrabungen. Aber um den Spaten sinnvoll einsetzen zu können, muss die Fundstätte bekannt sein. Manchmal lässt sie sich aus Resten über dem Erdboden erschließen, aber oft wird sie erst bei Erdarbeiten entdeckt. Dann werden Bodendenkmäler ganz oder teilweise zerstört, bevor man eine Rettungsgrabung im Wettlauf mit dem Bagger durchführen kann. Deshalb ist es besonders wichtig, Fundstätten frühzeitig zu entdecken, um sie bei Bedarf fachmännisch zu ergraben. Dies ist heute mit Hilfe von Luftbildarchäologie und geophysikalischer Prospektion möglich.

Die Voraussetzungen für beide Verfahren sind sehr einfach. Überreste im Boden verändern die natürlichen Bodenschichten im Untergrund und hinterlassen „Markierungen", die auf der Erdoberfläche meist nicht auffallen, aber aus größerer Höhe sichtbar sind. Dazu gehören Bodenunebenheiten, zum Beispiel Grabhügel oder Befestigungen, die bei schräg stehender Sonne Schatten werfen. Vollständig verebnete Mauern oder Gräben erscheinen manchmal als Bodenverfärbungen. Das wichtigste Anzeichen in Mitteleuropa sind die „Vegetationsmarkierungen". Sind Gräben und Gruben mit organischem Material verfüllt, so wächst an dieser Stelle das Getreide etwas dichter und höher, über Steinen und Mauerresten dagegen weniger dicht und niedriger. Die Unterschiede treten in der Reifeperiode auf. Die andere Färbung des Getreides oder die unterschiedliche Höhe der Halme – sichtbar bei einem schrägen Sonnenstand – lassen sich im Luftbild festhalten.

Die Luftbildarchäologie kann aber nicht nur Einzelobjekte ausfindig machen, sondern auch die Größe und Ausdehnung eines Fundkomplexes feststellen. Ebenso können historisch bedeutsame Veränderungen der Landschaft wie ehemalige Flussläufe oder Küstenlinien aus der Luft dokumentiert werden.

Die Luftbildarchäologie arbeitet systematisch und versucht mit Erkundungsflügen möglichst große Landstriche zu erfassen. Um dabei die richtigen Bilder zu bekommen, braucht der Fotograf viel Erfahrung, ein geschultes Auge, archäologische Fachkenntnis und gelegentlich etwas Glück. Die einfachste Fototechnik sind Schrägaufnahmen mit einer Kamera.

Ergeben sich auf Grund der Bilder eindeutige Strukturen wie die Pfostenlöcher einer Siedlung z.B. aus der Jungsteinzeit, die Mauerreste eines römischen Kastells oder die Reihengräber aus der Völkerwanderungszeit, so ist als nächster Schritt eine geophysikalische Prospektion möglich. Sie nutzt

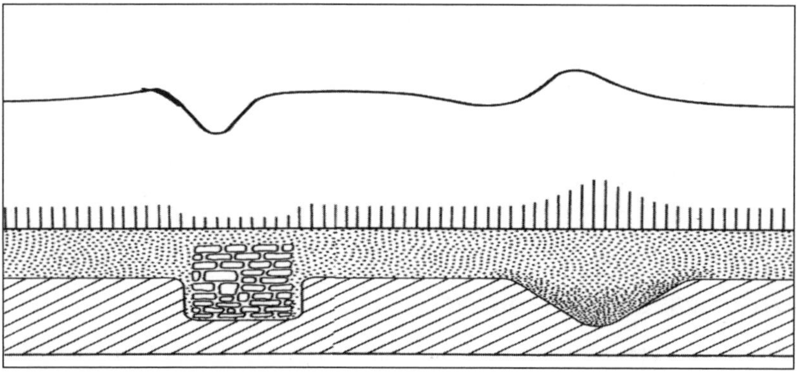

Magnetfeldstärke (Linie) und Vegetationsmarkierung über verschütteten Mauern und Gräben (nach: Franz Georg Maier, Methoden der Archäologie, in: Mannheimer Forum 1974/75, 148 und 153)

die Tatsache, dass ein Bodendenkmal die oberen Erdschichten verändert, so dass Unterschiede im Bodenwiderstand und im Magnetfeld entstehen. Die Messung des Erdmagnetismus, der über gefüllten Vertiefungen größer ist als in der Umgebung, ist heute das gebräuchlichste Verfahren. Ein Messwagen mit einem Magnetometer wird über die Fundstätte geschoben und misst in einem Raster von einem halben oder einem Meter Abstand das Erdmagnetfeld. Mit dieser Methode lassen sich mehr als 10 000 Messungen pro Tag durchführen. Bei Mauern im Untergrund kommt die so genannte Widerstandskartierung zum Einsatz. Die Auswertung erfolgt mit Hilfe des Computers, der oft schon einen genauen Grundriss der Fundstätte liefert.
Bereits während des Ersten Weltkrieges fotografierten Fliegerbeobachter auch archäologische Denkmäler. Die eigentliche Luftbildarchäologie begann, als der englische Geograf und Pilot Osbert G.S. Crawford (1886–1957) im Jahr 1922 Luftbilder der Royal Air Force genauer betrachtete und auf einer Aufnahme von Stonehenge den Verlauf der „Heiligen Straße“ entdeckte. In den nächsten 25 Jahren dokumentierte Crawford einen großen Teil der englischen Bodendenkmäler aus der Luft.
In der Bundesrepublik begann die Luftbildarchäologie in den 60er-Jahren im Rheinland, ein Jahrzehnt später in den übrigen Bundesländern und seit der Wende auch im Gebiet der ehemaligen DDR. Hier war die Forschung besonders ergiebig: Allein in Sachsen-Anhalt wurden in wenigen Jahren mehr als 3000 Fundstätten entdeckt. Für Bayern war es ein besonderer Glücksfall, dass Otto Braasch, ehemaliger Oberstleutnant der Luftwaffe

und begeisterter Amateurarchäologe, sich für die Luftbildarchäologie gewinnen ließ. Seine unzähligen Erkundungsflüge führten zu einem sprunghaften Anstieg bei der Zahl der bekannten Bodendenkmäler.
Durch die Verwendung modernster Technik und durch ihre eindrucksvollen Ergebnisse ist die Luftbildarchäologie ein besonders faszinierender Teilbereich der Altertumswissenschaften.

H. B.

Unterwasserarchäologie

Die Archäologie ist nicht arm an dramatischen Augenblicken, aber ihr größtes Abenteuer ist zweifellos die Unterwasserarchäologie. Sie untersucht Bodendenkmäler in Mooren oder verlandeten Seen, aber ihre wichtigsten Forschungen finden unter Wasser statt: Bauwerke, die durch tektonische Veränderungen heute vom Meer bedeckt sind, oder gesunkene Schiffe.
Versunkene Bauwerke sind oft bekannt, weil sie in küstennahen flachen Gewässern liegen. Die Aufgabe der Archäologie besteht darin, den Sand oder Schlamm zu entfernen, die Mauerreste zu vermessen und die Bauten möglichst genau durch Fotos und Pläne festzuhalten.
Ein anschauliches Beispiel dafür ist das antike Heilbad Baia am Golf von Neapel, das durch die gesunkene Küste heute unter Wasser liegt. Unter den Gebäuden befinden sich auch kaiserliche Villen. Hier hat man den 80 000 qm großen archäologischen Unterwasserpark „Sommerso di Baia" eingerichtet, der die Denkmäler durch Stege zugänglich macht.
Untergegangene Schiffe werden fast immer durch Zufall entdeckt, von Sporttauchern oder beim Bau von Hafenanlagen. Eine systematische Suche im Mittelmeer oder in der Karibik mit Hilfe von Videokamera, Echolot oder Ultraschallgeräten hat sich bisher als wenig ergiebig erwiesen.
Liegt der Platz eines gesunkenen Schiffes in einem Fluss oder unmittelbar am Ufer, so kann man die Fundstätte abschotten und auspumpen, so dass die Archäologen auf dem Trockenen arbeiten können. In allen anderen Fällen müssen Taucher eingesetzt werden, die pro Tag nicht mehr als zwei Stunden arbeiten dürfen. Das macht die Unterwasserarchäologie besonders langwierig und teuer.
Die Überreste des Wracks werden mit Hilfe von zusammengesteckten Plastikröhren oder Leinen genau vermessen und dokumentiert. Dies geschieht durch Ultraschall, Videokamera oder stereoskopische Aufnahmen mit zwei

Kameras in zwei Meter Abstand, die dreidimensionale Bilder liefern. Anschließend werden Sand oder Schlamm abgesaugt, wobei ein Sieb im Saugrohr kleine Fundstücke auffängt. Dann kann man die einzelnen Funde heben, wozu man bei schweren Gegenständen Hebeballons verwendet.
Eine besondere Schwierigkeit ergibt sich beim Bergen der Holzreste, die im Wasser oft hervorragend erhalten sind, sich aber sehr schnell an der Luft zersetzen. Deshalb müssen sie in einem speziellen Bad behandelt werden, bei dem chemische Mittel dem Holz das Wasser entziehen und es festigen. Erst nach diesem Vorgang, der mehrere Jahre dauern kann, ist eine Rekonstruktion des Schiffes möglich.
Die Unterwasserarchäologie kann wichtige Ergebnisse für die geschichtliche Forschung liefern, weil die Fundstätten unter Wasser oft seit Jahrhunderten keine Eingriffe durch Menschen erfahren haben. Außerdem werden alle organischen Materialien, aber auch Metalle unter Wasser sehr viel besser konserviert als im Boden. Dies gilt vor allem für Holz, das für die Baumringdatierung von Bedeutung ist.
Aufschlussreicher als einzelne Fundstücke, zum Beispiel Gefäße und deren Inhalt, ist die gesamte Schiffsladung. Sie gibt Auskunft über Ursprungs- und Zielland, über begehrte Handelsgüter und bevorzugte Handelsrouten. Ein Beispiel dafür ist das Schiff, dessen Wrack 1954 am Kap Gelidonya vor der türkischen Küste entdeckt wurde. Kupfer-, Zinn- und Bronzebarren, Altmetall und Werkzeuge lassen darauf schließen, dass es im 13. Jh. v. Chr. als Werkstatt für einen phönizischen Schmied diente, der zwischen Syrien, Zypern und der Ägäis unterwegs war.
Schiffsfunde sind nicht zuletzt einzigartige Zeugnisse der Technikgeschichte. Die Wracks verraten Bau- und Fahrweise der Schiffe und sind die Voraussetzung für eine Rekonstruktion. Zwischen dem ältesten Wrack, das von ca. 2200 v. Chr. stammt und bei Nauplia gefunden wurde, und der „Titanic" liegen mehr als 4000 Jahre Seefahrt, in der so eindrucksvolle Schiffe wie die attische Triere, das Wikingerschiff, die Hansekogge und die spanische Karavelle gebaut wurden.
Die Unterwasserarchäologie ist eine junge Wissenschaft, denn die Voraussetzung war die vor 60 Jahren erfundene „Aqualunge", ein Pressluftgerät mit automatischem Atemregler. Und sie hat eine große Zukunft. Allein die Zahl der im Mittelmeer gesunkenen antiken Schiffe wird auf etwa 20 000 geschätzt, von denen pro Jahr nur etwa ein Dutzend erforscht werden kann.

H. B.

Learning by doing – learning by teaching

Leitfossilien erzählen Geschichte: Fundstücke – ein Projekt für die 10. Jahrgangsstufe

> „1945, das Jahr des Untergangs und Neuanfangs, das Jahr der Provisorien, Improvisation und auch der Kuriositäten. Wir haben sie gesammelt, die Stücke, die an diese Zeit erinnern. Auch wenn schon 50 Jahre vergangen sind und eine dicke Staubschicht auf all dem liegt, was wir gefunden haben, so erzählt doch jedes Stück seine Geschichte.
>
> Schaut sie euch an, lest die Geschichten und taucht ein in eine Zeit, in der Schuhe noch auf 20 Hochzeiten tanzten, aus alten Socken neue Pullover entstanden, Brautkleider aus Gardinen und schicke Blusen aus Fallschirmseide genäht wurden, als Kohle wirklich schwarzes Gold war und Postkarten Lebenszeichen sein konnten ...
>
> Mit Hilfe von Fotos und Erzählungen von Zeitzeugen haben wir dieses Jahr lebendig werden lassen und laden euch herzlich ein, euch durch die turbulente Nachkriegszeit zu klicken.“ (Präsentationstext des Projektes für Aktionstag oder Homepage der Schule).

Idee und Umsetzung des Projekts

Zeitgeschichte kann für den Geschichtsunterricht eine besondere Chance bieten, Schüler zu interessieren, zu aktivieren und über das reine Faktenwissen hinaus Verständnis für historische Zusammenhänge zu wecken. Dabei können Zeitzeugen in vielfältiger Weise einbezogen werden. Ein Beispiel dafür wäre ein Projekt, das Fundstücke aus der persönlichen Umgebung mit geschichtlichen Ereignissen in Zusammenhang bringt. Vorteilhaft ist in diesem Fall eine fächerübergreifende Zusammenarbeit, um zeitlich flexibler zu sein, jedoch nicht zwingend notwendig. Für das Projekt „Fundstücke 1945“ war der Einstieg die unmittelbare Betroffenheit der Schüler beim Blick auf die Nachkriegssituation: Beinahe jeder konnte spontan eine Beobachtung aus der eigenen Familiengeschichte oder unmittelbaren Umgebung beitragen, die sich auf diesen historischen Einschnitt be-

zog. Daraus entstand die Idee, zu Hause nachzuforschen, was in Familie oder Nachbarschaft spontan an Erinnerungen abzurufen ist, wenn die Rede auf das Jahr 1945 kommt. Gleichzeitig sollte gefragt werden, welcher Gegenstand die Erfahrungen dieses Jahres beispielhaft spiegelt, im positiven wie im negativen Sinne. Alle Schüler entdeckten auf diese Weise ganz persönliche „Fundstücke". Diese wurden fotografisch erfasst und so entstand eine Galerie der einfachen Dinge, die jeweils eine eigene Geschichte zu erzählen hatten. Sehr schnell wurde klar, dass im scheinbar Unbedeutenden übergreifende Zusammenhänge sichtbar werden. Mit dem Spektrum der Fragen und Probleme von 1945 waren alle Menschen konfrontiert, und jeder suchte auf seine Weise nach Lösungen.
Themen wie Kriegsgefangenschaft und Angst um die Angehörigen, glückliche Heimkehr und improvisierte Hochzeit, Erfahrungen mit den Besatzern, die Organisation des Mangels und die Findigkeit mit Hilfe des Schwarzmarktes zu überleben, der Beginn einer neuen (Schul-)Zeit, in der plötzlich vieles von gestern nicht mehr galt, und manche anderen unvergesslichen Erfahrungen ließen sich an Erinnerungsstücken belegen und mit eigenen Texten veranschaulichen. Dies geschah mit Bildern, Postkarten, Kleidern, Werkzeugen, Schulheften, Tagebüchern, Kinderwagen, alten Blechdosen, Kaugummipapieren, Zigarettenschachteln, Spielzeug, Pullovern, Rucksäcken für den Schwarzmarkt usw.

Präsentation der Ergebnisse

Eine Vorstellung der Ergebnisse erfolgte im Rahmen der Klasse, wobei gleichzeitig Themenschwerpunkte und Erfahrungsberichte einzelner Schüler in den Unterricht einfließen und in einen umfassenderen historischen Zusammenhang gestellt werden konnten. Die Bedeutung der historischen Quelle wurde den Schülern so auf eindringliche Weise bewusst. Dabei zeigte sich, dass nicht nur die unmittelbar Beteiligten, sondern auch deren Eltern und Großeltern an den Fundstücken und den dazugehörigen Geschichten Interesse finden. Der im Klassenzimmer ausgehängte Bilderfries mit Texten lässt sich leicht zu einer kleinen Publikation zusammenstellen, die ihre Abnehmer an Projekttagen oder bei Schulfesten findet, wo die Schüler ihr Projekt auch gern einer breiteren Öffentlichkeit erläutern.
Noch größere Aufmerksamkeit kann ein solches Projekt über eine Präsentation auf der Homepage der Schule erlangen. Gleichzeit werden so andere Schüler angeregt, eine ähnliche historische Spurensuche zu starten, wozu sich grundsätzlich alle Themen der Zeitgeschichte eignen, die von einer

großen Öffentlichkeit wahrgenommen und individuell vielfältig erlebt werden, wie etwa für die 10. Jahrgangsstufe die Währungsreform, die Weltmeisterschaft 1954 oder die Wiedervereinigung und ihre jeweiligen Folgen.

W. W.

Schüler gestalten Zeitungen zu historischen Ereignissen

Wer die erste Hemmschwelle überwunden hat, die meist durch den vermeintlich zu großen Aufwand errichtet wird, kann mit dem Projekt einer historischen Klassenzeitung ein Unterrichtsvorhaben anstoßen, das unterschiedliche Lernziele abdeckt und gleichzeitig eine produktive Eigendynamik entwickelt. Je nach Vorstellung und Gesamtkonzept wird die Klassenzeitung eine einmalige Aktion oder eine ständige Einrichtung während eines Schuljahres sein. In diesem Fall wird der Lehrer das einmal erarbeitete Grundmuster in bestimmten Abständen mit neuen Themen aktualisieren. Dies ergibt sich in Verzahnung mit dem Unterricht und stützt sich weitgehend auf selbstständige Arbeit der Schüler, die in kleinen Teams jeweils eine Ausgabe der Klassenzeitung betreuen. Dabei ist es sinnvoll, pro Ausgabe jeweils eine Doppelseite vorzusehen, die zu einem bestimmten historischen Zeitpunkt „erscheint“.

Layout und Präsentation

In das auf dem Computer gemeinsam erarbeitete oder vorgegebene Layout der Zeitung fügen die jeweiligen Teams die Bilder und Informationen zu dem von ihnen gewählten historischen Erscheinungsdatum. Wie anspruchsvoll die textliche Gestaltung erfolgen kann, hängt davon ab, wie intensiv im Deutschunterricht auf journalistische Textsorten eingegangen worden ist. Grundsätzlich können die Schüler in das vorgegebene Layout alle Darstellungsformen einsetzen, von der Nachricht über die Reportage bis hin zu Kommentar oder Interview. Die technische Realisierung sollte so einfach wie möglich erfolgen. So bieten sich für den auf DIN-A3 vergrößerten Computerausdruck einzelner Ausgaben eine Wand des Klassenzimmers oder einfache Stellwände an, um die Ergebnisse etwa auch in der Schulbibliothek zu präsentieren. Auch eine Integration in die Schülerzeitung wäre denkbar.

Themen und Recherche

Als Themenschwerpunkte für einzelne Ausgaben eignen sich Ereignisse, die sich im historischen Umfeld des Stoffes der Jahrgangsstufe finden lassen. Sie sollten jeweils eine besondere Bedeutung für die Epoche besitzen, wie etwa die Währungsreform, die Berlin-Blockade, die Fußball-WM 1954, der Mauerbau, die Ermordung Kennedys, die Kubakrise, die erste Mondlandung, die Befreiung der Geiseln in Mogadischu ... Um diese Ereignisse herum wäre zu recherchieren, was damals sonst noch die Menschen bewegt hat, in der großen Politik genauso wie in der Lokalpolitik, in der Wirtschaft, im Sport, in der Gesellschaft oder gar in den Klatschspalten.
Dazu sollten die Schüler zunächst ihr Geschichtsbuch auswerten, aber darüber hinaus auch Recherchen unternehmen in der Schulbibliothek, im Archiv der Lokalzeitung, im Internet oder durch Befragung von Zeitzeugen. Über Auswahl und Gewichtung der Beiträge entscheiden die Schüler, sie machen sich ein eigenständiges Bild der Zeitumstände, das von der Klasse gemeinsam diskutiert werden kann.

W. W.

Planspiel Paulskirche

In Form eines Rollenspiels werden die Ereignisse in der Paulskirche nach dem vorläufigen Sieg der Revolution von 1848 nachgestellt. Die Schüler schlüpfen dabei in die Rolle der historischen Akteure. Sie werden konfrontiert mit den Ausgangsbedingungen der sich bildenden Fraktionen und der Aufgabe, entscheidende Weichenstellungen für die Zukunft eines deutschen Nationalstaates zu treffen. Dazu müssen sie sich im Rahmen einer Unterrichtseinheit Kenntnisse erwerben, diese strukturieren, in der Debatte untereinander Positionen erarbeiten und in der parlamentarischen Auseinandersetzung um Zustimmung für ihre Ansichten werben. Statt einer bloß rezeptiven Rolle übernimmt der Schüler damit selbst Verantwortung und wird an einem Beispiel sensibilisiert für die Komplexität historischer Zusammenhänge.

Chance oder Scheitern der Nationalversammlung

Es herrscht Aufbruchstimmung und Euphorie nach den revolutionären Ereignissen in Wien und Berlin. Diese sind im Unterricht besprochen worden und bilden die Grundlage. Die liberalen Regierungen treten dafür ein, die Märzforderungen umzusetzen. In der Frankfurter Paulskirche nimmt sich die Nationalversammlung dieser Aufgabe an. Dazu teilt sich die Klasse in fünf Gruppen/Fraktionen von radikal links (Donnersberg), über gemäßigt links (Westendhall), Zentrum links (Württemberger Hof), Zentrum rechts (Casino) bis zur konservativen Rechten (Milani). Jeder Schüler zieht seine Fraktionszugehörigkeit nach dem Zufallsprinzip und darf seine Fraktionsmitglieder nicht nach Sympathie oder Vertrautheit in der Klasse wählen. Anschließend setzen sich die Fraktionen nach dem Vorbild der Anordnung in der Paulskirche zusammen. Es sollte dabei auch das historische Stimmenverhältnis berücksichtigt bzw. nachgebildet werden. Nun erarbeiten sich die einzelnen Gruppen die vom Lehrer vorbereiteten und in Kurzform zusammengefassten Fraktionsprogramme. Im Anschluss daran formulieren sie ihre Vorstellungen zu den wesentlichen Themenkomplexen: a) Positionen gegenüber der Frage der Grundrechte, b) Positionen zu Staatsaufbau und Verfassung, c) Positionen zur Frage der Grenzen Deutschlands.

Ablauf der Beratungen und Abstimmung

Vom Lehrer wird entschieden, wie viele Zusatzmaterialien für die Erarbeitung der einzelnen Positionen zur Verfügung gestellt werden (z.B. Modelle für Verfassungen, Materialien zur Problematik der Nationalitätenfrage, begriffliche Differenzierungen des Grundrechtskatalogs). Anschließend entsendet jede Fraktion Vertreter in die drei Ausschüsse, wo die unterschiedlichen Vorstellungen der politischen Richtungen debattiert werden und sich erste Kontakte mit möglichen Unterstützern der eigenen Position ergeben. Nach einer Diskussion der Ausschussberatungen in der eigenen Fraktion kann dort über vertretbare Kompromisslinien oder Veränderungen der eigenen Haltung beraten und nach denkbaren Mehrheiten Ausschau gehalten werden. Außerdem muss klar formuliert werden, welche Positionen auf keinen Fall geopfert werden dürfen. Spätestens jetzt ergibt sich die Problematik, dass sich im parlamentarischen Ringen die Suche nach Mehrheiten sehr schwierig gestalten kann. Die Ergebnisse der Beratungen werden nochmals in den Ausschüssen behandelt und schließlich im Plenum vorgetragen. Hier geht es jetzt darum, in freier Rede überzeugend zu argumentieren und für seine Position zu werben. Am Ende steht die Abstimmung, die den historischen Ergebnissen entsprechen oder von ihr abweichen kann. Auch die Reaktion des preußischen Königs wäre einzubeziehen und in einer Parlamentsdebatte zu würdigen. In jedem Fall ist in der Klasse zu problematisieren, warum das Abstimmungsverhalten dem der Paulskirche entspricht oder nach anderen Kriterien erfolgte. Insgesamt sollte es zu einer kritischen Bewertung der Nationalversammlung kommen, die sowohl ihre Chancen als auch ihre Grenzen bewusst werden lässt.

W. W.

Von Schülern für Schüler – Gedenkveranstaltungen

„Berlin. Der Bundestag hat im Rahmen einer Sonderstunde aus Anlass des Jahrestages der Befreiung des Vernichtungslagers Auschwitz am 27. Januar 1945 der Opfer der nationalsozialistischen Gewaltherrschaft gedacht. ..." Gedenktage begleiten das Jahr als eine stille Aufforderung, besondere Momente der geschichtlichen Erinnerung oder Identität lebendig zu erhalten bzw. weiterzugeben. In diesem Sinne richten sie sich gerade auch an Schulen, nicht als prüfbarer Lehrstoff, sondern gewisserweise als gemeinsames Gewissen von Schülern und Lehrern. Für Momente kann sich auch ein Einklang einstellen zwischen schulischem Geschehen und dem, was öffentlich von Wichtigkeit ist an einem Tag, und so liegt es eigentlich im Sinn dieser Tage, wenn man sie nicht *für* seine Schüler, sondern *mit ihnen* begeht. Parallel zum Nachrichtensprecher kann ein Jugendlicher dann zu Hause erzählen, wie denn *seine* Gedenkveranstaltung war... Durchaus gut und schön gestaltbar sind hierbei vorbereitete Gedenkfeiern, in denen ältere Schüler(-innen) sowie etwa die SMV für Jüngere aus der Literatur von Zeitzeugen lesen, begleitende Fotos (per OH-Projektor oder Beamer) sowie Musik präsentieren und eigene Worte sprechen – also mit etwas initiierender Hilfe eine Feier von Schülern für Schüler gestalten.
Hier ein mögliches Programm:

Gedenkveranstaltung für die Opfer des Nationalsozialismus

für Schülerinnen und Schüler der 9. Klassen:
Begrüßung und Einleitung: Der 27. Januar 1945 – der historische Anlass für das Gedenken an die Opfer des NS (Herr/Frau ...)

Die Wirklichkeit einer KZ-Befreiung:
Vortrag und begleitende Fotos zur Entdeckung des Lagers Bergen-Belsen (Anni, K12)

Musikeinspielung:
Yaacov Shapiro: Shabes Shabes

Der 27. Januar als Anlass, Gedanken und Lebenssituationen ehemaliger Häftlinge nachzulesen – Vorträge aus den Büchern von Dawid Rubinowicz, Selma Meerbaum-Eisinger, Richard Glazar und Renata Yesner (Rainer, Margit, Tracy, Stephanie, alle K12)

Musikeinspielung:
Yaacov Shapiro: Shlof Shoin Main Jankele
Klezmer – die osteuropäische jüdische Musik (Daniel, K12)

Musikeinspielung:
Giora Feidman: Freilach Hila

Schlussworte (SMV).

Eine solche festliche Veranstaltung verlangt an vorbereitender Arbeit im Grunde nicht viel. Wichtig ist vor allem die rechtzeitige Organisation: ein Raum, z.B. die Aula, muss reserviert und bestuhlt werden; die Lehrer der beteiligten Klassen sind zu informieren; zwei bis drei vorbereitende Treffen mit den Schülern, die das Programm durchführen, sind nötig; evtl. kann Presse eingeladen werden usw.). Mögliche Literaturstellen, die etwa für den 27. Januar herangezogen werden können, finden sich viele:

- Einen knappen, gut bearbeitbaren Bericht über eine Lagerbefreiung stellt z.B. dar: Jürgen Hofgrebe, Im Reich der Toten. Die Befreiung des KZ Bergen-Belsen, in: Spiegel spezial 1945–1948, Nr. 4 1995, S. 49–55; ebenso gibt es in allen KZ-Gedenkstätten hierzu Literatur.

- An Tagebüchern oder „Überlebensbüchern“ ehemaliger jugendlicher Häftlinge finden sich u.a.: Renata Yesner, Jeder Tag war Jom Kippur, Frankfurt 1995 – sie erzählt am Ende des Buchs von ihrer Befreiung aus dem Lager Stutthof als 11-jähriges Mädchen; Solly Ganor, Das andere Leben, Frankfurt 1997 – er erzählt zu Beginn die Wiederbegegnung mit einem ehemaligen Spielfreund, der inzwischen ein HJ-Führer geworden ist; Selma Meerbaum-Eisinger, Ich bin in Sehnsucht eingehüllt, Frankfurt 1984 – das Buch enthält Gedichte der 15–18-jährigen Dichterin überwiegend aus dem Lager Czernowitz; Walther Petri (Hg.), Das Tagebuch des Dawid Rubinowicz, Weinheim 1988 – das Tagebuch des knapp 13-jährigen polnischen Jungen bis zu seiner Deportation.
- Auch Musikaufnahmen von jiddischer Musik und Klezmer gibt es zahlreich, z.B. von Giora Feidman oder aber etwa die CD: „Best of Jiddish Songs and Klezmer Music“, ARC Music 1997.

Je nach Bereitschaft der Schüler, die die Veranstaltung durchführen wollen, können sie selbst Literaturstellen auswählen oder man gibt solche vor. Wichtig bei den Proben ist, dass Textlänge und Vorlesetempo auf die Gesamtdauer der Feier abgestimmt werden.
Neben dem 27. Januar, der hierzulande seit 1996 ein offizieller und seit dem 31. Oktober 2005 durch den Beschluss der UN-Vollversammlung ein internationaler Gedenktag ist, kann man ähnliche Feiern natürlich auch für den 8. Mai, den 17. Juni, 3. Oktober oder 9. November durchführen. Gerade auch zum 9. November könnten hierbei Leseauszüge zu 1918, 1923, 1938 und 1989 ein bewegendes Panorama zum 20. Jh. ergeben.

R. T.

Computer im Geschichtsunterricht – Chancen und Grenzen

Historische Recherche im World Wide Web

Seit der Einführung des benutzerfreundlichen Hypermediasystems World Wide Web (www) 1992, das den Zugriff auf Texte, Töne, Bilder und Filme im Internet eröffnete, explodierten die Inhalte und die Nutzung des Internets in unvorhersehbarer Weise. Die Geschichtswissenschaft nutzte schon sehr früh das neue Medium für wissenschaftliche Zwecke. Heute gibt es Abertausende von Webseiten, die sich mit historischen Themen beschäftigen, und ihre Zahl wächst nahezu täglich. Die Qualität der Angebote unterscheidet sich dabei jedoch extrem. Die Palette reicht von der seriösen Wissenschaft (Universitäten, Institute usw.) über Vereine und Schulen sowie populärwissenschaftliche Darstellungen von ambitionierten Hobbyhistorikern bis hin zu revisionistischen Inhalten der rechtsradikalen Szene. Man muss sich also fragen, ob das Internet im Unterricht überhaupt sinnvoll und zielgerichtet eingesetzt werden kann. Kann man sich als Lehrkraft diese riesige Mediothek, in der jeder alles veröffentlichen kann, tatsächlich auch für die unterrichtliche Alltagspraxis zu Nutze machen oder scheitert man letztlich an der Informationsflut und der mangelnden Qualität vieler Angebote?

Gekonnt recherchieren

Lässt man Schülerinnen und Schüler im Internet nach einem Begriff suchen, so ist es in der Regel so, dass diese in einer der gängigen Suchmaschinen das Stichwort eingeben und dann die Suche durchführen lassen. Suchmaschinen sind „Roboter“-Programme, die das Internet dauernd durchforsten und Stichwörter und Adressen in einer Datenbank ablegen. Dabei entgeht, wie Untersuchungen gezeigt haben, ein Großteil der existierenden Seiten der Erfassung: Schätzungen gehen davon aus, dass zwischen 85–93 % der Inhalte des Netzes überhaupt nicht gefunden werden. Dies mag zwar auf den ersten Blick abschreckend wirken, ist aber letztlich kaum bedeutsam, da in der Regel immer noch sehr viele Websites zu einem Begriff aufgelistet werden. Die populäre Suchmaschine Google z.B. findet bei der Eingabe des Suchbegriffs „Hitler“ innerhalb von einer Sekunde 21 700 000 (!) Webseiten, für „Alexander der Große“ sind es

2 560 000 Fundstellen (Sept. 2005). Eine derartige Anzahl kann kein Mensch sichten, geschweige denn die besten Informationen aus dieser Fülle herausfiltern. Zwar verfügen einige Suchmaschinen auch über so genannte Rankings, jedoch sind diese von beschränktem Wert, da so mancher Suchdienst die oberen Platzierungen gegen Bezahlung feilbietet und deshalb die Rankingposition nichts über die Qualität einer Seite verrät.

Will man den Schülern die Möglichkeit einer freien Internetrecherche zu einem Thema bieten, so sollte man zwei grundlegende Regeln beachten, um zu einem für den Erkenntnisgewinn befriedigenden Ergebnis zu kommen:

1. Da die verschiedenen Suchmaschinen mit unterschiedlichen Suchstrategien vorgehen, ist es sinnvoll, mehrere bei einer Recherche einzusetzen. Eine Alternative zum zeitaufwändigen und teils umständlichen Durchforsten verschiedener Suchmaschinen stellen die Metasuchmaschinen dar. Sie dienen dazu, unterschiedliche Suchprogramme parallel nach dem jeweils gewünschten Begriff abzusuchen. Ein recht gutes Verzeichnis der Metasuchmaschinen findet man unter http://www.metasuchmaschinen.net.
2. Gibt man im Hauptformularfeld einen Begriff ein, so werden bei der Suche alle dessen Vorkommen berücksichtigt, was häufig zu einer Flut an Fundstellen führen kann. Alle gängigen Suchprogramme bieten jedoch auch die Möglichkeit einer weitaus differenzierteren Suche an, die man bei der Recherche im Unterricht unbedingt nutzen sollte, um effizienter bei der Informationsbeschaffung zu sein. Die Optionen für eine verfeinerte Suche findet man unter „Erweiterte Suche“ (Google, HotBot, Lycos, Yahoo), „Profisuche“ (Fireball) u.ä. Stichwörtern. Eine erweiterte Suche basiert auf den so genannten Boolschen Operatoren und bietet folgende Differenzierungsmöglichkeiten (in Klammern die Formulierung, die bei Google verwendet wird):
   - alle miteinander verknüpften Begriffe müssen enthalten sein (mit der genauen Wortgruppe);
   - mindestens einer der Suchbegriffe, evtl. mehrere sind enthalten (mit irgendeinem der Wörter);
   - bestimmte Suchbegriffe werden ausgeschlossen (ohne die Wörter).

Die meisten Suchmaschinen bieten darüber noch weitere Einschränkungsmöglichkeiten, z.B. Sprache, Dateiformat usw., die jedoch in unserem Zusammenhang von geringerer Bedeutung sind.

Um eine differenzierte Suchsyntax sinnvoll einzusetzen, muss man im Vorfeld mit den Schülern überlegen und erarbeiten, welche Stich-/Suchworte man denn sinnvoller Weise für eine optimale Suche verwendet. Dadurch wird das Abstraktionsvermögen als wichtige Grundfertigkeit der Geschichtswissenschaft ebenso wie die Schlüsselqualifikation „Beherrschen von Suchstrategien" eingeübt. Eine freie Recherche im Internet heißt also nicht wahlloses Eingeben von Suchbegriffen, sondern immer auch Einsatz überlegter Suchstrategien.
Im Vorfeld muss die Lehrkraft auf jeden Fall selbst recherchiert haben, inwieweit ein Thema ergiebig für eine Internetrecherche ist, also ob letztlich durch den Einsatz des Mediums Computer ein Mehrwert zu erreichen ist. Stößt man z.B. nur auf abgeschriebene bzw. eingescannte Lexikaartikel, lapidare oder gar fehlerhafte Textdarstellungen, dann kann man auf eine Informationsrecherche via www getrost verzichten.

Gelenkte Recherche

Eine andere Möglichkeit, das Internet zur Informationsgewinnung zu nutzen, ist die Recherche auf vorgegebenen Seiten: Den Schülern werden eine oder mehrere ausgewählte Internetadressen genannt, die sie besuchen und bei denen sie bestimmte Nachforschungen betreiben sollen. Das Ziel, nämlich das Suchen, Finden und Auswerten von Informationen, ist durch die Vorgabe gezielter Arbeitsaufträge festgelegt und kann im 45-Minuten-Rhythmus erreicht werden. Auch die sehr eng gehaltene Recherche sollte aber nur dann durchgeführt werden, wenn das Internet hier deutliche Vorteile gegenüber dem Einsatz anderer Medien bringt. Der Aufwand für die Vorbereitung ist nämlich für die Lehrkraft relativ groß, da geeignete Seiten erst gefunden, dann genau bezüglich der zu erreichenden Lernziele geprüft, entsprechende Arbeitsaufträge ausformuliert und eventuell Arbeitsblätter erstellt werden müssen. Der Vorteil dieses Vorgehens besteht in der Effizienz bei der Erreichung der Lernziele, die bei richtiger Planung in einer 45-Minuten-Stunde zu verwirklichen sind. Zudem werden die Schüler vor der Gefahr der Informationsüberflutung bewahrt. In einer der Folgestunden können die Schüler basierend auf den zuvor gefundenen und verwerteten Informationen weitere Quellen im Netz frei recherchieren, selektieren und kritisch bewerten.

Linksammlungen und Portale – der leichte Weg ins Netz

Insbesondere das Auffinden und Selektieren unterrichtsrelevanter Webseiten wird durch eine Reihe themenspezifischer Linksammlungen und Portalseiten wesentlich erleichtert. Im Folgenden werden einige dieser Webangebote, die sich in der Praxis für den Geschichtsunterricht als besonders hilfreich erwiesen haben, kurz vorgestellt.

VL-Geschichte

Ganz wissenschaftlich orientiert präsentiert sich die Virtual Library Geschichte – Deutschland (www.vl-geschichte.de), die versucht, „die WWW-Angebote im Bereich der deutschsprachigen Geschichtswissenschaft zu bündeln und übersichtlich zu präsentieren." Die Verzeichnisse der Seite sind eingeteilt in chronologisch, geografisch und thematisch orientierte Kategorien, zudem findet sich eine Rubrik Spezialgebiete der Geschichtswissenschaft (z.B. Geschichtsdidaktik, Hilfswissenschaften, Museen, Museumsrecht). Diese Rubrizierung ermöglicht einen gezielten und raschen Zugriff auf geschichtswissenschaftliche Webseiten. Die Inhalte der verlinkten Seiten sind von Fachwissenschaftlern in Kommentaren kurz zusammengefasst und kritisch beurteilt. Die englischsprachige „Mutterseite" der Virtual Library History ist unter der Adresse http://history.cc.ukans.edu/history/VL/ zu erreichen, dort findet man ein weltweites Angebot an Linkadressen zu historisch ausgerichteten Internetseiten, wobei diese jedoch nur teilweise kommentiert sind.

Nachrichtendienst für Historiker (NfH)

Der Nachrichtendienst für Historiker (www.historiker.de), den Tobias Berg seit 1995 betreibt, bietet ein vielfältiges Angebot, aus dem vor allem die tägliche Presseschau mit allen historisch relevanten Beiträgen der deutsch-, englisch- und französischsprachigen Presse sowie die Auflistung von Fernsehsendungen mit historischen Inhalten besonders hervorzuheben sind. Des Weiteren werden alle Beiträge des „Informationsdienstes Wissenschaft", die einen geschichtlichen Bezug haben, hier verlinkt. Der NfH bietet darüber hinaus eine Literaturdatenbank zur Zeitgeschichte 1914–1990, die „die fast unübersichtliche Forschungssituation zur Zeitgeschichte seit 1914" erschließen und einem breitem Publikum zugänglich machen will. Weitere Recherchemöglichkeiten eröffnet der NfH mit einer Filmdatenbank, umfangreich kategorisierten Linklisten zu Geschichtsseiten, Museen und historischen Instituten. Eine chronologisch und thematisch untergliederte Zusammenstellung von Hörbüchern, Büchern, DVDs, Videos und CD-ROMs hilft allen historisch Interessierten bei der Suche nach entsprechenden Medien.

ZUM/PSM-Data

Schon völlig auf den unterrichtlichen/schulischen Bereich ausgerichtet ist das Angebot der Zentrale für Unterrichtsmedien im Internet e.V. (www.zum.de). ZUM bietet für alle Unterrichtsfächer und so auch für das Fach Geschichte zahlreiche Materialien sowie Links an. Mittels einer Suchfunktion kann das Angebot von ZUM nach entsprechenden Stich- und Schlagwörtern durchsucht werden. Thematisch orientierte Diskussionsforen, Mailinglisten und Chats bieten zahlreiche Kommunikationsmöglichkeiten. Über ZUM gelangt man auch zu PSM-Data, einer Geschichtsdatenbank, die der Unterrichtsvorbereitung dient. Nach Epochen gegliedert findet man in den Bereichen Primärquellen, Sekundärquellen und Materialien Quellentexte, historische Darstellungen sowie Unterrichtssequenzen, Arbeitsblätter, Tafelanschriften, Klausuren und einiges mehr. Was letztgenannte Materialien betrifft, so sind diese von unterschiedlicher Qualität, können aber allemal als Anregung für eigene Entwürfe dienen.

Lehrer-Online

Als ein Projekt von Schulen ans Netz e.V. will Lehrer-Online Lehrkräften mit einem kostenfreien Internet-Service zum schulischen Einsatz neuer Medien hilfreich zur Seite stehen. Bei den einzelnen Unterrichtsfächern findet der Nutzer in der Rubrik Unterricht – im Fall Geschichte kategorisiert nach Epochen – ausgearbeitete Unterrichtseinheiten, die pädagogisch sinnvoll und ohne größere Vorbereitungen im Unterricht eingesetzt werden können, Anregungen für den Unterricht sowie Rezensionen verfügbarer Fachmedien. Des Weiteren gibt es fachdidaktische Aufsätze zum Einsatz digitaler Medien im Fach Geschichte, eine Auswahl empfehlenswerter CD-ROMs, Software und Bücher zur Thematik und eine kommentierte Linksammlung für das Fach Geschichte.

Historisches Forum

Das Angebot des Historischen Forums ist speziell als Internetplattform für Geschichtslehrer konzipiert (www.schule.bayern.de/forum/hf.html oder www.historisches-forum.de). Dort findet man ein umfangreiches am (bayerischen) Geschichtslehrplan orientiertes, kommentiertes Linkverzeichnis,

Literatur zum Computereinsatz im Geschichtsunterricht, ausgearbeitete Unterrichtseinheiten und zahlreiche weitere didaktische Materialien sowie Linklisten zu unterrichtsrelevanten Internetressourcen (z. B. historische Wettbewerbe und Ausstellungen).
Über die Links und Linklisten der hier vorgestellten Angebote gelangt man auch zu weiteren Adressen, die – oft von engagierten Kollegen erstellt – sehr gut und hilfreich sind, aber hier nicht alle erwähnt werden können.

Informationsverwertung

Neben dem Entwickeln und Anwenden von Suchstrategien, dem Recherchieren im Internet darf man aber auch nicht die Verwertung der gefundenen Informationen aus dem Auge verlieren. Das Material muss methodisch erschlossen, reflektiert, gewertet und gewichtet werden (z. B. auch im Vergleich mit Darstellungen in Schul- und Fachbüchern) und es sollte unbedingt verwertet, z. B. dokumentiert oder präsentiert werden, denn nur so kann aus purer Information auch Wissen entstehen. Das Medium Internet selbst nämlich, wie auch alle anderen Medien, kann nur Informationen, aber kein Wissen transportieren.
Die Erstellung einer Präsentation, einer Webseite, einer Wandzeitung oder einer Ausstellung ist noch immer ein großer Motivationsfaktor, Arbeitsergebnisse zu dokumentieren. Multimediale Dokumentationen (CD-ROM, Webseiten) eröffnen ein breites Spektrum an Gestaltungsmöglichkeiten, bergen aber auch die Gefahr in sich, dass die Schüler mehr Augenmerk auf die äußere Form, das Layout, legen, als auf die Inhalte. Hier muss die Lehrkraft schon während des Produktionsprozesses lenkend eingreifen bzw. genaue Vorgaben machen und auf deren Einhaltung achten. Folgende Tipps können als Anregung dafür dienen, dass Schüler sich mit recherchierten Quellen auseinandersetzen und sich die Inhalte aneignen:

- Eine einzelne Informationsquelle genügt nicht;
- kein „Kopieren-Ausschneiden-Einfügen“ längerer Textpassagen;
- Finden eigener Formulierungen;
- Formulieren plakativer Schlagworte (Nominalisieren!);
- keine ausformulierten Texte bei Präsentationen (Schlagworte);
- ein Thema = eine Bildschirmseite, ein Plakat, eine Folie;
- Einsatz der Gliederungsfunktion der Textverarbeitungs- und Präsentationssoftware (gestaffelte Aufzählungszeichen und Nummerierungen zur Strukturierung nutzen!);
- Umsetzung von Texten in Mindmaps.

Kommunikation im WWW

Neben der Informationsrecherche bietet das www auch zahlreiche Möglichkeiten, um zu kommunizieren. E-Mail-Dienste dienen z.B. der Kontaktaufnahme mit Fachleuten weltweit (Universitäten, Historische Institute, Archive, Geschichtsvereine usw.) und können auch zwischen Lehrkräften und Schülern z.B. für den Versand von unterrichtsvorbereitenden Materialien oder als Hilfestellung in Problemfällen genutzt werden. Im Rahmen eines E-Mail-Projekts können Schüler unterschiedlicher Schulen und auch verschiedener Länder (bilingualer Geschichtsunterricht) gemeinsam an einem historischen Projekt arbeiten. Für diese Form des interkulturellen Lernens finden sich zahlreiche thematische Ansatzpunkte, z.B. Entdeckungs-, Migrations- und Kolonialgeschichte, Umweltgeschichte, Schul- und Bildungsgeschichte, Industrialisierung, Minderheiten usw.

In Newsgroups und Foren können Schüler im Unterschied zum absoluten Charakter der Darstellung im Schulbuch das Diskussionshafte der Geschichtswissenschaft kennen lernen und daran teilhaben.

Lernplattformen bzw. virtuelle Klassenzimmer, die von vielen Bildungsservern angeboten werden (z.B. lo-net bei Lehrer-Online), ermöglichen es, dass sich Lehrer und Schüler im Internet wie im Klassenzimmer begegnen. Mit Hilfe dieser virtuellen Lernplattformen wird der „normale" Unterricht ergänzt, nicht ersetzt. Längerfristige Projekte und Gruppenarbeiten, wie z.B. Wettbewerbsbeiträge, Ausstellungen können so auch außerhalb der regulären Unterrichtszeit optimal betreut werden. Die von den Plattformen bereitgestellten Funktionen und Tools ermöglichen auch dem Internet-Laien hierbei einen leichten Einstieg.

S. Sch.

Historisches Arbeiten am Computer

Der Begriff neue Medien – besser wäre es wohl von digitalen Medien zu sprechen – umfasst im weiteren Sinn die PC-Ausstattung einer Schule, Arbeits- und Präsentationsgeräte (Drucker, Scanner, Digitalkamera, Camcorder, Beamer, Whiteboard usw.), digitale Informations- und Kommunikationstechniken (Internet, E-Mail) und die dazugehörige Software. Im engeren Verständnis handelt es sich um Medien, deren Informationen in digitalisierter Form verfügbar sind und verschiedene Medientypen integrieren (Text, Bild, Audio, Video => Multimedia), eine Interaktion zwischen Benutzer, also Lernendem und der Software bieten, den Zugriff und die Verarbeitung großer Datenmengen nahezu jederzeit an jedem Ort ermöglichen und die bisherigen Strukturen des Lernsystems erweitern (z. B. E-Learning). Interessant für den Unterricht sind die neuen Medien, wenn sie einen Mehrwert besitzen, der sich z. B. ergibt durch

1. aktive Konstruktion von Wissen mittels entdeckendem, selbstständigem und eigenverantwortlichem Lernen;
2. entdeckendes Lernen über mehrkanalige Vermittlung historischer Inhalte (visuell, textuell, auditiv);
3. Erwerb von Informationen, die auf anderem Wege nicht oder nicht in dieser Form erreichbar sind (z. B. Simulation, Animation, digitale/virtuelle Rekonstruktion);
4. Aktualisierung historischer Inhalte (z. B. aktuelle Informationen zur deutschen und internationalen Geschichte; gegenwärtige Konflikte in ihrer historischen Dimension).

Bevor die Entscheidung für den Computereinsatz im Geschichtsunterricht fällt, muss man eine Kosten-Nutzen-Rechnung aufmachen, bei der folgende Aspekte beachtet werden sollten:

1. Ist der Computer anderen Medien überlegen, ist er eine sinnvolle Ergänzung?
2. Dient die Arbeit mit den neuen Medien der Schulung und Förderung der historischen Sach- und der allgemeinen Medienkompetenz?
3. Steht das zu erwartende Arbeits- und Lernergebnis in einem angemessenen Verhältnis zum Arbeits- und Zeitaufwand?

Auch wenn man heute oft bei der Arbeit mit dem Computer im Unterricht in erster Linie an Internetrecherche denkt, bietet der PC weitaus mehr Möglichkeiten. Hierzu gehören außer dem Informieren z. B. das Systematisieren, Präsentieren, Schreiben und Rechnen, Simulieren, Trainieren, Visualisieren, Kommunizieren und Programmieren.

Informieren

Neben dem Internet gibt es eine ganze Reihe an Software-Veröffentlichungen, die der Informationsbeschaffung dienen können und sehr hilfreich sind, um z. B. Internet-Quellen auf ihre Richtigkeit hin zu prüfen.

Allgemeine Lexika: Gute digitale Lexika haben den Vorteil, dass man Informationen nicht nur rascher auffinden kann, sondern dass viele Materialien multimedial aufbereitet, d.h. durch Audio-, Videomaterial, Simulationen u.Ä. ergänzt sind. Bei den Lexikonartikeln handelt es sich um verlässliche Informationen, auf die Schüler und Lehrkräfte ohne weitere Überprüfung zurückgreifen können. Das Besondere gegenüber herkömmlichen Lexika besteht nicht nur in der Multimedialität, sondern auch in der Hypertextstruktur (Link), durch die eine rasche Erweiterung und Vertiefung einer Recherche möglich ist. Der *„Brockhaus multimedial 2006"* z.B. umfasst 255 000 Artikel mit 330 000 Stichwörtern, es stehen 105 Minuten Video der ARD und 12 Stunden Tonmaterial zur Verfügung. Zudem bietet dieses Lexikon Referatshilfen und Themenmappen, in denen gefundenes Material für die weitere (digitale) Verwendung gezielt gesammelt und verwertet werden kann. Des Weiteren kann der Nutzer Lesezeichen setzen, eigene Notizen, Weblinks und Artikel erstellen und so zu einem oder mehreren Themen komplexe Fachsammlungen anlegen. Eigene altersgerechte Texte für Kinder und Jugendliche erleichtern den Zugang auch für Jüngere zu bestimmten Themenbereichen. Die Suchmöglichkeiten sind vielfältig und eine Schnittstelle in das www ist bei den Multimedia-Lexika standardmäßig integriert. Ebenso wie die digitale Enzyklopädie *„Encarta"* von Microsoft bietet sich der *„Brockhaus multimedial"* für eine Basisrecherche zu einem bestimmten historischen Thema an sowie zur Überprüfung von Internet-Informationen hinsichtlich deren Verlässlichkeit.

Geschichtslexika, Themen-CD-ROMs (Infosoft): Mittlerweile zu den Klassikern multimedial aufbereiteter Geschichtskompendien zählt *„Retrospect 2006, die Enzyklopädie des Jahrhunderts"* (Digitalpublishing). Auf 8 CD-ROMs bzw. einer DVD bietet dieses mehrfach prämierte Lexikon alle wichtigen Ereignisse des 20. und 21. Jh.s. 45 000 Bildschirmseiten angereichert mit über 14 000 Abbildungen, Karten und Illustrationen, 22 Stunden Ton- und vier Stunden Videomaterial ermöglichen es dem Nutzer, über 100 Jahre Weltgeschichte zu durchstreifen. Zum Selbstlernen, zur Vertiefung des Lernstoffes, zur Referatsvorbereitung, zur Projektarbeit und zur Verifizierung von Informationen eine empfehlenswerte Software, deren einziger Wermutstropfen im relativ hohen Anschaffungspreis besteht. Als Alternative für finanziell gebeutelte Fachschaften, Lehrer und Schüler bieten sich die inhaltlich etwas abgespeckten Vorjahresversionen an, die z.B. unter dem Titel *„Chronik des 20. Jahrhunderts"* oder *„Große multimediale Jahrhundert-Chronik"* im Handel sind.

Der Markt bietet eine wachsende Anzahl themen- und epochenspezifischer Software, die von unterschiedlicher Qualität ist. Für einen Über- und Einblick wendet man sich am besten an eine der Online-Datenbanken, die Software bewerten. Empfehlenswert sind die Sodis-Datenbank (www.sodis.de) sowie I-CD-ROM (www.i-cd-rom.de). Speziell für den Geschichtsunterricht konzipierte Software gibt es bei einigen Schulbuchverlagen. Westermann bietet z.B. mit *Ora et labora. Klösterliches Leben im Mittelalter* (ISBN 3–14–376001–X), *Nationalsozialismus und Zweiter Weltkrieg* (ISBN 3–14–366031–7) und *Karikaturen im Kontext* (ISBN 3–14–366020–1) sehr gute Software für den Unterricht und die Vorbereitung an. Gleiches gilt für *Erinnern für Gegenwart und Zukunft* (ISBN 3–464–64464–2) und *Erlebte Geschichte Nationalsozialismus* (ISBN 3–06–064269–9) von Cornelsen.

Quellen- und Materialsammlungen: Diese sind vor allem für die Unterrichtsvorbereitung sehr hilfreich, da die Materialien in der Regel in einer Textverarbeitung aufbereitet und den Schülern altersgerecht präsentiert werden können (z.B. in Form von Arbeitsblättern). Die Vorbereitung wird erleichtert, da man über Kopieren und Einfügen auch große Textabschnitte ohne lästiges Schneiden und Kleben professionell auf ein Arbeitsblatt bringt. Die *„Digitale Bibliothek"* (www.digitale-bibliothek.de) hat mit zahlreichen Quellen-Publikationen (u.a. Akten des Nürnberger Prozesses, der Auschwitz-Prozesse usw.) sowie digitalisierten Versionen einschlägiger Lexika (Enzyklopädie des Nationalsozialismus, Lexikon der Antike, Wörterbuch Geschichte, RGG u.v.m.) und Sekundärliteratur (Propyläen Weltgeschichte, Fischer Weltgeschichte usw.) Pionierarbeit geleistet. Gleiches gilt für die Bildersammlungen aus dem gleichen Verlag (Liebig's Sammelbilder, Karikaturen, dpa-Bildarchiv). Die Erschließung komplexer Daten- und Bildbestände über eine Volltextsuche erleichtert die Arbeit, garantiert das Auffinden aller relevanter Materialien und spart viel Zeit. Zunehmend gibt es auch digitalisierte Handschriften und Quellenmaterial auf CD-ROM, die sich aufgrund der hohen Scan-Qualität gut im Unterricht einsetzen lassen. Eine Seite eines mittelalterlichen Codex, mittels Beamer projiziert, eröffnet weitaus bessere Auswertungsmöglichkeiten als die wesentlich kleinere Abbildung im Buch oder die stets mindere Qualität einer kopierten Folie. Beim Erwerb und der Nutzung des Materials sollte man darauf achten, dass die Texte und Bilder einfach zu exportieren sind. Die Urheberrechte müssen natürlich stets gewahrt werden.

Präsentieren

Multimedia-Präsentationen sind aus dem Alltag nicht mehr wegzudenken. Für viele ist allerdings die Präsentation nur ein Ersatz für den Overhead-Projektor, wobei sich – ob Schülerreferat, Lehrerfortbildung oder Aktionärsversammlung – die Zahl der präsentierten Folien oft ins Unerträgliche vervielfacht. Nur selten werden aber die multimedialen Möglichkeiten der Präsentationssoftware (Powerpoint, Impress) ausgenutzt. Grundsätzlich muss man beachten, dass eine Präsentation nicht den gesamten Vortrag des Referenten projizieren soll, sondern auf den einzelnen Folien nur die prägnanten Aspekte zusammengefasst sein dürfen (Reduktion), dass die Anzahl angemessen sein muss (Eingrenzung) und dass auch die multimedialen Möglichkeiten (Links, interaktive Schaltflächen, Animation von Diagrammen, Schaubildern, Karten, Integration von Tondokumenten, Videos, Bildern) sinnvoll und nicht übertrieben genutzt werden. So empfiehlt es sich z.B., nur einen Übergangseffekt von Folien zu Folien zu wählen und nicht die ganze – verführerische – Palette der gegebenen Möglichkeiten auszuprobieren. Schülern muss schon vor dem Erstellen einer Präsentation bewusst gemacht werden, dass primär der Inhalt und nicht das Layout über die Qualität entscheidet, die Lehrkraft sollte auch hier mit gutem Beispiel vorangehen. Hereinfliegende Schriften, explodierende Grafiken unterlegt mit wechselnder Tonkulisse wirken beim ersten Mal vielleicht noch spritzig, bei der dritten Folie mit solchen Gimmicks reagieren die Zuhörer aber schon genervt.

Schreiben und Rechnen

Auch andere Office-Software kann im Geschichtsunterricht auf vielfältige Weise eingesetzt werden, um traditionelle Lehr- und Lernmethoden zu optimieren.

Textverarbeitung: Liegen Texte in digitaler Form vor, so können Schüler diese mittels einer Textverarbeitung am PC erschließen, z.B. durch

- Herausarbeiten relevanter Aspekte durch unterschiedliche Formatierungen, z.B. fett, unterstrichen, farbig;
- Ordnen und Systematisieren der im Text enthaltenen Informationen mit Hilfe der Gliederungsfunktion oder durch eine vergleichende Gegenüberstellung in Spalten.

Besonders viel versprechend ist das kreative Schreiben und Gestalten von Flugblättern, Tagebuchaufzeichnungen, Plakaten, Zeitungen usw. Das selbsttätige Anfertigen bedingt, dass sich die Schüler mit der jeweiligen Quellenart intensiv vertraut machen und diese so besser interpretieren können. Ein professionell am PC gestaltetes Layout vereinfacht auch die nachhaltigere Einprägung der Inhalte. Letztere müssen, und das ist den Schülern immer wieder bewusst zu machen, im Vordergrund der Arbeit stehen.

Tabellenkalkulation: Statistiken sind wichtige Quellen des Geschichtsunterrichts, diese werden häufig in Zahlentabellen und Diagrammen dem Betrachter vermittelt. Tabellenkalkulationsprogramme (Excel, Calc) eröffnen die Möglichkeit, durch eigenständiges Erstellen von Statistiken den Umgang mit statistischen Materialien zu erlernen, produktionsorientiert einzuüben und zu vertiefen. Entwickeln Schüler selbsttätig Datenblätter, so lernen sie dabei, Informationen zu kategorisieren und zwischen den verschiedenen Kategorien die entsprechenden Zusammenhänge herzustellen; sie erkennen, wie einzelne Datenreihen gebildet und welche Werte diesen zugeordnet werden. Besonders interessant ist die Erhebung und Erarbeitung eigener Daten im Rahmen eines lokal- oder regionalgeschichtlichen Projekts (z. B. Bevölkerungsentwicklung der Heimatgemeinde, Mitglieder in Vereinen, Statistiken zum Handwerk/der Industrie, Migrationszahlen).

Trainieren und Üben

Gerade für diesen Bereich gibt es im Unterschied zu manch anderem Fach so gut wie keine Fertigwaren aus dem Softwareregal. Um selbst interaktive Übungsmaterialien (z. B. Lückentexte, Kreuzworträtsel) zu entwickeln, gibt es die kostenlose und leicht zu bedienende Software Hot Potatoes, die es jedem ermöglicht, in relativ kurzer Zeit interaktive Übungen und Aufgaben zur Vertiefung und Wiederholung zu entwickeln. Hot Potatoes gibt es unter der Internetadresse http://web.uvic.ca/hrd/halfbaked/. Eine Linkliste mit Lehrgängen und Hilfen zu Hot Potatoes sowie Beispielen für den konkreten Einsatz in der Schule findet man bei Lehrer-Online (http://www.lehrer-online.de/url/hot). Übungen zum geschichtlichen Grundwissen gibt es unter www.muehe.muc.kobis.de/gwchg/

Animieren, Simulieren, Rekonstruieren

Animiertes Kartenmaterial oder Statistiken bieten die Möglichkeit, Veränderungsprozesse (Herrschaftsbereiche, Wanderungsbewegungen, Infrastruktur, Ausbreitung von Institutionen oder Ideen, Bevölkerungsentwicklung) zu veranschaulichen. Schüler können anhand solcher dynamischer

Darstellungen historische Entwicklungsprozesse leichter nachvollziehen. (Beispiele für animierte Karten: Server für digitale historische Karten am Institut für europäische Geschichte, Mainz http://www.ieg-maps.uni-mainz.de)

Historische Abläufe und Geschehnisse selbst lassen sich in digitalen Simulationen kaum oder nur sehr eingeschränkt wiedergeben. Anders verhält es sich jedoch mit technischen Innovationen. Das animierte Modell einer Dampfmaschine oder der ersten Lokomotive ermöglichen einen weitaus differenzierteren Erkenntnisgewinn als die bloße Abbildung im Buch. Bieten diese Animationen auch noch interaktive Elemente, z. B. die Möglichkeit, aus Einzelteilen selbst das Ganze zu rekonstruieren, so können die Schüler entdeckend und selbsttätig Erkenntnisse gewinnen bzw. diese vertiefen (sehr schöne Beispiele hierfür findet man auf der Website der BBC http://www.bbc.co.uk/history/multimedia_zone/animations/).

Einen besonderen Reiz haben auch virtuelle Rekonstruktionen, die historische Gebäude wieder zum Leben erwecken. Virtuelle Touren im Internet oder auf CD-ROM führen in die Grabkammer der Cheopspyramide, durch das Colosseum, durch die Magdeburger Kaiserpfalz usw. Den Schülern muss beim Einsatz virtueller 3D-Konstruktionen aber immer wieder bewusst gemacht werden, dass hierbei etwas historisch Mögliches gezeigt wird, das keinen Anspruch auf unverrückbare Wahrheit erheben kann.

Infotainment, Edutainment

Spaß am Lernen garantiert in der Regel das spielende Lernen bzw. das unbewusste Lernen im Spiel. Auf dem Softwaremarkt findet man eine Reihe historischer Edu- bzw. Infotainment-Software, die speziell für den Nachmittagsmarkt entwickelt wurde und deren Ziel eben die spielerische Wissensvermittlung ist. Zumeist sind es Spiele mit Abenteuercharakter, bei denen der Spieler verschiedenste Aufgaben lösen muss, um sein Ziel zu erreichen. Während er sich an die Lösung heranarbeitet, erhält er zahlreiche historische Informationen, die zur Problemlösung nötig sind. Zu diesen Eduadventures zählen z. B. *Der Ritter Artaud*, *Zeitalter der Industrialisierung*, *Das Geheimnis des Centurio* (alle Cornelsen multimedia), *SuperToni* (Haus der Bayerischen Geschichte), *Historion* (Heureka Klett). Der Einsatz ist im normalen Vormittagsunterricht selten möglich, da das Spielen viel Zeit beansprucht und man zumeist nicht an beliebiger Stelle einsteigen kann. Im Rahmen von Wahlkursen, Arbeitskreisen usw. kann der Einsatz jedoch sehr spannend und gewinnbringend sein.

Bildbearbeitungsprogramme

Der Einsatz solcher empfiehlt sich im Geschichtsunterricht bei der Quellenarbeit mit Fotografien. Mittels einer Bildbearbeitung (z. B. Photoshop, GIMP) kann den Schülern verdeutlicht werden, dass Fotos Quellen sind, die sehr leicht der Manipulation unterliegen. Ausgehend von berühmten historischen Fotomanipulationen können Schüler selbst eigene oder von der Lehrkraft vorgegebene Fotos manipulieren, indem sie z.B. Personen oder Gegenstände herausretuschieren oder ins Bild einbauen (z.B. „Mein Lieblingsstar und ich"). Diese praktische „Fälscherarbeit" schärft bei den Schülern letztlich den kritischen Blick auf Bildquellen. Mittlerweile ist die Herstellung von manipulierten Bildern (Fakes) eine beliebte Beschäftigung und es finden sich zahlreiche Beispiel hierfür im Internet (eine Sammlung von Beispielen mit interessanten Erläuterungen findet man unter: http://www.rhetorik.ch/Bildmanipulation/Bildmanipulation.html).

S. Sch.

Lösungen für Seite 231 bis 240

1. Armbrust
2. Perücke
3. Guillotine
4. Robespierre
5. Blum
6. Septimus Severus
7. Enrico Dandolo
8. Karl der Große
9. Friedrich Barbarossa
10. Columbus' erste Reise
11. Heinrich VI.
12. Sisi
13. Lazarusklapper
14. Limes
15. Colosseum
16. Arminius
17. Adenauer
18. Garibaldi